法治建设与法学理论研究部级科研项目成果

家事法学术前沿系列

JIASHIFA XUESHU QIANYAN XILIE

家庭财产保护
法律问题研究

何丽新　谢潇　著

厦门大学出版社　国家一级出版社

XIAMEN UNIVERSITY PRESS　全国百佳图书出版单位

图书在版编目(CIP)数据

家庭财产保护法律问题研究/何丽新,谢潇著.—厦门:厦门大学出版社,2019.11
ISBN 978-7-5615-7624-3

Ⅰ.①家…　Ⅱ.①何…②谢…　Ⅲ.①家庭财产—财产权益纠纷—研究—中国
Ⅳ.①D923.904

中国版本图书馆 CIP 数据核字(2019)第 208648 号

出 版 人	郑文礼
责任编辑	甘世恒

出版发行　厦门大学出版社

社　　址	厦门市软件园二期望海路 39 号
邮政编码	361008
总　　机	0592-2181111　0592-2181406(传真)
营销中心	0592-2184458　0592-2181365
网　　址	http://www.xmupress.com
邮　　箱	xmup@xmupress.com
印　　刷	厦门集大印刷厂

开本	787 mm×1 092 mm　1/16
印张	16.75
插页	2
字数	408 千字
版次	2019 年 11 月第 1 版
印次	2019 年 11 月第 1 次印刷
定价	78.00 元

本书如有印装质量问题请直接寄承印厂调换

厦门大学出版社
微信二维码

厦门大学出版社
微博二维码

Contents

目录

绪论 ……………………………………………………………………………… 1

第一章 家庭财产保护基本理论 ………………………………………………… 5
第一节 家庭财产 ……………………………………………………………… 6
第二节 家庭本位主义与家庭财产 ………………………………………… 19

第二章 家庭财产法律关系 …………………………………………………… 31
第一节 家庭财产法律关系概述 …………………………………………… 31
第二节 家庭财产法律关系主体 …………………………………………… 34
第三节 家庭财产法律关系中的权利与义务 ……………………………… 59

第三章 家庭财产共有权 ……………………………………………………… 72
第一节 家庭共有财产 ……………………………………………………… 72
第二节 家庭财产共有权 …………………………………………………… 81
第三节 家庭财产共有权与家庭财产保护 ………………………………… 86

第四章 夫妻债务的认定和清偿 ……………………………………………… 92
第一节 我国夫妻共同债务的界定 ………………………………………… 92
第二节 夫妻债务制度的比较法观察 ……………………………………… 100
第三节 我国法上夫妻债务立法现状和司法动态 ………………………… 112
第四节 夫妻共同债务之效力规则构造 …………………………………… 131

第五章 未成年子女财产权益的保护 ………………………………………… 152
第一节 未成年子女财产的界定 …………………………………………… 152
第二节 未成年子女财产权益保护的正当性 ……………………………… 160
第三节 未成年子女的财产监护制度 ……………………………………… 164
第四节 未成年子女财产权益保护的司法问题 …………………………… 180

第六章 家事劳动财产价值的保护 …………………………………………… 189
第一节 家事劳动财产价值的法律确认 …………………………………… 189
第二节 比较法下的家事劳动财产价值保护模式 ………………………… 198

第三节　完善家事劳动财产价值保护的路径 ················· 203

第七章　分家析产法律问题 ············· 211
　第一节　分家析产：家庭财产权属关系的清晰化 ··········· 213
　第二节　农村地区的分家析产 ··········· 220
　第三节　家族企业的分家析产 ··········· 227
　第四节　家族企业继承中的特留份问题 ··········· 234

结语 ············· 244
参考文献 ············· 246
缩略语表 ············· 262
后记 ············· 264

绪论

　　家庭伴随着人类社会的起源而产生，是指由两个或两个以上的自然人主体作为家庭成员，基于婚姻、血缘和法律拟制身份关系而以共同财产关系作为连接，彼此形成权利义务关系的生活共同体，家庭因此成为家庭成员提供物质基础和生活保障的基本单元。我国有 14 亿人口，3 亿多户家庭，因缺失意思表示机制，家庭是否具有独立的民事主体资格，尚存疑问，但家庭财产对家庭成员的生存与生活，乃至家庭功能的正常运行仍发挥着极其重要的作用。然而，我国婚姻家庭法及其相关法律法规对家庭及家庭财产的界定并不清晰。目前我国婚姻法仅对夫妻财产关系设置了较为详尽的规定，但关于其他家庭财产关系的规范，仍付之阙如。尤其是自近代以来，奉行个人本位与权利本位之民法观念在我国私法领域取得优越地位以来，家庭逐渐走上了松散的发展趋势，财产的归属越来越倾向于明晰到个人，家庭成员是家庭财产的支配主体，家庭财产的统一性弱化明显。而由于我国社会保障制度尚不完善，家庭成员之间的物质依赖感较强，缺失生活来源或劳动能力的未成年人或老年人的物质供养和生活扶养主要依靠家庭财产承担，家庭财产关系因亲属身份和财产关系交织在一起而颇具复杂性，然而，由于我国欠缺调整家庭财产的丰富法律手段，使家庭财产关系处于松散状态，故而家庭原本所肩负的赡养或扶养功能无法完全实现，这使得在社会事实层面，家庭财产纠纷层出不穷。

　　就家庭财产的外部视角而言，与家庭财产领域的个人主义伴随而生的，是民法保护交易安全等原则日益形成对家庭财产的冲击，就家庭而言，家庭往往因欠缺意思表示机制而只能依靠家庭成员以个人名义参与民事交往，但家庭财产却不时充当着个人债务的担保角色，如《最高人民法院关于〈中华人民共和国婚姻法〉若干问题解释（二）》（简称《婚姻法司法解释二》）第 24 条和第 25 条的规定，将在婚姻关系存续期间以夫妻一方名义所举的债务原则上推定为夫妻共同债务，非举债的另一方承担连带清偿责任，其基本逻辑在于保护交易安全，维护善意第三人的利益（这两条司法解释已经被修正）。同时，我国家庭财产相关法律规则存在着相当程度的法理紊乱，这将直接影响法律制度的协调性与社会适应性。就家庭的社会地位而言，家庭的生产职能和创造家庭财产的功能因生产社会化而被企业所取代，只有从事专业生产经营的个体工商户、农村承包经营户以及由家庭成员扩展的合伙和私营企业、家庭成员出资承包或承租的企业，保存着家庭作为经济实体的部分功能。但在实务中，却常出现下列情形：企业资产与家庭财产混同，企业以家庭财产为担保获得融资，导致家庭财产全部用以抵债而家破人亡。公司与股东的人格混同，导致股东对公司债务承担连带责任；特别是一人有限责任公司和家庭成员控股的企业，往往没有很好地做好企业资产和家庭财产的隔离，企业资金或企业借款用于家庭生活，个人借款用于公司经营，导致对家庭财产的保护陷入混乱的困境。

　　而在理论研究层面，家庭财产保护是相对受到忽视的一个问题。就国内研究现状而言，以此为主题的文献更是阙如。有的学者重视家庭的伦理属性,主张以一种有机论的家庭观审视家庭财产问题,认为家庭财产系属特殊的共同共有,应当设计一种新型的家长制,由家长统一行使财产权,以保障家庭传统功能的实现;有的学者则认为,在市场经济高度发达的当今,家庭成员间的关联已经很松散,家庭财产观念已经由共同共有向个人所有转变,故而家庭财产制应当析分为个人所有,将适应市场经济发展的民法基本原则如意思自治原则、私权神圣原则等引入家庭,使家庭财产成为家庭成员财产的松散结合,更多运用财产法的规则处理家庭财产问题。有的学者认为,家庭财产关系在家庭法有规定时适用家庭法规范,未有规定时适用财产法予以补充调整。①有的学者认为,家庭财产关系应当遵守财产法的一般规则,家庭财产应优先适用财产法的一般规则。有的学者认为,财产法是调整任何人与任何人之间的财产关系,②家庭法仅调整家庭内部的财产关系。家庭外部的财产关系已由民法予以调整。笔者认为,家庭财产法律制度(譬如夫妻财产制)是建筑在财产法基础之上的法律规范体系,无论夫妻财产的归属,还是家庭财产的占有、使用、收益和处分,无一不需要借助财产法上的概念、规则与制度,脱离财产法的规定,不仅会导致夫妻财产制无以依托,而且,婚姻法与财产法的分散无序,也将造成社会的无所适从。③ 但是,个体经济理性是财产法的基本逻辑,当财产法规则全面适用于家庭财产关系时,家庭中的个人主义将被放大,因为财产法偏重对个人权益的保障而非家庭财产关系的维护。家庭成员间的关系迅速被理性化,家庭生活日益功利化,这是放任财产法规则入侵家庭法领域的自然后患。④ 家庭法是具有伦理性基础的法律,家庭成员彼此相互扶持以生活共同体的形式处理家庭事务,而财产法则是高度市场化的,其价值基础在于个人本位,这样将家庭法基本价值维度"家庭共同体"与财产法基本价值维度"个人意志"形成鲜明的反差体。⑤ 就国外的研究现状而言,国外学者普遍承认家庭财产的特殊性,认为家庭财产是因婚姻契约而结成的家庭共有财产,系家庭成员安身立命之物质保障,因此家庭财产的规定被置于"家庭法"而非"财产法"。

家庭是集生物性、社会性和伦理性于一体的复合体。家庭伦理关系以血脉亲情为核心,强调家庭成员之间的关爱、义务和责任,对个人权利予以适度的限制和干预。家庭财产关系也具有伦理性,呈现不同于一般财产关系的特性。传统的家产制是将家庭成员的个人利益融合于整个家庭利益,通过家庭共同财产加以实现,强调维持家庭财产的完整性。现代社会下个人财产权利强化,但家庭财产的身份性基础和伦理性因素并没有发生实质性的改变,家庭财产关系和家庭伦理关系仍旧密不可分无法彻底予以分离,家庭财产仍旧是家庭成员获得关怀的源泉以及家庭成员为之奋斗的累累硕果。基于家庭整体利益之维护,合理调整家庭成员之间的责任与义务,实现对弱势家庭成员之辅助,鼓励家庭成员之间的奉献与爱护,维持家庭功能正常运行之考虑,家庭财产关系因其伦理性而应当成为婚姻家庭法所重点调

① 宋炳华:《离婚夫妻财产分割热点问题探析:兼论物权法与婚姻法的衔接》,《中华女子学院学报》2008年第6期。

② 贺剑:《论婚姻法回归民法的基本思路——以法定夫妻财产制为重点》,《中外法学》2014年第6期。

③ 孙若军:《论夫妻财产制的定位及存在的误区——以〈婚姻法〉司法解释(三)第7条为视角》,《法律适用》2013年第4期。

④ 宋炳华:《离婚夫妻财产分割热点问题探析:兼论物权法与婚姻法的衔接》,《中华女子学院学报》2008年第6期。

⑤ 申晨:《夫妻财产法价值本位位移及实现方式》,《法学家》2018年第2期。

整的对象,其理应成为婚姻家庭法的主要内容之一。

    同财共居是中国家庭的客观现实,也是中国几千年延续的婚姻家庭习俗,夫妻共同财产成为常态,更成为夫妻财产制的法定形式,大多数家庭以此为根基构建家庭财产关系。因此有学者认为,同财共居并非特定夫妻财产制的特征,更非我国所独有的传统,而是婚姻家庭这一制度在正常存续期的必然属性。[①] 但我国相继出台的婚姻法司法解释在一定程度上颠覆了中国传统的同居共财的理念,过于强化个人主体性和保护个人私权。最高人民法院《关于适用〈中华人民共和国婚姻法〉若干问题的解释(三)》(简称:《婚姻法司法解释三》)规定将夫妻一方婚前按揭贷款所购不动产的权属归于产权登记一方,婚后父母出资为子女购买的不动产为单方赠与,夫妻一方婚前财产在婚后产生的孳息和自然增值归于个人,尽可能增加夫妻个人财产的范围,导致夫妻财产共有制的刚性弱化。[②] 这种弘扬个人至上、自主平等、个体独立的文化价值,被解读为"家庭本位"向"个人本位"的转移,"夫妻一体主义"向"夫妻别体主义"的转变。但以婚姻为基础的家庭作为人类所构造的一种具有亲密性质的神圣生活模式,责任、信任、互助、忠诚、感性是最基本价值。婚姻家庭不是个体之间的简单结合,亦非婚姻双方纯粹情感之结合,其事实上都是人身因素与财产因素的混合体。[③] 尽管形式上,夫妻财产制所遵循的乃是民法上共同共有原理,但实质上却蕴含夫妻甘苦与共的伦理期许。婚姻家庭生活以利他和奉献为指引精神,而财产法中大量的制度致力于财产分配的公正,无法彰显婚姻家庭所固有的伦理关怀与创造婚姻家庭幸福的立法宗旨,婚姻法司法解释将大量财产法规则直接延伸至家庭法,模糊了家庭生活与商业生活的差异,其产生的司法社会效果与人们对传统婚姻家庭制度的预期出现了巨大落差。事实证明,婚姻家庭财产的共有性,最能适应家庭共同生活的需要,家庭共同生活正常运作有赖于家庭财产共同享有,可以使家庭生活共同体的差异消减到最小限度,[④] 而且此种共有模式也是市场和家庭之外其他外部制度所无法提供的。家庭作为一种具有特定人身关系的自然人所组成的社会组织形态,一直被视为基于生理与心理需求而共同居住与生活的近亲团体。在家庭共同生活体中,家庭成员共同分享物质利益、精神利益,相互帮助和支持。家庭的维系需要一定的物质财产作为其存续的基础,家庭财产的保护应着眼于婚姻家庭共同生活,在家庭成员之间合理分担家庭生活费用,使家庭成员获得较为稳定的物质生活来源,使家庭最大限度地发挥养育后人、赡养老人的伦理功能。因此,从婚姻家庭的团体性出发,家庭财产保护不可能完全以个人为本位,必须考虑夫妻共同体、家庭共同体的利益。[⑤] 家庭财产理应拥有有别于个人财产的调整原则,具有相对独立性与超越性。家庭应由法律设定为一个可以被整体考量的财产实体,法律倾向于对家庭中的个人直接施加规制力与影响力,一方面尽量明晰和维护个人财产权益,承认家庭成员依意思自治而达成的各种协议;另一方面,尤其注重家庭整体的可维持性以及从家庭整体利益出发的家庭中相对弱势一方的权益保护。家庭本位观下的婚姻家庭法在财产领域应以促进家庭的发展、维持家庭的稳定以及保障家庭成员的整体性利益为目标,民法

① 龙俊:《夫妻共同财产的潜在共有》,《法学研究》2017 年第 4 期。

② 李冬青:《〈婚姻法司法解释三〉研讨会综述》,《广西政法管理干部学院学报》2011 年第 6 期。

③ 熊丙万:《私法的基础:从个人主义走向合作主义》,《中国法学》2014 年第 3 期。

④ 蒋月:《夫妻的权利与义务》,法律出版社 2001 年版,第 138～140 页。

⑤ 马忆南:《婚姻家庭法的弱者保护功能》,《法商研究》1999 年第 4 期。

体系中的婚姻家庭法,应当由重视单纯的个人权利保护转向对于家庭范畴内的权利保护与义务履行的关注,后民法典时代更应该防止陌生人之间的民法规则全面取代婚姻法制度。

对于婚姻家庭内部而言,婚姻的合法缔结是婚姻财产权共有性开始的标志。婚姻当事人通过婚姻财产权共同维持家庭生活的正常运行,支付家庭共同生活费用。我国将婚后所得共同财产制作为法定财产制,规定夫妻双方对共同所有的财产有平等的处理权,其实质在于谋求夫妻经济生活与身份生活的一致,内部与外部的一体,既符合婚姻家庭共同生活的本质目的,又有助于实现实质意义上的夫妻平等。婚姻家庭共同生活本身要求一定财产的利益共享机制,家庭法在规则设置上必须考虑到日常共同生活的方便,夫妻双方乃至家庭成员利用这些财产谋取共同利益或者服务于共同生活。即使在分别财产制下,婚姻的成立不改变彼此的独立财产关系,但分别财产制并不否认夫妻因配偶身份带来的伦理变化,婚姻家庭共同生活所生费用仍然由夫妻共同分担。在婚姻关系正常存续期间,夫妻共同生活必然要允许另一方共同占有和使用婚姻住宅及家庭用具等,即使采取的是彻底的分别财产制,也不影响这一关系。① 因此,家庭法要处理好个人本位与家庭责任的矛盾,公正地衡平家庭共同利益和个体利益,当家庭共同体与个人利益存在不可调和的矛盾时,个人财产的诉求不应理所当然地高于家庭共同财产的维护。婚姻家庭是人类存在和发展的基础,是社会的细胞和基础组织。家庭本位的家庭伦理,对于维系传统的家庭关系和社会稳定均具有积极作用。家庭法应该维护婚姻家庭的基本利益,实现对家庭的基本保障,婚姻家庭必需的家庭财产权应当放在优先保护的地位。

本书通过探明新时期家庭财产的性质,明晰家庭财产共同共有的属性,研究家庭共有财产与家庭成员个人权益之关系,在一定范围内承认意思自治等原则在家庭财产范畴内的适用性,探讨在交易高度发达、财产高速流转的当代社会,家庭作为一个内部意志多元、权利义务边界不明确的财产主体,如何在保护家庭财产的个人意志的同时,保护其家庭财产关系以实现家庭的功能。同时,明确家庭成员内部的财产权益的划分,充分保护家庭成员弱者的财产权益,探讨家庭财产保护的救济模式,厘定交易安全保护的限度,矫正夫妻共同债务推定规则过度保护债权人利益的倾向,注重维护未成年子女等家庭成员的财产权益,探索家庭财产保护的新路径,以有利于统一和完善家庭财产司法救济规则,稳定家庭运行的物质基础,充分发挥家庭功能,维护家庭伦理,厘清家庭财产保护的模糊观念,夯实家庭法理论基础,最终使婚姻家庭法待以发挥其应有的稳定家庭乃至社会之功效。

---

① [德]迪特尔·施瓦布:《德国家庭法》,王葆莳译,法律出版社 2010 年版,第 117 页。

第一章

家 庭 财 产 保 护 基 本 理 论

  所谓"家庭财产",乃"家庭"与"财产"两大概念的复合概念。德意志法学家鲁道夫·冯·耶林曾谓:"没有任何东西是纯粹属于你自己的,社会或作为其利益代表的法律与你如影随形。在任何地方社会都是你的伙伴,希望分享你所拥有的一切:你自身、你的劳动力、你的身体、你的孩子以及你的财产。"① 以此表明人是天生的社会性动物。而对于个人而言,第一性的社会关系,无疑是基于血缘与婚姻所结成的家庭关系,个人在家庭中出生,接受家庭的抚养,然后长大成人,再与他人组建家庭,从而形成社会性的人口代际更替。在传统社会中,家庭关系可谓个人最为重要的社会关系,同时,家庭的内涵也相对较为固定。

  不过,对于现代社会而言,家庭这一语词的内涵却愈加丰富,以至于有学者认为,"当我们在谈论家庭的时候,我们以为我们知道我们所谈论的对象。……即使在我们的文化背景中,'家庭'也有非常丰富的意涵,而在其他文化背景中,其意涵更加多样。……因此,法律中欠缺关于'家庭'的清晰定义"。② 这预示着,现代社会中的家庭关系,也许难以用一个统一的法权模式予以规范。而作为社会性动物,财产对于个人的意义,与家庭同等重要。恰如 D. Benjamin Barros 所言,个人财产对于个人自由意义重大,其能够为个人提供一个私密且自治的领域,减少各种各样的权力所带来的强制,并给予人们追求自由的资源。③ 因此也正是在此意义上,法国民法学家奥布里和劳才将法律人格也视为财产的一部分,并将之称为"广义财产",④ 由此提出"无财产即无人格"的著名法谚。⑤ 而以家庭与财产这两大对于个人而言都意义非凡的事物为背景的家庭财产,则系家庭范畴内最为重要的核心构成。申言之,尽管论及家庭,学者们常常主要聚焦于家庭中的身份伦理关系,但事实上,家庭财产也是家庭最为重要的构成部分之一,一个家庭的组建、存续与发展,必须建立在一定数量的家庭财产基础之上,倘若欠缺必要的财产基础,则家庭不仅难以维系,甚至有解体的危险。职是之故,对于法律而言,如何调整家庭财产法律关系,为家庭财产提供必要的法律保护与救济,便是当下的重要课题。

  从我国的社会实际情况来看,随着我国经济的发展,我国家庭财产呈现爆炸性增长的趋势。根据《2018 中国城市家庭财富健康报告》,2018 年城市家庭年均可支配收入为 20.4 万。2018 年城市家庭平均资产高达 281.8 万,资产最低 5% 分位数的值仅为 7.9 万元,资产最高

---

  ① Rudolf von Jhering, Der Zweck im Recht, Bd. 1, 4. Aufl., 1904, S. 58ff. 转引自朱庆育:《民法总论》,北京大学出版社 2013 年版,第 43 页。

  ② See John DeWitt Greogry, Redefining the Family: Undermining the Family, 2004 U. Chi. Legal, F. 383 (2004).

  ③ See D. Benjamin Barros, Property and Freedom, 4 N.Y.U. J.L. & Liberty 69 (2009).

  ④ 张民安:《法国人格权法(上)》,清华大学出版社 2016 年版,第 38 页。

  ⑤ 尹田:《无财产即无人格——法国民法上广义财产理论的现代启示》,《法学家》2004 年第 2 期。

5％分位数的值高达 935 万元。家庭总资产配置中,房产占比高达 77.7％,金融资产配置仅占 11.8％,股票占比不到 1％。[①]

面对互联网时代与金融创新及全民创业时代,家庭财产更加多元化,家庭财富的增长是一种客观经济与社会现象,而与之相对应的则是,应当根据家庭财产在新时期所展现出的新情况,提出与之相契合的家庭财产保护理论。

第一节　家庭财产

一、家庭

家庭是家庭财产的基本载体,家庭财产则是在以家庭为框架的范畴中,充当着家庭物质基础的角色。对于家庭财产的理解而言,不可回避的是对家庭这一范畴的探究。

(一)作为社会概念的家庭

尽管在法社会学的视野内,"有社会的地方就有法",[②]从这个意义上来说,家庭这一范畴从人类社会诞生伊始,便是一个法律概念。不过,这显然是一种法律宽泛化的思维展现。依据较为严格的法律定义,即将法律视为"由一个国家内的主权者所创制的,或者所采纳的、用以宣示其意志的符号的集合",[③]那么可以肯定的是,家庭诞生于法律之前,其在本性上,具有前法律性的特点。家庭从一开始就是一个社会概念,是以婚姻关系、血缘关系或者收养关系为基础的人类生活基本群体。

1. 家庭的历史类型

家庭是人类社会一定历史发展的产物与结晶,从历史演进的角度来看,家庭的发展历经了血缘家庭、普那路亚家庭与对偶家庭以及一夫一妻制家庭四个阶段。

(1)血缘家庭

血缘家庭系原始人类社会的一种家庭形态,在这种家庭中,同辈男女互为夫妻,但禁止不同辈分间的性关系。[④] 血缘家庭是一种以血族关系为组织基础的社会组织,其最为基本的特点在于在具有血缘关系的亲属之间的群婚以及每一个人"知母不知父"的状态。与其他家庭形态不同的是,血缘家庭的核心并非男女之间的婚姻关系,而是血缘关系上的联结。在这种社会中,作为家庭成员分娩与抚育者的妇女居于领导地位,家庭成员过着共同劳动与共同消费的平等生活。[⑤] 当然,也有学者认为,所谓血缘家庭,其实是一种神话性的杜撰,而非历史事实。根据学者考证,在美拉尼西亚人的语言中,"父亲"一词意为"在自己幼小时抱自己坐在膝上的男人",由此而推测,在早期人类历史中,在婚姻制度并不明显的阶段,所谓"父

[①] 中国家庭金融调查与研究中心:2018 中国城市家庭财富健康报告.https://chfs.swufe.edu.cn/xiangqing.aspx? id＝1914,访问时间:2019 年 3 月 18 日。

[②] 北京大学法学百科全书编委会编:《北京大学法学百科全书:法理学·立法学·法律社会学》,北京大学出版社 2010 年版,第 871 页。

[③] [英]杰里米·边沁:《论一般法律》,毛国权译,上海三联书店 2008 年版,第 1 页。

[④] 夏征农、陈至立主编:《大辞海·民族卷》,上海辞书出版社 2012 年版,第 20 页。

[⑤] 惠中主编:《人类与社会》,中央广播电视大学出版社 2008 年版,第 72～73 页。

亲",常常并不是指生父,而是自己所属氏族中"血缘最近的男性长亲",即母亲的兄弟——"舅父"。这是"知母不知父"时代一种自然而然的现象。而随着父亲一词专指生父之后,以此为基点反推古代,反而得出了兄妹通婚的"模糊记忆",不过这并非事实。其实从神话时代所流传的兄妹通婚神话来看,那个时代已经产生了血缘通婚禁忌,兄妹通婚常常作为一种异常状态而被记录进神话之中。①

(2)普那路亚家庭

普那路亚一词来源于夏威夷语,意思为"亲密的伙伴"。② 普那路亚家庭打破了血缘家庭的桎梏,而转向了族外群婚制。具体而言,普那路亚家庭建立在两个人类团体集体婚姻的基础之上,在团体内部,成员之间不得婚配,而一个团体可以和另一个团体以群婚制的方式结合。在这样的结合中,妻子把丈夫的兄弟也叫作自己的丈夫,而数位共享一位丈夫的妻子之间则以"普那路亚"相称。这种形式是以男性为基础的普那路亚家庭。另一种形式则是以若干姐妹以及她们的丈夫所组成,这种普那路亚家庭以女性为核心,一位丈夫把妻子的姐妹也叫作自己的妻子,而共享一位妻子的丈夫们也以"普那路亚"相称。③

(3)对偶家庭

在普那路亚家庭之后,人类社会出现了对偶家庭这种新类型。较之于血缘家庭与普那路亚家庭而言,对偶家庭逐渐脱离了群婚制色彩,成对的配偶开始在或短或长的一段时期内能够维持相对稳定的同居关系。对偶家庭是人类从多偶婚向单偶婚的过渡产物,与日后的一夫一妻制家庭相比,其具有一系列过渡特征。首先,作为对偶家庭基础的对偶婚姻关系具有不稳定性,对偶家庭中的配偶同居关系非常不稳定,男女双方的离异是简单而普遍的;其次,对偶家庭的动因主要是生育与性生活的需要,而较少有浓郁的情感因素;再次,在对偶家庭中,女子仍然居于核心地位,作为对偶婚相对方的男性一般来对对偶家庭所从属的大家庭之外,其地位类似于客人,而非家庭的核心成员,对偶家庭中男子的流动性较强,故而辨识父亲仍然存在一定难度;最后,对偶家庭一般并非独立家庭,对偶家庭一般从属于以母系为根基的大家庭,而过着共产制的经济生活。④

(4)一夫一妻制家庭

一夫一妻制家庭的出现从根本上也是生产力发展的结果。血缘家庭、普那路亚家庭与对偶家庭都属于早期母系氏族公社时期,适应原始社会生产力的原始共产制家庭,而一夫一妻制家庭则是在废除母权制,实行父权制基础上,社会分工精细化的结果。随着人类社会由采集与狩猎经济进入农业经济,男女实现了分工,身强力壮的男子开始集中精力进行农业生产,同时也负担制作陶器等手工业生产,而女子则负责纺织、做饭、生儿育女、缝制衣服等家务劳动。这种社会分工产生了极大的影响,男子逐渐成为财富的主要创造者,其所从事的农业活动使得自己能够养活更多的人口,而无须通过与他人实行共产而获得生存。在这种情况下,由于妇女的家庭地位大幅度降低,其逐渐成为男子的附庸,主要依靠男子的劳动成果获得生存,妻从夫居,子女也留在父亲的家庭之中,世系也按照父系进行计算,男子逐渐实现

---

① 陈宣良:《中国文明的本质·第2卷》,上海人民出版社2015年版,第75~76页。

② 吴增基、吴鹏森、苏振芳主编:《现代社会学》,上海人民出版社2014年第5版,第126页。

③ 惠中主编:《人类与社会》,中央广播电视大学出版社2008年版,第73~74页。

④ 朱强:《家庭社会学》,华中科技大学出版社2012年版,第54页。

对妇女的排他性占有,婚姻关系较嗣前的对偶婚牢固得多,一夫一妻制得以确立。①

一夫一妻制家庭诞生之后,其自身也处于历史变迁之中。例如,在早期的一夫一妻制中,丈夫的权力居于核心地位,妻子则居于从属地位,男尊女卑的古典观念是早期一夫一妻制家庭的核心价值观。② 在男尊女卑的观念支配下,早期一夫一妻制家庭中妇女的地位十分低下。例如,《礼记·郊特牲》有云:"妇人,从人者也,幼从父兄,嫁从夫,夫死从子。"《春秋谷梁传·隐公二年》有云:"妇人在家制于父,既嫁制于夫,夫死从长子。"意思是,女子生来就是必须依附他人(特指男人)之人,其小的时候依附自己的父亲和兄长,一旦出嫁则依附自己的丈夫,而丈夫死之后则依附自己的儿子。而这种依附关系使得妇女受制于各种男性亲属,处于被支配地位。这种三重依附关系称之为"三从"。③ 又如,班昭所著《女诫·妇行第四》提到,"女有四行,一曰妇德,二曰妇言,三曰妇容,四曰妇功。夫云妇德,不必才明绝异也;妇言,不必口利辞也;妇容,不必颜色美丽也;妇功,不必工巧过人也。……此四者,女人之大德,而不可乏之者也"意思是,妇女应当具有四种美德,即第一,妇女所应有的德行,具体而言即恪守"女子无才便是德"的格言,不必追求自身才学的进步;第二,妇女所应当秉持的言谈规矩,具体而言就是妇女不应口齿伶俐,而应当寡言而慎于谈论;第三,妇女所应具有的妆容,具体而言,即女子不应追求表面的美丽;第四,妇女所应有的才能,具体而言,妇女应当具备一定的才能,如刺绣、纺织等一些手工业才能,但也不必做得太好。这四种美德被称为"四德"。④ 以"三从四德"为代表的男尊女卑观念使得在早期一夫一妻制家庭中,妇女始终处于从属地位,其人格事实上被其父亲、兄长、丈夫或者儿子所吸收。这种现象在学理上被称为"夫妻一体主义"。⑤ 此外,不可忽视的是,在一夫一妻制家庭中,丈夫常常并非只有妻子一位性关系伙伴,事实上,在我国古代,主要奉行的是在一夫一妻制基础上所附加的多妾制度。例如,战国时期的《孟子·离娄章句下》有云,"齐人有一妻一妾";而在西晋时期,"《晋令》:诸王置妾八人,郡公、侯六人。《官品令》:第一、第二品有四妾,第三、第四有三妾,第五、第六有二妾,第七、第八有一妾",这些史料说明,在我国古代的一夫一妻制家庭中,除妻子之外,仍然存在大量虽然没有妻子身份,但仍然履行着类似妻子职能的女性存在。不过较之于妻而言,妾的地位更为低下,妾并非依据"六礼"所明媒正娶的女子,其甚至可以被作为财物与商品,在市场上被随意买卖。⑥

在近现代,一夫一妻制家庭随着时代变迁而发生了变化。早期的夫妻一体主义逐渐为夫妻别体主义所替代。与夫妻一体主义不同的是,夫妻别体主义认为,在一夫一妻制家庭中,丈夫与妻子的家庭地位形成对等关系,各自拥有相互独立的权利能力与行为能力,在婚姻缔结后,丈夫与妻子各自拥有独立的人格,而不会出现丈夫人格吸收妻子人格的情况。⑦ 在夫妻别体主义下,一夫一妻制家庭出现了一系列新变化:第一,夫妻一体主义逐渐式微,已婚妇女的人格逐渐独立于丈夫。第二,伴随已婚妇女人格的逐渐独立,已婚妇女也获得了在

---

① 宣兆凯:《现代社会中的婚姻与家庭》,中央广播电视大学出版社 1989 年版,第 48~49 页。

② 高瑞泉:《平等观念史论略》,上海人民出版社 2011 年版,第 203 页。

③ 秦永洲:《中国社会风俗史》,山东人民出版社 2000 年版,第 326 页。

④ 刘洁:《走不出的后花园:从〈世说新语〉中的女性说起》,齐鲁书社 2013 年版,第 44~45 页。

⑤ 潘新喆:《婚姻家庭法新论》,中国民主法制出版社 2006 年版,第 134 页。

⑥ 戴伟:《中国婚姻性爱史稿》,东方出版社 1992 年版,第 37 页。

⑦ 李洪祥:《我国民法典立法之亲属体系研究》,中国法制出版社 2014 年版,第 149~150 页。

家庭中的独立财产处分权与平等法律地位,例如,在英国1962年的《法律改革(丈夫和妻子)法》(The Law Reform[Husband and Wife] Act 1962)中规定,夫妻双方拥有各自独立的法律地位,其相互之间可以对方为被告进行诉讼,如同他们未结婚一样。[1]　第三,夫妻实质平等的观念逐渐获得承认,在肯定夫妻法律地位的形式平等基础上,鉴于妇女在生理、政治与经济地位方面的弱势地位,通过特别立法的方式,在法律中嵌入"优惠性"或者"照顾性"条款,以便矫正婚姻家庭生活中的事实不平等现象。[2]

2. 现代社会中家庭类型的多元化

从血缘家庭到一夫一妻制家庭,基本的理论模型预设是人类迁徙度的低位运行状态、家庭本位的传统伦理观念,但在现代社会,随着人类迁徙活动剧烈度的上升、传统家庭伦理观念的嬗变,在我国城市与农村,出现了一系列新型家庭。

(1)城市中的新型家庭类型

第一,丁克家庭。丁克家庭,英文表述为"Double Income and No Kids",缩写为"DINK",故而音译为"丁克"。所谓丁克家庭,是指夫妻有生育能力,但却不愿意生育的家庭。就我国而言,自20世纪80年代后,伴随我国社会经济情况的变迁,丁克家庭开始出现,例如,根据上海人口情报中心的一份资料显示,1979年至1989年,上海市区的丁克家庭约占全市家庭夫妇总数的2%至3%,而北京市1984年以来结婚的夫妇中大约有20%的夫妇自愿不生育,其人口达到7万。而在广州市,1986年结婚的夫妇不愿意生育的有3万,1989年则增长到7万。香港特别行政区则更为典型,其在1990年,丁克家庭便达到了140万户。[3]　丁克家庭的出现,主要是缘于"生育不再是婚姻的必需品"的观念,在传统家庭伦理观念中,结婚而不生儿育女,被视为一种逃避社会责任与自我放纵的行为,唯有为人父母才意味着个人的成熟以及负责任的社会成员身份的确立。不过随着时代的变迁,这种观念逐渐式微。例如,在1962年,有85%的美国母亲认为,已婚夫妻只要有生育能力便应该生孩子,但到1980年,这一比例便下降到40%。而在荷兰,1965年的调查显示,有68%的人表示不能接受夫妻自愿不生育,但到1970年,这一比例便下降到29%,到1980年,这一比例大幅度下降至8%,而到1995年,这一比例又进一步下降至4%,换言之,只有4%的人认为,自愿不生育子女是不可接受的。[4]　由此可见,丁克家庭由不被接受,而逐渐为大众所接受,而最终成长为现代社会中的一种新型家庭类型。对于丁克家庭而言,其最大的特点在于,在丁克家庭中,只存在夫妻之间的身份与财产关系,而不存在父母与子女之间的身份与财产关系。

第二,空巢家庭。所谓空巢家庭,是指子女长大成人后,便离开家庭独立生活,而原有家庭只由父母构成稳定共同生活团体的家庭。在传统家庭观念中,父母与子女共同生活是一种常态,《论语·里仁》有云:"父母在,不远游。游必有方。"意指在父母在世时,便不应远离

---

[1]　李喜蕊:《英国家庭法历史研究》知识产权出版社2009年版,第227页。
[2]　陈苇主编:《当代中国内地与港、澳、台婚姻家庭法比较研究》,群众出版社2012年版,第64～65页。
[3]　陆学艺主编:《当代中国社会结构》,社会科学文献出版社2010年版,第96页。
[4]　上海社会科学院性别与发展研究中心编:《性别影响力》,上海社会科学院出版社2014年版,第134页。

家乡,如果有充足理由外出,也必须有明确地去处,以便父母能够找寻到自己。① 不过在现代社会,由于代际生活方式与价值观念的差异性,以及人口流动性的增强,子女成年后与父母同地分居以及异地分居的现象逐渐出现,空巢家庭比例不断上升。例如,1997年,天津城区的空巢率为54%,而在2002年,这一比例便上升为62.5%;而根据全国第五次人口普查结果,2000年时,空巢家庭占老年家庭(家中有65岁及以上的老年人的家庭)的22.83%。根据国家卫生和计划生育委员会所发布的《中国家庭发展报告(2015)》,截至2015年,我国老年空巢家庭率已达半数。② 而全国老龄委数据显示,从2015到2035年,我国将进入急速老龄化阶段,老年人口将从2.12亿增加到4.18亿,占比提升到29%,目前大中城市的空巢家庭率高达70%。③ 这提示我们,空巢家庭在我国社会中,是一种新兴且占较大数量的一种家庭类型。

第三,单身家庭。近年来,随着年轻人群对婚姻质量要求的不断提升,男女都开始抱着宁缺毋滥的态度对待婚姻,选择一个人生活的人越来越多。例如,在瑞典,单身家庭的人数达到了全国家庭总数的50%,丹麦的单身家庭率则为40%,英国和德国为36%,法国为30%,美国为25%。④ 而我国的单身家庭数量虽然不及前述各发达国家,但截至2015年,也有多达5800万人以独自生活为生活模式,单身家庭比例高达14%。除去独居老人这种特殊情形,我国单身家庭增多的主要原因在于年轻一代(30岁以下人群),因受教育程度的提高与经济实力的增强,而自愿选择一个人组成家庭独自生活。⑤

(2)农村中的新型家庭类型

须予以提示的是,即使在农村,其实也存在前述提及的丁克家庭、空巢家庭以及单身家庭的情形,甚至某些家庭类型在农村中还处于极为普遍的地位,如空巢家庭也是农村新型家庭类型中十分普遍的一种类型。⑥ 在农村地区,最为典型的新型家庭类型包括隔代家庭、分离的核心家庭与流动家庭。

所谓隔代家庭,是指仅由祖辈和孙辈两代人共同生活而组成的家庭。这种家庭依据其产生原因可以分为父母辈亡故所造成的隔代家庭或者父母辈离异、常年外出打工所造成的隔代家庭。⑦ 在这样的隔代家庭中,父母辈与子女辈之间日常联系较为微弱,与未成年人长期一起生活的,主要为祖父与祖母,或者外祖父与外祖母。

所谓分离的核心家庭,是指由于部分家庭成员的流动,导致家庭成员间在大部分时间里都处于离散的状态,夫妻之间、父母与子女之间长期没有在一起共同生活的家庭。⑧ 分离的核心家庭的出现意味着中国数千年来相对稳定的农村家庭模式正在发生嬗变,这种类型的

① 魏舒婷:《传统家训》,黄山书社2012年版,第13页。
② 网址:http://news.xinhuanet.com/video/sjxw/2015-05/18/c_127814513.htm,访问时间:2017年1月9日。
③ 网址:http://finance.cnr.cn/gundong/20151109/t20151109_520438564.shtml,访问时间:2017年1月9日。
④ 赵朝峰:《中国当代社会史第5卷(1992—2008)》,湖南人民出版社2015年版,第512～513页。
⑤ 网址:http://news.hefei.cc/2015/1123/025824748.shtml,访问时间:2017年1月9日。
⑥ 网址:http://yjbys.com/diaochabaogao/809324.html,访问时间:2017年1月9日。
⑦ 蓝全普:《民商法学全书》,天津人民出版社1996年版,第555页。
⑧ 陆学艺主编:《当代中国社会结构》,社会科学文献出版社2010年版,第98页。

家庭只是徒有现代家庭的形式与外观,但却并不具备共同生活等家庭本质内容,各家庭成员长期处于分离状态,在日常生活中缺乏直接的面对面互动,只能依靠书信、视频、货币或者物品维持联系,家庭内部关系日益趋于一种形式化,亲情关系日益淡漠。①

而所谓流动家庭,即指因工作等原因,家庭成员一道处于经常性搬迁状态的家庭,典型特点在于父母将子女带在身边,而让子女在自己工作的城市读书。②

3. 小结

总体而言,作为社会存在的家庭,在由传统向现代的转变中,经历了一个"从身份到契约"的嬗变过程,申言之,在现代家庭中,身份因素尽管仍然存在,但较传统而言,身份的重要性不断降低,而契约的因素却在相应地提高。恰如英国法学家梅因所言,"'身份'这个字可以有效地用来制造一个公式以表示进步的规律,不论其价值如何,但是据我看来,这个规律是可以足够地确定的。在'人法'中所提到的一切形式的'身份'都起源于古代属于'家族'所有的权力和特权,并且在某种程度上,到现在仍旧带有这种色彩。因此,如果我们依照最优秀者的用法,把'身份'这个名词用来仅仅表示这一些人格状态,并避免把这个名词适用于作为合意的直接或间接结果的那种状态,则我们可以说,所有进步社会的运动,到此为止,是一个'从身份到契约'的运动"。③ 在由传统的一夫一妻制家庭向现代社会中大量涌现的丁克家庭、空巢家庭、单身家庭、隔代家庭、分离的核心家庭以及流动家庭的演化过程中,由身份所带来的束缚逐渐宽松,家庭逐渐向以婚姻契约为核心④建构家庭生活关系的方向发展。家庭的社会化变迁对于家庭在法律上的地位以及家庭财产观念的嬗变,都有着至关重要的影响。

(二)作为法律概念的家庭

在法制史上,家庭曾经长期具有法律主体资格。在罗马法上,罗马家庭是实质上的法律主体,罗马家庭的家父尽管享有强大的家父权,但实际上,其本质上乃是家庭这个集合体的意思机关与对外代表而言,罗马法意义上的家父行为其实就是家庭性的团体行为。就此而言,家庭才是罗马法真正意义上的常见法律主体,在家庭内部,唯有家父才享有对外交易等权能,而配偶、子子、奴隶等家庭成员,则屈从于家父的权力。⑤

而在中国古代,家庭也常常作为法律主体予以对待。例如,就古代税收与劳役而言,负担征税与劳役的直接主体一般而言并非个人,而系"户"。早在汉朝,我国便已经采取将农民固着于土地之上,采取"编户齐民"之策,借由统一的户籍制度统一管理居民,⑥并按照一家一户的原则来登记和管理户口,从而实行户赋与口赋将结合,即将按家庭征收的税与人丁税

---

① 吕青、赵向红:《家庭政策》,社会科学文献出版社2012年版,第291~292页。
② 许传新:《家庭教育:"流动家庭"与"留守家庭"的比较分析》,《中国青年研究》2012年第5期。
③ [英]梅因:《古代法》,沈景一译,商务印书馆1996年版,第97页。
④ 随着结婚自由原则与离婚自由原则的确立,婚姻不再是稳定的身份关系,而逐渐演变为具有浓厚契约因素的关系。(参见刘增:《婚姻契约观念的限度与嬗变——兼评中国婚姻立法及其司法解释》,吉林大学2012年度博士论文,第8~11页。)
⑤ [意]彼得罗·彭梵得:《罗马法教科书》,黄风译,中国政法大学出版社2005年版,第85页以下。
⑥ 刘敏:《论"编户齐民"的形成及其内涵演化——兼论秦汉时期"编户齐民"与"吏民"关系》,《天津社会科学》2009年第3期。

结合起来征收的算赋与征赋制度。① 尽管从现代视角来看,古代的"户"其实是一种家国一体主义之下,国家对以小块土地为经济基础的农民个体小家庭的一种法制化控制工具,②但就户所承担的义务来看,我国古代无疑是将户看作法律主体的,这表明,在我国古代,家庭也具有法律主体地位。

不过,随着梅因所言之"从身份到契约运动"的勃兴,家庭的法律主体地位逐渐遭到削弱,家庭的整体性不再被法律所承认,家庭成员个人逐渐获得了完全的权利能力与行为能力,以意思自治为价值导引,民法意义上的契约自由、所有权自由、婚姻自由、遗嘱自由与个人的过错责任观念逐渐获得青睐,③这便使得家庭不再作为一个具有整体性的法律主体存在于法律规范体系之中,在家庭法的范畴内,真正意义上的法律主体便只能体现为自然人。而家庭在绝大多数时候则只是被视为一种单纯的社会现象或者自然人在法律上的一种结合状态。

当然,家庭也并非任何时候都不具有法律主体资格。例如,我国《民法总则》第55条规定:"农村集体经济组织的成员,依法取得农村土地承包经营权,从事家庭承包经营的,为农村承包经营户",在该条款中,直接使用了具有传统特色的户的概念,在此处,尽管将农村承包经营户放到了自然人的规范体系之中,但根据《民法总则》第55条之表述,则不难看出,农村承包经营户并非自然人个人,而系特定的、承包一定集体土地用于农业生产的农村家庭。同时,尽管《民法总则》第54条规定:"自然人从事工商业经营,经依法登记,为个体工商户",似乎是认为个体工商户必然为自然人个人,但《民法总则》第56条却规定:"个体工商户的债务,个人经营的,以个人财产承担;家庭经营的,以家庭财产承担;无法区分的,以家庭财产承担"。这表明,个体工商户尽管在登记上通常登记的是自然人个人,但在责任意义上,个体工商户却是被视为家庭这个团体而获得相应的法律评价的,换言之,个体工商户实质上其实和农村承包经营户一样,都是家庭充当法律主体,一般由家庭财产充当户所负担之债务的一般担保的团体性法律主体。职是之故,尽管在现代家庭法体系中,家庭一般都不具有法律主体资格,不过在农村承包经营户与个体工商户这两种特殊情况中,家庭仍然保有其法律主体地位。

(三)家庭的本质

借由前述关于家庭历史变迁的考察,则不难发现,家庭的确是一个"历史范畴",家庭是人类社会发展到一定历史阶段的产物,而家庭的不同形态也总是不可避免地打上时代的烙印。④ 类比家庭随历史发展而演变出的种种时代现象,亦可尝试发掘家庭自身所固有的一种内在规定性,即家庭的本质。⑤ 就此而言,学界主要有以下观点:

---

① 张琳:《中国古代户籍制度的演变及其政治逻辑分析》,《河南师范大学学报(哲学社会科学版)》2012年第3期。

② 宋昌斌:《中国古代户籍制度史稿》,三秦出版社1991年版,第478页。

③ 罗思荣、陈永强:《民法原理导论》,中国法制出版社2011年版,第61~64页;李永军:《民法总论》,中国政法大学出版社2015年第3版,第31页以下。

④ 邓伟志、徐新:《家庭社会学导论》,上海大学出版社2006年版,第37页。

⑤ 程继隆:《中国宏观社会学》,长春出版社1990年版,第240页。

1. 血缘与姻缘关系说

该学说认为,所谓家庭,是指以血缘关系与婚姻关系为基础,所成立的经济组织,在这样的经济组织中,以血缘关系与姻缘关系为根基,各组织成员结合较为紧密的团体,共同生产、共同生活,以便以集体的力量抵御各种风险。①

2. 人口生产组织说

该学说认为,从人类家庭形态的发展历程上看,人类之所以制定了关于两性关系的种种禁忌,其主要目的就是为了保证人类种群在数量上的增多以及质量上的提高,因此,就本质而言,人类家庭存在的目的,主要是为了更好地进行人口生产,繁衍后代。因此,就本质而言,人类家庭存在的目的,主要是为了更好地进行人口生产,繁衍后代。职是之故,在此意义上,无论家庭形态如何变迁,则家庭都是以一定形式的经济为基础的人口生产组织。②

3. 人类感情物质体现说

该学说认为,所谓家庭,本质是上是建立在两性结合基础之上的团体性产物,这种结合以感情为基础,唯有感情的合致,家庭才有诞生的可能,而两性感情情况也就直接影响着家庭的建立与破裂。职是之故,"两性是否互爱是家庭的基础,也是家庭的本质"。③

4. 多层次说

该学说认为,对于家庭本质的认知,不能拘泥于特定的角度,而应当在多层次的视角上观察家庭,换言之,家庭本质是多层次的,家庭既是社会关系,是物质的社会关系,也是人本身生产的生产关系,家庭的本质就表现为这三种关系的统一。④

5. 家庭功能说

该学说认为,家庭的本质体现在家庭的功能中,主要包括:(1)群体成员之间身体上的扶养和照顾;(2)通过生殖和收养增加新成员;(3)儿童的社会化;(4)对成员的社会控制;(5)对食品和家事的生产、分配和消费;(6)通过爱来维护的道德和动机。⑤

6. 对诸学说的分析与思考

在展开对诸学说的分析之前,作为分析的概念性基础,仍然有必要理清何谓本质的问题。众所周知,本质这一范畴系现象的对立概念,其是指事物内在的、相对稳定的方面,其隐藏在现象后面并表现在现象之中。⑥ 黑格尔曾谓,"本质性在现象中出现,……现象恰恰不单纯是无本质的东西,而是本质的显现"⑦,因此,相对于丰富多彩的现象而言,本质具有相当程度上的稳定性与不变性。而根据本质的定义,前述关于家庭各种形态的历史变迁,事实上都是能算作家庭现象层面上的论述,而非家庭本质的探索,所谓"家庭是一个历史范畴"的观念,本身就是一种排斥本质性思考的纯粹现象层次的论断。职是之故,对于家庭本质的探索需要一种更为抽象的思维方式,以便剥离家庭在历史发展过程中的丰富外在现象,获取关于家庭本质的认知。

---

① 许万敬、刘向信主编:《家庭学》,山东友谊出版社1994年版,第43页。
② 许万敬、刘向信主编:《家庭学》,山东友谊出版社1994年版,第44页。
③ 许万敬、刘向信主编:《家庭学》,山东友谊出版社1994年版,第44页。
④ 许万敬、刘向信主编:《家庭学》,山东友谊出版社1994年版,第44页。
⑤ [加]大卫.切尔著,彭铜旆译:《家庭生活的社会学》,中华书局2005年版,第10页。
⑥ 冯契主编:《外国哲学大辞典》,上海辞书出版社2000年版,第34页。
⑦ 转引自张树斌:《绝对相对哲学》,陕西科学技术出版社2012年版,第93页。

倘若以本质的思维方式为标准审视前述诸种学说,则不难发现,各种学说均存在一定瑕疵。血缘与姻缘关系说的确探寻到了家庭组建方面最为典型的原因,即家庭成员之间之所以能够结成家庭,原因在于家庭成员之间要么具有血缘关系,要么具有婚姻关系。不过血缘与姻缘关系说对于家庭的判断仍然是历史性,其缘故在于,借由婚姻组建家庭是一个历史现象,例如,就现代社会而言,单亲家庭、同居家庭,便无须依靠婚姻便可以组建家庭,因此,血缘与姻缘关系说并未触及家庭的本质。

而人口生产组织说则把握了家庭的另一特点,即家庭具有人口生产的社会功能,家庭的组建,主要目的便在于人口的繁衍。尽管人口生产组织说具有较强的普适性解释效力,但对于某些特定家庭形态而言,仍然在解释上显得捉襟见肘。例如,对于丁克家庭而言,人口生产组织说便难以做出合理解释,因为丁克家庭根本没有人口生产意愿,故而其根本不应算作人口生产组织,但毫无疑问,丁克家庭也是家庭。从这一点上来看,人口生产组织说也未能阐明家庭的本质。

相对而言,人类感情物质体现说更关注家庭中的主观因素,认为家庭是人类情感的物质体现,家庭就是建立在两性感情基础之上的社会组织。该学说完全忽略了家庭的经济功能,并不足取。

而多层次说看似全面,但就本质而言,具有过分综合而使家庭本质的认知陷于主次不分的境地,故而应当予以修正。

家庭的本质不能够从功能去把握,但可以作为判断家庭的标准因素。同时,家庭的这些经济、情感的支持和身体上的照顾等功能在现代化的过程被众多社会主体大幅度取代或分解,家庭功能逐渐在缩小或弱化,因此,家庭功能说无法揭示家庭的本质。

倘若作严格分析,则会发现,家庭本质上是自然关系与社会关系的结合,而且在社会关系层面,也是多种社会关系的综合。在家庭中,不仅有自然关系意义上的两性性爱关系,也存在社会关系意义上的婚姻关系、血缘关系、人口生产关系、经济关系以及感情关系,[①]因此,家庭本质的解释应当在自然与社会的双重语境下获得相对稳定的理解。就此而言,笔者认为,本质意义上的家庭,系以自然意义上两性关系与血缘关系为基础,在社会关系层面所结成的经济组织。其缘故在于:

第一,在自然关系意义上,家庭源于两性的情感结合以及父母子女、兄弟姐妹之间的血缘关系。[②] 尽管在历史上也曾存在"父母之命,媒妁之言"这种相对漠视男女之间情感的婚姻形态,不过,从人类的总体历史趋势来看,家庭的根基仍然必须追溯至男女两性之间自然而朴素的情感上。唯其如此,方可解释家庭内部迥异于市场经济的利他性特点。而父母子女、兄弟姐妹之间的血缘关系也是家庭区别于其他经济主体的本质因素之一,血缘关系是由自然事实所带来的关系纽带。

第二,在社会关系意义上,家庭是社会的基本单位,任何独立的个人都居于特定的家庭关系之中,在家庭性的社会交往中,夫妻之间、父母与子女之间,在物质与精神方面都会形成相互联系与合作的关系。

第三,在诸多社会关系中,经济关系无疑具有举足轻重的地位。尽管在家庭内部,主要

---

① 柴效武:《经济主体、权利与资源配置》,浙江大学出版社2014年版,第64页。

② 程继隆:《中国宏观社会学》,长春出版社1990年版,第240页。

倡导利他性原则,但家庭确实一个非常基础的经济单位,"作为经济单位,家庭提供每天的食品、住所和衣服。如果家庭团体需要,每一个属于家庭的人都有义务通过其工作或通过其工资,来维持家庭生活"。① 职是之故,因家庭的存续与维持必须建立在一定的经济基础之上,故而家庭必须是一个经济组织。

因此,实质意义上的家庭是指不同自然人之间基于婚姻、血缘和法律拟制而产生特定的权利义务关系,以共同生活为目的,以同居共财为基本特征而形成的稳定共同体。② 有学者进一步认为,家庭的本质是一种事实上的利益结合体。因为亲属身份的共同生活关系秩序,本来就是事实性质的人伦秩序,这种事实的产生和消灭是亲属身份之得丧效果的发生根据。③婚姻家庭法应重视家庭的事实性而不是完全以法律的标准为判断基础,以事实婚姻基础的家庭不能因不符合法律判断标准就排除家庭范围之外。同时,在现代市民社会中,身份关系渐趋弱化,财产关系日益增强,传统亲属法的固有性能逐步消亡。基于此,现代婚姻家庭法在立法内容的重心本位上,已经或正在从亲属身份法向亲属财产法倾斜。④

二、家庭财产

尽管建立家庭必然带有缘于两性关系与血缘关系所带来的情感因素,但作为一个初级社会群体,⑤家庭也是一个带有浓厚经济职能的团体与组织,家庭必须在享有一定的物质财富的基础之上才能存续与发展,而这种物质财富基础,便是家庭财产。

(一)家庭财产的概念

对于家庭财产的理解,应当以属加种差的形式逻辑学方式展开,以便获得概念上的清晰印象。就此而言,家庭财产首先是一种财产,财产构成家庭财产"属"的性质。财产系法学、经济学等学科的核心术语,但其内涵却极为丰富,以至于难以用精炼的语词一言以蔽之,恰如英国学者格尔达特所言,"或许没有比给'财产'一词下一个精准且贴切的定义更困难的事情了"。⑥ 就此而言,不同法系对于财产的理解也呈现一定程度上的差异。例如,在大陆法系,德国民法典便只将有体物(Sachen)或者权利(Rechte)视为财产意义上的客体(Rechtsobjekte),⑦此种解释思路的特点在于,除有体物外,其他的具有经济价值的财产,都可以在

① 〔德〕卡尔·白舍客:《基督宗教伦理学(第2卷)》,静也、常宏等译,上海三联书店2002年版,第585页。
② 安宗林、肖立梅、潘志宝:《比较法视野下的现代家庭财产关系规制与重构》,北京大学出版社2014年版,第20页。
③ 吴天月、徐涤宇:《论身份的占有——在事实与法律之间》,《法商研究》2000年第6期。
④ 曹诗权:《中国婚姻家庭的宏观定位》,《法商研究》1999年第4期。
⑤ 吕青、赵向红:《家庭政策》,社会科学文献出版社2012年版,第2页。
⑥ 〔英〕威廉·格尔达特:《英国法导论》,〔英〕大卫·亚德里修订,张笑牧译,中国政法大学出版社2013年版,第79页。
⑦ Vgl. Kristian Kühl/Hermann Reichold/Michael Ronellenfitsch, Einführung in die Rechtswissenschaft, 2. Aufl., 2015, S. 106~107.

权利这一术语背景下获得理解,从而被纳入无体标的(Unkörperliche Gegenstände)之范畴。① 而对于普通法系而言,关于财产的理解则更富有历史韵味,其最初主要是指有形的物质,如土地、房屋、马匹、牛、家具、珠宝、画卷等等,②后来则又被定性为一种抽象意义上的支配排他性权利。而后,这种支配与排他性有遭遇了缓和,而被认为"对财产的享有并非为了享有者自身的利益,而是旨在增进国家的福祉(contribution to increased national wealth)"。③ 职是之故,妄图对财产下一个非常清晰的定义是徒劳的,不过,总的来说,"我们应该从最广泛的角度来理解个人财产的概念,所有能转移给他人,或能够用以偿还债务,或所有权人死后能传给其继承人的权利,都属于财产"。④ 在此意义上,所谓财产,即对人类有价值的权利。

不过,将财产定性为权利,则又存在令财产虚化之虞。众所周知,权利系道德与法律范畴意义上的一种观念,其具有浓厚的主观色彩。权利本质上系"主观意义上的法"(das Recht im subjectven Sinn),⑤其指向个人"主观意志上的可能性"(Möglichkeit eines willens)。⑥恰如德国法学家温得沙伊德所言,"法律秩序之旨趣在于依循某种价值调整人之意思(menschichen Wollens),而所谓权利,便是以法律关系为本座,而由法律秩序所赋予之意思所能支配的范围",⑦因此,权利之确定便是权利人意志所能作用的界域。而将财产定性为权利本身,则在逻辑上存在可供商榷之处,因为财产本质上应当解释为权利之客体,而非权利本身,否则,将财产与权利等同视之,将引发无穷无尽的诠释学循环,最终导致财产与权利互为解释的概念混淆状态。职是之故,笔者以为,仍然应当将财产与权利予以区分,将财产定位为权利的客体,从而在最宽泛意义上把财产视为一切可供交换的、有价值的有形或者无形的事物。

在此基础上,结合嗣前所论及的家庭的本质及其各种形态,则可以将家庭财产的概念界定为,供家庭存续与发展的,可供交换的、有价值的有形或者无形的事物。

(二)家庭财产的类型

依照不同的划分标准,可以将家庭财产划分为诸多类型。

1. 依照财产形态划分的家庭财产

以财产形态为标准,可以将家庭财产划分为有体物财产与无形财产。

(1)有体物财产

---

① Vgl. Kristian Kühl/Hermann Reichold/Michael Ronellenfitsch, Einführung in die Rechtswissenschaft, 2. Aufl., 2015, S. 107.

② [英]威廉·格尔达特:《英国法导论》,[英]大卫·亚德里修订,张笑牧译,中国政法大学出版社2013年版,第79页。

③ See Morton J. Horwitz, Transformation in the Conception of Property in American Law, 1780-1860, 40 U. Chi. L. Rev. 290 (1972—1973).

④ [英]威廉·格尔达特:《英国法导论》,[英]大卫·亚德里修订,张笑牧译,中国政法大学出版社2013年版,第80页。

⑤ Friedrich Carl von Savigny, System des heutigen Römischen Rechts, Erster Band, 1840, S. 7.

⑥ G. F. Puchta, Cursus der Institutionen, Erster Band, 4. Aufl., 1853, S. 9~10.

⑦ Bernhard Windscheid, Lehrbuch des Pandektenrechts, Erster Band, 3. Aufl., 1870, S. 86~87.

所谓有体物财产,是指以有体物为客体的财产,包括不动产与动产。对于家庭而言,其必须具有一定的有体物财产,方能维系家庭的运作,保障家庭的存续与发展。一般而言,一个家庭应当拥有自己的住宅,同时,住宅中也必须常备维系家庭运作的各种动产,如各种家用电器、各种家具、书籍、玩具、食品等等。家庭所拥有的有体物财产,一般构成保障家庭存续与发展的最基础物质条件。

(2)无形财产

对于某些家庭,尤其是某些富裕家庭而言,其家庭成员不仅拥有有体物财产,还享有很多无形财产,如知识产权、股权、债权、企业等等,这些无形财产构成了家庭财产的有益补充,使家庭财富的表现呈现丰富化的趋势。

2. 依照财产归属的不同所划分的家庭财产

(1)家庭成员个人所拥有的财产

在家庭中,构成家庭财产的不仅可能是家庭所共有的财产,也可能是家庭成员个人所拥有的财产。《婚姻法》第 18 条规定:"有下列情形之一的,为夫妻一方的财产:(一)一方的婚前财产;(二)一方因身体受到伤害获得的医疗费、疾人生活补助费等费用;(三)遗嘱或赠与合同中确定只归夫或妻一方的财产;(四)一方专用的生活用品;(五)其他应当归一方的财产",这表明,在家庭内部,并非家庭成员的一切财产都属于家庭成员所共有,仅以夫妻财产为例,则不难发现,夫妻一方结婚前便属于自己所有的财产、夫妻一方因身体受到伤害而获得的金钱、夫妻一方因遗嘱或者赠与而获得的制定由其单独所有的财产以及归属于夫妻一方专用,如轮椅、拐杖等财产,都属于夫妻个人财产。[①] 此外,倘若夫妻之间约定不采纳夫妻法定财产制,而采纳夫妻分别财产所有制,那么夫妻之间即不存在共同财产,家庭财产便各自归属于夫妻一方所有。[②]

(2)家庭成员共有财产

在家庭中,除归属于家庭成员个人所有的财产之外,其他财产应归属于家庭成员所共有,这部分财产便称之为家庭成员共有财产。以夫妻财产为例,根据《婚姻法》第 17 条的规定,在实行夫妻法定财产制的家庭中,"夫妻在婚姻关系存续期间所得的下列财产,归夫妻共同所有:(一)工资、奖金;(二)生产、经营的收益;(三)知识产权的收益;(四)继承或赠与所得的财产,但本法第十八条第三项规定的除外;(五)其他应当归共同所有的财产";同时,《最高人民法院关于适用〈中华人民共和国婚姻法〉若干问题的解释(二)》第 11 条与第 12 条又进一步规定:"婚姻关系存续期间,下列财产属于婚姻法第十七条规定的'其他应当归共同所有的财产':(一)一方以个人财产投资取得的收益;(二)男女双方实际取得或者应当取得的住房补贴、住房公积金;(三)男女双方实际取得或者应当取得的养老保险金、破产安置补偿费","婚姻法第十七条第三项规定的'知识产权的收益',是指婚姻关系存续期间,实际取得或者已经明确可以取得的财产性收益",这意味着,在婚姻关系存续期间,劳动报酬、从事生产、经营所得的收益、知识产权收益、因继承所得的财产(但遗嘱确定归一方所有的除外)、因赠与得到的财产(但赠与合同指明归一方所有的除外)、个人财产投资所得收益、住房补贴、住房公积金、养老保险金、单位福利、中奖所得、股票债券买卖所得收益等等,都属于夫妻共

---

① 蒋月、何丽新:《婚姻家庭与继承法》,厦门大学出版社 2013 年第 4 版,第 150 页。
② 蒋月、何丽新:《婚姻家庭与继承法》,厦门大学出版社 2013 年第 4 版,第 152 页。

有财产。在家庭成员只有夫妻双方的情况下,这些夫妻共有财产便构成家庭共有财产。同时,即使家庭中存在未成年子女,不过由于未成年子女通常并无完全民事行为能力,也并无财产,故而此时将夫妻共有财产称作家庭共有财产也未尝不可,只是此时的未成年子女对该家庭共有财产并无真正意义上的权利份额。而在未成年子女拥有个人财产的特殊情况,则不能将未成年子女的财产纳入家庭共有财产之列,而应当将之归于家庭成员个人所有的财产。

但从严格意义而言,家庭共有财产不同于家庭共同财产,家庭共有财产是共同共有性质的财产,这种共同共有是依据法律规定、协议或者习惯,而使用共同关系之数人,基于共同关系,而享有一物之所有权。① 共同共有的基础在于一定共同目的而形成的共同关系。家庭共有财产关系的基础建立在所有权之上,强调的是主体与财产之间的权利义务关系,而家庭共同财产是财产的联合,家庭成员财产之联合,其基础在于法定所认可的家庭伦理关系,而非所有权。家庭共同财产并非都是家庭共有财产,但家庭共有财产则是家庭共同财产的重要组成部分。未成年子女的个人财产属于家庭共同财产,但不必然属于家庭共有财产。在家庭共同生活期间,家庭成员共同劳动所得构成家庭共有财产,在法律没有明确规定实行家庭共有财产制的情况下,家庭成员的个人财产只有经过家庭成员的约定才产生家庭共有财产。家庭共有财产是指全体或部分家庭成员在家庭共同生活关系存续期间,对共同所得和各自所得的财产约定为共同所有的共有权利义务关系。②

3. 依照财产主体的不同所划分的家庭财产

(1)未成年人财产

在家庭内部,通常情况下,拥有财产的均系成年人。不过,在特定情况下,未成年人也有可能通过特殊的工作(如出演电视剧、电影)获得报酬,或者借由遗嘱继承、遗赠或者赠与而获得财产。在这种情况下,未成年人的财产系属家庭财产的组成部分,不过这部分财产应当归未成年人个人所有。

(2)成年人财产

除未成年人财产之外,其他财产均属成年人之财产,此系家庭财产最为常见之类型。

(三)家庭财产与其他近似范畴

1. 家庭财产与个人财产

前已述及,所谓家庭财产,供家庭存续与发展的,可供交换的、有价值的有形或者无形的事物。而与之相对应的,所谓个人财产,是指,归属于个人所有的,供个人存续与发展的,可供交换的、有价值的有形或者无形的事物。家庭财产与个人财产都属于财产的具体类型,不过两者仍然存在较大差异:第一,目的不同。家庭财产之目的在于维持作为整体的家庭的存续与发展,而个人财产则仅仅指向个人的发展,其目的在于维持个人生命的存续与事业等方面的发展。家庭财产的目的具有团体主义特点,而个人财产的目的则带有浓厚的自由主义属性。第二,归属不同。家庭财产分为家庭成员个人财产与家庭成员共有财产,前者为家庭成员个人享有所有权的财产,但受制于家庭的整体性利益;后者则为家庭成员所共有的财

---

① 王泽鉴:《民法物权》,北京大学出版社 2009 年版,第 255 页。

② 杨立新:《共有权理论与适用》,法律出版社 2007 年版,第 327 页。

产,而不直接归属于任何单一或者多个家庭成员。而非经约定共有的情形,个人财产以产权清晰的形式归属于特定个人。第三,法律处理不同。家庭财产在家庭关系存续期间,表现为整体性的财产集合形态,不过,在家庭解体的情况下,家庭财产中的共有部分则需要一个法律上的分割过程;而个人财产则自始至终都归属于特定个人,当然,该个人也可以将其个人财产让与他人,从而成为他人的个人财产;在特殊情况下,个人财产也可能与他人成立共有,只是与家庭财产所采纳的共同共有不同,个人财产的共有一般为按份共有。

2. 家庭财产与夫妻共同财产

从概念的外延上看,在核心家庭的范畴内,家庭财产与夫妻共同财产具有相当程度上的重合性,不过倘若仔细分析,则两大概念仍然存在诸多不同之处。首先,在家庭形态不同的情形下,家庭财产与夫妻共同财产的范围并不一致。在非核心家庭,如父母、兄弟姊妹共同生活未曾分家的大家庭情形中,家庭财产与家庭中的夫妻共同财产并不一致,此时的家庭财产包括父母的夫妻共同财产,兄弟姊妹之间的共同财产等等。如在联合家庭中,老一辈夫妻和少一辈夫妻作为家庭成员虽然共同生活,但不是一个财产单位,这时的家庭成员应进行约定才形成全部或部分财产构成家庭共有财产。此时,家庭财产的范围远远大于夫妻共同财产。其次,即使在核心家庭的情形中,夫妻共同财产是属于夫妻共同所有的财产,而家庭财产则不仅包括夫妻共同财产,也包括属于夫妻一方的个人财产,其外延仍然较夫妻共同财产为大。最后,在核心家庭的情形中,部分未成年人因受赠、继承、特殊工作等原因也拥有财产,这部分财产固然属于家庭财产,但却不属于夫妻共同财产。职是之故,尽管在日常事务中,夫妻共同财产常常与家庭财产高度重合,夫妻共同财产通常是家庭财产最为重要的组成部分,但仍然不能将两者视为同义词,而应当明确区分这两大概念。

综上,家庭财产,既存在积极财产,又包括消极财产,包括债务及其他负担;既包括实体财产,又包括财产性权利,如股票、有价证券、知识产权中的财产性权利等;既包括家庭成员的个人财产,又包括夫妻共有财产、部分家庭成员共有财产和家庭共有财产。

第二节　家庭本位主义与家庭财产

一、作为整体性概念的"婚姻家庭"

就学界的普遍认知而言,婚姻家庭通常被视为一项有机统一的整体性概念。[1] 恰如学者所言,"婚姻家庭是一种社会关系,而且是一种特殊的社会关系。婚姻家庭这种社会关系是建立在两性的结合和血缘的联系的基础上的"。[2] 而体现在实证规范层面,便是我国只有《婚姻法》而并无《家庭法》,有关家庭的调整尽归《婚姻法》相关条文所系属。不过仔细审视婚姻与家庭这两大概念,则会发现,前者本质上乃一项由作为法律行为的结婚所引致的,男

---

[1]　这一点尤其体现在我国的体系教科书中,如王洪的《婚姻家庭法》(法律出版社 2006 年版)、王明霞的《婚姻家庭法》(中国政法大学出版社 2008 年版)、杨大文的《婚姻家庭法》(中国人民大学出版社 2015 年版)、马忆南的《婚姻家庭继承法学》(北京大学出版社 2014 年版)、蒋月的《婚姻家庭法》(浙江大学出版社 2010 年版)等等。我国主流教科书中均倾向性地将婚姻与家庭作为一个具有整体性倾向的概念予以理解。

[2]　翁文旋、张剑芸:《婚姻家庭继承法》,知识产权出版社 2012 年版,第 3 页。

女两性意思表示一致且具有社会公示性的"法律—社会"关系。① 对于婚姻而言,法律所关注的核心在于丈夫与妻子之间相互权利义务关系的调整与规制,具有相对性、个体性与通常的无涉第三人性,而后者本质上乃是一个基本的社会单位,"家庭是缩小了的国家,而国家则是扩大了的家庭",②家庭本身是一个社团性概念,其具有整体性、排他性与关涉第三人的性格。而基于家庭的团体性格,家庭财产理应拥有有别于个人财产的调整原则。较之于个人财产保护而言,家庭财产保护关涉他人,包括家庭内部的家庭成员与家庭以外的其他第三人,其复杂程度远高于单纯的个人财产保护,这便要求将家庭,或者"婚姻家庭"作为一个相对独立的范畴与人之结合体,并以此为中心展开关于婚姻家庭财产的思考。

二、当代婚姻家庭财产法的基本态度:团体主义的褪色与个人主义的张扬

绝大多数婚姻家庭法学者均认为,婚姻家庭法基于自身的独特性,应当享有于民法之中的相对独立地位。例如,有学者认为,尽管民法的调整对象、基本原则、一般性规范等抽象而具有指导性的立法理念和价值取向使得婚姻家庭法将不可避免地成为民法体系的一部分,但由于婚姻家庭法调整对象的伦理性,身份性以及婚姻家庭法中所蕴含的公法性因素,将使得婚姻家庭法享有相对独立地位;③而婚姻家庭法向民法的回归也并不意味着私法自治将全面压倒婚姻家庭法的伦理性格,婚姻家庭法在民法中仍然具有独立地位。④ 不过也有学者认为,婚姻家庭法的相对独立地位其实对于婚姻家庭法的特殊性而言乃系妥协之举,民法裹挟着私法自治的异质性因素踏入婚姻家庭法疆土之时,其个人主体面向的自由理念将与婚姻家庭法保护家庭弱者权益、维护家庭安定性之旨趣产生不可调和的矛盾,并且从实际情况来看,自 20 世纪 80 年代肇始的婚姻家庭法"回归民法"之征途不仅没有实现民法与婚姻家庭法之间的整合,反而加剧了两者之间的矛盾,造成了家事领域自由泛滥的制度现象,故婚姻家庭法应当保持并发展婚姻法作为独立部门法的传统,将婚姻家庭法独立于民法是法学史的进步。⑤ 尽管学者之间的观点存在一些抵牾与各自的理论与价值偏好,但无可置疑的是,当代婚姻家庭法在回归民法的过程中,不可避免地受到了民法价值理念的影响,而在婚姻家庭法的财产领域,这一点体现得尤为明显。

在婚姻家庭财产法领域,长期存在着团体主义与个人主义的理念与制度之争。团体主义更为强调家庭作为一个整体的伦理价值,故而在家庭财产方面,团体主义的基础性原理便是不断将个人财产导向家庭财产中。团体主义在婚姻家庭法上的最为著名的例证便是已经

---

① 何丽新:《论事实婚姻与非婚同居的二元化规制》,《比较法研究》2009 年第 2 期。

② 范德章:《试论家庭财产制度的演变及发展趋势》,《河南师范大学学报(哲学社会科学版)》2007 年第 6 期。

③ 夏吟兰:《论婚姻家庭法在民法典体系中的相对独立性》,《法学论坛》2014 年第 4 期。

④ 雷春红:《婚姻家庭法的定位:"独立"抑或"回归"——与巫若枝博士商榷》,《学术论坛》2010 年第 5 期。

⑤ 巫若枝:《三十年来中国婚姻法"回归民法"的反思——兼论保持与发展婚姻法独立部门法传统》,《法制与社会发展》2009 年第 4 期。

遭遇废弃的"转化规则"。① 而个人主义则更为强调婚姻与家庭中的个人价值与个人利益。婚姻家庭财产法领域个人主义的张扬自然具有一定的社会基础。自社会学的角度而观之,现代家庭类型呈现多元化的趋势,单身家庭、独居家庭、配偶家庭、简单家庭、小家庭、基础家庭、直系家庭、主干家庭、扩大家庭、联合家庭、残缺家庭、不全家庭、不完整家庭、网络家庭以及最为常见的核心家庭使得现代社会中的家庭类型极为丰富多样;②甚至在传统上尊崇累世同居的我国农村地区,大家庭模式也没有成为民众的普遍选择,主要的家庭类型仍然是两代家庭或者三代家庭。③ 家庭本身呈现碎片化的趋势,逐渐不像前现代时期那样容易界定与把握。也正是因为这个原因,法律逐渐将规制的中心由家庭转向个人,同时通过婚姻关系的立法规制,以处理婚姻中个人之间的财产关系,这样做自然能够避免对面纷繁多样的家庭类型而需要设置复杂多样规则的不便,将规则设置的中心设定为个人无疑能够起到简化法律关系,便于分析法律问题的作用。尽管这一动向具有一定的社会基础,但也存在矫枉过正的倾向。

第一,这种个人主义式的家庭分析方法直接导致婚姻的社会连带性走向松散,婚姻契约观念由此而诞生,因为唯有将婚姻理解为契约,才可能将婚姻中的家庭成员之间人身关系与财产关系作个人主义式的民法分析。然而婚姻契约论是一项值得商榷的理论,我们可以将结婚行为解释为契约,但将婚姻本身解释为契约却极为牵强,例如黑格尔便认为,尽管婚姻并不像出生那样依自然而获得,乃是因当事人之间的合意而达成,但与财产契约不同的是,

---

① 最高人民法院曾于 1993 年出台《关于人民法院审理离婚案件处理财产分割问题的若干具体意见》,该意见第 6 条规定,"一方婚前个人所有的财产,婚后由双方共同使用、经营、管理的,房屋和其他价值较大的生产资料经过 8 年,贵重的生活资料经过 4 年,可视为夫妻共同财产",这一规则因违反民法物权法理而嗣后遭遇废除,但也有学者认为,转化规则符合我国最大多数夫妻双方的意愿,且从价值层面上来看,转化规则能在事前层面促进婚姻的稳定,因此应当在婚姻家庭法上恢复"转化规则"。详见贺剑:《论夫妻个人财产的转化规则》,《法学》2015 年第 2 期。

② 在社会学意义上,家庭的类型极为丰富,如单身家庭是指包括未婚独居、离婚独居和丧偶独居,以及虽有子女,但分室而居,分灶而食的家庭;独居家庭是指夫妻一方已经死亡的家庭,父母双亡的兄弟家庭,以及祖父或者祖母与孙子或者孙女组成的家庭;配偶家庭是指以配偶组合为主要特征的家庭,包括未生育的配偶、核心配偶和空巢配偶;简单家庭是指夫妻单独居住而没有生育子女以及虽然生育子女,但子女已经分家离去的家庭;小家庭是指夫妻和两个以下未婚子女的家庭;核心家庭是指夫妻和未婚子女组成的家庭;基础家庭是指夫妻和未婚子女或者未生育又未单独居住的子女一起生活的两代人家庭;直系家庭包括两代或者两代以上的夫妻组成的家庭,或者三代同堂的家庭;主干家庭是指夫妻和一对已婚子女的家庭,或者夫妻和已婚子女,并有了第三代人的家庭;扩大家庭是指夫妻和两对或者两对以上已婚子女,并且子女已经生育了第三代的家庭,或者在配偶家庭的基础上增加了其他家属的家庭,如同代扩大或者异代扩大;联合家庭是指父母和多对已婚子女以及已婚但未分家的兄弟家庭;残缺家庭是指作为家庭主体的夫妻关系残缺,即在一个家庭中完全不存在至少一对夫妻关系的家庭;不全家庭是指配偶中一方死亡或者长期失踪,或者父母双亡的未婚子女家庭;不完整家庭是指夫妻一方死亡或者离去而单独居住的家庭,或者父母双亡未婚子女生活在一起的家庭,网络家庭是指直系或者扩大家庭已经分家,但在经济上仍然保持相互帮助相互支援的紧密关系的家庭。不过也有学者认为,前述分类过分庞杂,故主张可以把家庭类型简化分类为七种,即单身家庭、简单家庭、两代家庭(核心家庭)、三代家庭(主干家庭,指夫妻与已婚子女并且已经生育了第三代人的家庭)、联合家庭(夫妻与两对以上已婚子女一起生活的家庭、已婚兄弟姐妹一起生活的家庭)、残缺家庭与特殊家庭。详见陈铭卿:《对家庭结构类型的探讨》,《社会学研究》1986 年第 6 期。

③ 王跃生:《华北农村家庭结构变动研究——立足于冀南地区的分析》,《中国社会科学》2003 年第 4 期。

结婚合意的效果乃是"当事人双方自愿同意组成一个人"，①而把婚姻理解为契约的观点无疑是粗鲁的，因为"根据这种观念，双方彼此任意地以个人为订约的对象，婚姻也就降格为按照契约而互相利用的形式"。② 尽管黑格尔的观念在现代看起来过分保守，但其洞见却提醒我们，将市场经济中常见的契约模式直接套用于家庭，将市民社会中的理性经济人假设直接代入家庭事务是值得反思与商榷的。

第二，个人主义婚姻观以及婚姻契约论等伴生性理论在将婚姻塑造为相对松散的个人契约关系之后，家庭财产领域也开始奉行物权法式的个人主义保护模式。2001 年《婚姻法》（修正案）及其司法解释几乎是一步一步践行着导引自民法的个人主义，例如，著名的《婚姻法司法解释三》第 7 条第 2 款便规定，婚后由父母出资为子女购买的不动产，产权登记在出资人子女名下的，视为只是对自己子女一方的赠与，该当不动产只能被认定为夫妻一方的个人财产。尽管这一条规定自民法角度而言具有一定正当性，③但从婚姻家庭法的角度来看，这一条文显然带有浓厚的个人主义色彩，其使得夫妻关系存续期间一方所获得的财产都具有逃逸出夫妻共同财产制的可能，从而削弱了家庭的共同财产基础。在个人主义的婚姻家庭财产观念下，家庭共有财产的范围呈现出萎缩的趋势，而伴随着家庭共有财产范围的缩减，家庭作为社会基本单位的地位也呈下降态势，家庭本身越来越被视为一系列亲属关系的松散联合，家庭中的个人成为了法律调整的最小单位与关注的最基本对象。而与之相随的便是，家庭越来越不被法律作为一个可以被作整体考量的财产法律实体，法律倾向于对家庭中的个人直接施加规制力与影响力，法律介入家庭的方式逐渐转变为一方面尽量承认家庭中个人依意思自治而达成的各种协议；另一方面，基于弱者保护的考虑，而直接针对弱者个人设定保护与救济机制。这一思维进路实际上还是因循的是民法个人主义的思维方式，即首先肯定个人的优先地位，然后再根据实际需要对个人利益予以限制。在民法个人主义的思维大行其道之时，婚姻家庭财产法中的家庭逐渐退居幕后，甚至在法律上呈现消亡的趋势。

三、家庭财产法价值取向批判：个人本位之否弃与社会本位之不足

考诸近代民法的崛起历史，则会发现，民法的崛起，事实上也是市民社会领域个人本位的法的崛起。在与封建法、教会法斗争的历史中，民法以个人本位为武器，假定社会乃是有意志自由、处境平等的个人所组成的共同体，进而强调法律，尤其是私法应当以维护个人利益为基点。④ 近代民法凭借罗马法复兴以及嗣后兴盛的历史法学与潘德克顿法学而取得了法学与立法上的优越地位：在法国，《法国民法典》以自由、平等与博爱为原则塑造了个人权

---

① ［德］黑格尔：《法哲学原理或自然法和国家学》，贺麟译，商务印书馆 1979 年版，第 177 页。
② ［德］黑格尔：《法哲学原理或自然法和国家学》，贺麟译，商务印书馆 1979 年版，第 177 页。
③ 谢潇、王雨：《〈婚姻法解释（三）〉第七条之正当性——基于法解释学与立法论的进路》，《湖南科技学院》2012 年第 7 期。
④ 李志刚：《公司股东大会决议问题研究：团体法的视角》，中国法制出版社 2012 年版，第 77～78 页。

利保护的民法体系①,而在德国,法学家们更是在"民族精神"说②的感召下从罗马法中寻求到形式理性民法的戒律。然而在这一进程中,由于家庭法为习惯法与教会法所占据,且由于近代欧洲各国与罗马在家庭方面的差异性,因此罗马法中的家庭法便未如其财产法那样获得全面而广泛的继受。家庭法自始至终均系属带有浓厚日耳曼性格的习惯法与带有浓厚宗教因素的教会法。③ 不过历史的戏剧性便在于,宗教改革之后的世俗化思潮使得婚姻家庭领域尽管并无罗马法素材可供直接继受,但却承继了罗马财产法的精神,而开始走向自由与非伦理化。在罗马法继受的过程中,民法学说结合自然法学上的天赋人权观念,径行以罗马法上的理性家父为原型构造市民社会中作为平等主体的"人",塑造了适应资本主义市民社会发展的法的个人本位观念。这一点诚然乃历史与法律的进步,但在将罗马法继受成果径行推理与演绎至家庭法领域时,却存在一系列理论上深值商榷之处。

首先,民法建立在罗马法,尤其是罗马财产法继受的基础之上,在近代民法塑造个人本位观念时,事实上其背后隐藏的法权模型乃是作为平等主体的市场经济中的商人之间的社会关系。而直接将该法权模型适用于家庭显然是存在疑问的。因为即使在欧洲,婚姻家庭法的直接渊源仍然应该是具有较强伦理性格的日耳曼法。④

其次,在民法塑造个人本位观念时,其所常用的理论分析模型是市民社会与政治国家之间的分离与对立,这一对分析范畴因马克思的分析与批判而获得了广泛的理论共鸣。不过仔细分析市民社会与政治国家两大范畴,则会发现,在黑格尔那里,并非我们常常所提起的"市民社会—政治国家"的二元对立,而系"家庭—市民社会—国家"的三元对立,在《法哲学原理或自然法和国家学》第三篇"伦理"中,黑格尔设置了三章,分别为"家庭"、"市民社会"与"国家"。⑤ 在这三个伦理层次中,三者各自奉行不同的原则与精神,具体而言,依黑格尔的见解,"作为精神的直接实体性的家庭,以爱为其规定";⑥而由于"具体的人作为特殊的人本身就是目的;作为各种需要的整体以及自然必然性与任性的混合体来说,他是市民社会的一个原则",⑦因此,在市民社会中,个人均以自己为目的,而以他人为手段,利己,而非爱,才是市民社会的根基性理念。

最后,在国家层面,由于国家是客观精神,个人只有成为国家成员才具有客观性、真理性

---

①　See A. C. Wright, Introduction to French Civil Law, Jurid. Rev., Vol. 46, 1934, p. 316~323.

②　德国法学家萨维尼认为民法的渊源必须从"民族精神"中去寻找,而为历史所选择的罗马法,则是"民族精神"的凭依之处。See Andreas Rahmatian, Friedrich Carl von Savigny's Beruf and Volksgeistlehre, J. Legal Hist., Vol. 28, 2007, p. 1~30.

③　在罗马法复兴时期,财产法领域对罗马法的继受较为彻底,不过婚姻家庭领域则一方面主要适用各地的日耳曼习惯法,另一方面,教会法关于婚姻家庭的规定则成为全欧洲天主教地区的一般法。详见彭小瑜:《教会法研究》,商务印书馆 2011 年版,第 17 页;H. シュロッサー『近世私法史要論』(有信堂,1991年)21 页。

④　"伦理性"的日耳曼法在德国法上对社会法、团体法、家庭法等领域的影响极为深厚,其所奉行的"有机体理论"甚至一度对"非伦理性"罗马——潘德克顿法理论造成了极大的威胁。详见村上淳一『ゲルマン法史における自由と誠実』(東京大学出版会,2014 年)1 页以下。

⑤　[德]黑格尔:《法哲学原理或自然法和国家学》,贺麟译,商务印书馆 1979 年版,第 175、197、253 页。

⑥　[德]黑格尔:《法哲学原理或自然法和国家学》,贺麟译,商务印书馆 1979 年版,第 175 页。

⑦　[德]黑格尔:《法哲学原理或自然法和国家学》,贺麟译,商务印书馆 1979 年版,第 197 页。

与伦理性,而在国家层面上,单个人的意志并不会获得绝对尊重,①申言之,对国家与公共利益的服从奉献,才是国家层面上人的最高原则。尽管在马克思的分析中,基于对资本主义批判的考虑,马克思将家庭关系贬斥为赤裸裸的金钱关系,②但考虑到马克思的资本主义批判背景,我们应当认为,马克思通过将家庭关系解释为金钱关系,进而推导出家庭与市民社会的同质性,最后市民社会吸收家庭的结论不能直接适用于当代我国的社会实际,换言之,"市民社会—政治国家"的二元对立理论架构在我国当代国情之下,仍然应当还原为"家庭—市民社会—国家"三元对立理论框架。

在古典的三元对立理论框架下,仍然应当承认,较之于市民社会与国家而言,家庭仍然具有以家庭为范畴的"私的利他性"这一本质规定性,这与市民社会以个人为依归的彻底利己性以及国家以公共利益为中心的利他与奉献性存在明显差异。

当然,从民法本身的演进来看,个人本位也并非没有非议与损益。虑及个人本位之弊,现代民法开始逐渐主张一种社会本位观念,该观念认为,个人主义发达之结果,已然在不知不觉中酿成诸多流弊,而法律之最终目的并不仅限于于个人权利之保护,而应系于社会生活之安全与健全。③ 民法的社会本位观之旨趣,在于通过法律的原则与规则设置,以矫正私法自治中的经济上的强者欺压经济上的弱者的异化现象,由此而推之,消费者权益保护、劳动者权益保护逐渐自近代民法的抽象平等保护中分化出来,社会本位的经济法、劳动法开始以新型部门法的姿态介入到民法固有的调整对象之中,而民法也依据社会本位的思想将经济法、劳动法等法律部门作为民法的有力补充,从而尽量克服与避免个人本位所带来的弊端。不过,在这一社会本位思想的推进过程中,由于家庭不属于通常意义上的社会,或者说市民社会的范畴,家庭成员的利益通常也不能被解释为社会公共利益,故而仅就理论影响而言,家庭并未获得社会本位思潮太多恩泽。同时,就我的特殊国情而言,随着市场经济的发展,市场逻辑获得了普遍权威性,反映到我国婚姻家庭法领域的,则是存在一种十分明晰的消解家庭法的伦理性与特殊性,力图将民法的基本原则与价值观直接贯彻入家庭法之中的立法倾向与理论动向。

不过,即使是经过社会本位损益的民法,直接作用于家庭法,仍然存在一些理论障碍。例如,家庭中的一些成员,如老人、妇女与儿童,与消费者以及劳动者相似,亦属弱者之列,但以传统的社会本位介入家庭却存在一定疑问,其缘故在于,社会本位本质上乃是在批判个人本位基础上所提出的个人对社会共同体负有义务的论理性观念,④社会本位在理论预设与价值取向上与家庭并无太多关联,其本质上乃是在市民社会的背景下,一方面承认市民社会成员的平等与自由,另一方面,为了市民社会的稳定性,而对个人的自由克加义务性负担的折中性思想,这种社会本位的观念集中体现为作为民法基本原则的公序良俗与诚实信用。⑤因此,社会本位也并非可直接推用至家庭领域的基础性观念。

---

① [德]黑格尔:《法哲学原理或自然法和国家学》,贺麟译,商务印书馆1979年版,第253~255页。

② 马克思在批判资本主义的过程中,认为,由于资本主义异化了家庭,因此"资产阶级撕下了罩在家庭关系上的温情脉脉的面纱,把这种关系变成了纯粹的金钱关系。"参见马克思、恩格斯:《马克思恩格斯全集·第四卷》,人民出版社1958年版,第469页。

③ 胡长清:《中国民法总论》,中国政法大学出版社1997年版,第43页。

④ 彭熙海:《民法的社会本位观》,《求索》2004年第8期。

⑤ 王卫国主编:《民法》,中国政法大学出版社2012年第2版,第11页以下。

　　客观来说,我国的婚姻家庭法在人身关系领域保持了较好的相对独立地位,凭借一系列原则,如男女平等原则,保护妇女、儿童和老人的合法权益原则以及学理上承认的儿童最大利益原则等等,婚姻家庭法在人身关系领域最大限度地抑制了民法式的市民社会与市场经济逻辑,较为注重男女平权、儿童成长与老人赡养等问题;①但在财产关系领域,家庭法却逐渐在丧失相对独立地位。前述提及的立法及司法解释的变化均显示现阶段的家庭财产法均是在用民法式的个人主义观念在分析家庭财产问题。以近年来成为焦点的夫妻共同债务问题为例,我国《婚姻法》第41条原本规定"离婚时,原为夫妻共同生活所负的债务,应当共同偿还",这条规定无可厚非,基本是基于家庭的整体性而作出的规定,但《婚姻法司法解释(二)》第24条却进一步规定,"债权人就婚姻关系存续期间夫妻一方以个人名义所负债务主张权利的,应当按夫妻共同债务处理。但夫妻一方能够证明债权人与债务人明确约定为个人债务,或者能够证明属于婚姻法第十九条第三款规定情形的除外",这条则完全是无视家庭整体性而依民法式的个人主义交易安全观念而诞生的规则。依照《婚姻法司法解释(二)》第24条,债权人不仅被免除了在《婚姻法》第41条中隐含的需要证明夫妻一方以个人名义举债系为家庭共同生活的证明责任,反而是非举债方的夫妻另一方若想免责则必须证明其家庭实行财产分别所有制或者事前有明确约定,这显然对非举债方的夫妻另一方十分不利,因为其完全有可能在不知情的情况下,例如虽然未离婚,但已经长期分居;或者举债一方非为共同生活而举债;或者举债一方虽然为共同生活而举债,但却轻率举债等等情形中无端背负上沉重的债务。倘若我们将家庭奉为一个具有整体性的团体,那么夫妻因婚姻而组建家庭,不仅意味着身份上的共同生活,经济上亦应合二为一,才能形成名副其实的婚姻生活,②而在举债问题上,由于举债,尤其是巨额举债属于明显超出日常家事代理权的事项,因此倘若夫妻一方乃是以自己名义对外举债,那么势必对家庭产生直接利害关系,对此,家庭成员,尤其是夫妻另一方理应享有知情权与同意权,倘若没有获得夫妻另一方的同意,那么将这类债务直接推定为家庭性的夫妻共同债务,则属于对家庭财产的一种侵夺。就此而言,《婚姻法司法解释(二)》第24条只是单纯出于商业便利与交易安全的考虑,而维护了债权人的利益,并未站在家庭的立场上考虑债务对家庭财产基础以及家庭稳定的冲击,而只是简单依照民法的基本原理,保护了家庭以外作为善意第三人的债权人的利益,但却从未考虑为债权人设置相当程度的注意义务(即令债权人在放债之时,应当负有确认夫妻非举债一方意思的义务)从而导致家庭财产为本不应由其提供担保的家庭成员个人债务提供一般担保,成为事实上的家庭成员个人债务的责任财产。

　　直至2018年,最高人民法院方意识到《婚姻法司法解释(二)》第24条所存在的问题,颁行了具有改弦易辙性质的新司法解释——《最高人民法院关于审理涉及夫妻债务纠纷案件适用法律有关问题的解释》。该司法解释第1条规定:"夫妻双方共同签字或者夫妻一方事后追认等共同意思表示所负的债务,应当认定为夫妻共同债务。"由此承认了"共债共签"原则;其第2条规定:"夫妻一方在婚姻关系存续期间以个人名义为家庭日常生活需要所负的

---

　　① 周安平:《对我国婚姻法原则的法理学思考》,《中国法学》2001年第6期;王雪梅:《儿童权利保护的"最大利益原则"研究(上)》,《环球法律评论》2002年冬季号;冯源:《论儿童最大利益原则的尺度——新时代背景下亲权的回归》,《河北法学》2014年第6期。

　　② 何丽新:《论婚姻财产权的共有性与私人财产神圣化》,《中州学刊》2013年第7期。

债务,债权人以属于夫妻共同债务为由主张权利的,人民法院应予支持。"由此正面指出,家庭日常生活需要所负债务应归于夫妻共同债务;最为重要的是,该司法解释第 3 条规定:"夫妻一方在婚姻关系存续期间以个人名义超出家庭日常生活需要所负的债务,债权人以属于夫妻共同债务为由主张权利的,人民法院不予支持,但债权人能够证明该债务用于夫妻共同生活、共同生产经营或者基于夫妻双方共同意思表示的除外。"由此承认,超出家庭日常生活需要的巨额债务并不当然属于夫妻共同债务,除非债权人能够证明这项巨额债务用于夫妻共同生活、共同生产经营活动或者该巨额债务为夫妻双方所共同原意承担之债务,在新司法解释的规范框架下,债权人负担了较为沉重的证明责任,由此彻底终结了《婚姻法司法解释(二)》第 24 条原本所具有的过于宽泛认定夫妻共同债务的弊端,深值赞同。

无独有偶,曾经在法学界与社会层面引起热议的《婚姻法解释三》第 7 条第 2 款之所以具有如此巨大的争议性,其症结点在于,该条款其实将夫妻一方在婚后所得的财产在未有赠与方明确意思的情形下,仅依登记这一外观便推定为一方的个人财产;这无疑破坏了家庭财产的统一性,缩小了夫妻共同财产的范围。这一条款背后的逻辑乃是民法物权法的登记外观主义与公示公信原则,但却没有注意与回应婚姻家庭财产法的特别需求。

由前述两个例子可以看出,在我国婚姻家庭财产法领域,民法财产法原理的运用带来了影响家庭安定的不利性因素。因此,家庭财产法应当寻求个人本位与社会本位之外新的价值基础,以便在价值上抵御个人本位,并且在实益上更好地维护家庭稳定,平衡家庭成员之间的利益与保护家庭成员中的弱势一方。

四、家庭本位的婚姻家庭财产法:由"个人"向"家庭"的复归

基于前述论证,对于家庭财产法而言,个人本位与社会本位均不应成为家庭财产法的本质性规定。在家庭财产法领域,应当适度向团体主义复归,唯其如此,婚姻家庭财产法才可寻求到妥当的理论坐标。因应于"家庭—市民社会—国家"结构的复原性发现以及家庭范畴内"私的利他性"原则,笔者认为,家庭财产法应当成为家庭本位的法。

(一)家庭本位的基本理论预设与价值选择:"私的利他性"原则

个人本位与社会本位其实都是市民社会内部的价值观念,而家庭作为与市民社会存在差别的社会存在,理应拥有自己的本位,婚姻家庭法应当以家庭为本位。就价值取向而言,个人本位与家庭本位在应然层面上的伦理倾向存在对立,前者以个人利益为导向,后者则不可避免地更注重家庭整体性的利益。

家庭本位所预设的价值基础在于,在家庭内部的交往与生活中,经济理性并非首要因素,对于家庭而言,在家庭存续期间,维护家庭的安定性与家庭作为一个团体的整体性利益,应当成为家庭各成员所应遵循的第一要义。在家庭内部,各家庭成员之间按照"私的利他性"原则进行交往,申言之,一方面,家庭成员之间的交往并非市民社会式的完全利己模式,家庭成员之间的行为动机,在应然意义上系属利他之举,家庭成员的家庭内部行为不应以满足个人利益为第一需要,而应当以有益于家庭整体性利益与家庭其他成员为出发点;另一方面,家庭成员的利他倾向也并非博爱,这种利他性仅仅局限于家庭内部,因此具有私人性。而在家庭对外关系方面,家庭本位认为,家庭成员以家庭名义所为的,经具有行为能力的家庭成员所同意的外部行为系属当然的家庭性团体行为,家庭作为一个整体对外享有权利,承

担义务殆无疑义,不过,家庭成员仅以自己名义所为的外部行为,则不应当一概视为家庭性团体行为。基于"私的利他性"原则,此时家庭成员的行为难谓完全出于家庭整体性利益之考虑所为,因此,除非有明证得以证明家庭成员仅以自己名义所为的外部行为本质上系基于"私的利他性"考虑所为的有利于家庭整体性利益的行为,否则,家庭成员以自己所为的外部行为只能被作为个人行为予以对待,其责任财产仅限于个人财产以及在家庭共有财产中属于个人的份额。

(二)私法自治与国家干预:家庭本位的两个面向

从实证的角度上看,以"私的利他性"为定在的家庭本位并非每一个家庭所恪守的自然原则,事实上,即使在家庭内部,奉行个人主义的利己性现象在日常的家庭成员交往中并不罕见,例如个别家庭成员在消费上的铺张,转移或者隐匿家庭共有财产以便为个人所独立支配,虚构家庭共同债务诈害其他家庭成员等等。不过对于法律而言,存在绝非直接意味着合理,法律在很大程度上并非对现实的奴仆式描述,而是在生活事实的基础上展现着自己所蕴藏的立法者意志。[①]

就私法自治层面而言,家庭成员行为似乎应当归属于家庭内部调整,因为家庭具有固有的私密性,[②]家庭内部的交往以及家庭成员的对外行为都具有私人性,因此,在这一维度,家庭与个人具有高度的价值倾向一致性,由此所延展出的观念便是家庭自治与个人的意思自治。然而,仔细审视这两种观念,则会发现,其实二者存在根本性不同。家庭自治系属团体自治,这种团体自治的旨趣在于排除国家力量对家庭事务的干预,从而令家庭事务得以由家庭成员自己支配,而个人的意思自治则并非团体自治,其要义在于个人可依凭自己之意志,而选择为或者不为一定行为。作为团体自治的家庭自治与依凭个人意志的个人自治其实存在不可调和的龃龉,因为在一个长期而稳定的团体内部,基于亲子关系中父母的天然强势、部分家庭成员经济与社会地位等方面所具备的优势等等,团体内部总会形成一定的权力结构,在这一个团体中,个人意思常常会遭到团体中较为强势一方的压制。

正因为如此,国家干预常常为了保护家庭中个人意思与个人利益受压制一方而介入到家庭之中。现代家庭法中蕴含着浓厚的国家干预与公法因素,在现代家庭法中,尽管家庭在很大程度上仍然享有自治的空间,但基于家庭整体利益乃至国家利益的考虑,国家开始越来越多地介入到家庭生活之中。例如,《世界人权宣言》《经济、社会、文化权利公约》以及《公民和政治权利公约》均明文规定,家庭系天然的和基本的社会单元,应受到社会和国家的保护。[③] 在此趋势之下,学界也开始反思仅将家庭视为私法范畴的传统理论,例如 Freeman 便认为,倘若要塑造一种具有批判性的新家庭法理论,并为国家权力介入家庭提供正当性说明,那么很显然"家庭法批判理论的根基便是公法与私法的二分法";[④]而 Nikolas Rose 则在分析两派关于国家公权力介入家庭的学说基础上认为,也许我们应当为了一些特定利益,如

---

① 谢晖:《法律的意义追问——诠释学视野中的法哲学》,商务印书馆 2003 年版,第 87 页以下。
② [法]桑格利:《当代家庭社会学》,房萱译,天津人民出版社 2012 年版,第 4 页。
③ 夏吟兰:《论婚姻家庭法在民法典体系中的相对独立性》,《法学论坛》2014 年第 4 期。
④ See M. Freeman, Towards a Critical Theory of Family Law, Current Legal Problems Vol. 38, 1985, p. 153.

家庭生活、子女抚养、性别权益、健康与卫生乃至家庭的幸福与满足而承认各种介入到家庭中的国家权力形式，这种权力介入的方式将超越传统的公法与私法的划分方法，不是以社会性的支配与控制，而是以服务性、照顾性与指导性的方式促使家庭走向良性发展的轨迹。① 从我国实证法体系来看，我国也基于此等价值考虑，颁行了《妇女权益保障法》、《未成年人保护法》与《反家庭暴力法》等法律，这说明自较为宽泛的角度而言，我国婚姻家庭法已然具有了较多的公权力介入的因素。

不过必须指出的是，当前国家干预更为注重人身领域的特别保护，而相对忽视财产领域的规制。尽管人身保护极为重要，但财产的重要性也不容忽视。法国 19 世纪伟大的两位民法学家奥布里和劳甚至将广义上的财产视为人格，故而法国民法上亦有"无财产既无人格"之格言，由此可见财产之于人的重要性。② 有鉴于此，家庭财产不宜单纯以民法性的私法思维予以处理，立法者不应对家庭中的纯粹个人利益予以让步，而应当着力实现家庭内部成员之间利益的平衡。对于立法者而言，家庭本位下家庭整体利益之维护应当优于纯粹个人利益之保护，在家庭财产处理问题上，立法者应当借由规则的合理设计，促使"私的利他性"原则得到认同与推行，从而避免婚姻家庭领域的观念分裂现象，即在人身领域重视婚姻家庭法的伦理性，而在财产领域则过分关注民法式的市场经济逻辑。

（三）交易安全与家庭财产安全：基于家庭本位的妥当性安置

现代民法普遍重视交易安全。狭义的交易安全主要是指保护相信具有交易性质的法律行为成立并生效的交易主体的信赖③，而广义的交易安全则可以提升至民法原则的层面，意指对市场经济中交易主体的合理信赖予以周全保护，当交易主体的合理信赖与真实情形并不相符时，则法律为了保护这种合理信赖而仍然使与真实情形不相符的情形发生相当于真实情形的法律效力。在交易安全理念下，民法诞生了诸多制度，例如善意取得、不动产登记的公信力制度等等，其基本逻辑在于，在市场经济交往中，当静的利益，即原权利人的利益与动的利益，即善意第三人的利益之间发生矛盾时，法律应当在两种利益之间做出取舍，并优先保护善意第三人的利益。④

交易安全理念无疑具有十分重要的地位，其对于市场经济秩序的安定性与保护善意第三人利益具有非常明显的功效。尽管在微观层面上，交易安全理念确实存在牺牲真正权利人利益的价值倾向，但从宏观角度而言，对交易安全的保护能够大大降低市场经济交往中的风险与成本，巩固市场交易主体之间的信赖关系，促进市场经济的繁荣与发展，故而交易安全理念在市场经济异常发达的现代社会中无疑具有正当性。

不过，恰如前述在分析《婚姻法司法解释（二）》第 24 条与《婚姻法司法解释三》第 7 条第 2 款所显示的那样，在婚姻家庭财产法领域，交易安全存在过分扩张的倾向，从而损害了家

---

① See Nikolas Rose, Beyond the Public/Private Division: Law, Power and the Family, 14 J.L. & Soc'y, Vol. 14, 1987, p. 74.

② 尹田：《无财产即无人格——法国民法上广义财产理论的现代启示》，载尹田：《法国物权法》（第二版），法律出版社 2009 年版，第 563～564 页。

③ 丁南、贺丹青：《民商法交易安全论》，《深圳大学学报（人文社会科学版）》2003 年第 6 期。

④ 张淞纶：《关于"交易安全"理论：批判、反思与扬弃》，《法学评论》2014 年第 4 期。

庭财产安全。所谓家庭财产安全,系指家庭作为一个整体,对能够维系一个家庭之存续所必要的物质与财富的安定性需求,而根据家庭财产安全观念,家庭成员所为的内部行为与对外行为都应当顾及家庭的整体性利益,同时,家庭之外的社会其他主体,也应当对他人家庭之家庭财产安全负有必要的注意义务。仍旧以最为典型的《婚姻法司法解释(二)》第 24 条为例,该司法解释是交易安全过分扩张的典型体现,因为本质上,在夫妻一方以个人名义在另一方不知情的情况下举债的情形,债权人与债务人的配偶其实都是"善意第三人",不同之处在于,债权人作为善意第三人,其所主张的,是基于市场经济秩序稳定性的交易安全,而债务人的配偶作为债权债务关系当事人之外的善意第三人,所认同的,则是基于家庭安定性的家庭财产安全。究竟是否应当让债务人的配偶作为共同债务人,承担连带责任,则主要系于应当如何衡量两种安全利益以及如何分配交易中的风险。笔者以为,在类似债权人与夫妻一方单独结成债权债务关系等情形,债权人其实是更能支配与防范风险的一方,因为债权人只需要让夫妻一方提供另一方同意该债权债务关系结成的合理证据或者通知另一方共同作为债务人即可,相比之下,尽管配偶在一般生活观念中系与作为债务人的配偶朝夕相处之人,但就风险防范而言,配偶并无特别方法能够阻止夫妻一方以个人名义暗中结成债权债务关系。此外,倘若推定性地将夫妻一方以自己名义所负担的债务认定为夫妻共同债务,而完全免除债权人的合理审查义务,则无疑会助长夫妻一方为骗取家庭财产或者夫妻另一方个人财产的道德风险。最高人民法院其实对《婚姻法司法解释(二)》第 24 条也存在疑虑,故而在 2017 年 2 月 28 日出台了补充规定,明确规定虚构债务以及夫妻一方以个人名义因赌博、吸毒等违法犯罪所负担的债务不纳入夫妻共同债务的范围①,但这些规定仅仅只是欠缺可操作性的实体性规则,而根本未曾触及该条款所固有的在交易安全与家庭财产安全取舍,以及风险合理分担方面的痼疾。直到 2018 年颁布《最高人民法院关于审理涉及夫妻债务纠纷案件适用法律有关问题的解释》之后,前述问题才获得相对合理的解决。

依笔者拙见,在涉及类似《婚姻法司法解释(二)》第 24 条所规定的交易安全与家庭财产安全存在冲突的情形,基于家庭本位与风险的合理分配之考虑,应当优先考虑维护家庭的整体性利益与家庭财产安全,家庭之外的第三人通常只能对作为其交易对象的家庭成员的个人财产及其在家庭财产中的份额主张权利,唯有在第三人能够证明该家庭成员尽管系以个人名义而承受债务或者其他负担,但其目的是用于家庭生活;或者第三人能够证明其他有行为能力的家庭成员对该家庭成员的个人行为表示同意的情形,因该家庭成员的个人行为已经转化为以家庭为单位的团体行为,此时由家庭(包括作为行为的家庭成员与其他家庭成员)承担该行为的法律后果,自然并无不当。

此外,做出家庭财产安全优于交易安全价值判断,也源于对家庭中处于相对弱者地位的女性保护理念。从女性主义法学的角度来讲,现行的婚姻家庭财产法及其司法解释所隐含

---

① 最高人民法院 28 日公布《最高人民法院关于适用〈中华人民共和国婚姻法〉若干问题的解释(二)的补充规定》,针对司法实践中出现的涉及夫妻共同债务的新问题和新情况,强调虚假债务、非法债务不受法律保护。补充规定在《最高人民法院关于适用〈中华人民共和国婚姻法〉若干问题的解释(二)》第二十四条的基础上增加两款,分别作为该条第二款和第三款:"夫妻一方与第三人串通,虚构债务,第三人主张权利的,人民法院不予支持。夫妻一方在从事赌博、吸毒等违法犯罪活动中所负债务,第三人主张权利的,人民法院不予支持。"网址:http://news.xinhuanet.com/2017-02/28/c_1120543576.htm,访问时间:2017 年 2 月 28 日。

的抽象理性人假设及其规则缺乏性别分析视角与弱者权益保护的精神,其更加强调财产的抽象无差别保护,而无视在家庭这样的社会连带组织与命运共同体中,财产所应当负有的家庭义务。在女性主义法学看来,法律的性别为男,包括民法在内的绝大多数法律都是建立在特定的男性偏见基础之上。① 在传统的社会学、经济学与法学视野中,女性先前作为劳动者总是跟在后头,胆怯并踌躇着,一味只想隐藏起来而别无他求;如今尽管她开始大步向前,但这个"第三者——一个在马克思关于劳动者和资本家(这两者都是男性)的交易关系的学说中未被特别提及的人物——"也只是"正背着日用品、婴儿和尿布,唯唯诺诺,紧随其后"。② 而女性主义的崛起有助于实质意义上的社会正义的实现,并且唯其如此,社会正义才会是全体人类的正义,而非仅仅属于男性的正义。③ 反观作为正义守夜人的法律,则会发现女性在法律中并没有充分彰显自己的权益诉求与意志。当代婚姻家庭财产法中的抽象平等保护以及引入民法交易安全思潮的倾向使得婚姻家庭财产法更加有向传统法学复归的趋势,这种抽象的保护与市场经济式的逻辑常常使女性成为交易安全下的牺牲品——例如,因夫妻一方的个人名义债务而陷入债务危机之中。职是之故,当代婚姻家庭财产法应当在家庭本位的导引下,抑制交易安全的作用范围,合理界定交易安全与家庭财产安全之间的边界,从而在宏观层面上维护家庭中处于相对弱势地位的女性权益。

综上所述,到目前为止,我国当代婚姻家庭财产法及其司法解释主要采纳的是个人本位的民法式逻辑。由于婚姻家庭较之于市民社会而言具有特殊性与相对独立性,故而传统意义上的"市民社会—政治国家"二元区分思维模式应当细分为"家庭—市民社会—国家"的三元区分思维模式,而在这一模式中,家庭财产法理应采用家庭本位观念对待家庭财产问题,处理好私法自治与国家干预、交易安全与家庭财产安全两对关系,从而实现维护家庭稳定与整体性利益之目标,保护家庭中相对弱势成员,尤其是女性的权益。虽然,家庭成员的意思自治和个人财产的明晰化,有利于家庭成员个性的张扬,有利于解决家庭分化时的财产分割问题,但不利于保护家庭弱势成员的合法权益,且忽视家庭的团队本质。婚姻家庭的团体性特点决定了婚姻家庭法不可能完全以个人为本位,必须考虑夫妻共同体、家庭共同体的利益。④ 因满足家庭成员共同生活和家庭职能的需要,婚姻家庭法带有鲜明的"公法"秩序和社会保障、社会福利的色彩,保护"弱者"和"利他"价值取向必须置入家庭权利义务关系中。家庭本位下的婚姻家庭法应倾向与扩大家庭共有财产的范围,为家庭的整体性利益,家庭成员的个人财产应当受到一定限制。因此,家庭的当归给家庭,市场的当归给市场,在未来民法典亲属编财产法部分的编纂过程中,应当区分市场经济规则与家庭规则两种不同性质的规则,将亲属编财产法部分定位为家庭规则予以设计,以便契合婚姻家庭不同于市场经济与市民社会之伦理。

---

① [美]朱迪斯·贝尔:《女性的法律生活——构建一种女性主义法学》,熊湘怡译,北京大学出版社2010年版,第31~33页。

② [美]朱迪斯·贝尔:《女性的法律生活——构建一种女性主义法学》,熊湘怡译,北京大学出版社2010年版,第31页。

③ See Kristin Kalsem, Verna L. Williams, Social Justice Feminism, 18 UCLA Women's L.J., Vol. 18, 2010/2012, pp. 175~194.

④ 马忆南:《婚姻家庭法的弱者保护功能》,《法商研究》1999年第4期。

第二章

家庭财产法律关系

第一节　家庭财产法律关系概述

一、法律关系的概念

所谓民事法律关系,是指人与人之间的被纳入民法调整范围的生活关系,换言之,即人与人之间因民法调整而形成的民事权利义务关系。

法律关系堪称民法史中最为重要的概念与术语,其来源于德意志法学家对于罗马法中"法锁"概念的拓展与发挥。在罗马法上,债这一概念被表述为"法锁",恰如《优士丁尼法学阶梯》中的 I.3,13pr.法言所言,"债为法锁,约束我们必须根据我们城邦的法清偿某物"。①尽管在罗马法上,"法锁"概念仅仅用来表述债,而未运用于表述其他法律联系的情形,但"法锁"中所蕴含的拘束当事人之意涵却为日后法律关系概念的诞生奠定了基础。在德意志的历史法学时期,萨维尼以"法锁"为基础,将债之拘束效力类推至物权法、家庭法与继承法领域,并认为与债一样,在物权法、家庭法与继承法中同样存在与债一样的拘束关联,这种拘束性关联以个人意志为基础,可以恰当地称之为"法律关系"(Rechtsverhältnisse)。② 法律关系诞生之后,成为了民法学的核心概念,其在通说中常常被定义为"人与人之间的法律纽带"(rechtliches Band unter Personen),③具体而言,其由以下两大要素构成:

(一)法律调整

与日常生活关系相比,法律关系的突出特点是,其并非单纯的日常生活关系,而是被法律所调整的日常生活关系。以婚姻关系为例,根据《婚姻法》第 5 条、第 6 条、第 7 条以及第 8 条的规定,缔结婚姻关系必须男女双方完全自愿;男不得早于二十二周岁,女不得早于二十周岁;且意欲缔结婚姻的双方不得具有直系血亲和三代以内的旁系血亲关系或者患有医学上认为不应当结婚的疾病;最后,在满足前述构成要件的前提下,要求结婚的男女双方还必须亲自到婚姻登记机关进行结婚登记,否则无法缔结婚姻关系。由此可见,婚姻关系便是一种典型的法律关系,其由《婚姻法》详细地规定了实体与程序上的构成要件。相反,非婚同居关系则相对来说不属于法律关系范畴,尽管其并非违法事实,但也无法成为与婚姻等量齐

---

① 徐国栋:《优士丁尼〈法学阶梯〉评注》,北京大学出版社 2011 年版,第 392 页。

② Vgl. Friedrich Carl von Savigny, System des heutigen Römischen Rechts, Erster Band,1840,S. 331ff.

③ [德]迪特尔·梅迪库斯:《德国民法总论》,邵建东译,法律出版社 2001 年版,第 51 页。

观的法律关系,而只能作为单纯的生活关系存在,无法产生类似婚姻的法律效力。

(二)法律关系是现实生活的一部分

与日常生活相比,法律关系具有模式化、抽象化与简单化的特点。法律关系并非日常生活的全景式描述,而是借由技术性操作,将现实生活关系中的部分内容吸纳进法律的结果。因此,即使某一现实生活关系构成法律关系的渊源,也不意味着该现实生活关系中的每一个细节都属于法律关系的内容。对于民法学而言,"将生活关系局限于现实的某些部分,是法律研究技术的必要手段"。①

因此,所谓法律关系,即法律截取部分日常生活关系而为调整的人与人之间的纽带,在这一纽带中,其可能包含权利,也可能包含义务甚至其他拘束。②

二、家庭财产法律关系的界定

以法律关系为基础性概念,可以将家庭财产法律关系简单定义为以家庭财产为调整对象的人与人之间的法律纽带。尽管可以实现对家庭财产法律关系的相对简单的定义,但家庭财产法律关系的内涵却远未如其表面上的定义所展现的那般明晰。

(一)财产关系抑或人身关系:家庭财产法律关系性质分析

通说认为,民法的调整对象为平等主体之间的财产关系和人身关系,③恰如《民法总则》第2条所表述的那样,"民法调整平等主体的自然人、法人和非法人组织之间的人身关系和财产关系",因此,以此而为推导,则在民法的范畴内,所谓法律关系,要么为财产关系,要么为人身关系。所谓财产关系,传统民法常常将之进一步区分为物权关系、债权关系与准物权关系,而所谓人身关系,又可以进一步区分为人格法律关系与身份法律关系,前者以人格权为内容,后者以身份权为内容。④但较为棘手的是,家庭财产法律关系却难以在财产关系与人身关系的二分法背景中,获得妥帖的归类。其缘故在于,与市民社会中的物权关系、债权关系等财产关系不同,家庭财产法律关系并非以财产为意思作用的对象所缔结的法律关系,相反,家庭财产法律关系的产生,常常具有从属于人身关系的特点,例如,夫妻共同财产法律关系并非一项原生性的法律关系,其常常源于婚姻关系这项身份关系在财产领域的延伸与扩张。

家庭财产法律关系可以与继承实现某种程度上的类比。与家庭财产法律关系类似,继承法律关系也发生于家庭领域,其也具有浓厚的人身属性,申言之,与市民社会的一般物权关系、债权关系等财产关系不同,继承法律关系的发生以被继承人与继承人之间存在特定的亲属关系为必要,⑤且以被继承人的死亡这一事件为法律关系的产生条件。⑥家庭财产法

① [德]迪特尔·梅迪库斯:《德国民法总论》,邵建东译,法律出版社2001年版,第52页。
② [德]迪特尔·梅迪库斯:《德国民法总论》,邵建东译,法律出版社2001年版,第55页。
③ 徐国栋:《民法对象研究》,法律出版社2014年版,第109页。
④ 龙卫球:《民法总论》,中国法制出版社2002年版,第113页。
⑤ 廖红霞主编:《婚姻家庭法概论》,中国政法大学出版社2014年版,第167页。
⑥ 韩松、张翔、车辉等编著:《民法分论》,中国政法大学出版社2014年第3版,第585页。

律关系与继承法律关系具有相似性,但与继承法律关系不同的,由于继承法律关系之发生以被继承人死亡为绝对条件,因此在继承法律关系产生的一瞬间,继承人与被继承人之间的身份法律关系也同时宣告消灭,故而继承法律关系在性质归属上较家庭财产法律关系为简单,其性质上属于纯粹的财产关系,只是这种财产关系以一定人身关系的消灭为发生条件,故而属于具有人身属性的财产关系。但是,家庭财产法律关系却与之不同,家庭财产法律关系与作为其基础法律关系的婚姻关系等身份关系同始终,其无法像继承法律关系那样具有独立性,毋宁说,其更适合被视为是一种人身关系在财产领域的效力延伸。职是之故,家庭财产法律关系本质上属于人身关系,只不过其属于"财产性人身关系",即人身关系中涉及财产调整的从属性关系。

从广义而论,家庭财产关系并非停留在与人身关系相生的财产关系。家庭作为一种共同生活体,其成员共同分享物质利益、精神利益,相互帮助和支持,因此,无论社会福利发达的国家还是社会福利欠缺的国家,婚姻家庭法都会无例外地规定夫妻应当相互扶养、父母有抚养子女的权利义务、一定范围的亲属有相互继承遗产的权利等。[1] 因此,我国现代家庭财产关系应当包括夫妻财产关系、近亲属扶养关系、财产监护关系和家庭共有财产关系。[2]

(二)对外关系抑或对内关系:家庭财产法律关系的张力

家庭是一个团体,其由夫、妻、子女等家庭成员所组成,因此,家庭财产法律关系所调整的第一性财产关系,便是家庭成员之间的财产法律关系,例如,夫妻财产法律关系、父母与未成年子女之间的财产法律关系等等,这类法律关系可以称之为家庭内部财产法律关系。对于家庭内部财产法律关系而言,所需要注意的是,在家庭成员之间合理规定家庭财产方面的定纷止争以及家庭财产方面的合理利用问题,申言之,在调整家庭内部财产法律关系的过程中,一方面,要做好家庭财产的归属性工作,即明确哪些财产属于家庭成员个人财产,哪些财产属于家庭成员共有财产;另一方面,也要明晰家庭成员对于家庭财产的使用权限,例如,尽管部分财产归属于家庭成员个人所有,但基于家庭共同生活的需要,其他家庭成员,例如配偶,也享有日常家事代理权,作为代理人而对该财产享有必要的使用与处分权限,又如归属于家庭成员个人所有的房屋需要修缮时,该家庭成员的配偶则可以依据日常家事代理权而请人予以维修,而无须由该家庭成员本人出面。基此,家庭中的夫妻关系是一种特殊的身份关系,双方对婚姻和家庭的权利和义务具有"共承性",即夫或妻一方享受了权利,权利穷尽的效力及于夫妻双方;同样,夫或妻一方承担了义务,义务解消的效力也及于夫妻双方。[3]

同时,家庭财产法律关系也会涉及家庭与家庭之外的其他民事主体在交往过程中所产生的法律关系,例如,家庭债务法律关系、以家庭为单位的生产经营活动所导致的一系列法律关系等等。这类法律关系所关涉的,是家庭作为一个整体而与外部民事主体发生法律关系的情形,故而可以称之为家庭外部财产法律关系。对于家庭外部财产法律关系的调整而

---

① 蒋月:《婚姻家庭法前沿导论》,科学出版社 2007 年版,第 20 页。
② 朱凡:《论我国家庭财产关系的立法缺陷及其完善——习惯法与现代法的冲突与协调》,《西南民族大学学报(人文社科版)》2004 年第 4 期。
③ 焦淑敏:《论夫妻特有财产制——兼评我国夫妻特有财产》,夏吟兰等主编:《婚姻家庭法前沿——聚焦司法解释》,社会科学文献出版社 2010 年版,第 83 页。

言,最为重要的一点就是实现家庭财产安全与交易安全之间的平衡,申言之,在家庭外部财产法律关系中,由于常常出现家庭成员以自己的名义与他人缔结法律关系的情形,则这类法律关系是否应当将之纳入到家庭外部财产法律关系之中,而由整个家庭对该法律关系所产生的法律后果负担法律责任,则应当审慎处理。例如,在夫妻共同债务中,唯有用于家庭生活的婚前夫妻一方以自己名义对外所举之债,才应纳入夫妻共同债务的范畴,而未用于家庭生活的婚前夫妻一方债务,则应属于个人债务。① 职是之故,在家庭外部财产法律关系中,合理界定何种法律关系应属家庭外部财产法律关系之列,进而认定家庭其他成员应对该法律关系共同负担法律责任,应属最为重要之课题。

综上所述,所谓家庭财产法律关系,系指调整家庭成员相互之间或者家庭作为整体而与其他民事主体之间在交往过程中所产生的财产法律关系。依据法律关系理论,法律关系的要素分为主体、客体与内容。由于家庭财产法律关系的客体即家庭财产,前面已有论述,故而接下来主要阐述家庭财产法律关系中的主体与内容。

第二节　家庭财产法律关系主体

一、家庭成员

在家庭财产法律关系之中,最为常见的法律关系主体便是家庭成员。

(一)未成年人

从法律性质上来说,家庭成员均为具有民事权利能力的自然人,不过,依据年龄或者认知能力的不同,家庭成员也分为无民事行为能力人、限制民事行为能力人与完全民事行为能力人;其中,无民事行为能力人或者限制民事行为能力人主要是指家庭成员中的未成年人。《民法总则》第 19 条规定:"八周岁以上的未成年人为限制民事行为能力人,实施民事法律行为由其法定代理人代理或者经其法定代理人同意、追认,但是可以独立实施纯获利益的民事法律行为或者与其年龄、智力相适应的民事法律行为";第 20 条规定:"不满八周岁的未成年人为无民事行为能力人,由其法定代理人代理实施民事法律行为";第 18 条规定:"成年人为完全民事行为能力人,可以独立实施民事法律行为。十六周岁以上的未成年人,以自己的劳动收入为主要生活来源的,视为完全民事行为能力人",这就意味着:

第一,八周岁以下的未成年人属于无民事行为能力人。《民法总则》第 13 条与第 14 条规定,"自然人从出生时起到死亡时止,具有民事权利能力,依法享有民事权利,承担民事义务",并且"自然人的民事权利能力一律平等",这意味着即使是八周岁以下的未成年人,也享有其他家庭成员平等的民事权利能力,其在法律地位上与其他家庭成员完全平等,这也使得八周岁以下的未成年人能够如同成年人一般,享有财产,而成为家庭财产法律关系的主体。不过,尽管八周岁以下的未成年人享有与任何家庭成员相比完全相同的民事权利能力,也是

---

① 《最高人民法院关于适用〈中华人民共和国婚姻法〉若干问题的解释(二)》第 23 条规定:"债权人就一方婚前所负个人债务向债务人的配偶主张权利的,人民法院不予支持。但债权人能够证明所负债务用于婚后家庭共同生活的除外。"

适格的家庭财产法律关系的主体,但由于其认知能力尚不健全,故而为保障其合法权益,八周岁以下的未成年人在实施与其年龄不相适应的行为时,须经其法定代理人代理,不过代理的范围,主要是法律行为。[①]　而根据《民法总则》第 144 条的规定,"无民事行为能力人实施的民事法律行为无效",这意味着,倘若没有法定代理人的有效代理,八周岁以下的未成年人所为的法律行为系属无效,因此,倘若八周岁以下的未成年人实施了购买财产、赠与财产等法律行为,则其无法缔结一项有效的财产性法律关系。不过,如果八周岁以下未成年人的法定代理人为该未成年人的利益而代理实施了财产性法律行为,则该未成年人仍然可以与他人缔结财产性法律关系,例如,该未成年人的父母用该未成年人自己的财产为其购置自己想要的玩具、书籍等等。

第二,八周岁以上的未成年人为限制民事行为能力人。作为限制民事行为能力人的未成年人可以独立实施纯获利益的民事法律行为或者与其年龄、智力相适应的民事法律行为,这就意味着八周岁以上十八周岁以下的未成年人能够在日常生活中,使用自己的财产,如零花钱等,购买文具、书籍等日用品,能够实施与自身年龄与智力相当的法律行为,与他人结成财产性法律关系;也能够实施接受赠与等纯获利益的行为。

第三,十六周岁以上的未成年人,以自己的劳动收入为主要生活来源的,视为完全民事行为能力人,这就意味着,尽管这类未成年人并非成年人,但由于其享有完全民事行为能力,故而在实施法律行为的过程中,其不仅可以独立实施与其年龄、智力相适应的民事法律行为,也可以实施其他法律行为,例如缔结房屋买卖合同、将自己财产赠与他人等等。在家庭的范畴内,以自己的劳动收入为主要生活来源的未成年人应当被作为成年家庭成员对待,其所为之法律行为与成年家庭成员并无太大差异。

（二）成年人

在家庭成员中,成年人是家庭的中坚力量。在一个家庭中,根据家庭类型的不同,成年人可能扮演着丈夫、妻子、父亲、母亲、儿子、女儿等多种角色,故而一方面,成年人肩负着对未成年子女的抚养义务,另一方面,成年人也承担着对自己父母的赡养义务。一般来说,家庭财产在归属上也主要归属于家庭成员中的成年人所有,故而成年人是家庭财产法律关系中最为重要的主体,绝大多数家庭财产法律关系,均围绕家庭成员中的成年人展开。

（三）家庭成员中的特殊人群

未成年人与成年人是对家庭成员的基本分类,事实上,在这一基本分类之外,基于弱者保护的考虑,以下家庭成员在家庭财产法律关系中,应当做特别考虑。

1. 老年人

从自然规律来讲,任何生物个体到达一定年龄阶段之后,其外形必然会出现衰老的现象。故而,以外形来判断一个人是否衰老,在中国古代颇为流行。例如,"耄"字,常常用来形容老年人,从构字法的角度来讲,其也与老年人相关,而汉代的《释名》一书对"耄"字的解释便是"头发白,耄鬐然",意为头发转变为白色者,自然应为老年人无疑。而在《尚书·大禹谟》中,舜对禹说自己"耄期倦于勤",即意味着老年人的另一特点,即年老体衰,精力远不如

---

①　陈甦主编:《民法总则评注(上册)》,法律出版社 2017 年版,第 136 页。

年轻时期。故而头发转白、体力衰减可以作为老年人的标准之一。① 不过,头发转白、体力衰减在部分人壮年时也可能发生这类体征,例如,某三十多岁之人因病而头发全白,且体力衰减,故而将这类体征作为判断老年人的标准有可能失之准确。因此,国际上通行的老年人标准是年龄。就老年人的年龄标准而言,我国古代变动较大,从 50 周岁到 70 周岁的说法都有,②而老年人在国际上的通行标准也并不统一,主要有 60 周岁与 65 周岁两种标准。③ 不过,从法律的角度来讲,我国《老年人权益保障法》第 2 条规定:"本法所称老年人是指六十周岁以上的公民",故而在我国,就家庭财产法律关系的分析而言,所谓老年人,是指六十周岁以上的自然人。

在家庭内部,老人因其体力衰减与智力衰退,常常处于弱势地位。仅以南漳县为例,南漳县法院 2002 年 1 月至 2005 年 7 月,即审理了 225 件农村地区的赡养纠纷案件,在这些案件中,由于子女道德观念差、法律意识淡薄;老年人子女较多,相互推卸责任;部分子女以没有继承家庭财产为由逃避赡养义务;女儿外嫁;子女外出打工;老年人改嫁或者另娶,子女不承认赡养义务;子女确无能力赡养老年人等原因,成年子女拒绝赡养老年人,甚至虐待、遗弃老年人的情况较为严重。④ 对于老年人而言,其与成年子女之间的赡养法律关系,即由亲情方面的人身关系的因素,同时也蕴含家庭财产法律关系的内容。我国《老年人权益保障法》第 13 条规定:"老年人养老以居家为基础,家庭成员应当尊重、关心和照料老年人",该法第 14 条又规定:"赡养人应当履行对老年人经济上供养、生活上照料和精神上慰藉的义务,照顾老年人的特殊需要",其中,赡养人所应负担的经济上供养义务,应属财产法律关系的范畴,倘若赡养人拒绝支付必要的赡养费,则老年人有权请求赡养人支付赡养费,以便满足自己养老方面的经济开支。

此外,除了赡养关系中的财产内容以外,老年人的财产保护也是值得重视的法律问题。在实践中,常常存在子女在分家析产,将老年人的财产据为己有之后,又拒绝对老年人履行赡养义务的情形。因此,加强对老年人财产的保护,也是家庭财产法律关系调整的题中之意。

2. 妇女

我国是一个有着深厚"重男轻女"传统的国度,这种"重男轻女"的惯性思维,不仅导致我国在女婴出生率较低,女婴死亡率、遗弃率较高等方面,⑤也反映在家庭内部财产处理上,对妇女的歧视与侵害。

在传统中国社会,由于对于家庭而言,传宗接代是一件极为重要的大事,故而在父系社会中,男人肩负着传宗接代,延续香火的重任,因此而获得了家庭更大的重视,而妇女则因长大后终究要嫁入他人之家,并不肩负传宗接代的重任,所以相对而言,没有男人在家庭之中的地位那么重要。这种传统的生育观与宗族理念是现阶段"重男轻女"思想的原始渊源,例

① 庄华峰主编:《中国社会生活史》,合肥工业大学出版社 2003 年版,第 182 页。
② 庄华峰主编:《中国社会生活史》,合肥工业大学出版社 2003 年版,第 182 页。
③ 董登新:《"老年人"的标准》,《中国新时代》2012 年第 8 期。
④ 王洪、杨仕满、赵丽:《为何拒绝赡养老人——由 225 例赡养纠纷案件引发的思考》,《湖北日报》2005 年 9 月 10 日第 B03 版。
⑤ 解振明:《人们为什么重男轻女?!——来自苏南皖北农村的报告》,《人口与经济》1998 年第 4 期。

如,在我国闽南地区,男婴降生,则需燃放鞭炮以示庆贺,而女婴降生,则不鸣炮;男婴降生,则要大摆宴席,宴请亲族,谓之"办丁宴";而生女婴,则只算添口,不算添丁,也不升花灯。① 而在极为"重男轻女"的潮汕地区,女性不能进族谱,也没有按辈序取名的权利,甚至在辈分上,潮汕女子的辈分要相应地减少一个辈分,如称丈夫的兄长为"伯父",称丈夫的妹妹为"姑母",且一般而言,家务活都是女人来做。② 在这样的"重男轻女"家庭氛围中,妇女的人格尊严尚未获得妥当保护,遑论其在家庭财产方面的保护。由于"重男轻女"的缘故,妇女常常在分家析产、遗产继承等情形中处于不利地位,其合法权益常常遭受侵害,例如,农村出嫁女常常因出嫁而丧失土地承包经营权,③而在遗产继承中,以2000年福建省的调研数据为例,农村地区仍然有高达三成的人认为,女儿,尤其是已经出嫁的女儿不应当继承,或者应当少继承父母财产,换言之,仍然有30%左右的人不认同男女可以平等继承父母遗产。④ 种种社会现实提示我们,妇女作为家庭中的一员,其在家庭财产法律关系中仍旧处于弱势地位。

有鉴于此,我国《妇女权益保障法》第30条规定:"国家保障妇女享有与男子平等的财产权利";第31条规定:"在婚姻、家庭共有财产关系中,不得侵害妇女依法享有的权益",这表明,在家庭中,妇女享有与男子完全平等的财产权利,妇女作为家庭财产法律关系的主体,享有完全适格且与其他主体完全一致的主体地位,而非家庭中天然应劣于男子的主体。同时,我国《妇女权益保障法》第32、第33条还规定:"妇女在农村土地承包经营、集体经济组织收益分配、土地征收或者征用补偿费使用以及宅基地使用等方面,享有与男子平等的权利";"任何组织和个人不得以妇女未婚、结婚、离婚、丧偶等为由,侵害妇女在农村集体经济组织中的各项权益",这表明,在农村地区,妇女在集体中的财产权益也应受到平等对待,其并非劣于男子的二等主体,而应将之作为与男子同等的集体经济组织成员。最后,我国《妇女权益保障法》第34条规定:"妇女享有的与男子平等的财产继承权受法律保护。在同一顺序法定继承人中,不得歧视妇女",这表明,在财产继承方面,妇女享有与男子完全相同的法律地位,他人不得以传统观念为由而主张妇女不分或者少分遗产。

3. 残疾人

残疾人是我国社会中不可忽视的一个数量较为庞大的群体。截止到2006年4月1日,我国各类残疾人总数达到了8296万,占全国总人口的6.3%,涉及17.8%的家庭。⑤ 而截至2010年,根据第六次全国人口普查我国总人口数,及第二次全国残疾人抽样调查我国残疾人占全国总人口的比例和各类残疾人占残疾人总人数的比例,则可以推算得知,2010年末我国残疾人总人数8502万人,其中,视力残疾1263万人;听力残疾2054万人;言语残疾130万人;肢体残疾2472万人;智力残疾568万人;精神残疾629万人;多重残疾1386万人;在这些残疾人中,重度残疾者达2518万人,中度和轻度残疾人则为5984万人。⑥

---

①　林乃红、耿喜波:《闽南"重男轻女"生育习俗及其变迁》,《泉州师范学院学报(社会科学版)》2010年第3期。

②　陈友义:《潮汕地区重男轻女社会现象探析》,《广州番禺职业技术学院学报》2009年第3期。

③　王景新:《中国农村妇女土地权利——意义、现状、趋势》,《中国农村经济》2003年第6期。

④　孟琳:《农村妇女继承权问题研究》,厦门大学2014年度硕士学位论文,第6页。

⑤　卓彩琴主编:《残疾人社会工作》,华南理工大学出版社2008年版,第1页。

⑥　参见"2010年末全国残疾人总数及各类、不同残疾等级人数",载中国残疾人联合会网,网址:http://www.cdpf.org.cn/sjzx/cjrgk/201206/t20120626_387581.shtml,访问时间:2017年6月19日。

从学理定义上来讲,根据 2001 年世界卫生组织所划定的国际功能、残疾和健康分类(international classification of functioning,disability and health,简称 ICF)标准,所谓残疾,是指如下内容的任何一种或者全部,即损伤、活动受限、参与受限、受环境因素限制;具体而言,所谓损伤,具体而言是指身体功能和结构明显丧失和偏离;所谓活动受限,是指个体进行活动时遇到困难,并且,根据完成活动的质量,活动受限存在从轻微到严重的变化;所谓参与受限,是指个体在生活情境中遇到障碍的情形,参与受限可以无残疾的个人所期望的参与为参照系来决定是否存在参与受限;所谓环境因素,是指生活中的自然、社会和态度的环境。[①]因此,倘若个人存在损伤、活动或者参与受限以及受环境因素影响而在生理或者心理上与普通人存在差异与相对弱势,则可以归入残疾人之列。而依据国际经验与学理总结,我国《残疾人保障法》第 2 条规定:"残疾人是指在心理、生理、人体结构上,某种组织、功能丧失或者不正常,全部或者部分丧失以正常方式从事某种活动能力的人。残疾人包括视力残疾、听力残疾、言语残疾、肢体残疾、智力残疾、精神残疾、多重残疾和其他残疾的人",从而将心理、生理、人体结构方面存在残疾的人均纳入残疾人之列。

对于家庭财产法律关系而言,生理性或者人体结构方面存在残疾的残疾人不仅享有完全的民事权利能力,通常也具备完全民事行为能力,故而生理性或者人体结构方面存在残疾的残疾人能够充任合格的家庭财产法律关系的主体,而无须借由法定代理人代理。不过,生理性或者人体结构方面存在残疾的残疾人可能在视力、听力或者肢体等方面存在功能残缺或者不全,故而在生理性或者人体结构方面存在残疾的残疾人实施法律行为时,即使并不需要法定代理人,但可能也需要辅助人的帮助,例如,盲人需要了解书面文件内容时,需要有人为其阅读;肢体有残疾无法自理的人要立书面遗嘱时,需要有人为其做记录等等。

相比之下,心理方面存在残疾的人则在民事行为能力方面存在限制。根据《残疾人保障法》第 2 条的规定,心理方面存在残疾的人包括智力残疾人与精神残疾人,前者是指智力显著低于一般人水平,并伴有适应行为障碍的情形,后者则是指因各类精神障碍持续一年以上未痊愈,由于存在认知、情感和行为障碍,以致影响其日常生活和社会参与的情形。[②] 对于智力残疾人而言,其显然因欠缺必要的认知能力而不能纳入完全民事行为能力人之列,根据《民法总则》第 21 条与第 22 条的规定,不能辨认自己行为的成年人为无民事行为能力人,由其法定代理人代理实施民事法律行为;不能完全辨认自己行为的成年人为限制民事行为能力人,实施民事法律行为由其法定代理人代理或者经其法定代理人同意、追认,但是可以独立实施纯获利益的民事法律行为或者与其智力、精神健康状况相适应的民事法律行为;故而智力残疾人根据其智力实际情况,则分属无民事行为能力人或者限制民事行为能力人。学理上一般将智力残疾分为四级,[③]一级智力残疾人为 IQ 值 20 至 25 的人,其适应性行为极差,面容明显呆滞,终生生活上都需要全部由他人照料,其运动感觉功能也极差,通过训练,也只有下肢、手以及颌部存在运动反应,因此,一级智力残疾人显然属于不能辨认自己行为的成年人,应当归属无民事行为能力人;而二级智力残疾人为 IQ 值在 20 至 35 或者 20 至 40 之间的人,其适应行为差,生活能力即使经过训练,也很难接近一般人水平,需要他人照

① 卓彩琴主编:《残疾人社会工作》,华南理工大学出版社 2008 年版,第 1 页。
② 奚从清、林清和主编:《残疾人社会工作》,浙江大学出版社 2013 年版,第 13~14 页。
③ 朴永馨主编:《特殊教育辞典》,华夏出版社 2015 年版,第 286 页。

料,运动及语言发育差,与人交往能力也差,故而二级智力残疾人一般也应归于无民事行为能力人之列;三级智力残疾人是 IQ 值 35 至 50 或者 40 至 55 之间的人,其适应行为比一级智力残疾人或者二级智力残疾人要好得多,但仍然不完全,也不具备完全的实用性机能,生活能够部分自理,能做简单的家务劳动,具有初步的卫生与安全常识,但阅读及计算能力很差,对周围环境辨别能力也比较差,仅能以简单的方式与人交往。三级智力残疾人与八周岁以下的未成年人的智商相仿,故而也应归于无民事行为能力人之列。最后,所谓四级智力残疾人,是指 IQ 值在 50 至 70 或者 55 至 75 之间,适应行为低于一般人水平,但具备相当程度的实用机能,能够自理生活,能够承担一般家务劳动或者工作,但缺乏技巧性与创造性的人,四级智力残疾人能够在指导下适应社会,经过特别教育后可以获得一定的阅读和计算能力,对周围环境有较好的辨别能力,能够比较恰当地与人交往,故而在民法上应当确认其具备一定的认知能力,不过,由于四级智力残疾人仍然属于智力低于一般人的人,其并不能辨别自己的所有行为,故而应属于《民法总则》第 22 条所规定的"不能完全辨认自己行为的成年人",应属限制民事行为能力人之列,对于四级智力残疾人而言,其可以独立实施纯获利益的民事法律行为或者与其智力状况相适应的民事法律行为,不过超过其智力状况以外的行为,则应由其法定代理人代理。

而如前所述,所谓精神残疾人,则是指各类精神障碍持续一年以上未痊愈,由于存在认知、情感和行为障碍,以致影响其日常生活和社会参与的人。从医学上来说,所谓精神障碍(mental disorder),也就是精神方面的异常(abnormal),包括精神活动异常与人格异常,根据《中国精神疾病分类方案与诊断标准》(第 3 版)(CCMD-3)的分类,精神障碍可以分为器质性精神障碍,如阿尔茨海默病;精神活性物质与非成瘾物质所致精神障碍;精神分裂症和其他精神病性障碍以及心境障碍,[①]而存在精神障碍的人,也就是精神残疾人则在民事行为能力方面,不能作为正常人予以对待。根据《世界卫生组织残疾评定量表 II》(WHO-DASII)的标准,精神残疾可以分为四级,精神残疾一级者,为 WHO-DASII 值≥116 分的人,其表现为适应行为严重障碍,生活完全不能自理,忽视自己的生理、心理的基本要求,不与人交往,无法从事工作,不能学习新事物,需要环境提供全面、广泛的支持,生活长期、全部需要他人监护。[②] 显然,精神残疾一级者属于不能辨认自己行为的人,一般来说,应当归入无民事行为能力人的范畴。而精神残疾二级者,是指 WHO-DASII 值在 106 至 115 分之间的人,其表现为,适应行为中毒障碍,生活大部分不能自理,基本不与人交往,只与照顾者简单交往,能理解照顾者的简单指令,有一定学习能力,在监护下能从事简单劳动,能表达自己的基本需求,偶尔被动参与社交活动,需要环境提供广泛的支持,大部分生活仍需他人照料。[③] 显然,精神残疾二级者,也难以胜任作为市民社会成员所需的必要的认知能力与交往能力,其一般也应归于无民事行为能力人之列。而所谓精神残疾三级者,则是指 WHO-DASII 值在 96 至 105 分之间的人,其表现为适应行为中毒障碍,生活上不能完全自理,可以与人进行简单交流,能够表达自己的情感,能够独立从事简单劳动,能够学习新事物,但学习能力明显比一般人差,被动参与社交活动,偶尔能主动参与社交活动,需要环境提供部分的

---

① 刘白驹:《性犯罪:精神病理与控制》,社会科学文献出版社 2006 年版,第 1～4 页。
② 张昌保、孙守强、许安荣主编:《精神卫生工作指要》,世界图书出版公司 2015 年版,第 243 页。
③ 张昌保、孙守强、许安荣主编:《精神卫生工作指要》,世界图书出版公司 2015 年版,第 243 页。

支持,即所需要的支持服务是经常性的、短时间的需求,部分生活需由他人照料。① 从关于精神残疾三级者的描述来看,精神残疾三级者不同于精神残疾一级者与二级者,其具备一定程度的认知能力与社会交往能力,故而更适宜被认定为限制民事行为能力人,根据《民法总则》第22条的规定,精神残疾三级者可以独立实施纯获利益的民事法律行为或者与其精神状况相适应的民事法律行为,不过超过其精神状况以外的行为,则应由其法定代理人代理。最后,所谓精神残疾四级者,是指 WHO-DASII 值在52至95分之间的人,其表现为适应行为轻度障碍,生活上基本自理,但自理能力比一般人差,有时忽略个人卫生,能与人交往,能表达自己的情感,体会他人情感的能力较差,能从事一般的工作,学习新事物的能力比一般人稍差,偶尔需要环境提供支持,一般情况下生活不需要由他人照料。② 由关于精神残疾四级者的描述可知,其具备相当程度上的认知能力与社会交往能力,因此一般应当将其认定为限制民事行为能力人,根据《民法总则》第22条的规定,其可以独立实施纯获利益的民事法律行为或者与其精神状况相适应的民事法律行为,不过超过其精神状况以外的行为,则应由其法定代理人代理。

在家庭财产法律关系中,作为家庭中的一员,无论是生理、人体结构方面的残疾人,还是心理方面的残疾人,其都是具有完满民事权利能力的民事主体,残疾人在家庭中有平等使用与处分财产,接受扶养等权利,任何个人或者组织都不得侵犯残疾人在家庭中应当享有的财产权益。

4. 被寄养人

被寄养人是家庭成员中较为特殊的存在。通常而言,家庭成员相互之间都是存在亲属关系的人,不过被寄养人则并不一定与其他家庭成员之间存在亲属关系。所谓寄养,是指其父母由于某种原因不能或者不便直接抚养孩子,将自己的孩子寄托在他人家中,委托他人代为照顾的情形。从法律上来说,与收养不同,寄养是一种单纯的民事委托关系,被寄养人与寄养人之间不会产生法律拟制的亲属关系,无论寄养时间多长,都不会引起父母子女关系的变化,被弃养人的父母可以随时解释委托关系,领回自己的子女。③ 因此,被寄养人尽管可以被视为家庭中的一员,但却不能对寄养人的财产享有继承权,我国《继承法》第10条规定:"遗产按照下列顺序继承:第一顺序:配偶、子女、父母。第二顺序:兄弟姐妹、祖父母、外祖父母",而未将被寄养人纳入继承顺序之中,故而被寄养人无权继承寄养人遗产。不过,考虑到被寄养人长期与寄养人共同生活,相互之间的交往程度深,感情也可能较为深厚,且被寄养人客观上也可能存在需要受扶养的现实,故而我国《继承法》第14条规定:"对继承人以外的依靠被继承人扶养的缺乏劳动能力又没有生活来源的人,或者继承人以外的对被继承人扶养较多的人,可以分给他们适当的遗产",换言之,被寄养人如果属于继承人以外的依靠被继承人扶养的缺乏劳动能力又没有生活来源的人或者继承人以外的对被继承人扶养较多的人,则可以酌情分得寄养人的部分遗产。④

除此以外,被寄养人与其所在家庭的其他成员之间,也可能形成各种各样的财产共有关

---

① 张昌保、孙守强、许安荣主编:《精神卫生工作指要》,世界图书出版公司2015年版,第243页。
② 张昌保、孙守强、许安荣主编:《精神卫生工作指要》,世界图书出版公司2015年版,第243页。
③ 路正:《农村婚姻继承常见法律问题解答(案例应用版)》,中国政法大学出版社2015年版,第205页。
④ 夏吟兰主编:《婚姻家庭继承法》,中国政法大学出版社2012年版,第248页。

系,这些财产共有关系也属于家庭财产法律关系的范畴。

5. 保姆

在部分家庭中,保姆由于长期与其雇主共同生活,故而也在一定程度上系属家庭成员之一。例如,在电影《桃姐》中,桃姐是侍候了李家数十年的老佣人,把第二代的少爷罗杰抚养成人,对于桃姐而言,由于自己并无配偶,也无子女,故而其便在一定程度上将雇主家视为自己家,而雇主家对桃姐,也具有类似对待家人的行为,例如少爷罗杰便负责出资,并亲自为桃姐挑选了老人院,供其养老。① 因此,保姆在特定情形下,也属于家庭成员之一。作为家庭成员的保姆有可能系属对继承人以外的依靠被继承人扶养的缺乏劳动能力又没有生活来源的人,或者继承人以外的对被继承人扶养较多的人,在这两种情形下,根据《继承法》第 14 条的规定,保姆也有权自被继承人处酌情分得部分遗产。

二、户作为家庭财产法律关系的主体

众所周知,民法上的户,即个体工商户与农村承包经营户,系具有鲜明的中国特色的制度,其蕴含着改革开放进程中的实践智慧,是我国民法历史发展的特殊产物。② 尽管在经济改革与发展的实践中,个体工商户与农村承包经营户制度极大地提高了城镇居民与农村居民的生产积极性,解放了生产力,对我国经济发展居功至伟,然而,在法学研究与司法适用方面,户仍然存在诸多深值商榷之处:户究竟的法律性质究竟为何? 其是否是一个完整意义上的民事主体? 其在自然人、法人与非法人组织的类型化视野中,应当归属于何方? 其法律责任应当如何合理地界定? 其法律适用方面有何特殊之处? 有鉴于此,本文意欲清晰界定户之法律性质,并以此为基础提出妥当的法教义学分析方案。

(一)"户"之性质斟酌:法教义学展开的概念准备

1. 立法者的审慎:从《民法通则》到《民法总则》

对户最早作出权威性规定的法律渊源,是 1986 年颁布的《民法通则》。《民法通则》第二章"公民"[嗣后该标题被修正为"公民(自然人)"]中第四节以"个体工商户、农村承包经营户"为名专门对户作出了规定。从体系上看,户并非法人,而是作为自然人的特殊类型而予以特别对待,彼时之通说认为,所谓户,包括个体工商户与农村承包经营户,都属于自然人,且两者的权利义务关系也颇为接近,故而将之纳入《民法通则》的"公民"这一章项下予以规定。③ 那时的法律释义书也普遍认为,个体工商户是那时我国个体经济的一种主要存在形式,而农村承包经营户则是我国农村集体经济的基本劳动单位,④前者是在社会主义公有制占绝对优势下的个人所有制个体经济;后者则是实行联产承包责任制的承包专业户,其具有

---

① 网址:http://baike. baidu. com/link? url = IhBNbOBc9HSZt9nGDLCQK3p5mgl8I-pMKz_X5mOdBYV1 AioTZYKexkTQ4dPRHGh-FIcpp6FKf5mUqSElmOLxGkDbCteZmIvGwLEeU9e-OSO,访问时间:2017 年 6 月 20 日。

② 沈德咏主编《〈中华人民共和国民法总则〉条文理解与适用(上)》,人民法院出版社 2017 年版,第428、434 页。

③ 王胜明:《试论个体工商户、农村承包经营户》,《中国法学》1986 年第 4 期。

④ 龙斯荣、龙翼飞编著:《中华人民共和国民法通则释义》,吉林人民出版社 1987 年版,第 76 页。

集体组织成员的身份,隶属于集体经济的一部分。[①] 由个体工商户与农村承包经营户所组成的户,系公民,即自然人的特殊主体形式。[②] 尽管在许多释义书中,注释者仍然敏锐地发现,在农村承包经营户中,绝大多数集体土地,都是以家庭(户)为基本单位承包的,个人承包农村土地的情况反而罕见,即使出现个人承包农村土地的情形,也基本只限于该家庭仅为一人的情况;而在个体工商户中,也存在较多以家庭为单位从事生产经营活动的情形,不过,由于家庭被视为自然人的一种当然结合形式,故而农村承包经营户仍然被作为自然人的特殊类型予以对待。[③]

2017年颁布的《民法总则》基本承继了《民法通则》的立法模式。《民法总则》在原有的公民(自然人)与法人二分法的基础上,将民事主体类型化为自然人、法人与非法人组织,所谓自然人,是指从出生时起到死亡时止均享有民事权利能力,能够享有民事权利,承担民事义务的民事主体;[④]法人则被定义为具有民事权利能力和民事行为能力,独立享有民事权利和承担民事义务的组织;[⑤]而非法人组织则是指虽然没有法人资格,但却能够以自己的名义从事民事活动的组织。[⑥] 在《民法总则》所构造的"三分法"框架下,立法者认为,尽管在学理上关于户的法律安排存在较大争议,一派意见认为,户是历史的产物,是自然人以户的名义从事民事活动的特殊情形,没有必要单独规定,另一派意见则认为,户应当系属非法人组织。但立法者仍然认为,就个体工商户而言,其不具有法人或者非法人组织那样的"组织性",其并无出资行为,也无设立过程,并且在家庭经营的情形中,家庭本身与经营活动中的组织仍然存在较大差异,此外,在税法上,由于个体工商户所缴纳的税种是个人所得税,与法人或者非法人组织存在较大差异,故而个体工商户仍应定性为自然人的特殊形式。而就农村承包经营户而言,由于农村承包经营户并不具有组织性,其既无设立过程,也无出资行为,更不需要名称或者字号,其经营并无企业组织形式,故而不宜纳入非法人组织的范畴,而应纳入自然人的范畴。[⑦] 最后,基于这两种户较之于普通自然人的特殊性考虑,实有必要在自然人项下予以独立规定,故而于《民法总则》第二章"自然人"项下专设第四节"个体工商户和农村承包经营户",将户作为特殊的自然人民事主体类型予以对待。[⑧]

2.《民法总则》编纂过程中的倾向性意见:废除或者改进"户"之制度

与立法机关的审慎与尊重立法传统相比,学者与实务部门人员则倾向于在学理层面与实践层面,对户之法律制度作出全面的分析乃至批判。

就个体工商户而言,部分学者便认为应当予以废除。例如,曹兴权教授便认为,个体工商户其实是我国改革开放初期,为了盘活私营经济,而对自然人赋予计划经济转型时期经营工商业特权的制度产物,其在制度构造上符合《民法通则》的时代背景,但在民法典编纂时代却有脱离实际之虞,实际上,个体工商户在当代中国,本质上属于以家庭或者以小规模雇佣

---

① 周元伯主编:《〈中华人民共和国民法通则〉释义》,南京大学出版社1986年版,第36页。
② 最高人民法院《民法通则》培训班:《民法通则讲座》,第95页。
③ 龙斯荣、龙翼飞编著:《中华人民共和国民法通则释义》,吉林人民出版社1987年版,第77~81页。
④ 李适时主编:《中华人民共和国民法总则释义》,法律出版社2017年版,第40~42页。
⑤ 李适时主编:《中华人民共和国民法总则释义》,法律出版社2017年版,第159~160页。
⑥ 李适时主编:《中华人民共和国民法总则释义》,法律出版社2017年版,第325页。
⑦ 李适时主编:《中华人民共和国民法总则释义》,法律出版社2017年版,第142~143页。
⑧ 李适时主编:《中华人民共和国民法总则释义》,法律出版社2017年版,第143页。

为基础的小微企业,因此,民法典的制度供给应当废除个体工商户这一特殊的民事主体类型,转而鼓励其转型为个人独资企业乃至公司;①而李友根教授则认为,个体工商户与个人独资企业本质上并无差异,在通常所言之个体工商户概念外延中,其实包含着真正的个体工商户、个人独资企业以及个人合伙企业,而结合《个人独资企业法》的规定,其实真正的个体工商户只限于没有固定的生产经营场所或者只是从事季节性经营的行商游贩、走街串巷叫卖的小本生意人,故而应废除个体工商户的概念,转而用"个人经营者"来指称前述提及的小本生意人。②而工商行政管理部门的部分人士也认为,尽管个体工商户制度在创立之初系具有中国特色的制度创新产物,但个体工商户制度已经不符合历史发展的需要,其应当向微型企业等制度过渡。③而梁慧星教授所领衔的民法典编纂课题组也认为,个体工商户并非准确的法律概念,其既可能是单个个人,也可能是二人以上的家庭,故而应当适用个人、合伙、非法人团体等相关规范,而不宜单列规定。④

而就农村承包经营户而言,房绍坤教授与张旭欣博士也指出,农村承包经营户的概念不具有科学性与严谨性,所谓"户",其实是一个源于行政法上的主要涉及户籍管理的概念,并非严格意义上的民法概念,即使短期内难以变动,但在立法上也应当通过制度供给促使农村承包经营户转变为具有商人资格的农业经营者;⑤杨震教授甚至认为,农村承包经营户原本就不应当被认定为自然人,谋生型农村承包经营户应当归入非法人组织的范畴,而营利性农村承包经营户则更应纳入商主体的范围,并以展现为多种企业形态,故而从长期来看,农村承包经营户也是必须要改革的制度。⑥

总体而言,在《民法总则》出台之前,法学界与部分实务界人士认为,对于民法典编纂而言,户并不是一个科学而严谨的民法概念,其具有鲜明的历史沿革因素,是中国特色社会主义经济与法律发展的历史性制度产物,故而也应当在新时期的民法典编纂时代予以必要的损益乃至废弃。

(二)户之法律性质:家庭作为民事主体在经济领域中的特别展现

从概念构造与法律性质上来说,户与自然人、企业以及家庭三者之间存在概念意义上的交集,故而关于户之法律性质的探讨,应当借由户与自然人、企业以及家庭之间的概念比较而展开。

1. 户与自然人:尽管户系属自然人之规范体系但其并非自然人

从《民法总则》的体系安排与立法者原意来看,户无疑与自然人具有同一性,申言之,所谓的户,其实就是自然人的另一种称谓,无论是个体工商户还是农村承包经营户,其实都是自然人个人或者自然人所组成的家庭所构成的,因此,将户规定在自然人项下乃当然之举。然而依笔者之见,立法者所选择的理论路径仍然有歧路亡羊之嫌。具体而言:

---

① 曹兴权:《民法典如何对待个体工商户》,《环球法律评论》2016 年第 6 期。
② 李友根:《论个体工商户制度的存与废》,《法律科学(西北政法大学学报)》2010 年第 4 期。
③ 黄波、魏伟:《个体工商户制度的存与废:国际经验启示与政策选择》,《改革》2014 年第 4 期。
④ 梁慧星(课题组负责人):《中国民法典草案建议稿附理由:总则编》,法律出版社 2013 年版,第 32 页。
⑤ 房绍坤、张旭欣:《我国民法典编纂中的主体类型》,《法学杂志》2016 年第 12 期。
⑥ 杨震:《民法总则"自然人"立法研究》,《法学家》2016 年第 5 期。

第一,在法教义学层面,自然人与户其实是两种性质截然不同的民事主体。前已述及,所谓自然人,系从出生时起到死亡时止均享有民事权利能力,能够享有民事权利,承担民事义务的民事主体,这项由《民法总则》第 13 条所给定的自然人定义其实隐含着某种潜在的价值判断,即《民法总则》所言之自然人,必须是在自然意义上具有出生与死亡特征的具有生命的人类个体,[①]而户则并无此等自然性质,无论如何,不能用出生与死亡来形容个体工商户或者农村承包经营户,无论是个体工商户,还是农村承包经营户,其本质规定性都不在于具有生命的人类个体。

第二,自然人与户的产生条件不同。对于自然人而言,其产生的条件只有一个,即出生,倘若自然人得以在医学意义上成功与母体实现分离并且是活体,那么其便可以得享自然人的身份而无其他附加条件的获得完整的民事权利能力。[②] 然而户则与自然人完全不同,根据《个体工商户条例》第 2 条的规定,个体工商户须经工商行政管理部门的登记,未经工商行政管理部门的登记,则自然人或者家庭无法取得个体工商户资格;而根据《农村土地承包法》第 3 条、第 12 至第 17 条的规定,所谓农村承包经营户,其实是农村家庭在农村土地承包合同中,作为土地承包方的一种称谓,其本质上是一种合同相对人地位。因此,与自然人因出生这一自然事件而产生不同,户则缘起于必要的工商登记或者农村土地承包合同的订立。

第三,自然人与户的存在形式不同。对于自然人而言,其存在形式便是自然人个人以自己的名义在市民社会从事各种民事活动,但户则相对灵活得多。《个体工商户条例》第 2 条第 2 款规定:"个体工商户可以个人经营,也可以家庭经营",这意味着个体工商户既可以个人形式展开个体经济活动,也可以家庭为基础开展经营活动;而《农村土地承包法》第 3 条第 2 款则明文规定,除荒山、荒沟、荒丘、荒滩等农村土地外,其他农村土地都是"采取农村集体经济组织内部的家庭承包方式",这意味着除单人家庭的特殊情况外,农村承包经营户本质上是承包特定集体土地而为农业生产的农村家庭,而非自然人个人。

第四,自然人与户的旨趣与目的不同。作为基础性民事主体,自然人之制度旨趣在于赋予具有生命的人类个体普遍的从事民事活动的法律资格,这一方面体现了凸显人类尊严的伦理性要求,另一方面也隐含性地将自然人排除在了法律客体之外,从而使自然人成为了当然的法律主体,[③]而能够积极且负责地参与到法律交往之中。[④] 而户之制度旨趣则系赋予特定个人或者家庭一定范围内从事工商业经营活动或者农业生产经营活动的能力与资格,其总体而言具有鲜明的经济目的。

第五,自然人与户的责任承担不同。依据私法自治原则,自然人对自己从事民事活动所产生的法律后果,以自己所有的财产为限承担法律责任。而户的责任承担则较为多样,根据《民法总则》第 56 条的规定,对于个体工商户的债务,个人经营的,则以个人财产承担履行债务的法律责任,家庭经营的,则以家庭财产承担履行债务的法律责任,倘若无法区分究竟是个人经营还是家庭经营,则直接以家庭财产承担责任;而对于农村承包经营户的债务,以从

① 陈甦主编:《民法总则评注(上册)》,法律出版社 2017 年版,第 86 页。

② 王利明主编:《中华人民共和国民法总则详解(上册)》,中国法制出版社 2017 年版,第 66 页。

③ Vgl. Kristian Kühl/Hermann Reichold/Michael Ronellenfitsch, Einführung in die Rechtswissenschaft, 2. Aufl., 2015, S. 99.

④ Vgl. Bernd Rüthers/Astrid Stadler, Allgemeiner Teil des BGB, 18. Aufl., 18, 2014, S. 96.

事农村土地承包经营的农户财产,也就是该农村家庭财产承担履行债务的法律责任,唯有在农村土地事实上是由农户部分成员经营的情况下,债务才由该部分成员的财产承担法律责任。①

借由以上比较可知,户与自然人之间其实存在较大差异,事实上户并不适合置于"自然人"项下予以规定。职是之故,在法教义解释层面,尽管户在《民法总则》中被规定在第二章"自然人"之中,但在解释上则不应当认为户是自然人,甚至也不宜将户理解为自然人的特殊存在形式,户与自然人仍然应当作为异质性的两种民事主体予以对待。

2. 户与企业:户的企业化改进路径不能解决户的主体资格问题

前已述及,在《民法总则》的编纂过程中,不少学者与实务工作者认为,户应当向企业转型,具体而言,个体工商户应当转型为小微企业,而农村承包经营户,尤其是以家庭农场或者专业大户形式承包集体土地进行大规模集约化农业生产的农村承包经营户,②也应当向企业乃至公司转变。因此,在此一理论路径中,户不同于自然人,其本质上是企业,故而废除户之制度,并将其作为企业予以规范,应属自然之理。

不过,将户改造为企业的理论路径仍然存在商榷之处,最为关键的地方在于,即使将户改造为企业,也无法在法律主体意义上完成对户的完满构造。作为法律概念的企业事实上并未关涉法律主体的归类问题,在法律上,所谓企业,是指以盈利为目的,运用各种生产要素(土地、劳动力、资本、技术和企业家才能等),向市场提供商品或服务,实行自主经营、自负盈亏、独立核算的组织或者个人。以组织形式存在的企业,最为典型的就是公司;而以个人形式存在的企业,最为典型的便是个人独资企业。由此可见,企业并非法律主体概念,在《民法总则》的"自然人—法人—非法人组织"三分法框架下,企业既可能借由一个自然人通过工商登记而产生,如个人独资企业,也可能根据《公司法》的规定,通过必要的设立准备与设立程序,成为与其股东人格相分离的法人,甚至也可能根据《合伙企业法》的相关规定,组成不具有法人资格的非法人组织。因此,企业并非法律主体概念,纵使未来个体工商户与农村承包经营户逐步会转型为小微企业,但使用企业这一术语来表征户,仍然未能真正解决户的法律主体资格妥当安置问题。

3. 户与家庭:户本质上是家庭作为民事主体在经济领域中的特别展现

倘若将户作社会学视角的审视,则不难发现,户本质上就是家庭。就个体工商户而言,根据1981年7月7日出台的《国务院关于城镇非农业个体经济若干政策性规定》的规定,个体工商户所从事的经营活动,主要是各种小型的手工业、零售商业、饮食业、服务业、修理业、房屋修缮业务等等,尽管在个体工商户的经营活动中也存在雇佣等法律关系,但绝大多数个体工商户都是以家庭财产为基础展开自身的经营活动的,在个体工商户的实际经营活动中,家庭成员一般也是个体工商户各种经营活动的实际实施者。③ 也正因为如此,尽管《民法总则》第54条认为所谓个体工商户是自然人经合法登记的产物,从而明确规定个体工商户即

---

①　陈甦主编:《民法总则评注(上册)》,法律出版社2017年版,第384~387页。

②　从2008年的中央一号文件来看,家庭农场或者专业大户是未来农村承包经营户的发展方向。[参见王利明主编:《中华人民共和国民法总则详解(上册)》,中国法制出版社2017年版,第234页。]

③　参见《工商局个体工商户发展状况统计分析》,网址:http://www.doc88.com/p-6781894501605.html,访问时间:2017年6月24日。

经合法登记而从事工商业的自然人,但《民法总则》第 56 条则进一步规定:"个体工商户的债务,个人经营的,以个人财产承担;家庭经营的,以家庭财产承担;无法区分的,以家庭财产承担",以便适应实践中个体工商户名为个人经营,实为家庭经营的情况,从而事实上将家庭作为民事责任的实际承担者予以对待。从这一点上来说,除确系个人经营的个体工商户,例如家庭成员仅一人的个体工商户以外,其他个体工商户实质上都是经合法登记而从事工商业的家庭。[①]

而就农村承包经营户而言,其法律性质较个体工商户而言更为清晰。《民法总则》第 55 条规定:"农村集体经济组织的成员,依法取得农村土地承包经营权,从事家庭承包经营的,为农村承包经营户",从文义解释上来看,似乎并未明确将农村承包经营户定性为家庭,反而集体经济组织成员的表述,更加容易解释为农村集体经济组织中的农民个人。但是,《民法总则》第 55 条却明确将农村土地的承包方式规定"家庭承包"而非"个人承包",这又使得关于农村集体经济组织成员与农村承包经营户究竟是个人还是家庭存有疑问。无独有偶,《农村土地承包法》第 3 条第 2 款却明文规定:"农村土地承包采取农村集体经济组织内部的家庭承包方式",第 5 条第 2 款又规定"任何组织和个人不得剥夺和非法限制农村集体经济组织成员承包土地的权利",那么,结合《民法总则》与《农村土地承包法》的相关规定,较为妥当的解释是:第一,农村承包经营户即农村集体经济组织成员,农村承包经营户因其农村集体经济组织成员的资格而享有承包其所在集体的土地的权利;第二,农村承包经营户是家庭而非农民个人,承包农村集体土地所使用的名义并非特定的农民个人,而是作为家庭的户;第三,农村承包经营户的经营模式是家庭经营,而非个人经营。因此,农村承包经营户具有鲜明的家庭特征,其并非自然人个人。由此也可以理解,《民法总则》第 56 条第 2 款后半句为何规定"事实上由农户部分成员经营的,以该部分成员的财产承担",该规定的前提条件是,通常情况下的农村承包经营户既不是特定的农民个人,也不是一个家庭中的部分成员,而是作为农村承包经营户承包一定数量土地的整个家庭。

讨论至此,则不难发现,户既非自然人个体,也不能一概以企业一言以蔽之,除少数情况外,户本质上就是家庭在生产经营领域的一种展现,是家庭在法律上的一种特殊形式。不过,作为家庭的户是否具有当然的民事主体地位呢?

从民法的演进史来看,应当说,家庭作为法律主体的历史比个人作为法律主体的历史更为悠久。例如,在罗马法上,家庭,则是奠基于血缘或者法律之上的人类生活形式,[②]也是权力联合在一起的人的团体,[③]在这一团体中,唯有男性罗马自由市民,方可充任家父,并享有对家庭其他成员的主人支配权(dominica potestas),即家父权(patria potestas),[④]也正因为

---

① 在司法实践中,即使是以个人财产经营的个体工商户,只要其所获收益为家庭所享有,则其责任财产也会扩至家庭财产。(参见高实:《关于个体工商户和农村承包经营户的几个问题》,《人民司法》1988 年第 9 期。)

② Cfr. Andrea Lovato/Salvatore Puliatti/Laura Solidoro, Diritto privato romano, G. Giappichelli Editore-Trino, 2014, S. 188.

③ [意]彼得罗·彭梵得:《罗马法教科书》,黄风译,中国政法大学出版社 1992 年版,第 114 页。

④ Cfr. Alberto Burdese, Manuale di diritto privato romano, UTET Giuridica, 2014, p. 220; See H. F. Jolowicz, Barry Nicholas, Historical Introduction to the Study of Roman Law, Cambridge: Cambridge University Press, 1972, p. 114; 黄风编著:《罗马法词典》,法律出版社 2002 年版,第 93 页。

如此,意大利法学家彼得罗·彭梵得曾谓:"在整个真正的罗马时代,罗马私法就是'家父'或家长的法"。① 而在这种团体性家庭模式中,其实家父也非享有独立权利能力的个人,毋宁说,其也只是家庭这一团体中享有最高支配权的代表人,故而严格来说,包括家父在内的所有家庭成员,其人格都被家庭所吸收,家庭,而非个人则系罗马法上的基础性法律主体。② 不过,伴随着个人主义思潮的兴起,团体性家庭逐步解体,近代民法在塑造自身的过程中,所择取的理想法律主体形象并非受家庭束缚的个人,而是具有自由意志的自然人个体,故而在近代民法的法权模型中,家庭基本上丧失了法律主体资格,其更多被视为多个具有独立而完整的权利能力的自然人之结合,是一种关系性范畴,而非法律主体。

家庭法律主体资格的丧失,在近代民法典的编纂上产生了两大影响:其一,家庭在民法典中几乎不被作为受重视的规范现象。例如,在《德国民法典》中,有关家庭的规范,尽数为第四编"家庭法"与第五编"继承法"所瓜分,但这两编的内容,事实上并不涉及家庭本身,而仅仅关涉家庭成员之间权利义务的调整内容,③而在《法国民法典》中,有关家庭的规范,则都放置于第一卷"人"法的范畴之中。④ 从立法价值取向来看,人法中的家庭法所预设的价值前提,仍然是唯有家庭中的个人才是真正的民事主体,而家庭则是家庭内部成员之间权利义务关系的总和,换言之,家庭并非团体,而系独立主体之间的一种法律关系。职是之故,由于家庭本身并不被视为民事主体,不具有权利能力,故而家庭本身便不受民法典重视,取而代之的,便是各种有关家庭成员之间权利义务关系的规范。其二,家庭被预设为与市场经济基本没有关联的社会存在,申言之,能够在市民社会中与其他民事主体发生经济交往的,唯有自然人、法人以及其他非法人组织,而家庭则并非这三种民事主体中的任何一种,其无法作为民事主体参与到市民社会活动,尤其是经营性活动之中。尽管家庭成员之间可能存在债务连带关系,例如夫妻共同债务,但这类债务在解释上也属于具有连带关系的个人债务,而非团体性的家庭债务。由此可见,对于近代民法而言,尽管家庭仍然是一个社会学意义上的单位与团体,但却不再是民法意义上的法律主体。

但是,上述理论进路直接适用于我国,则存在抵牾之处,而户的存在便是这种抵牾最为直接的实证法明证。具体而言,尽管在近代民法的理论进路中,家庭的人格性因素已经分散到各个家庭成员身上,故而家庭不应再继续作为民事主体予以对待,但是,对于我国的个体工商户与农村承包经营户而言,倘若径行套用这一理论,则不免将简单问题复杂化,例如,对于个体工商户而言,倘若其确实是以家庭财产为基础展开经营,甚至该家庭中的所有成员所从事的都是个体工商户项下的经营事业,那么,此时仍然将个体工商户视为自然人则颇为牵强;而对于农村承包经营户而言,根据前述提及的《民法总则》与《农村土地承包法》中相关法律的规定,其本质上就是家庭,此时若仍然漠视农村承包经营户这类家庭的民事主体地位,而仍然要以自然人的相关规范规制农村承包经营户,则未免有削趾适履之虞。职是之故,应

① [意]彼得罗·彭梵得:《罗马法教科书》,黄风译,中国政法大学出版社1992年版,第115页。

② See William Warwick Buckland, A Manual of Roman Private law, Cambridge:At the University Press, 1953, p. 60.

③ 《德国民法典》第四编为"家庭法"(或译为"亲属法"),第五编为"继承法",但在这两编中,家庭本身都未作为规范对象。Vgl. *Reiner Schukze(Schriftleitung)*, Bürgerliches Gesetzbuch Handkommentar, 9. Aufl., 2017, S. 1678ff, 2265ff.

④ 罗洁珍译:《法国民法典(上册)》,法律出版社2004年版,第163页以下。

当寻求其他理论路径而获得更为妥当的理论解释。

传统民法学通常认为，民事主体，或曰私法意义上的法律主体（Rechtsjubjekt），分为自然意义上的法律主体与法律拟制意义上的法律主体，例如，德国法学家 Berhard Matthiaß 便认为，自然意义上的法律主体只有自然人（Mensch），①而法律拟制意义上的法律主体，则系法人（juristichen Personen）。② 而另一位德国法学家 Andreas von Tuhr 则站在严格的法教义学立场，认为，《德国民法典》所规定之"人"（Person），乃"根据我们的法学与法律而被认为是合法存在的，由法律秩序赋予其主观权利之主体"，③在类型上之包含自然人与法人两种类型，其中，自然人即人类（Menschen），④而法人则是指社团、基金会、国家等拥有权利能力的非人类主体。⑤

这一经典理论不仅在民法上是成立的，在民事诉讼法上也有所展现。例如，《德国民事诉讼法》第 50 条第 1 款便明文规定："谁享有权利能力，谁便享有当事人能力"，⑥这意味着，倘若严格依循该条款之规定，那么，唯有自然人与法人方可享有参与诉讼的资格，从而确立了诉讼法意义上当事人能力（Parteifähigkeit）与权利能力（Rechtsfähigkeit）的同一性。⑦ 至于自然人与法人之外的其他组织，例如无权利能力社团（nicht rechtsfähige Vereine），则不应被视为法律主体，其缘故在于这些组织并无权利能力，故而只能算是有独立权利能力的自然人之结合，而只能适用关于合伙的规定。⑧ 这一理论进路所暗藏的前置性观念基础是，民事主体必须是具有权利能力的法律意义上的"人"。

客观而言，经典理论存在明显缺憾。简洁但略显僵硬的"自然人—法人"二分法，事实上将法律主体限制在了较为狭窄的范围内，而狭窄的法律主体概念界定则在灵活多变的社会实际生活面前显得捉襟见肘，诸多介于自然人与法人之间的社会存在，例如合伙企业、成立中的法人、无权利能力社团等等究竟是否系属法律主体，常常处于莫衷一是之境地。有鉴于此，我国法学界部分学者认为，应当对这一传统理论予以损益与改造。例如，有学者提出，民事主体不一定必须是具有权利能力的法律主体，民事主体作为现代私法对人的经济生活方式和社会生活方式的预定，应当以人性为基础，故而应构造多元化、开放式的民事主体体系，

---

① Vgl. Berhard Matthiaß，Lehrbuch des bügerlichen Rechts mit Berücksichtigung des gesamten Reichsrechts，7. Aufl.，1914，S. 30-31.

② Vgl. Berhard Matthiaß，Lehrbuch des bügerlichen Rechts mit Berücksichtigung des gesamten Reichsrechts，7. Aufl.，1914，S. 47-50.

③ Vgl. Andreas von Tuhr，Der Allgemeine Teil des Deutschen Bürgerlichen Rechts，Erster Band，Allgemeine Lehren und Personenrecht，1910，S. 369.

④ Vgl. Andreas von Tuhr，Der Allgemeine Teil des Deutschen Bürgerlichen Rechts，Erster Band，Allgemeine Lehren und Personenrecht，1910，S. 369.

⑤ Vgl. Andreas von Tuhr，Der Allgemeine Teil des Deutschen Bürgerlichen Rechts，Erster Band，Allgemeine Lehren und Personenrecht，1910，S. 452ff.

⑥ Nomos Gesetze，Zivilrecht，Wirschaftsrecht，24. Aufl.，2015，S. 1482.

⑦ Vgl. *Hans-Joachim Musielak/Wolfgang Voit*，Grundkurs ZPO：Erkenntinis- und Zwangsvollstreckungsverfahren，13. Aufl.，2016，S. 84；Peter Bassenge/Gerd Brudermüller/Jürgen Ellenberger/Isabell Götz/Chrisian Grüneberg/Hartwig Sprau/Karsten Thorn/Walter Weidenkaff/Dieter Weidlich，Palandt Bürgerliches Gesetzbuch，74. Aufl.，2015，S. 11.

⑧ Vgl. Rolf Stürner，Jauerning Bügerliches Gesetzbuch Kommentar，16. Aufl.，2015，S. 26.

而不宜拘泥于人格与权利能力的刚性约束,将民事主体局限于较小的范围。^①也有学者认为,民事主体原本便应当具有宽泛性,除了自然人与法人以外,其他非法人组织、准法人等等,也应纳入到民事主体的范围,例如,尽管合伙并无权利能力,但这并不妨碍将之视为民事主体。^②这一思维进路在德国法上也有类似体现,例如,德国公司法便突破了《德国民法典》与《德国民事诉讼法典》所设定的经典教义,转而规定,无限公司、合伙公司等特殊主体,尽管并无权利能力,但却能够享有当事人能力,继而参与诉讼事务,^③故而这些无权利能力之团体在一定意义上,亦可归于法律主体(Rechtssubjeckt)之列^④。由此可见,在德国民法上,当事人能力,或者说"程序意义上的权利能力(prozessuale Rechtsfähigkeit)",与实体意义上的权利能力存在有限分离的规范现象。^⑤

　　从现实需求上来说,承认民事主体与权利能力,尤其是程序意义上权利能力的有限分离,具有积极意义。对于市民社会生活而言,自然人之间的结合具有丰富性,自然人之间既可能以合伙的形式组建合伙企业,也可能以法人的形式建立公司,甚至,在部分特殊行业,例如律师事务所,普遍是以特殊普通合伙的形式所构造的。严格来说,合伙企业与律师事务所这类特殊的合伙,其实并无权利能力,但是不可否认的是,这些团体具有相当程度的组织性与稳定性,故而不承认其民事主体资格无疑会带来一系列司法实践障碍;同时,在现实生活中,许多大型企业在各地设立了诸多分支机构,倘若不承认这些分支机构的民事主体资格,则在诉讼上也会造成诸多不便。因此,在民事主体的标准认定上,我国倾向于采取较为宽松的认定标准,而将大量不具有权利能力的组织也纳入到了民事主体的范畴。从比较法上来看,这一趋势也十分明显,例如,尽管《德国民法典》第54条规定,无权利能力社团只能适用合伙的规定,但在德国的判例中,无权利能力社团也可以在特殊情况下被承认为法律主体,并可类推适用有权利能力社团之规定。^⑥

　　而就户(家庭)而言,部分学者也指出,基于家庭意志与利益的独立性,以及家庭组织的稳定性,也应当赋予家庭民事主体之地位。^⑦有学者甚至认为,家庭依其本旨乃独立之社会组织,为了自身的生存和履行其社会职能,家庭在客观上具有作为民事主体的必要性,事实上也已经是民事法律行为的实施者;家庭具有独立的意志和财产;在法理上具备作为民事主体的一般条件。^⑧此类观点殊值赞同,对于个体工商户或者农村承包经营户而言,除确系个人以个人财产而为经营或者农户的部分成员实际经营承包土地的特殊情形之外,个体工商户或者农村承包经营户通常确实是以家庭财产和家庭劳动为基础而展开工商业经营或者农

① 付翠英:《人格·权利能力·民事主体辨思——我国民法典的选择》,《法学》2006年第8期。
② 马骏驹、余延满:《合伙民事主体地位的再探讨》,《法学评论》1990年第3期。
③ Vgl. Peter Bassenge/Gerd Brudermüller/Jürgen Ellenberger/Isabell Götz/Chrisian Grüneberg/Hartwig Sprau/Karsten Thorn/Walter Weidenkaff/Dieter Weidlich, Palandt Bürgerliches Gesetzbuch, 74. Aufl., 2015, S. 11;[德]奥特马·尧厄尼希:《民事诉讼法》,周翠译,法律出版社2003年版,第87页。
④ Vgl. Carl Creifelds/Klaus Weber, Rechtswörterbuch, 22. Aufl., 2017, S. 1081.
⑤ Vgl. Wolfgang Grunsky/Florian Jacoby, Zivilprozessrecht, 15. Aufl., 2016, S. 70.
⑥ Vgl. Rolf Stürner, Jauerning Bügerliches Gesetzbuch Kommentar, 16. Aufl., 2015, S. 27;杜景林、卢谌:《德国民法典——全条文注释(上册)》,中国政法大学出版社2015年版,第49~50页。
⑦ 肖立梅:《家庭的民事主体地位研究》,《河北法学》2009年第3期。
⑧ 宁清同:《家庭的民事主体地位》,《现代法学》2004年第6期。

业生产的。因此,在权利能力与民事主体资格并不必然互为充要条件的前提下,作为家庭的个体工商户或者农村承包经营户,当然应当享有民事主体资格,理由在于,在对外交往方面,户并不需要借助自然人的名义,而可以自身名义对外参与市民社会活动,个体工商户在对外交往过程中,并不需要特别强调户主的自然人身份,其得以自身字号为名义参与合同订立等活动,而农村承包经营户则更是主要以户之名义订立农村土地承包经营合同。而在财产方面,由《民法总则》第 56 条规定可知,户实际上也是以家庭财产为经济基础的财产共同体,在该共同体内部,家庭成员一方面共有一部分财产,另一方面也可能个人独自享有一部分财产,但总体而言,无论是共有财产,还是个人财产,均归属家庭财产之范畴而充当户之对外活动的一般担保,唯有在较为特殊的情形下(例如,农村承包经营户成员并未实际参与生产经营),部分家庭成员的财产才可以从户的责任财产中予以别除。职是之故,在我国既定的法教义学框架下,户本质上是不具有权利能力,但能够以自己的名义对外参与各种市民社会活动的家庭,作为家庭的户,能够以自己的名义订立合同(例如个体工商户与他人订立货物买卖合同,农村承包经营户与集体经济组织订立农村集体土地承包合同)、享有权利(例如,农村承包经营户享有土地承包经营权)、参加诉讼等等。

此外,就司法实务而言,在目前的司法实践中,尽管涉及两户的诉讼纠纷,在民事主体的择取上,常常仅以户主为自然人意义上的当事人,但在部分判例中,也存在将户直接作为民事主体予以对待,承认户可以自身名义参与诉讼的情况。具体而言,在实务表述上,户,尤其是农村承包经营户,常常以"户主加户之身份"的表述彰显自身的主体地位,例如,在"黄帮林农村承包经营户与余长礼农村承包经营户农村房屋买卖合同纠纷民事再审审查裁定书"中,农村承包经营户的表述,便是户主与户之身份的结合,这种表述在其他司法判例中也有类似体现。① 不仅如此,部分判例甚至明确将"家庭"作为民事主体对待,例如,湖北省阳新县人民法院(2015)鄂阳新民二初字第 00117 号判决书中,就有"原告彭某家庭承包户"的表述,案由也是"原告彭某家庭承包户诉被告何垅村某组土地承包经营权纠纷"。② 由此可见,户的民事主体地位获得了部分司法实践的承认。同时,进一步分析可以发现,尽管户并不具有的权利能力,但户主在诉讼中,事实上承担着类似法人中法定代表人的职责,在类比意义上,户主近似于合伙企业中的负责人,只不过与合伙企业不同的是,户主的诸多权限,来源于户主身份本身,而非家庭成员之间的约定。③ 职是之故,笔者以为,在《民法总则》颁行并且生效之后,结合前述论证与当下司法实践中的新兴观点,户应当被视为一种虽然没有权利能力但却享有民事主体资格的具有相对独立性的主体性存在,其在诉讼与其他法律活动中,应当更为明晰地予以标识,而不能与户主的人格与身份相混同。

因此,综合理论上的慎思与实务方面新动向之考察,笔者以为,妥当的法律解释应当是,户,包括个体工商户与农村承包经营户,本质上就是家庭在市民社会与市场经济领域的一种

---

① 参见(2015)渝高法民申字第 00814 号民事裁定书;(2015)渝高法民申字第 00945 号民事裁定书;(2015)彭法民初字第 02304 号民事裁定书;(2015)合民一终字第 02804 号民事判决书;(2015)渝北法民初字第 05024 号民事裁定书;(2015)渝北法民初字第 05023 号民事裁定书;(2015)山法民初字第 00834 号民事判决书;(2015)山法民初字第 00836 号民事判决书;(2014)江法民初字第 09102 号民事判决书。

② 陈甦主编:《民法总则评注(上册)》,法律出版社 2017 年版,第 381 页。

③ 当然,户主具体人选的确定,有可能基于家庭成员内部的协商。

展现,除确系自然人个人以个人财产经营个体经济或者农民单独一人作为农村承包经营户承包土地的特殊情形之外,户均作为家庭而得享民事主体地位。而须特别予以提示的是,作为家庭的户得享民事主体地位并不意味着户中的各成员人格为户所吸收,尽管户可以得享民事主体之法律地位,但其并非具有权利能力的法人,毋宁说,所谓户,系指以家庭亲属关系为基础,所结成的自然人之间的经济性结合,其类似于合伙或者其他非法人组织,但却没有合伙或者其他非法人组织那样相对完整的设立过程、出资行为以及成员权利义务的明确约定。户本质上是借由工商登记或者订立农村土地承包经营合同而获得工商经营资格或者集体土地农业经营资格的家庭。

(三)户之法律适用:法教义学的具体展开

在明晰了户之法律性质之后,接下来的任务便是为户的法律适用提供合理的法律解释。在法律解释的问题上,最为纯粹的法律解释方法当属法教义学解释。而依德国法学界的普遍见解,法教义学(Rechtsdogmatik)才是真正的法律科学,[①]其以法律自身的系统性正确与不可批判性为预设前提,[②]将法律视为抽象的给定物,[③]凭借对法律的体系化解释运作而实现对形形色色法律问题的无漏洞解答。[④] 而在《民法总则》通过之后,户,包括个体工商户与农村承包经营户已经在法律层面成为我国民法教义体系的组成部分,故而,笔者认为,在肯定户的实在性与不可废弃性基础之上,寻求最为妥当的规范适用路径。

1. 户以家庭财产为限承担民事责任

根据私法自治所倡导的自己责任原则,民事主体应当为自己所为之行为负担法律责任,[⑤]就此而言,自然人以自己所有的财产为限承担民事责任,法人则以自己所有的财产(实质上是股东以自己出资财产)为限承担民事责任。那么,户在民事责任承担方面有何特点呢?《民法总则》第 56 条规定:"个体工商户的债务,个人经营的,以个人财产承担;家庭经营的,以家庭财产承担;无法区分的,以家庭财产承担。农村承包经营户的债务,以从事农村土地承包经营的农户财产承担;事实上由农户部分成员经营的,以该部分成员的财产承担",而《民法通则》第 29 条则规定:"个体工商户、农村承包经营户的债务,个人经营的,以个人财产承担;家庭经营的,以家庭财产承担"。《民法总则》第 56 条与《民法通则》第 29 条相比,实际上更加突出了户的家庭属性。仅对《民法通则》第 29 条作文义解释,则可以得见,在《民法通则》中,户其实可以被分为自然人和家庭两种等量齐观的类型,申言之,所谓户,既有可能是自然人个人,即自然人个人以个人财产为基础展开个体经营,也有可能是家庭,即家庭以其家庭财产为基础展开家庭性的经营。故而,《民法通则》第 29 条以相对简单的二元化规范方式规定"个体工商户、农村承包经营户的债务,个人经营的,以个人财产承担;家庭经营的,以

①　Vgl. Kaufman/Hassemer/Neumann, Einführung in die Rechtsphilosophie und Rechtstheorie der Gegenwart, 8 Aufl., 2011, S. 1.

②　Vgl. Kaufman/Hassemer/Neumann, Einführung in die Rechtsphilosophie und Rechtstheorie der Gegenwart, 8 Aufl., 2011, S. 1-2.

③　Vgl. Jan C. Schuhr, Rechtsdogmatik als Wissenschaft, 2006, S. 25, 45.

④　Vgl. Claus-Wilhelm Canaris, Sytemdenken und Systembegriff in der Juriprudenz, 2. Aufl., 1983, S. 135ff.

⑤　朱岩:《社会基础变迁与民法双重体系建构》,《中国社会科学》2010 年第 6 期。

家庭财产承担"，不过，考诸《民法总则》第56条，则可以发现，《民法总则》对待户的态度较之于《民法通则》而言，更加倾向于在家庭的视角下实现对户的法律规制。具体而言：

第一，就个体工商户而言，《民法总则》第56条仍然原则性地规定，个体工商户的债务，个人经营的，以个人财产承担；家庭经营的，以家庭财产承担，不过，在个体工商户究竟是以个人财产还是家庭财产经营难以区分的时候，则仍然以家庭财产承担民事责任。这一推定性规范使得在司法实践中，将个体工商户认定为是以家庭财产为基础展开个体经营的家庭变得十分便利，这也契合了在社会生活中，个体工商户往往并没有严格区分个人财产与家庭财产，而往往将家庭财产，如夫妻共同财产，甚至配偶一方的个人财产投入到个体工商经营的实际情况。职是之故，除了个体工商户确系以个人财产展开个体经营，例如个体工商户独身一人展开经营，或者个体工商户与其配偶实行夫妻分别财产所有制，而未在生产经营中投入家庭财产等特殊情形外，个体工商户均应被视为具有个体工商经营资格的家庭。尽管在工商登记方面，个体工商户往往只登记了家庭成员中的某一人，但从民事主体的资格认定与民事责任的承担上来看，个体工商户一般应当被认定为系以家庭全部财产为限承担民事责任的家庭。

第二，就农村承包经营户而言，与《民法通则》第29条不同，《民法总则》第56条第2款第1句规定"农村承包经营户的债务，以从事农村土地承包经营的农户财产承担"；并在第2句规定"事实上由农户部分成员经营的，以该部分成员的财产承担"，从而明确区分了农户之家庭财产与农村家庭中部分成员财产两大概念。而从规范意旨上来看，《民法总则》第56条将农村承包经营户与其家庭成员进行了区分，前者系订立了农村集体土地承包经营合同的农村家庭，后者则是该农村家庭中的自然人成员。在此区分基础上，根据《民法总则》第56条之规定，原则上，农村承包经营户作为具有集体土地农业化经营资格的家庭，应当以其全部家庭财产为限，对外承担民事责任；唯有在事实上以户（家庭）之名义承包土地，但实际上仅仅是由一个或者多个家庭成员经营土地的，方由该部分成员的个人财产承担民事责任。

第三，作为户之责任财产的家庭财产，应当是家庭全体成员的财产，包括家庭共同财产与家庭成员个人财产。有学者认为，对于户而言，作为其责任财产的家庭财产应当限于家庭共同财产，而不应当包括家庭成员个人财产。① 此说殊难赞同，对于户而言，在共同的生产经营活动中，所动用的家庭经济资源，通常来说不会仅仅涉及家庭共同财产，例如，丈夫以妻子的嫁妆作为资本，投资展开个体经营；儿子使用父亲婚前便置办好的农具展开农业生产劳动等等，在个体工商户与农村承包经营户的生产经营活动中，家庭成员个人财产与家庭共同财产往往都是户的重要经济基础，二者均参与到了户的生产经营活动之中，故而都应当成为户的责任财产。不过，在特殊情况下，倘若部分家庭成员确实并未参与到以户为名义的生产经营活动之中，则他们的个人财产则不应成为户的责任财产，例如，根据《民法总则》第56条第2款第2句之规定，倘若农户中的部分家庭成员确实未参与生产经营活动，那么，责任财产便只限于事实上经营土地的家庭成员的财产，而不会及于未参与生产经营活动的家庭成员的财产。这与合伙所奉行的共同出资、共同经营以及共同担责的原理是一致的。②

第四，户以其全部家庭财产为限负担民事责任，意味着原则上全体家庭成员须对户对外

---

① 王利明主编：《民法》，中国人民大学出版社2015年版，第57页。

② 王利明主编：《中华人民共和国民法总则详解（上册）》，中国法制出版社2017年版，第239页。

所负债务或者其他责任承担无限连带责任。尽管户享有独立的民事主体地位,但户本身却并无权利能力,在责任承担上,实际负担户之民事责任的,仍然是户项下的拥有完整权利能力的家庭成员。对于户的债务或者其他责任而言,户项下的全体家庭成员应当以其全部个人财产或者家庭共同财产为限承担无限连带责任。不过,基于维持家庭供养功能以及弱者保护之考虑,在家庭财产作为责任财产对外承担责任的情形中,仍然应当考虑减轻家庭财产责任,从而维护家庭中未成年人、需要供养的老人或者残疾人等弱者的权益。《最高人民法院关于贯彻执行〈中华人民共和国民法通则〉若干问题的意见(试行)》第 44 条规定:"个体工商户、农村承包经营户的债务,如以其家庭共有财产承担责任时,应当保留家庭成员的生活必需品和必要的生产工具",此举可以在债务清偿阶段缓和家庭财产责任的严厉性,从而保障家庭维持的最低限度,深值赞同,不过其中"家庭共有财产"的表述应当扩大解释为家庭财产,而将家庭成员个人财产纳入责任财产之中。此外,引入个人破产制度,以收限制个人债务之效,从而间接缓和家庭财产责任,也是值得采取的措施。[1]

2. 户可以类推适用非法人组织的相关规范

众所周知,类推在一国的民法教义学体系尽管常见,但却是必须予以审慎对待之事物,严格来说,类推并非法律解释方法,而系属法律漏洞的填补方法,[2]因此使用类推之方法诠释某一事物的法律适用,无异于在进行法的续造。也正因为如此,刑法才会较为严格地主张"刑法类推之禁止"(Analogieverbot im Strafrecht),以便契合罪刑法定与刑法谦抑性原则。[3] 不过相对而言,民法对于类推的态度则宽松得多,例如,即使是以概念法学的创始者闻名的德国法学家普赫塔,也认为,在法的概念体系无法完全解决实务问题时,可以基于"事物本质"(Natur der Sache)而类推适用其他规范解决问题。[4] 而对于类推的具体运用而言,恰如德国法学家阿图尔·考夫曼所言,类推奠基于事物本质思考基础上的蕴含价值判断的特征比较,例如,倘若甲事物的构成要件为 a、b、c、d、e,而乙事物的构成要件为 a、b、c、d、x,那么,在确认两者具有高度相似性,而具有相同的事物本质时,则可以在两者之间实现类推。[5] 职是之故,类推的根基便在于需要类推的两种事物之间的比较。

就此而言,恰如立法机关的意见所正确指出的那样,户与非法人组织仍然存在巨大差异。所谓非法人组织,是指自然人与法人之外的其他组织,其是一个独立、开放的民事主体类型,但是,也并非是一个什么都可以往里面装的"筐"。谭启平教授便指出,一项社会存在倘若要成为非法人组织,则至少应当符合四个条件,即第一,以非法人组织独立的名义存在;第二,有相对独立的财产或者活动经费;第三,有能够形成非法人组织体意志的组织结构和机构;第四,取得相应的登记核准或者批准。[6] 而以此标准做考察,则不难发现,所谓非法人组织,其实只限于乡镇企业、中外合作经营企业、外商独资企业、法人分支机构、合伙企业、依法成立的业主委员会、经登记或者批准成立的不具备法人资格的教育机构与培训机构、依法

① 陈甦主编:《民法总则评注(上册)》,法律出版社 2017 年版,第 387 页。

② Vgl. Ernst A. Kramer, Juristische Methodenlehre, 5. Aufl., 2016, S. 211.

③ Vgl. Ernst A. Kramer, Juristische Methodenlehre, 5. Aufl., 2016, S. 42, 65, 221.

④ Vgl. Georg Friedrich Puchta, Lehrbuch der Pandekten, 1838, S. 22.

⑤ Vgl. Arthur Kaufmann, Rechtsphilosophie, 2. Aufl., 1997, S. 81ff;[德]亚图·考夫曼:《类推与"事物本质"——兼论类型理论》,吴从周译,颜厥安校,学林文化事业有限公司 1999 年版,第 57 页以下。

⑥ 谭启平:《中国民法典法人分类和非法人组织的立法构建》,《现代法学》2017 年第 1 期。

成立的清算组织以及智库、创客、众创空间等新兴组织。① 在民事诉讼法意义上,最高人民法院也认为,所谓具有当事人能力的非法人组织,或称其他组织,系指合法成立、有一定的组织机构和财产,但又不具备法人资格的组织,如个人独资企业、合伙企业等等。② 因此,若以此标准审视户,则会发现,与非法人组织不同,户既无出资行为,也无能够形成组织体意志的组织结构与机构,其本质上并非自然人基于经济理性的结合,而是在已经产生的家庭性社会结合基础之上,借由工商登记与订立农村集体土地承包经营合同而获得工商经营资格或者集体土地农业经营资格的家庭,故而户并不是非法人组织。

不过,户的确与非法人组织之间具有一定程度上的相似性,这种相似性体现为:第一,户与非法人组织都具有团体性的特征。户以家庭经营为常态,而家庭则在一定程度上也是一个人数相对较少的小型团体,恰如德意志法学家基尔克所言,家庭(Familie)作为人类的一种共同体(Gemeinschaft),是一切团体的模范与源泉,其他团体反而是在家庭基础上的扩张与模仿;③而非法人组织则更具有浓厚的团体性格,以较之于具有松散特点的现代家庭而言,更富有组织性;不过不可否认的是,户与非法人组织都具有团体性格。第二,户与非法人组织都具有共同生产与共同经营的特点。无论是以家庭经营为基础的个体工商户,抑或农村承包经营户,户的成员均不同程度地共同参与到个体经营或者农业生产经营的活动之中,这与非法人组织中的合伙企业极为相似。第三,户与非法人组织的责任承担具有相似之处。户系没有权利能力之民事主体,其原则上以全部户之财产,即家庭财产为限负担民事责任,换言之,原则上全体户之成员须对户对外所负债务或者其他责任承担无限连带责任,而非法人组织作为没有权利能力的团体,其成员并不享有有限责任特权,故而原则上非法人组织成员对该组织对外所负债务或者其他责任也承担无限连带责任(当然,也有例外,例如有限合伙企业中的有限合伙人就只承担有限责任)。而基于这些相似性之考量,户得以在一定程度上类推适用非法人组织的一些规范。

(1)当事人能力方面的类推

户与非法人组织一样,均不具有权利能力,但在《民法总则》所确立的法律主体规范体系中,却都具有民事主体资格;因此,有关非法人组织的主体性规范可以类推适用于户。例如,《民事诉讼法》第 3 条规定:"人民法院受理公民之间、法人之间、其他组织之间以及他们相互之间因财产关系和人身关系提起的民事诉讼,适用本法的规定",尽管并未将具有户之资格的家庭这种较为特殊的民事主体纳入其中,但基于户与非法人组织(其他组织)的相似性,则应当肯定户能够像非法人组织那样获得诉讼上的当事人能力,这不仅是前述理论分析所肯定的,也是基于《民事诉讼法》第 3 条所作的合理类推。

---

① 谭启平:《中国民法典法人分类和非法人组织的立法构建》,《现代法学》2017 年第 1 期。

② 《最高人民法院关于适用〈中华人民共和国民事诉讼法〉的解释》(法释〔2015〕5 号)第 52 条规定:"民事诉讼法第四十八条规定的其他组织是指合法成立、有一定的组织机构和财产,但又不具备法人资格的组织,包括:(一)依法登记领取营业执照的个人独资企业;(二)依法登记领取营业执照的合伙企业;(三)依法登记领取我国营业执照的中外合作经营企业、外资企业;(四)依法成立的社会团体的分支机构、代表机构;(五)依法设立并领取营业执照的法人的分支机构;(六)依法设立并领取营业执照的商业银行、政策性银行和非银行金融机构的分支机构;(七)经依法登记领取营业执照的乡镇企业、街道企业;(八)其他符合本条规定条件的组织。"

③ Vgl. Otto Gierke, Rechtsgeschichte der deutschen Genossenschaft, 1868, S. 89-90.

（2）财产与经营方面的类推

户与非法人组织中的合伙企业、不具有法人资格的专业服务机构等相同，都是自然人相结合的共同生产经营团体，因此，在涉及对团体内部的共同生产经营问题上，倘若与户的基本性质并不相违背，则非法人组织规范体系中有关团体内部的一些规范可以类推适用于户。例如，在《合伙企业法》中有关合伙企业财产、合伙事务执行、合伙企业与第三人关系、入伙、退伙等规范均可不同程度的类推适用于户，具体而言：

第一，在财产制度方面，《合伙企业法》第 20 条规定："合伙人的出资、以合伙企业名义取得的收益和依法取得的其他财产，均为合伙企业的财产"，这意味着尽管合伙企业并非有权利能力的法人，但却具有相对独立的财产，这与《民法总则》第 56 条将具有户之资格的家庭的全部财产作为户之债务的一般担保具有异曲同工之妙；因此，结合《合伙企业法》第 20 条与《民法总则》第 56 条之规定，应当认为，与合伙企业相似，户所具有的家庭财产为户之财产，并且根据《合伙企业法》第 21 条之规定，户也应当奉行在清算前，原则上不对户之财产予以分割的规则。同时，须予以注意的是，尽管户作为家庭，其所奉行的一般是家庭（夫妻）财产共同所有制度，但倘若核心家庭成员，例如夫妻根据《婚姻法》第 19 条通过协议采纳了分别财产制，则《合伙企业法》第 22 条、第 23 条、第 24 条与第 25 条有关合伙企业财产份额的规定，可以类推适用于实行分别财产制的户。当然，还须予以提示的是，在夫妻实行分别财产制的情形中，倘若夫或者妻一方登记为个体工商户，且该当事人以自己的个人财产展开个体经营的，则此时个体工商户非常例外地应当解释为具有个体经营资格的自然人个人，而非家庭，其缘故在于该个体工商户的经营并未以整体性的家庭财产为基础。

第二，在事务执行方面，户可以类推适用《合伙企业法》第 26 条第 2 款、第 27 条第 1 款之规定，而以户主作为户之事务执行方面的负责人。同时，《合伙企业法》第 32 条规定："合伙人不得自营或者同他人合作经营与本合伙企业相竞争的业务。除合伙协议另有约定或者经全体合伙人一致同意外，合伙人不得同本合伙企业进行交易。合伙人不得从事损害本合伙企业利益的活动"，考虑到户之成员也有可能从事户所从事的相同或者相近产业，因此，户之成员在作为家庭成员的期间内，一定程度上也必须负有竞业禁止义务和不损害户之经营利益的义务。此外，倘若户所实行的是分别财产制，那么在具体的合伙内部事务管理方面，则可以类推适用第 26 条第 2 款、第 27 条第 2 款、第 28 条、第 29 条、第 31 条、第 33 条、第 34 条之规定，从而使户得以在财产份额制的基础上，借由合理的决议程序实现户内部的良善治理。

（3）债务以及与第三人关系方面的类推

在与第三人关系方面，户可以类推适用《合伙企业法》第 37 条至第 42 条的规定。具体而言，户主在执行家庭经营事务的过程中，即使家庭内部对其权限有所限制，但不得对抗善意第三人；户对其债务，以其全部家庭财产进行清偿，这也意味着户之成员所承担的是无限连带责任；当然，倘若户下的各家庭成员之间对财产份额有所约定，而实行分别财产制的，那么清偿数额超过《合伙企业法》第 33 条第 1 款规定的其亏损分担比例的，有权向其他家庭成员追偿。此外，人民法院在强制执行户之成员的财产份额时，应当通知全体合伙人，其他家庭成员则类推性地享有优先购买权，只是在其他家庭成员没有购买该份额财产，又不同意将该财产份额转让给他人的，不应完全类推《合伙企业法》第 42 条第 2 款之规定，而应当直接将该财产份额予以强制执行，其缘故是在于在户中并无相应的入伙、退伙以及财产份额的结算程序。

一言以蔽之,尽管户在《民法总则》中被置于"自然人"的规范体系之中,但是,倘若非法人组织的相关规定与户之既有规范与基本性质并不违背,则户自可类推适用非法人组织的相关规范,从而形成对《民法总则》第 54 至第 56 条的补充与丰富。

3. 农村承包经营户在强制执行法上的类推规则

《最高人民法院关于民事执行中变更、追加当事人若干问题的规定》(法释〔2016〕21 号)第 13 条第 2 款规定:"个体工商户的字号为被执行人的,人民法院可以直接执行该字号经营者的财产"。该条款将个体工商户清晰确立为被执行人的一种具体类型,但却并未言及农村承包经营户的可执行资格问题。就此而言,在法律解释上,存在两种解释路径。

第一,反对解释。所谓反对解释,系指"依照法律规定之文字,推论其反对之结果,借以阐明法律之真意者而言,亦即自相异之构成要件,以推论其相异之法律效果而言",[1] 而依据反对解释,则可以认为,最高人民法院否认了农村承包经营户的被执行人资格,倘若在执行上涉及农村承包经营户财产的,宜将农村承包经营户成员,而非农村承包经营户作为被执行人。应当说,从较为严格的规范主义角度来看,反对解释具有强制执行法意义上的合理性,农村承包经营户的被执行人资格的确并未获得明晰的规范承认。不过,私见以为,倘若遵循反对解释,则会造就实体法与程序法之间的抵牾。由《民法总则》第 55 条于第 56 条第 2 款的规定可知,尽管农村承包经营户的定位是"依法取得农村土地承包经营权的农村集体经济组织成员",但其根本生产经营模式系"家庭承包经营",并且农村承包经营户债务的责任财产是作为家庭财产的"农户财产",因此,《民法总则》事实上是将农村承包经营户这种较为特殊的家庭认定为了民事主体,其理应具有诉讼法上的当事人能力以及强制执行法上的被执行人资格。倘若依据反对解释而认为农村承包经营户不具有被执行人资格,未免过分拘泥于部分规范性文件,而未在体系高度上注意实体法与程序法之间的衔接与协调。

第二,类推解释。类推解释的前提是,其所关涉的两个事物,具有法律目的与构成要件方面的相似性。[2] 因此,倘若个体工商户与农村承包经营户在法律目的与构成要件层面上存在"事物本质"意义上的高度相似性,那么便可以将个体工商户之规则类推适用于农村承包经营户,从而使农村承包经营户获得强制执行法上的被执行人资格。而就两户的比较而言,个体工商户与农村承包经营户之间确实存在一定差异,例如,前者所涉及的领域主要为工业与商业,而后者所从事的事业仅限于农业及其副业;前者需要取得工商登记方可获得户之资格,而后者则只需要订立农村土地承包经营合同,便可以成为农村承包经营户等等。不过,在更为抽象的层次上,个体工商户与农村承包经营户却具有同一性,具体而言,在现实生活中,无论是个体工商户,还是农村承包经营户,其要么是家庭成员共同经营,要么虽然是个人经营,但其收益却为家庭成员所共享。[3] 因此,在私法视阈内,从法律目的与构成要件层面上来看,除生产经营项目与是否需要工商登记方面存在差异外,个体工商户与农村承包经营户并无实质性差异,两者均为家庭在生产经营领域的一种表现形式。而正因为如此,个体

① 杨仁寿:《法学方法论》,中国政法大学出版社 1999 年版,第 114 页。

② Vgl. Franz Bydlinski/Peter Bydlinski, Grundzüge der juristischen Methodenlehre, 2. Aufl., 2012, S. 88.

③ 高实:《关于个体工商户和农村承包经营户的几个问题》,《人民司法》1998 年第 9 期。

工商户之规则在没有明显违背公序良俗等民法基本原则的前提下，自可适用于农村承包经营户，以法释〔2016〕21 号第 13 条第 2 款为类推基础，农村承包经营户可以成为被执行人，而被执行财产，即承包特定农村土地的农户之财产。相对于反对解释路径而言，类推解释路径更为契合农村承包经营户的内在特点，同时也能实现程序法与实体法之间的契合与衔接，故而宜采之。

（四）小结

作为一种法学思维方式，法教义学具有非常鲜明的"自我控制功能（Selbstermächtigungsfunktion）"，申言之，法教义学认为，对于法律问题的分析而言，应当在特定法律秩序与体系中，借由存在于法教义学体系中的"教义性概念（dogmatische Begriffe）"而展开。① 而本文所言之户，便是一项典型的教义性概念，其是法律适用所不可回避的特定术语。

当然，或许从纯粹立法论的角度来看，户这种特殊的制度性存在或许的确有被彻底改造乃至于废除的必要性，其本质上乃是我国经济体制改革进程中以发展城市私人经济与农村土地承包经营事业为目的之阶段性制度产物，在个人独资企业制度、合伙制度、法人制度等相关制度逐步完善的今天，似乎的确具有因历史使命的完成而彻底退出历史舞台的可能性，个体工商户完全可以被彻底改造为个人独资企业、合伙组织甚至法人，而农村承包经营户也可以为个人独资企业、合伙组织乃至法人形式的农场所取代。

不过，自法教义学的角度而观之，户不仅为《民法总则》所保留，并且立法者还针对户的规则体系进行了修正——这种修正使得在我国现行《民法总则》的框架下，尽管户仍然在体系上隶属于自然人，但实际上，除确系个人以其个人财产经营个体经济或者部分农户成员实际经营承包土地的情形外（实际上，此时也可以自社会学角度将这种户解释为成员只有一个人的家庭），户本质上是成员为二人以上的家庭作为民事主体在经济领域的特殊展现，其是借由工商登记或者订立农村集体土地承包经营合同而取得工商经营资格或者集体土地农业经营资格的家庭，是一种不同于自然人、法人与非法人组织的特别民事主体。而作为一种无权利能力之特别民事主体，在具体的法律适用方面，户以家庭成员个人财产以及家庭共有财产所构成的家庭财产为限承担民事责任，在户的内部规则体系中，个体工商户与农村承包经营户之间也可以基于比较而实现规则方面的类推适用。此外，户还可以类推适用非法人组织的相关规范，从而充实与丰富自身的规则体系，并且使户能够获得更为充分的法律保护与救济。因此，应当予以充分承认的是，《民法总则》的制度保留与规则损益令户获得了新生，在《民法总则》所提供的新框架内，户不仅在法教义学意义上能够取得较为清晰地性质定位，也可以在清晰的性质定位基础上获得妥当的法律适用安排。就此而言，或许应当认为，户在我国民法这一现代性剧场上所扮演的特殊角色，尚未到其彻底退出舞台之时，在《民法总则》颁行并且生效后，关于户的问题应当由立法论更多转向解释论之研究，具体而言，应当穷尽我国民法教义学体系自身所具有的"秩序——体系化"功能、稳定功能、行为的救济与否定功

---

① Vgl. *Josef Franz Linder*，Rechtswissenschaft als Metaphysik：Das Müchhausenproblem einer Selbstermächtigungswissenschaft，2017，S. 139.

能、法律适用方面的约束与创新功能以及批判与续造功能,①从而为户这种为实证法所承认的制度,开拓出一条既契合规范体系,又能够回应社会需求的妥当性路径。

三、家庭是否能够充当一般意义上的民事主体?

在家庭作为户的情形下,其事实上享有无可置疑的民事主体地位。不过,深值商榷的问题是,在户以外的情形,家庭能够充当民事主体呢?

(一)学界既有的观点

1. 家庭民事主体否认说

依照学界的通说,家庭并非民事主体。其缘故在于,一般情况下,民事主体只限于享有权利能力的自然人与法人。② 即使在较为宽松的标准下,也只有具备高度组织性的个人独资企业、合伙企业、专业服务机构等非法人组织,方可享有民事主体资格。③ 而反观家庭,其本质上是一个亲属团体,④而且是一个在一定程度上欠缺意思机关与统一意志的松散的人的结合。申言之,在"从身份到契约"运动的过程中,家庭作为主体的古典形式已经走向解体,家庭内部人与人之间的关系与其说是紧密团体内部的身份关系,不如说是享有自由意志的个人之间的结合。因此,真正享有民事主体资格的,是家庭中的个人,而非家庭本身。

2. 家庭民事主体承认说

也有少数学者认为,应当在一般意义上承认家庭的民事主体资格。其缘由在于,第一,从社会学意义上来讲,家庭是人类社会最为基本的生活组织,家庭关系自古以来就是法律调整的对象,而在现代社会,家庭同样有成为民事主体的必要;第二,从维持家庭自身生存的角度来看,作为一定数量具有特定人身关系的自然人所组成的社会组织,家庭成员同财共居,处于共同生活、共同居住、共享财产、共同消费的相互关系之中,而要维持这种共同体关系,家庭就必须以民事主体的名义拥有一定数量的,并且享有所有权的财产,家庭方能更好地维持自身的生存;第三,从履行家庭社会职能的角度来看,家庭具有生物职能、经济职能、扶养职能与教育职能四大社会性职能,这四大职能的实现仰赖于家庭成员之间的共同协作,而为了更好地履行这些职能,理应让家庭成为对外交往过程中的民事权利义务的承载者;第四,从保护家庭和相对人正当利益的角度来看,家庭虽然是由若干自然人所组成的社会组织,但家庭却具有独立于其成员的特殊利益,如果不赋予家庭民事主体资格,则难以区分家庭财产与其成员的个人财产以及家庭民事法律行为与其成员个人所为的民事法律行为,不利于交易安全与家庭利益的维护;第五,在现实生活中,以家庭的名义实施的民事法律行为广泛存在,因此家庭已经具备了事实上的主体资格。⑤ 因此,家庭应当被赋予民事主体资格。也有学者认为,作为民事主体的非法人组织具有三大条件,即稳定的组织、独立的意志和独立的

---

① Vgl. Bernd Rüthers/Christian Fischer/Axel Birk, Rechtstheorie mit Juristischer Methodenlehre, 9. Aufl., 2016, S. 200-202.

② Vgl. Kristian Kühl/Hermann Reichold/Michael Ronellenfitsch, Einführung in die Rechtswissenschaft, 2. Aufl., 2015, S. 99, 104.

③ 陈甦主编:《民法总则评注(上册)》,法律出版社 2017 年版,第 712 页。

④ 范怀娟:《家庭主体地位的源考与未来的立法取向》,西南政法大学 2012 年度硕士学位论文,第 2 页。

⑤ 宁清同:《家庭的民事主体地位》,《现代法学》2004 年第 6 期。

利益,而家庭无论在财产享有、意志形成和责任承担等方面都具有相对独立性,甚至可以说家庭的稳定性是其他非法人组织所无法比拟的,故而家庭作为一种非法人组织,应当享有民事主体地位。[①]

（二）对两种学说的分析与评论

家庭民事主体否认说的核心观点其实在于,在私法自治的基本原则范畴内,不应当恪守传统的身份法原则,像罗马法那样将家庭作为一种紧密的团体性存在,并赋予其民事主体资格,而应当遵循私法自治的原理,将自然人个人作为真正意义上的民事主体。关于家庭法律地位的处理,则应当将之视为各个具有完整民事权利能力的自然人之间的契约性结合或者法定结合,前者如夫妻关系,后者如亲子关系,在这一路径中,家庭并不构成一项民事主体,其也不具有吸收家庭成员人格之功效。而在缓和民事主体与民事权利能力之间相关性的前提下,家庭也并非适格的非法人组织,故而不应赋予其民事主体资格。

而家庭民事主体承认说则大相径庭,其认为,家庭作为客观存在的社会组织,其具有可比拟其他非法人组织的稳定性,并且具有成为民事主体的现实需要,故而理应由法律赋予其完整的民事主体资格。

考诸两种学说,应当认为,在除户以外的情形,家庭民事主体否认说更具有说服力一些,理由在于:

第一,在户以外的情形,家庭很难产生真正意义上的家庭债务,真实存在的,事实上都是家庭成员的个人债务。至于夫妻共同债务,则不应认定为家庭债务,其实质上是法律(或司法解释)直接规定的配偶一方对另一方债务基于婚姻关系的连带债务。

第二,与个人独资企业、不具有法人资格的专业服务机构不同,家庭通常根本不具有意思机关,事实上,家庭的统一意志也常常欠缺程序性保障。毋宁说,家庭其实根本不存在类似非法人组织借由决议而产生的统一意志,其对外所展现出的统一意志,常常是具有民事权利能力的家庭成员之间协商与妥协的结果。

第三,家庭共同财产的存在本身并不能够为家庭民事主体地位提供合理性说明,其缘故在于,自然人之间对一定财产的共有乃通行之规则,并不意味着一定数量的自然人之间存在共有财产,则这些自然人集合起来便具有民事主体资格。

职是之故,在户以外的情形,并不需要将家庭作为民事主体予以对待,此时,家庭财产法律关系的主体仍然应当是特定的家庭成员,而非家庭本身。

第三节　家庭财产法律关系中的权利与义务

在法律关系理论中,权限(Berechtigungen),包括主观权利(Subgektive Rechte)、私法上的权力(Befugnisse)与取得预期(Erwerbsaussichten);负担(Belastungen),包括法律义务(Rechtspflichten)、约束(Gebundenheiten)、责任(Obliegenheiten)与承受(Lasten)共同构成

---

① 肖立梅:《家庭的民事主体地位研究》,《河北法学》2009 年第 3 期。

法律关系的内容。① 不过从较为宽泛的意义上来看,由于在法律关系中,主体主要系权利与义务之承载者(Rechtssubjekte sind Träger von Rechten und Pflichten)。② 故而反过来说,法律关系中的内容也主要表现为权利与义务。家庭财产法律关系作为法律关系之一种,其中存在诸如具有自身特色的权利与义务。兹分述如下。

一、家庭财产法律关系中的权利

(一)日常家事代理权

1. 日常家庭代理权的概念

在家庭共同体的存续过程中,日常家事是家庭所面对的最为普遍的社会事实。所谓日常家事,其实指的就是日常的家庭生活事务,即夫妻双方与其子女,也包括其他家庭成员在共同生活过程中所产生的各种事项,如购买食物、衣物、必要的日用品、合理的保健锻炼、消费娱乐、医疗医药服务、子女教育、对亲友的馈赠以及家庭用工等等。③ 而日常家事代理权,则是指"在日常家庭生活事务的范围内,夫妻任何一方均有权代理另一方与第三人发生一定的法律行为,该行为的后果由夫妻双方共同承受"。④ 在权利的具体享有上,夫妻双方互相对对方享有日常家事代理权。

2. 日常家事代理权的缘起与在比较法上的表现

在法制史层面上,作为严格法律概念的日常家事代理权起源于罗马法。根据罗马法的原则,人被分为自权人与他权人,而妇女由于必须受夫权支配,不享有完全民事权利能力,故而系属他权人之列,其不得拥有财产,名下之财产尽归丈夫所有,也没有缔结契约,承担债务的法律资格。⑤ 不过随着古罗马商品经济的发展,裁判官逐渐承认奴隶、家属等他权人可以在家父的委任之下代理从事契约订立等事务,故而作为家属的妻子便获得关于日常家事方面的代理权限。⑥ 此即日常家事代理权之滥觞。

嗣后,在大陆法系法典化时代,《法国民法典》《日本民法典》等明文规定了日常家事代理权,例如,法国 1965 年 7 月 13 日第 65-570 号法律所修正的《法国民法典》第 220 条规定:"夫妻各方均有权单独订立旨在维持家庭日常生活与教育子女的合同。夫妻一方据此缔结的债务对另一方具有连带拘束力";⑦《日本民法典》第 761 条则规定:"夫妻一方就日常家事与第三人之间的法律行为,另一方就因此所生的债务负连带责任。但已经对第三人预先告知不负责任时,不在此限"。⑧ 英美法系对日常家事代理权也有相关规定,例如在英美法上,曾经存在"因同居关系而构成的代理"(agency from cohabitation)制度,该制度规定,在妻子

---

① Vgl. Manfred Wolf/Jörg Neuner, Allgemeiner Teil des Bürgerlichen Rechts, 10. Aufl., 2012, S. 18-41.
② Vgl. Eugen Klunzinger, Einführung in das Bürgerliche Recht, 16. Aufl., 2013, S. 35.
③ 王丽萍等著:《家庭成员间的权利义务》,山东人民出版社 2006 版,第 31 页。
④ 王丽萍等著:《家庭成员间的权利义务》,山东人民出版社 2006 版,第 31 页。
⑤ 史浩明:《论夫妻日常家事代理权》,《政治与法律》2005 年第 3 期。
⑥ 史浩明:《论夫妻日常家事代理权》,《政治与法律》2005 年第 3 期。
⑦ 罗洁珍译:《法国民法典(上册)》,法律出版社 2005 年版,第 207 页。
⑧ 渠涛编译:《最新日本民法》,法律出版社 2006 年版,第 161 页。

不拥有自己的独立财产不能对自己订立的合同承担责任的法律前提下,为保护与妻子进行交易的第三人利益,丈夫必须对其妻子的交易行为负责。早期的日常家事代理权其实只是妻子对丈夫的单方日常家事代理权,不过 1970 年英国《婚姻程序及财产法》废除了丈夫对家务契约单独负责的规定,改为夫妻互有家事代理权,从而承认了双方的对等地位。①

3. 我国法上日常家事代理权:文本分析与规范解释

仅就条文而言,我国法上并无日常家事代理权的明文规定。有学者认为,之所以我国法上没有规定日常家事代理权,是因为在计划经济时代,家庭财产不仅数量少,来源也比较单一,故没有必要予以详尽规定;另一方面,日常家事代理权以妻子自身在家庭中没有独立财产,或者财产较少为前提(例如,日本实行日常家事代理权制度的原因之一便是日本实行普遍的夫妻财产分别制度),而"在以简单的财产共有制意味夫妻财产制的主要形势下,夫妻之间的代理权也显得不那么重要了",②因此我国并无明文规定日常家事代理权。

不过,在我国的法律体系中,仍然存在近乎日常家事代理权的制度性构造。③ 我国《婚姻法》第 17 条第 2 款规定:"夫妻对共同所有的财产,有平等的处理权",此一规范从文本解释的角度来讲,并不涉及日常家事代理权,而仅仅只是声明夫妻对于共同所有财产的平等法律地位,不过《最高人民法院关于适用〈中华人民共和国婚姻法〉若干问题的解释(一)》(以下简称《婚姻法司法解释(一)》)第 17 条却对《婚姻法》第 17 条第 2 款作出了扩张性的解释,其规定:"婚姻法第 17 条关于'夫或妻对夫妻共同所有的财产,有平等的处理权'的规定,应当理解为:(一)夫或妻在处理夫妻共同财产上的权利是平等的。因日常生活需要而处理夫妻共同财产的,任何一方均有权决定。(二)夫或妻非因日常生活需要对夫妻共同财产做重要处理决定,夫妻双方应当平等协商,取得一致意见。他人有理由相信其为夫妻双方共同意思表示的,另一方不得以不同意或不知道为由对抗善意第三人"。《婚姻法司法解释(一)》第 17 条第 1 款明文规定"因日常生活需要而处理夫妻共同财产的,任何一方均有权决定",这意味着在日常生活的范畴内,夫妻任何一方均可以自己的单方意志决定处理夫妻共同财产,而另一方则因婚姻关系之存续而必须对该财产处理行为负连带责任,此一规定与日常家事代理权具有异曲同工之妙,这意味着在我国,以日常生活需要与夫妻共同财产为限,夫妻相互享有日常家事代理权,以日常家庭事务为限,一方所为的夫妻共同财产处理行为既是自己所为之行为,同时也是对夫妻另一方的代理行为。

4. 日常家事代理权的适用范围

日常家事代理权所涉及的日常生活事务,绝大多数均与家庭财产有关,故而其在性质上主要应纳入到家庭财产法律关系之中。在具体的适用方面,日常家事代理权主要适用于以下领域:④

(1)因维持家庭基本生活需要而作出的事务代理行为

这类行为主要是指夫妻一方为维持家庭正常生活之运转而作出的基本生活开支行为,例如采购食物,购买各种家庭所必需的日用品等等。尽管各个家庭的经济情况各有不同,但

---

① 史浩明:《论夫妻日常家事代理权》,《政治与法律》2005 年第 3 期。
② 林荫茂:《婚姻家庭法比较》,福建人民出版社 1999 年版,第 73 页。
③ 江滢:《日常家事代理权的构成要件及立法探讨》,《法学杂志》2011 年第 7 期。
④ 参见江滢:《日常家事代理权的构成要件及立法探讨》,《法学杂志》2011 年第 7 期。

一般来说,奢侈型消费行为不应纳入到因维持家庭基本生活需要而作出的事务代理行为之列,其缘故在于奢侈型消费行为并非维持家庭正常生活运转所必须的行为,而更多的是在维持家庭一般生活水准基础之上的享受行为,故而购买贵重的钻石首饰、古玩字画、珍贵邮票,订立旅游合同等奢侈型行为应当排除在日常家事代理权的范畴之外。

(2)因维护家庭成员身体健康、为家庭成员提供娱乐等生活需求而进行的事务代理行为

一般来说,诸如购买医疗医药服务、必要的家庭保健、体育锻炼、文化娱乐服务等行为,均可认定为日常家事代理权的适用范围。不过,倘若这些事务代理行为具有奢侈化的倾向或者大大超越家庭经济所能承受的程度,则应当认定为无权代理。

(3)因家庭和家庭成员发展的需要而进行的事务代理行为

一般来说,子女的教育、夫妻双方的学习与深造,以及基于家庭社会交往的需要而相亲友作出数额较小的赠与或者接受赠与等等,均应纳入日常家事代理的范畴,不过,倘若以上行为所涉及的金额较大,与家庭经济状况或者另一方配偶所能接受的程度不相契合,则应充分尊重另一方配偶的意见,而不能直接作出代理。

(4)其他日常家庭琐细事务的代理

家庭生活中还存在各种各样零零碎碎的事务代理,如处分价值不大的动产,请人维修家用电器或者日用品等等,这些事务一般也属于日常家事代理的适用范围。

日常家事代理权主要是家庭财产法律关系中的一项主观权利,其内容多涉及财产,故而人身专属行为,如送养、收养子女,遗嘱的订立,以及其他具有严格人身性质的合同行为,不得由另一方配偶行使日常家事代理权而代理之。此外,即使是在财产领域,风险较大的投资行为,如公司经营、证券投资,或者不动产、价值较高的动产的处分行为以及其他与家庭生活状况不相适应并且明显超出家庭承受能力的购买或者消费行为,数额较大的无偿捐赠行为等等,均不在日常家事代理权的适用范围之内。[①]

(二)夫妻财产共有权

在古代的夫妻一体主义下,妻子并无独立人格,没有自己的独立财产,妻子在出嫁之时从娘家所带来的嫁妆尽管在婚姻关系解除时可以向夫家请求返还,但严格来说,此时并不存在夫妻财产之共有,真正的财产权主体仍然只限于丈夫或者夫家。[②] 而在现代的夫妻别体主义之下,男女结婚后各自保持独立人格,法律地位平等,独立享有和承担平等的权利与义务,[③]此时方可能存在两个主体对同一财产发生共有的基本制度前提。

当然,从夫妻别体主义所延伸出的夫妻财产制度可以分为分别财产制与共同财产制,前者是指夫妻双方婚前和婚后所得的财产仍旧归各自所有,并各自独立享有管理、使用、收益与处分的权利,不受对方的支配和干涉的财产制;[④]后者是指,除夫妻个人特有财产外,夫妻一方或者双方财产部分或者全部为共同所有财产,双方平等享有占有、使用、收益和处分权

---

① 江滢:《日常家事代理权的构成要件及立法探讨》,《法学杂志》2011 年第 7 期。

② 巫昌祯、夏吟兰主编:《婚姻家庭法学》,中国政法大学出版社 2007 年版,第 111 页;林秀雄:《夫妻财产制之研究》,中国政法大学 2001 年版,第 18 页。

③ 巫昌祯、夏吟兰主编:《婚姻家庭法学》,中国政法大学出版社 2007 年版,第 92 页。

④ 巫昌祯、夏吟兰主编:《婚姻家庭法学》,中国政法大学出版社 2007 年版,第 112 页。

利的制度。^① 显然,在夫妻分别财产制下,夫妻在婚姻关系存续期间并无财产共有关系,而唯有在夫妻共同财产制下方可能存在夫妻财产共有关系。

我国的夫妻财产制则既非夫妻共同财产制,也非夫妻分别财产制,而是两种制度的一种结合。我国《婚姻法》第 17 条规定:"夫妻在婚姻关系存续期间所得的下列财产,归夫妻共同所有:(一)工资、奖金;(二)生产、经营的收益;(三)知识产权的收益;(四)继承或赠与所得的财产,但本法第十八条第三项规定的除外;(五)其他应当归共同所有的财产",《婚姻法》第 18 条规定:"有下列情形之一的,为夫妻一方的财产:(一)一方的婚前财产;(二)一方因身体受到伤害获得的医疗费、残疾人生活补助费等费用;(三)遗嘱或赠与合同中确定只归夫或妻一方的财产;(四)一方专用的生活用品;(五)其他应当归一方的财产。"这表明,我国将夫妻婚后财产共同所有作为夫妻财产制的一般原则,同时也肯定在夫妻共同财产之外,夫或者妻也享有专属于个人的财产。而《婚姻法》第 19 条规定:"夫妻可以约定婚姻关系存续期间所得的财产以及婚前财产归各自所有、共同所有或部分各自所有、部分共同所有。约定应当采用书面形式。没有约定或约定不明确的,适用本法第十七条、第十八条的规定。夫妻对婚姻关系存续期间所得的财产以及婚前财产的约定,对双方具有约束力。夫妻对婚姻关系存续期间所得的财产约定归各自所有的,夫或妻一方对外所负的债务,第三人知道该约定的,以夫或妻一方所有的财产清偿",则意味着我国并未赋予夫妻婚后财产共同所有制强行法的性质,丈夫与妻子可以通过协议而将夫妻婚后财产共同所有制变更为夫妻分别财产制,或者部分财产共同所有制,从这一点上来讲,《婚姻法》第 17 条关于夫妻财产共同所有制的规定应系对夫妻在缔结婚姻关系时对双方财产关系处理的意思的推定。

而在夫妻共同所有的财产范畴内,根据《婚姻法》第 17 条第 2 款之规定,夫妻对共同所有的财产,享有平等的处理权,申言之,夫妻对于其共同所有的财产,相互享有财产共有权,双方应当立足互相忠实,互相尊重,敬老爱幼,互相帮助的理念,本着维护平等、和睦、文明的婚姻家庭关系之意愿,合理占有、使用、收益与处分其共同所有之财产。

(三)受扶养权

扶养是指一定范围内的亲属间相互供养和扶助的行为。^② 在家庭内部,特定身份关系中的家庭成员对其他家庭成员负有扶养义务,相反,对于接受扶养的家庭成员而言,其便对负有扶养义务的家庭成员享有受扶养权。

扶养在类型上可以分为抚养、赡养与狭义的扶养。所谓抚养,是指父母或者其他监护人对未成年人的供养与扶助;而所谓赡养,则是指子女对父母或者其他长辈的供养与扶助;最后,狭义的扶养是指同辈之间的供养与扶助,如夫妻之间的扶养。^③

我国《婚姻法》第 20 条规定:"夫妻有互相扶养的义务。一方不履行扶养义务时,需要扶养的一方,有要求对方付给扶养费的权利。"这意味着夫妻双方互享受扶养权,其具有三大特点:第一,夫妻之间的受扶养权基于夫妻人身关系产生。^④ 尽管受扶养权是一项财产性的权

---

① 巫昌祯、夏吟兰主编:《婚姻家庭法学》,中国政法大学出版社 2007 年版,第 113 页。
② 夏吟兰主编:《婚姻家庭继承法》,中国政法大学 2015 年版,第 106 页。
③ 夏吟兰主编:《婚姻家庭继承法》,中国政法大学 2015 年版,第 106 页。
④ 夏吟兰主编:《婚姻家庭继承法》,中国政法大学 2015 年版,第 106 页。

利,但其基础却是夫妻之间作为人身关系的婚姻关系。第二,夫妻之间的扶养义务具有对等性,任何一方既是权利人,也是义务人。① 夫妻相互之间对另一方享有受扶养权,也就意味着夫妻双方互负扶养义务,因此,从夫妻一方角度来看,扶养既是一种权利,也是一种义务,任何一方均有接受或者要求对方扶养的权利,同时,又肩负着扶养对方的义务。第三,夫妻之间的扶养义务具有强制性。② 《婚姻法》第20条第2款规定"一方不履行扶养义务时,需要扶养的一方,有要求对方付给扶养费的权利",这意味着在负有扶养义务一方不履行扶养义务的情况下,缺乏受扶养权一方可以积极主张自己的权利,其既可以直接向扶养义务人请求支付扶养费,也可以向人民法院提起诉讼,请求人民法院支持自己要求扶养义务人请求支付扶养费的诉求,并可以在胜诉之后向人民法院申请强制执行。而扶养义务人倘若拒不执行人民法院的判决,则可能受到刑事制裁。

我国《婚姻法》第21条规定:"父母对子女有抚养教育的义务;子女对父母有赡养扶助的义务。父母不履行抚养义务时,未成年的或不能独立生活的子女,有要求父母付给抚养费的权利。子女不履行赡养义务时,无劳动能力的或生活困难的父母,有要求子女付给赡养费的权利。"这表明,在父母子女关系中,未成年子女或者不能独立生活的子女,对父母享有受抚养权,在父母拒绝履行抚养义务的时候,其可以向父母请求支付必要的抚养费。同时,无劳动能力的或生活困难的父母对于子女也享有受抚养权,具体而言,在子女不履行赡养义务的情况下,缺乏劳动能力的或生活困难的父母有权请求子女支付必要的赡养费。

(四)继承权

所谓继承,即"因人之死亡而开始,即就该死亡人所遗财产,由其有一定亲属身份之生存人,法律上当然予以包括的承继之谓也",③换言之,现代社会的继承指的就是财产继承,即以个人死亡之后,由法律规定的一定范围的亲属或者死者指定的人,依法承受死者的财产权利和义务的法律制度。其中,死者称之为被继承人,依法承受死者财产权利和义务者叫作继承人。④ 而继承人所享有的权利被称为继承权。

继承权,通常是指继承人对于被继承人的遗产得为继承的权利,其在意义上可以做两层含义的解释:第一,被继承人死亡时已经确定可以继承遗产的继承人所现实享有的权利;第二,被继承人死亡前还没有确定可以继承遗产的继承人所期望享有的权利。⑤ 前者是现实的权利,后者则系期待权。

以继承人与被继承人之间有无血缘关系为标准,则继承权可以分为配偶继承权(Ehe-gattenerbrecht)与血亲继承权(Verwandtenerbrecht)。⑥ 而在我国《婚姻法》与《继承法》中,对配偶继承权与血亲继承权分别作出了详尽的规定。

我国《婚姻法》第24条第1款规定:"夫妻有相互继承遗产的权利",而我国《继承法》第

---

① 夏吟兰主编:《婚姻家庭继承法》,中国政法大学2015年版,第106页。

② 夏吟兰主编:《婚姻家庭继承法》,中国政法大学2015年版,第107页。

③ 陈棋炎:《民法继承》,三民书局1957年版,第15页。

④ 张玉敏:《继承法律制度研究》,法律出版社1999年版,第1页。

⑤ 徐百齐:《民法继承》,商务印书馆1931年版,第33页。

⑥ Vgl. Hans-Joachim Musielak/Wolfgang Hau, Exmenskurs BGB, 3. Aufl., 2014, S. 404-411.

10 条第 1 款规定:"遗产按照下列顺序继承:第一顺序:配偶、子女、父母",这表明,夫妻相互之间互相享有继承权,并且配偶继承权属于第一顺位的继承权。须予以注意的是,在配偶行使配偶继承权的过程中,应当区别家庭财产中的个人财产与共同财产,夫妻一方死亡后,首先应当分割夫妻共同财产,属于死者个人所有的共同财产及其个人财产才是遗产,方可被继承。①

我国《婚姻法》第 24 条第 2 款规定:"父母和子女有相互继承遗产的权利",而我国《继承法》第 10 条第 1 款规定:"遗产按照下列顺序继承:第一顺序:配偶、子女、父母",这两条规定意味着父母与子女互为第一顺位继承人,在父母或者子女死亡的情况下,父母或者子女均可主张对死者遗产的继承。

我国《继承法》第 10 条规定:"遗产按照下列顺序继承:第一顺序:配偶、子女、父母。第二顺序:兄弟姐妹、祖父母、外祖父母。继承开始后,由第一顺序继承人继承,第二顺序继承人不继承。没有第一顺序继承人继承的,由第二顺序继承人继承",这意味着,在没有第一顺位继承人的情况下,第二顺位的继承人,包括死者的兄弟姐妹、祖父母、外祖父母,均可行使其继承权,继承死者的遗产。

此外,需注意的是,以上继承规则系法定继承,即按照法律直接规定的继承人范围、继承顺序、遗产分配原则等进行财产继承的一种继承制度,而在法定继承之外,依据私法自治(Privatautonomie)所承认的遗嘱自由(Testierfreiheit)原则,②被继承人在生前亦可订立遗嘱,而以自己的意志在继承人中指定一人或者多人继承自己的遗产,此即遗嘱继承。我国《继承法》第 16 条第 1 款与第 2 款规定:"公民可以依照本法规定立遗嘱处分个人财产,并可以指定遗嘱执行人。公民可以立遗嘱将个人财产指定由法定继承人的一人或者数人继承",这使得被继承人享有选择继承人以及相对自由处分自己遗产的权利,被继承人可以借由遗嘱而选择特定的继承人继承自己的遗产,而不受法定继承所规定的顺序之影响。

（五）家庭财产受保护权

日常家事代理、受扶养权以及继承权都属于家庭内部家庭成员之间在特定家庭财产法律关系中所享有的权利。而从外部视角审视家庭财产法律关系,则在家庭与外部交往的过程中,家庭成员作为一个整体,在一定程度上仍应享有一项特别权利,即家庭财产受保护权。

家庭财产受保护权缘于家庭本位观念。前已述及,所谓家庭本位,即在家庭内部的交往与生活中,经济理性并非首要因素,对于家庭而言,在家庭存续期间,维护家庭的安定性与家庭作为一个团体的整体性利益,应当成为家庭各成员乃至家庭以外第三人所应遵循的第一要义。因此,在家庭的对外交往的过程中,家庭成员应当遵循"私的利他性"原则,以维护家庭的整体性利益为圭臬行事,而不得为了一己之私置家庭的整体性利益而不顾,例如,过度奢侈性消费使家庭经济状况极度恶化,轻率投资导致亏损,使家庭背负沉重的债务等等。在这些情形中,其他家庭成员有权以维护家庭的整体性利益为由,主张限制该家庭成员处分自己个人财产以及家庭共有财产中的个人份额的权利,以便维持家庭的正常运转。家庭财产

---

① 夏吟兰主编:《婚姻家庭继承法》,中国政法大学 2015 年版,第 107 页。

② Vgl. Kurt Schellhammer, Schuldrecht nach Anspruchsgrundlagen samt BGB Allgemeiner Teil, 9. Aufl., 2014, S. 959.

受保护权甚至具有及于第三人的效力,申言之,倘若第三人明知特定主体的家庭情况,仍旧诱导该主体进行超出家庭承受能力之外的消费、投资等行为,造成家庭财产的巨大损失,使家庭陷入经济困难之中,则其他家庭成员有权请求该第三人予以损害赔偿。从法教义学的角度来说,家庭财产受保护权显然并非现实的权利,而是一项依据本文所遵循的家庭本位与"私的利他性"原则所推导出的权利。在未来民法典的编纂过程中,基于家庭财产保护之必要,家庭财产受保护权应当予以明文规定,从而自立法角度,彰显立法者维护家庭整体性利益的态度。

二、家庭财产法律关系中的义务

相对而言,在民法之权利本位下,义务概念显得较为弱势一些,其缘故在于,所谓法律义务,本质上就是法律所要求的,同他人之权利相适应的应为一定种类或者限度的作为或者不作为,其系权利的反面,申言之,如果某人享有一项权利,那么与之相对应的,另一个人或者一些人便负有相应的法律义务;反之如果某人负担了某项法律义务,也就意味着另外一个人或者一些人享有某项权利。[①] 因此,前述日常家事代理权、夫妻财产共有权、受扶养权、继承权以及家庭财产受保护权也相对应地与一系列义务共生。

(一)家庭债务中的连带债务

在家庭成员,尤其是配偶行使日常家事代理权产生债务的情形中,另一方配偶应当与之一同负担连带债务,其缘由在于,日常家事代理权所为之事务代理行为,均为维持家庭正常运转所为之必要行为,有利于家庭的整体性利益,因此应当由家庭,或者说由家庭中的核心力量,即具有权利能力的夫妻承担连带义务。

我国对夫妻共同债务的认定并不限于日常家事代理领域。《婚姻法》第41条规定:"离婚时,原为夫妻共同生活所负的债务,应当共同偿还。共同财产不足清偿的,或财产归各自所有的,由双方协议清偿;协议不成时,由人民法院判决",这说明,夫妻共同债务首先应当由夫妻共同财产偿还,但在偿还规则方面仍然不够清晰。有鉴于此,《最高人民法院关于适用〈中华人民共和国婚姻法〉若干问题的解释(二)》第24条第1款规定:"债权人就婚姻关系存续期间夫妻一方以个人名义所负债务主张权利的,应当按夫妻共同债务处理。但夫妻一方能够证明债权人与债务人明确约定为个人债务,或者能够证明属于婚姻法第十九条第三款规定情形的除外",申言之,倘若夫妻一方无法证明债权人与债务人明确约定为个人债务,或者也非《婚姻法》第19条规定之"夫妻对婚姻关系存续期间所得的财产约定归各自所有的,夫或妻一方对外所负的债务,第三人知道该约定的,以夫或妻一方所有的财产清偿"的情形,则夫妻一方以个人名义所举之债均应视为夫妻共同债务。

这项过于宽泛的司法解释存在过分扩大夫妻共同债务范围的弊端。事实上,由于夫妻一方举债行为的隐秘性,另一方常常处于被诈害且无法举证之窘境。尽管最高人民法院也意识到了这一弊端,并且在2017年2月20日通过了法释〔2017〕6号《最高人民法院关于适用〈中华人民共和国婚姻法〉若干问题的解释(二)的补充规定》,规定:"在《最高人民法院关

---

① [苏联]尼·格·亚历山大洛夫:《苏维埃社会中的法律和法律关系》,宗生、孙国华译,中国人民大学出版社1958年版,第94页。

于适用〈中华人民共和国婚姻法〉若干问题的解释(二)》第二十四条的基础上增加两款,分别作为该条第二款和第三款:夫妻一方与第三人串通,虚构债务,第三人主张权利的,人民法院不予支持。夫妻一方在从事赌博、吸毒等违法犯罪活动中所负债务,第三人主张权利的,人民法院不予支持",从而明文将虚构债务与非法债务排除在夫妻共同债务之外,但这只是一种治标不治本之策,真正的问题所在,仍然系于夫妻共同债务范围过分宽泛之上,而夫妻共同债务范围过宽的最大弊端则在于容易导致举债配偶乃至整个家庭背负沉重的债务,以至于家庭生活难以正常维系。

客观来说,最高人民法院的司法解释有利于保护交易安全与债权人利益,但却对债务人的家庭整体性利益有所忽略。基于家庭本位观念,笔者以为,应当对债权人课以必要的维护他人家庭财产安全的审慎注意义务。具体而言,当夫妻一方以自己名义举债之时,债权人有义务提示其家庭财产风险,并且有义务通知其配偶,倘若配偶并不同意该债务的产生,则该债务便不应成为夫妻共同债务,而只能作为夫妻一方的个人债务,其责任财产只能限于举债夫妻一方的个人财产以及家庭共同财产中的个人份额。

(二)保障配偶财产共有权益义务

在我国 1993 年出台的最高人民法院《关于人民法院审理离婚案件处理财产分割问题的若干具体意见》第 6 条规定:"一方婚前个人所有的财产,婚后由双方共同使用、经营、管理的,房屋和其他价值加大的生产资料经过 8 年,贵重的生活资料经过 4 年,可视为夫妻共同财产",此即"转化规则";[①]而《婚姻法》第 17 条第 1 款则规定:"夫妻在婚姻关系存续期间所得的下列财产,归夫妻共同所有:(一)工资、奖金;(二)生产、经营的收益;(三)知识产权的收益;(四)继承或赠与所得的财产,但本法第十八条第三项规定的除外;(五)其他应当归共同所有的财产",《最高人民法院关于适用〈中华人民共和国婚姻法〉若干问题的解释(二)》第 11 条、第 12 条进一步规定:"婚姻关系存续期间,下列财产属于婚姻法第十七条规定的'其他应当归共同所有的财产':(一)一方以个人财产投资取得的收益;(二)男女双方实际取得或者应当取得的住房补贴、住房公积金;(三)男女双方实际取得或者应当取得的养老保险金、破产安置补偿费","婚姻法第十七条第三项规定的'知识产权的收益',是指婚姻关系存续期间,实际取得或者已经明确可以取得的财产性收益",此即"婚后共同所有规则"。在"转化规则"与"婚后共同所有规则"的共同作用下,一段相对长久的婚姻将会使夫妻双方的财产几乎都转变为夫妻共同财产,因此相对而言保障配偶财产共有权义务也就显得不那么重要。

不过,"转化规则"在 2001 年《婚姻法》修订时遭到否弃,全国人大法律委员会在第二次审议时便明确说明:"现在婚前个人财产越来越多,情况较为复杂,笼统规定经过八年、四年就一律成为共同财产,不太合适"。[②] 因此,在我国现行夫妻财产共有规范体系中,便只剩下了"婚后共同所有规则"。

不过单独的"婚后共同所有规则"也并非无懈可击,例如,夫妻一方的婚前个人财产在婚后的增值,在离婚时应当归谁所有?就此而言,学界一般认为,夫妻个人财产的婚后收益分为孳息、投资收益和增值三类。而所谓增值是指财产价格的上升,既包括主动增值,也包括

---

① 贺剑:《论夫妻个人财产的转化规则》,《法学》2015 年第 2 期。

② 王胜明、孙礼海主编:《〈中华人民共和国婚姻法〉修改立法资料选》,法律出版社 2001 年版,第 13 页。

被动增值,即自然增值,而所谓主动增值,是夫妻财产由于他人或者双方所支付的时间、金钱、智力与劳务产生的增值,而所谓自然增值,则是指因通货膨胀或者其他不是因当事人的主观努力而是因市场价值的变化产生的增值。在此基础上,夫妻个人财产婚后的主动增值作为劳动之产物,与作为夫妻共同财产的"生产、经营的收益"具有同质性,故而应纳入夫妻共同财产之列,至于婚后的自然增值,与夫妻另一方并无关联,故而应属夫妻个人财产。[1]不过这一相对简单的思路却使得夫妻个人财产婚后自然增值完全被排斥在夫妻共同财产之外,这也意味着夫妻一方婚前购买的房产在婚后的所有增值均归夫妻一方,从情理上有失偏颇。有学者认为,目前的通说实际上采纳的是"婚后劳动所得共同制",这一制度其实具有片面性,实际上,作为命运共同体,夫妻也应当"共运气",申言之,夫妻婚后因为纯粹运气所得也应当作为夫妻共同财产,如此一来,自然增值也就被纳入到夫妻一方共同财产之列,此即"婚后劳动和运气所得共同制"。[2]

从维护配偶一方家庭财产共有权益的角度来说,在"转化规则"被废弃之后,"婚后劳动和运气所得共同制"可谓具有补偿性的制度举措,故而在法解释与立法层面上,应当采纳该制度。

此外,除应当尽量扩大夫妻共同财产的范围之外,负有保障配偶财产共有权益义务的义务人也应当谨慎处分共有财产,不得隐秘对夫妻共同财产予以无权处分,不得对夫妻共同财产予以奢侈性的消耗与浪费等等。

(三)扶养义务

扶养义务是受扶养权的对应制度构造,受扶养权人主张权利的对象便是负有扶养义务的义务人。根据扶养对象的不同,扶养义务可以分为抚养义务、赡养义务与狭义的扶养义务。

我国《婚姻法》第20条规定:"夫妻有互相扶养的义务。一方不履行扶养义务时,需要扶养的一方,有要求对方付给扶养费的权利",换言之,夫妻之间互负狭义的扶养义务。《婚姻法》第21条规定:"父母对子女有抚养教育的义务;子女对父母有赡养扶助的义务。父母不履行抚养义务时,未成年的或不能独立生活的子女,有要求父母付给抚养费的权利。子女不履行赡养义务时,无劳动能力的或生活困难的父母,有要求子女付给赡养费的权利",这意味着父母对未成年的或者不能独立生活的子女负有抚养义务,而成年的子女对无劳动能力或者生活困难的父母,负有赡养义务。

此外,我国目前以核心家庭,即夫妻与子女作为家庭成员的形式为主要家庭形态,因此很多情况下,祖父母、外祖父母、兄、姐并非特定家庭的共同生活成员。不过考虑到需要接受扶养的人的利益,在特殊情况下,祖父母、外祖父母、兄、姐也会成为扶养义务人。我国《婚姻法》第28条规定:"有负担能力的祖父母、外祖父母,对于父母已经死亡或父母无力抚养的未成年的孙子女、外孙子女,有抚养的义务。有负担能力的孙子女、外孙子女,对于子女已经死

---

[1] 贺剑:《夫妻个人财产的婚后增值归属——兼论我国婚后所得共同制的精神》,《法学家》2015年第4期。

[2] 贺剑:《夫妻个人财产的婚后增值归属——兼论我国婚后所得共同制的精神》,《法学家》2015年第4期。

亡或子女无力赡养的祖父母、外祖父母,有赡养的义务",这表明,在祖父母、外祖父母具有扶养能力,同时在孙子女、外孙子女还是未成年人,并且父母已经死亡或者父母没有能力扶养(例如,父母本身就是没有收入的未成年人)的情况下,祖父母、外祖父母对未成年的孙子女、外孙子女负有扶养义务;而与之相对应的是,在子女已经死亡或者子女没有赡养能力的情形中,有扶养能力的孙子女、外孙子女对祖父母、外祖父母也负有赡养义务。我国《婚姻法》第29条规定:"有负担能力的兄、姐,对于父母已经死亡或父母无力抚养的未成年的弟、妹,有扶养的义务。由兄、姐扶养长大的有负担能力的弟、妹,对于缺乏劳动能力又缺乏生活来源的兄、姐,有扶养的义务",这意味着,在弟弟、妹妹属于未成年人,并且父母已经死亡或者父母欠缺抚养能力,则此时,有扶养能力的哥哥和姐姐便会负担对弟弟和妹妹的抚养义务;不过,唯须注意的是,与孙子女、外孙子女赡养祖父母、外祖父母的规定不同的是,即使哥哥、姐姐缺乏劳动能力且缺乏生活来源,弟弟、妹妹也不当然负担扶养义务,唯有在该弟弟或者妹妹系由哥哥、姐姐扶养长大的情形下,弟弟或者妹妹才对缺乏劳动能力且缺乏生活来源的哥哥、姐姐负担扶养义务。

(四)保障继承人权益义务

继承权对于继承人来说是一项十分重要的财产权。前已述及,尽管依据私法自治所承认的遗嘱自由原则,被继承人有权利相对自由的处分自己的遗产,根据我国《继承法》第16条的规定,被继承人不仅可以订立遗嘱将个人财产指定由法定继承人的一人或者数人继承,甚至可以通过遗嘱而将个人财产遗赠给国家、集体或者法定继承人以外的人。尽管根据遗嘱自由原则,被继承人的确有权处分自己的财产,但考虑到有的继承人存在生活困难的客观情况,因此,被继承人客观上也负有一定程度的保障特定继承人权益的义务。我国《继承法》第19条规定:"遗嘱应当对缺乏劳动能力又没有生活来源的继承人保留必要的遗产份额",《最高人民法院关于贯彻执行〈中华人民共和国继承法〉若干问题的意见》第37条也规定:"继承人未保留缺乏劳动能力又没有生活来源的继承人的遗产份额,遗产处理时,应当为该继承人留下必要的遗产,所剩下的部分,才可以参照遗嘱确定的分配原则处理",这两条构成我国现行法中的特留份制度。所谓特留份,是指法律规定的遗嘱人不得以遗嘱取消的,由特定的法定继承人继承的遗产份额。[①] 客观而言,我国的特留份范围非常狭窄,仅限于为缺乏劳动能力又没有生活来源的继承人保留必要的份额,以至于有学者认为,以其他国家的特留份制度相比,我国的所谓特留份制度,只能称之为必留份制度。[②]

从保障继承人的继承权益角度出发,我国应当构建更为合理的特留份制度,合理改进措施应当是适当扩大特留份权利人的范围。根据比较法上的经验,我国特留份权利人的范围应当限于第一顺位法定继承人,即配偶、子女以及父母,被继承人在依据遗嘱自由处分遗产之时,应当为配偶、子女以及父母留下必要的份额,且不以配偶、子女以及父母缺乏劳动能力又没有生活来源为前提条件。[③]

---

① 郭明瑞、房绍坤、关涛:《继承法研究》,中国人民大学出版社2003年版,第150页。
② 许莉:《我国〈继承法〉应增设特留份制度》,《法学》2012年第8期。
③ 许莉:《我国〈继承法〉应增设特留份制度》,《法学》2012年第8期。

（五）家庭财产保护义务

须予以释明的是,家庭财产保护义务并非法定义务,而是依据笔者所倡导的家庭本位与"私的利他性"原则所演绎出的一项应然意义上的法律义务。对于家庭财产保护而言,有内部与外部两种义务。

1. 内部视角:家庭成员的家庭财产保护义务

对于家庭成员而言,维系家庭的持续、健康发展,是每一个家庭成员所应当负担的义务。我国《婚姻法》第 4 条规定:"夫妻应当互相忠实,互相尊重;家庭成员间应当敬老爱幼,互相帮助,维护平等、和睦、文明的婚姻家庭关系",而要实现这种家庭成员之间互相帮助、平等、和睦、文明的家庭关系,则必须使家庭享有一个坚实的经济物质基础。对于家庭成员而言,每一个家庭成员都应当遵循家庭本位,践行"私的利他性"原则,以家庭的整体性利益为圭臬,努力增加家庭财产,避免基于一己之私的奢侈性消费、浪费性消费以及过于轻率的投资行为等可能减少家庭财产,使家庭背负沉重债务等情况的发生。

2. 外部视角:家庭以外第三人的家庭财产保护义务

一般来说,特定家庭以外的第三人并非该家庭的家庭成员,故而其也并不负担类似家庭成员那样的家庭财产保护义务。不过,由于家庭为正常存续与发展之故,会与外部发生各种交往,而在这种交往,尤其是经济交往的过程中,家庭以外的第三人也须负担一定程度的保护相对人家庭财产之义务。

对家庭以外第三人课以保护相对人家庭财产义务的缘由在于对交易安全的合理限制。交易安全,系与静的安全相对应之动的安全,其根植于信赖保护、社会整体利益与团体主义思想。主张交易安全优先论的学者通常认为,交易安全乃超越个人利益的社会整体利益,其有利于促成社会交往的便利性、迅捷性与简洁性,故而在静的安全,即个人利益享有的安全与动的安全,即交易流通安全之间,应当优先保护后者。[①] 尽管交易安全论认为,其所保护的是作为社会整体性利益,或者说公共利益的交易安全,不过在具体的法律关系分析中则可发现,交易安全论事实上所保护的,便是第三人的利益。不过也非所有第三人利益都会受到交易安全的维护,第三人必须具有可供保护的信赖状态,或者说主观上的善意心理,才值得交易安全予以维护,这也是善意取得等维护交易安全制度的应有之义。[②]

不过纵观我国现行法律,对于交易安全的维护仍有过于强势之虞。以夫妻共同债务问题为例,《最高人民法院关于适用〈中华人民共和国婚姻法〉若干问题的解释(二)》第 24 条第 1 款规定:"债权人就婚姻关系存续期间夫妻一方以个人名义所负债务主张权利的,应当按夫妻共同债务处理。但夫妻一方能够证明债权人与债务人明确约定为个人债务,或者能够证明属于婚姻法第十九条第三款规定情形的除外",这对于债务人家庭之外的债权人而言自然十分有利,债权人无须负担证明夫妻一方以自己名义所负之债务为夫妻共同债务,而只能由夫妻非举债方举证证明该债务确系个人债务,方可免于承担连带债务,倘若夫妻非举债方

---

① 孙鹏:《民法上信赖保护制度及其法的构成——在静的安全与交易安全之间》,《西南民族大学学报(人文社科版)》2005 年第 7 期。

② 谢潇:《善意取得制度体系瑕疵祛除的拟制论解释——以善意取得中间法律效果的提出为核心》,《政治与法律》2017 年第 1 期。

举证不能,则不管该债务是否是个人债务,均会被视为夫妻共同债务。此一规则对债权人利益与交易安全有过分偏袒之虞,事实上,对于夫妻一方所举之债务,夫妻非举债方并不一定知晓,故而倘若要令非举债方成为连带债务人,将夫妻一方所举之债务转变为夫妻共同债务,则依据并存的债务承担之原理,应当在非举债方同意自己成为连带债务人的情况下,该债务方可转变为夫妻共同债务。对于债权人而言,其应当负担一定程度的保护相对人家庭财产之义务,在夫妻一方以自己名义举债的情况,应当负担通知另一方配偶的义务,从而让非举债方决定自己是否要成为连带债务人;倘若未取得非举债方的同意,则夫妻一方以自己名义所负债务则不能认定为夫妻共同债务,而只能作为夫妻一方个人债务处理,该债务的责任财产应只限于举债方的个人财产以及其在家庭共有财产中的份额。

第三章

家庭财产共有权

第一节 家庭共有财产

一、共有概述

(一)奠基于"一物一权主义"之上的共有概念

传统民法理论一般认为,共有,是指"数人对同一物享有所有权的状态",[①]换言之,即两人或者两人以上对同一个物共同分享该物之所有权的情形。须予以提示的是,尽管在共有法律关系中,所有权人的数量为复数,不过却不可因此而认为共有导致每一个所有权人均各自享有一个所有权。实际上,所谓共有,乃多人分享一个所有权,这种分享并非质的分割,并未导致所有权数量的增加,而是仅仅导致所有权人的数量由一般情形下的一人,转变为二人或者二人以上。[②] 缘何如此?原因在于,传统民法理论一般信奉"一物一权主义"。

所谓"一物一权主义",是物权法中的经典原则,其基本意涵可以分为两个方面:第一,一个物权只能够以一个物为客体,这意味着,物权的客体必须具有独立性,即必须是一个完整的物,倘若某一事物仅仅只是某物的组成部分,譬如尚未与苹果树发生分离的苹果,则在该事物上不能成立一项独立的物权,尤其是所有权。同时,每一个独立的物之上均有一项完整的所有权,或者其他物权,在两个或者两个以上独立物上不得成立一项所有权,换言之,一项所有权的客体不得为两个或者两个以上的独立物,例如,两辆汽车,作为两个独立之物,其分别对应两项完整的所有权,而不能在两辆汽车上仅成立一项所有权,即不能使一项所有权之客体为两辆汽车。[③] 第二,一个物上可以并存多个物权,但在这种权利并存关系中,只能有一个所有权或者并存的其他物权在内容上互不干涉。具体而言,一个物上只能成立一个所有权,而不能成立两个或者两个以上的所有权,例如,一个苹果对应一个苹果的所有权,这一所有权不可以做质的分割,而转变为两个或者两个以上的所有权,其缘故在于,倘若一个苹果产生了两个或者两个以上的所有权,并且该所有权分属两个或者两个以上的主体,那么,由于客体的唯一性,必然导致两个所有权人之间严重的权利冲突,难以定纷止争,故而从法政策与法逻辑上来讲,不应允许这种情况出现,而在两项所有权同属一人时,由于两种权利之权能完全一致,故而对于该所有权人而言,不如适用权利混同而使两项所有权合并为一项

---

① 马俊驹、陈本寒主编:《物权法》,复旦大学出版社 2014 年第 2 版,第 155 页。
② 傅鼎生:《傅鼎生讲物权法》,上海人民出版社 2017 年版,第 136 页。
③ 席志国:《中国物权法论》,中国政法大学出版社 2016 年版,第 67~68 页。

所有权。① 由此可见，一物之上的确只能成立一项所有权。此外，倘若在所有权之外，还存在并存的多个其他物权，那么为了避免这些物权之间因内容上的冲突而导致物权客体无法物尽其用，则也应设定并存的其他物权在行使上应当互不干涉的规则。② "一物一权主义"为共有奠定了坚实的理论基础，唯有在坚持"一物一权主义"的观念前提下，方可顺理成章地解释多人分享同一所有权的规范现象。

（二）共有的类型

在传统民法中，共有主要存在两种类型，即按份共有与共同共有。所谓按份共有，又称分别共有，是指两个或者两个以上的共有人按照各自所享有的份额分别对其所共有之物享有权利，承担义务的一种共有关系。③ 恰如我国著名民法学家史尚宽先生所言，所谓按份共有，"谓数人按其应有部分，对于一物有所有权。"④因此，按份共有最大的特点便是处于共有关系的当事人对于共有之物，均享有一定份额的应有部分（Anteil）。⑤ 而共同共有则是指，两人或者两人以上基于法律规定或者合同之约定所成立的共同关系，不分份额地对共有之物共同享有所有权的共有状态。

尽管按份共有与共同共有均为共有，但两者仍然存在较大差异。二者差异主要体现为以下三个方面：第一，按份共有主要依当事人的共同意志而发生，换言之，按份共有的产生，绝大多数情况下源于共有人之间的约定，共有人之间并不一定存在某种共同关系，而共同共有一般主要依法律的规定而产生（当然，依照约定产生共同共有也为法律所认可），通常来说，共同共有人之间具有某种紧密的共同关系，如夫妻关系；第二，按份共有人对于共有之物享有清晰的权利份额，换言之，按份共有人以清晰的比例方式划定了各共有人对于共有之物所能享受利益的界限，而共同共有则并未划分份额，对于共有之物所生利益的享有与处分，仰赖于共同共有人的共同行为；第三，在按份共有中，各个共有人对于共有之物到底享有多少权利，承担多少义务均由其所享有的份额所决定，申言之，各个共有人拥有多少份额，也就意味着他对于共有之物享有多少权利以及承担多少义务。⑥ 当然，此处仍须予以提示的是，按份共有人所享有的份额，并非物之部分，事实上按份共有人所享有的份额仍旧及于共有之物的全部，只不过按份共有人只能按照既定的份额享受共有之物所产生的利益罢了，当然，与之相对应的是，按份共有人也仅在自身所占份额的范围内负担相应的义务。

二、家庭共有财产的概念

所谓家庭共有财产，即所有家庭成员在作为整体性存在的家庭框架下所共有的财产，简言之即家庭成员共有的财产。仅从现行法角度来看，涉及"家庭共有财产"的条款并不多见。尽管我国《婚姻法》第三章的标题为"家庭关系"，不过有关家庭关系的规范其实主要适用于

---

① 席志国：《中国物权法论》，中国政法大学出版社 2016 年版，第 68 页。
② 席志国：《中国物权法论》，中国政法大学出版社 2016 年版，第 68 页。
③ 梅夏英：《物权法·所有权》，中国法制出版社 2005 年版，第 282 页。
④ 史尚宽：《物权法论》，荣泰印书馆股份有限公司 1957 年版，第 140 页。
⑤ 史尚宽：《物权法论》，荣泰印书馆股份有限公司 1957 年版，第 140 页。
⑥ 梅夏英：《物权法·所有权》，中国法制出版社 2005 年版，第 283 页。

夫妻之间,在"家庭关系"项下,也没有使用"家庭共同共有"的表述,而仅仅采用了"夫妻共同共有"这一概念,例如,我国《婚姻法》第 17 条规定:"夫妻在婚姻关系存续期间所得的下列财产,归夫妻共同所有:(一)工资、奖金;(二)生产、经营的收益;(三)知识产权的收益;(四)继承或赠与所得的财产,但本法第十八条第三项规定的除外;(五)其他应当归共同所有的财产。夫妻对共同所有的财产,有平等的处理权。"又如,我国《妇女权益保障法》第 47 条便规定:"妇女对依照法律规定的夫妻共同财产享有与其配偶平等的占有、使用、收益和处分的权利,不受双方收入状况的影响。"这表明,我国婚姻法所预设的家庭模型是一夫一妻制下的核心家庭模式。这种理论模型的择取也影响了司法机关,在司法机关所颁行的司法解释中,"家庭共同共有"与"家庭共有财产"之表述也隐而不彰,而"夫妻共同共有"与"夫妻共同财产"成为更为主流的概念。例如,《最高人民法院关于适用〈中华人民共和国婚姻法〉若干问题的解释(二)》第 14 条第 1 款规定:"人民法院审理离婚案件,涉及分割发放到军人名下的复员费、自主择业费等一次性费用的,以夫妻婚姻关系存续年限乘以年平均值,所得数额为夫妻共同财产"。而《最高人民法院关于适用〈中华人民共和国婚姻法〉若干问题的解释(三)》第 11 条第 1 款则规定:"一方未经另一方同意出售夫妻共同共有的房屋,第三人善意购买、支付合理对价并办理产权登记手续,另一方主张追回该房屋的,人民法院不予支持。"

相对而言,"家庭共有财产"或者"家庭共同共有"之表述,在婚姻家庭法领域并不多见,不过从规范文本上来看,使用"家庭共有财产"的法律法规乃至司法解释也是存在的,例如,我国《妇女权益保障法》第 31 条规定:"在婚姻、家庭共有财产关系中,不得侵害妇女依法享有的权益。"此项条文明确使用了"家庭共有财产"之表述,而《最高人民法院关于贯彻执行民事政策法律若干问题的意见》第 35 条规定:"遗产只限于被继承人所有的财产。遗产与夫妻或家庭共有财产结合在一起的,处理时,应先将遗产从共有财产中划分出来,然后分割"。这项司法解释所具有的宝贵价值在于,其并没有像《婚姻法》那样将家庭关系中的财产关系简单处理为夫妻财产关系,而是注意到家庭财产与夫妻财产在概念意涵上存在差异,故而予以并列表述。而"家庭共同共有"之表述,则比"家庭共有财产"更为罕见,根据笔者的检索,在中央层级的法律法规与司法解释中,并无"家庭共同共有"之表述,反而在一些地方规范性文件中,偶然可得一见面。例如,2008 年进行过修正的《江苏省实施〈中华人民共和国妇女权益保障法〉办法》第 25 条第 1 款规定:"其他共有人出卖、抵押或者以其他方式处分夫妻共有财产和家庭共同共有财产,应当征得女性共有人同意。"这项条文所使用的"家庭共同共有财产"概念中不仅包含"家庭共有财产"因素,也融合了"家庭共同共有"这项概念。

而经由上述文本考察可知,尽管我国《婚姻法》在"家庭关系"项下几乎只规定了夫妻共有财产,但夫妻共有财产的确不等于家庭共有财产,而应当对两者予以明确区分,而区分的基准便在于主体,概而言之,夫妻共有财产与家庭共有财产的区别其实系于主体之不同。具体而言,夫妻共有财产只涉及丈夫与妻子两个主体,而家庭共有财产则不限于丈夫与妻子,也可能包括父母、子女、祖父母、外祖父母,甚至其他家庭成员。由此可见,家庭共有财产是一项在意涵上比夫妻共有财产更为宽泛的概念,其有可能在外延上与夫妻共有财产一致,例如,对于一夫一妻制家庭而言,倘若子女并无共有财产之份额,那么这个家庭的家庭共有财产也就是夫妻共同财产;不过,家庭共有财产在外延上也有可能大于夫妻共有财产,例如,在一个没有分家析产的大家庭中,便可能存在父母、子女、夫妻等其他家庭成员所共同享有的家庭共有财产,此时的家庭共有财产便并非夫妻共有财产。由此可见,家庭共有财产是一项

包容性更强的概念,实际上,夫妻共有财产仅仅只是家庭共有财产的一种具体类型罢了。

三、家庭共有财产的类型

(一)夫妻共有财产

所谓夫妻共有财产,即具有婚姻关系的男女双方共同享有所有权的财产。在我国,夫妻共有财产主要源于婚姻关系存续期间,具有夫妻关系的当事人婚后所得财产。我国《婚姻法》第 17 条第 1 款规定:"夫妻在婚姻关系存续期间所得的下列财产,归夫妻共同所有:(一)工资、奖金;(二)生产、经营的收益;(三)知识产权的收益;(四)继承或赠与所得的财产,但本法第十八条第三项规定的除外;(五)其他应当归共同所有的财产"。同时,《最高人民法院关于适用〈中华人民共和国婚姻法〉若干问题的解释(二)》第 11 条进一步规定:"婚姻关系存续期间,下列财产属于婚姻法第十七条规定的'其他应当归共同所有的财产':(一)一方以个人财产投资取得的收益;(二)男女双方实际取得或者应当取得的住房补贴、住房公积金;(三)男女双方实际取得或者应当取得的养老保险金、破产安置补偿费"。这两项法律渊源基本上将夫妻婚后所得的全部财产均归为夫妻共有财产之列。而由于《婚姻法》第 18 条规定:"下列情形之一的,为夫妻一方的财产:(一)一方的婚前财产;(二)一方因身体受到伤害获得的医疗费、残疾人生活补助费等费用;(三)遗嘱或赠与合同中确定只归夫或妻一方的财产;(四)一方专用的生活用品;(五)其他应当归一方的财产"。这意味着,婚前财产以及具有浓厚人身专属性质的财产均不在夫妻共有财产之列。此外,夫妻共有财产为共同共有,具体而言,夫妻是不分份额地共同享有两者所共有财产之所有权的,换言之,在对待夫妻共有财产的概念问题上,我国所采纳的,应该是"夫妻婚后所得共同财产制"。[①]

(二)夫妻关系以外的直系亲属共有财产

在家庭中,也可能出现直系亲属之间,例如父母与子女、祖父母或者外祖父母与孙子女或者外孙子女之间共有财产的现象。不过,这种夫妻关系以外的直系亲属共有财产的法律关系究竟是按份共有还是共同共有,我国《婚姻法》并未做出直接规定,在《婚姻法》的"家庭关系"一章中,仅仅只是规定了夫妻共有财产。因此,对于夫妻关系以外的直系亲属共有财产的性质判定,应当向《物权法》以及相关法律法规、司法解释寻求法律渊源方面的规范支撑。就此而言,我国《物权法》第 103 条规定:"共有人对共有的不动产或者动产没有约定为按份共有或者共同共有,或者约定不明确的,除共有人具有家庭关系等外,视为按份共有"。该条文引入了"家庭关系"标准,具体而言,对于共有性质而言,首先应当以当事人之约定为准,倘若当事人约定为按份共有或者共同共有,则应为按份共有或者共同共有;倘若没有约定或者约定不明确,那么应当将该共有推定为按份共有,不过,如果共有人具有家庭关系,如夫妻关系、父母子女关系等等,则不能做此项推定,从反对解释的角度来看,似乎应当反过来推定为共同共有。

不过,存有疑问的是,这里的"家庭关系"究竟是何意涵? 其具体范围又应当如何界定呢?《物权法》对此并未做出进一步规定。不过,从司法机关的判例来看,"家庭关系"所涵盖

---

① 　巫昌祯主编:《中国婚姻法》,中国政法大学出版社 2001 年版,第 137 页。

的范围肯定大于夫妻关系,夫妻之外的亲属,尤其是直系亲属对特定财产成立共同共有在裁判结果上也较为常见。例如,在"王惠英与崔兴明分家析产纠纷上诉案"中,法院便认为:"王惠英、崔兴明系母子关系,王惠英离婚后,崔兴明随母生活多年,双方共同建造房屋。《最高人民法院关于贯彻执行〈中华人民共和国民法通则〉若干问题的意见(试行)》第八十九条规定:'共同所有人对共有财产享有共同的权利,承担共同的义务。'本案诉争房屋属王惠英、崔兴明共同建造,属双方共同财产,现王惠英主张析产,理由正当,应予支持"。[①] 该案表明,父母子女共同建造的房屋,应属父母与子女共同共有之财产。以此类推,倘若当事人之间存在夫妻关系以外的其他家庭关系,如果确实存在成立共同共有之基础,例如共同出资、共同建造等等,并且也没有约定或者明确约定为按份共有,那么当事人之间的共有应为共同共有。当然,倘若当事人之间已经明确约定为按份共有,那么便应恪守私法自治之精神,尊重当事人自己的意愿。

从制度沿革上来看,夫妻共有财产与夫妻关系以外的直系亲属共有财产在《物权法》颁行前主要被认定为共同共有之形态。《最高人民法院关于贯彻执行〈中华人民共和国民法通则〉若干问题的意见(试行)的通知》第88条规定:"对于共有财产,部分共有人主张按份共有,部分共有人主张共同共有,如果不能证明财产是按份共有的,应当认定为共同共有"。这表明,在《物权法》生效之前,倘若对共有性质没有约定或者约定不明的,则应当一概推定为共同共有。与《物权法》相比,《民通意见》显然更青睐共同共有,而将按份共有视为更为特殊的情形。不过,在《物权法》编纂过程中,主流意见认为:"共同共有的共有人只有在共有关系消灭时才能协商确定各自的份额。当共有人对共有的不动产或动产没有约定为按份共有或者共同共有,或者约定不明确的,如果推定为共同共有,共有人对共有财产的份额还是不明确的"。[②] 换言之,把性质不明的共有推定为共同共有,其实无法达到定分止争,明晰共有人各自所应有的权利份额的目标,故而《物权法》改弦易辙,转而以按份共有为基础法权模型,而将共同共有设定为按份共有之外,因当事人约定或者家庭关系之存在而成立的特殊共有形态。当然,须予以提示的,即使是存在家庭关系的当事人之间,也可以通过约定而将共同共有之财产转变为按份共有之财产,在此意义上,私法自治可谓共有性质斟酌之最高法律渊源。[③]

(三)旁系亲属共有财产

除夫妻、直系亲属之外,旁系亲属之间也有可能存在共有财产关系,尤其是共同共有财产关系。例如,在农村地区,存在祖父母、父母、多个子女、多个孙子女一起生活的,未分家析产的大家庭,在这种大家庭模式下,不仅蕴含夫妻共有财产与直系亲属共有财产的成分,也存在兄弟姐妹、甚至堂兄弟姐妹这类旁系亲属之间的共有财产因素。此外,《最高人民法院关于印发〈第八次全国法院民事商事审判工作会议(民事部分)纪要〉的通知》第25条规定:

---

① 参见重庆市中级人民法院(2013)庆中民终字第593号民事判决书。

② 胡康生主编:《中华人民共和国物权法释义》,法律出版社2007年版,第234页。

③ 在传统私法理论中,"自治"(Autonomie)本身就构成一项私法渊源(Quelle des Privatrechts),其承认私法主体有权在制定法之外,藉由自治而塑造规则,如契约、团体章程等等。Vgl. Joseph Unger, System des österreichischen allgemeinen Privatrechts, Erster Band, 1856, S. 32.

"被继承人死亡后遗产未分割,各继承人均未表示放弃继承,依据继承法第二十五条规定应视为均已接受继承,遗产属各继承人共同共有",故而当继承发生之后而遗产尚未分割时,则所有继承人对遗产形成共同共有,[①]因此,如果继承人相互之间为兄弟姐妹等旁系亲属关系,那么该遗产便属于共同共有性质的旁系亲属共有财产。当然,倘若旁系亲属通过约定而将遗产之共同共有转变为按份共有,甚至直接按照法律予以分割,亦为法律所准可。

(四)家庭中监护人与被监护人共有财产

一般来说,共有财产的当事人均为完全民事行为能力人,不过在特殊情况下,仍然可能出现作为完全民事行为能力人的监护人与作为限制民事行为能力人或者无民事行为能力人的被监护人共有特定财产的情况,例如,父母将未成年子女登记为特定房屋的共同共有人,祖父母、外祖父母通过处分而使孙子女、外孙子女与自己共有特定财产,夫妻一方作为监护人而与作为被监护人(譬如因精神病而为无民事行为能力人)的另一方共有财产等等。与一般的家庭共有财产不同,在这种共有关系中,至少有一方当事人的民事行为能力处于不完全状态。例如,我国《民法总则》第 20 条规定:"不满八周岁的未成年人为无民事行为能力人,由其法定代理人代理实施民事法律行为"。同时,第 19 条规定:"八周岁以上的未成年人为限制民事行为能力人,实施民事法律行为由其法定代理人代理或者经其法定代理人同意、追认,但是可以独立实施纯获利益的民事法律行为或者与其年龄、智力相适应的民事法律行为"。这意味着,未成年子女并无完全民事行为能力,八周岁以下的未成年子女,其法律行为均由法定代理人,通常即父母代理,而八周岁以上的未成年子女,除其可以独立实施纯获利益的法律行为或者与其年龄、智力相适应的法律行为之外,其他法律行为也必须由法定代理人(监护人),通常即为其父母代理实施,予以事前同意或者事后追认。职是之故,在事关共有财产处分的问题上,被监护人的意思通常是由监护人自己所做出的,而由于被监护人欠缺实施法律行为或者特定法律行为的资格与能力,而必须仰赖监护人做出意思表示,故而对这类共有而言,应当更为重视对被监护人利益的保护。《民法总则》第 35 条规定:"监护人应当按照最有利于被监护人的原则履行监护职责。监护人除为维护被监护人利益外,不得处分被监护人的财产。未成年人的监护人履行监护职责,在作出与被监护人利益有关的决定时,应当根据被监护人的年龄和智力状况,尊重被监护人的真实意愿。成年人的监护人履行监护职责,应当最大限度地尊重被监护人的真实意愿,保障并协助被监护人实施与其智力、精神健康状况相适应的民事法律行为。对被监护人有能力独立处理的事务,监护人不得干涉。"这意味着,尽管被监护人自身欠缺完全民事行为能力,但其自身意志并非完全没有法律意义,监护人处分财产,应当尊重被监护人的真实意愿;此外,为了防止监护人侵害被监护人的财产权益,《民法总则》第 35 条也明确规定,监护人只能为了被监护人的利益,基于维护被监护人利益之目的而处分被监护人财产,而不得为了自身利益而处分被监护人财产。

---

① 　夏吟兰主编:《婚姻家庭继承法》,中国政法大学出版社 2012 年版,第 280 页。

四、家庭共有财产及其相似范畴之间的关系

（一）家庭共同财产与家庭共有财产：概念的相似性及其区分

在我国的规范性文件中，"家庭共有财产"与"家庭共同财产"并未严格区分，例如，《最高人民法院关于人民法院审理离婚案件处理财产分割问题的若干具体意见》的序言部分就规定："人民法院审理离婚案件对夫妻共同财产的处理，应当依照《中华人民共和国婚姻法》《中华人民共和国妇女权益保障法》及有关法律规定，分清个人财产、夫妻共同财产和家庭共同财产，坚持男女平等，保护妇女、儿童的合法权益，照顾无过错方，尊重当事人意愿，有利生产、方便生活的原则，合情合理地予以解决。"其中所提到的"家庭共同财产"结合上下文来看，其实与"家庭共有财产"无异。无独有偶，这种概念混用情况也存在于"夫妻共有财产"与"夫妻共同财产"两大术语之中，例如，我国《妇女权益保护法》第 47 条规定："妇女对依照法律规定的夫妻共同财产享有与其配偶平等的占有、使用、收益和处分的权利，不受双方收入状况的影响"，这里所指的"夫妻共同财产"其实就是《婚姻法》第 17 条小标题所说的"夫妻共有财产"。尽管从我国规范性文件的文本表述来看，家庭共有财产与家庭共同财产几乎为同义词，但私见以为，仍然应当将两大概念予以区分，理由在于：第一，两大术语在概念意涵上的射程存在差异。家庭共有财产是更为规范的术语表述，其十分明确地表明，这类财产为家庭成员所共有，即共同享有所有权；而家庭共同财产相对而言在概念意涵上并不清晰，所谓的家庭共同财产，究竟是家庭成员共有的财产，还是家庭成员共同使用，但归家庭成员一方或者多方所有，无法从概念表述上直接获知，在文义解释层面上，家庭共同财产既可能是家庭共有财产，也可能是家庭成员共同使用但归一个或者数个家庭成员所有而非全体家庭成员共有的财产。第二，两大术语所择取的视角存在不同。家庭共有财产较为明晰地指向了财产的归属问题，"共有"一词非常明确地表明，所谓家庭共有财产，即家庭成员全体共同享有所有权之财产。相反，家庭共同财产似乎更偏重功能视角，所谓家庭共同财产，似乎更多是在强调该财产为全体家庭成员所使用并享受该财产所带来的利益，但却并未强调该财产的归属问题。

因此，综上所述，家庭共同财产应当与家庭共有财产做一定程度上的区分，所谓家庭共同财产，乃全体家庭成员所共同使用，共享利益之财产，其既可能是家庭共有财产，也可能是家庭成员一方的个人财产，甚至可能是部分家庭成员所共有的财产。重新定义家庭共同财产并非只是概念游戏，家庭共同财产概念之重构有利于将家庭成员的个人财产置于家庭的视角之下，而使家庭成员个人财产在个人财产属性之外，重获家庭属性。这一点将在"家庭共有财产与家庭成员个人财产"部分具体展开。

（二）家庭共有财产与家庭成员个人财产：个人财产权应尊重家庭整体利益

仅就规范意义上来说，家庭共有财产与家庭成员个人财产可谓泾渭分明，前者系家庭成员共同享有所有权之财产，而后者则是家庭成员个人独立享有所有权之财产。而从相关制度设计来看，家庭共有财产与家庭成员个人财产也存在极大不同，具体而言，家庭共有财产在通常情况下为全体家庭成员所共同共有，而因家庭共有财产一般为共同共有之财产，故而在家庭存续期间，这部分财产不仅不能分割，倘若一定要处分，也必须获得全体家庭成员的

一致同意。① 而家庭成员个人财产则与家庭共有财产完全不同,尽管在一个家庭中拥有个人财产的主体一般也具有家庭成员的身份与资格,但由于这部分财产系个人财产,故而依照物权法原理,拥有个人财产所有权的人得以在法令的限制范围内,自由地使用、收益与处分标的物,而不用理会他人的意志。② 换言之,家庭成员对于自己个人财产之处理,得以排除包括其他家庭成员在内的除自己以外的所有人的干预。

尽管站在传统物权法理论的立场上来看,家庭成员得以自由处分自己的个人财产似乎并无不当,其缘故在于,在物权法体系中,所有权乃完全物权,具有绝对性与排他性,拥有强大的追及效力与优先效力。③ 因此,倘若所有权之享有者仅为一人,那么该所有权人自然可以行使所有权的全部权能。不过,私见以为,这项推论殊值商榷,甚至存在必须予以修正之处。

根据传统物权法理论而设计之自由的个人所有权,其所针对的语境,乃是欧洲中世纪错综复杂的封建土地制度。换言之,自由的个人所有权概念的提出与推行,有利于祛除土地上层峦叠嶂的封建义务,使农民得以摆脱土地的束缚,从而使土地与劳动力较之于以往更方便流动起来,进而促进近代资本主义市场经济的发展。④ 也正是因为这个原因,在解释所有权绝对性等强大效力时,不能脱离其历史语境。事实上,在自由的个人所有权观念被确立之后,有感于所有权人之专横,理论与实践又开始探索"社会所有权"的理念,这种理念认为,所有权负有社会义务,尽管所有权比较适合由个人拥有,不过,个人行使其所有权时,必须契合国家利益与社会公共利益。⑤ 实际上,所谓"社会所有权",并未真的将个人所有权彻底社会化,或者说将个人财产由个人所有转变为社会所有,社会所有权理念所要求的,仅仅只是个人在行使个人财产所有权时,应当顾及国家利益与社会公共利益,不得滥用其权利。

而在笔者看来,以此类推,倘若以本书第二章提及的"家庭本位主义"为观念基础,那么,在一定程度上,也应当将家庭中家庭成员的个人财产看作是具有家庭因素的"家庭所有权",尽管在物权法意义上,家庭成员享有自由处分自己享有所有权的个人财产,但依据家庭本位主义,作为家庭成员之一的个人在处分自己的个人财产时,也应当顾及家庭的整体性利益。例如,假如甲男与乙女是夫妻关系,并且育有一女,甲在婚前享有一套房屋的所有权,婚后,因甲与乙收入并不高,加上抚养子女开销较大,甲与乙并没有什么夫妻共同财产,倘若甲因

① 傅鼎生:《傅鼎生讲物权法》,上海人民出版社 2017 年版,第 157 页。
② [日]我妻荣:《新订物权法》,[日]有泉亨补订,罗丽译,中国法制出版社 2008 年版,第 281 页。
③ 李国强:《相对所有权的私法逻辑》,社会科学文献出版社 2013 年版,第 140～141 页。
④ 欧洲中世纪普遍推行封建制度,这种制度乃是封君封臣关系、采邑制、农奴制的一种概括,但其核心却是以土地为中心展开的,以英国为例,国王将土地分封给诸侯,诸侯得以保有土地,成为封建领主,但与之相对应的是,诸侯也必须对国王宣誓效忠,负担军事义务等义务;而诸侯又可以把土地分封给骑士,当然,骑士也必须对诸侯宣誓效忠,为诸侯提供服务,然后,骑士则可以将土地出租给农民,而农民则负责缴纳地租以及赋税。这种制度中,并不存在自由的土地所有权,土地之上存在极为复杂的权利义务结构。参见齐敏:《马克思的封建制思想研究》,黑龙江大学出版社 2014 年版,第 14 页以下;沈汉:《世界史的结构与形式》,生活·读书·新知三联书店出版社 2013 年版,第 201 页以下;[英]威廉·夏普·麦克奇尼:《大宪章的历史导读》,中国政法大学出版社 2016 年版,第 93 页以下。
⑤ 李朔、孙建平、刘飞、金晓玲、张慧彦:《城市建设中土地征收法律制度研究》,东北大学出版社 2012 年版,第 16 页。

迷恋网络直播中的女主播,而意欲卖掉房屋为女主播打赏,此时若仍然顾全其个人所有权之自由行使,则势必可能令自己,也包括妻子与女儿失去唯一的住房,从而陷入困境。因此,在笔者看来,依据家庭本位主义之精神,此时应当对甲的自由处分个人财产的行为予以限制,甲之行为构成严重侵害家庭利益的权利滥用行为,故而不应认定其财产处分行为为有效。在这一设例中,尽管甲对房屋享有完整的个人所有权,但因其妻子与女儿均享用着该房屋,系该房屋的实际使用人,故而这套房屋准确来说应当是在所有权归属意义上归甲个人所有的,而为全体家庭成员所共同使用的财产,系属前述所言之"家庭共同财产"的范畴。对于这类不属于家庭共有财产的家庭共同财产而言,笔者认为,在给予家庭成员个人财产权益基本尊重的前提下,应当依据家庭本位主义,对严重侵害家庭利益的家庭成员个人财产处分行为予以必要限制。

(三)家庭成员个人财产向家庭共有财产的转化

家庭成员的个人财产也可能因私法自治而转变为家庭共有财产,例如,夫妻结婚之后,一方对用作婚房的房屋享有完全个人所有权,不过却基于对配偶的爱转而依据自己的真实意思表示,而在不动产登记簿上将配偶登记为共同共有人。不过,在私法自治之外,家庭成员个人财产是否存在转化为家庭共有财产的可能性呢?

就此而言,1993 年《最高人民法院关于人民法院审理离婚案件处理财产分割问题的若干具体意见》第 6 条规定:"一方婚前个人所有的财产,婚后由双方共同使用、经营、管理的,房屋和其他价值较大的生产资料经过 8 年,贵重的生活资料经过 4 年,可视为夫妻共同财产。"此即学界所称之"转化规则"。[①] 依据该转化规则,夫妻一方的婚前个人财产可以因婚姻关系存续时间的延展而在法律性质上发生改变,最终转变为夫妻共有财产。不过伴随 2001 年《婚姻法》的修订,"转化规则"没有被立法者所采纳,我国最终仍然奉行的是较为严格的婚后所得财产共有制,至于个人的婚前财产,则无论婚姻关系存续多久,均归个人所有。就此而言,有学者指出,事实上,"转化规则"并非我国所独有的制度,例如,在美国少数州的法律中或者美国法学会所编纂的指引中,便存在两种转化规则,其一是"使用转化规则",即个人财产经夫妻共同使用后将转化为共有财产,例如,在一则判例中,罗德岛的州最高法院便认为,仓库内的家具依然是丈夫的个人财产,但家庭住房内的家具则因仅 30 年的共同享有而转变为婚姻财产(即夫妻共有财产),其缘故在于可以推定丈夫具有将个人财产赠与婚姻共同体的意思。其二是"逐年转化规则",即伴随特定期间的经过,夫妻一方的个人财产会逐渐按照一定比例转化为婚姻财产,例如,美国法学会 2002 年所出版的《家庭解体的法律原则》一书中便认为,婚前财产在夫妻结婚满一定年限后,将按一定比例逐年转化为夫妻共有财产。[②] 职是之故,自比较法的角度而观之,"转化规则"并非我国所特有,而是一项理应慎思的制度。

在比较法之外,从社会现实层面上来看,"转化规则"也并非毫无道理,事实上,有学者便指出,"转化规则"或许契合我国最大多数夫妻的真实意愿,具体而言,从"转化规则"实施的数十年时间来看,其并未招致社会层面上的尖锐而大量的批评,况且从价值层面来看,转化

---

① 贺剑:《论夫妻个人财产的转化规则》,《法学》2015 年第 2 期。
② 贺剑:《论夫妻个人财产的转化规则》,《法学》2015 年第 2 期。

规则也具有在事前层面促进婚姻乃至家庭稳定之功效,其尤其具有维护妇女权益的突出作用,故而不宜完全否弃"转化规则"。[1] 笔者完全赞同这一见解,在民法典编纂过程中,民法典的婚姻家庭编部分应当以极为审慎的态度,精致化地恢复"转化规则",参酌相关学者之见解,[2]在未来的民法典中,应当增设如下条文:

第 n 条　夫妻一方所有的婚前个人财产,符合下列条件时转化为夫妻共同共有财产:

(1)夫妻一方所有的财产为不动产的,自婚姻关系存续期间届满八年时起夫妻共同共有财产;

(2)夫妻一方所有的其他财产,自婚姻关系存续期间届满四年时起以每年百分之六的比率逐年转化为夫妻共同共有财产;

(3)夫妻一方所有的财产,自婚姻关系存续期间届满二十年时起,全部转化为夫妻共同共有财产。

第 n+1 条　夫妻一方婚后所有的个人财产,自夫妻一方取得财产所有权或者其他权利时起,计算第 n 条所列期间,期间届满,该财产即转化为夫妻共同共有财产。

第二节　家庭财产共有权

一、家庭财产共有权的概念

(一)共有权的概念及其性质定位

对于传统物权法理论体系而言,共有权并不是一个十分规范的术语,其缘故在于,广义上的共有,即包括对非所有权之准共有的共有,本质上乃是两个或者两个以上民事主体对同一标的享有所有权或者其他权利的状态,共有本身只是权利的一种分享情况,其实并非权利。[3] 正因为如此,严格来说,在传统物权法理论体系下,只有所有权或者其他权利之"共有"而无"共有权";只有"共有人"而无"共有权人"。

不过,在我国的规范体系与裁判用语中,共有权却是一项经常出现的概念。例如,我国《海商法》第 16 条第 2 款规定:"船舶共有人设定的抵押权,不因船舶的共有权的分割而受影响。",此处直接使用了共有权这一术语,但该文本中所言之"共有权的分割",其实准确来说是对船舶这一共有物的分割。又如,最高人民法院民事审判第一庭庭长程新文在《最高人民法院关于当前民事审判工作中的若干具体问题》的报告中也提到:"实践中,出卖人在签订房产转让合同时未取得房屋所有权证书、未经其他共有权人同意或者房产已经设定抵押或被依法查封的,房产转让合同的效力问题争议较大。"该段文字中也使用了"共有权人"之表述。再如,在《最高人民法院、中国银行业监督管理委员会关于联合下发〈人民法院、银行业金融机构网络执行查控工作规范〉的通知》第 12 条第 3 款规定:"被执行人与案外人开设联名账户等共有账户,案外人对账户中的存款及其他金融资产享有共有权的,参照前两款规定处

---

①　贺剑:《论夫妻个人财产的转化规则》,《法学》2015 年第 2 期。

②　贺剑:《论夫妻个人财产的转化规则》,《法学》2015 年第 2 期。

③　刘家安:《物权法论》,中国政法大学出版社 2009 年版,第 132～133 页。

理。"这段文字中也使用了"共有权"这一概念。由此可见,尽管共有权并非规范术语,但却为法律规范与司法实践所接受,因此,接下来的任务便是,如何科学而合理地解释共有权这一概念。

在传统民法理论体系中,恰如德国民法学家温德沙伊德所言,"所谓权利,便是以法律关系为本座,而由法律秩序所赋予之意思所能支配的范围"。[①] 真正意义上的权利,其实是以当事人自主意志为基础的,保护特定利益的意思力(Willensmacht)。[②] 在民法理论体系中,典型的权利,包括物权、债权、知识产权乃至人格权,均为当事人可以为自己之特定利益,而对特定的物、他人、无形财产主张意志上的予以支配或者提出请求,或者要求他人尊重自己排斥他人对自己人格之侵害的意志性权力。而以此为参照系,则会发现,尽管在部分规范性文件与司法文件中,存在共有权之表述,但共有权其实并非权利,共有权并无独立的权利主体、客体乃至内容,事实上,共有权所具有的一切权能均只是所有权或者其他基础性权利(如发生准共有的用益物权、担保物权、债权等等)所具有之权能在共有状态下的展现而已,因此,以较为严格的标准而观之,共有权并非权利。不过,尽管共有权并非权利,但却可以被合理地解释为"共有状态下作为共有人所应当享有的权益",在此意义上,共有权可以作为一种思维简化的概念工具,申言之,共有权其实只是所有权或者其他基础性权利在共有状态下,其权能在共有人这一身份制约下的效力映射而已,尽管其并非权利,但却可以较为妥当地用益描述共有人所应当享有的权益之总和。引入共有权概念之后,便不用时刻将共有人的权利渊源上溯至所有权或者基础性权利处,而直接以"共有人作为共有人身份的拥有者,其应当享有何种权益"为逻辑起点展开法律分析即可。

其实,这种思维范式在相邻关系中也有类似体现。我国《物权法》第七章规定了"相邻关系",而没有使用"相邻权"之表述,通说也一般认为,相邻关系乃是相邻不动产所有人或者使用人因使用不动产所形成的权利义务关系,[③]其并非独立的物权,而是相邻不动产所有权的扩张与限制。[④] 但从理论与实务来看,相邻权之术语亦属常见表述,例如,我国著名民法学家史尚宽先生便认为,相邻关系与相邻权乃同义词。[⑤] 而在规范性文件中,相邻权术语之使用更为常见。例如《最高人民法院印发〈关于进一步贯彻"调解优先、调判结合"工作原则的若干意见〉的通知》第 13 条第 2 句规定:"对于相邻权、道路交通事故、劳动争议等多发易发纠纷的案件,应当将诉讼调解向后延伸,实现调解回访与息诉罢访相结合,及时消除不和谐苗头,巩固调解成果,真正实现案结事了。"在这段文字中,直接使用了"相邻权"术语;而《物权法》第 84 条规定:"不动产的相邻权利人应当按照有利生产、方便生活、团结互助、公平合理的原则,正确处理相邻关系。"其中也使用了"不动产相邻权利人"之表述,因此可以认为,所谓相邻权,其实只是不动产所有权人因其所享有的不动产与他人相邻,而由法律所赋予的所有权之扩张。而以此类推,可以认为,所谓共有权,其实就是共有人所享有的所有权或者其他权利在共有关系中的特别扩张。

---

① Bernhard Windscheid, Lehrbuch des Pandektenrechts, Erster Band, 3. Aufl., 1870, S. 86-87.

② Vgl.Dieter Leipold, BGB Ⅰ: Einführung und Allgemeiner Teil, 7. Aufl., 2013, S. 75.

③ 马俊驹、陈本寒主编:《物权法》,复旦大学出版社 2014 年第 2 版,第 125~126 页。

④ 傅鼎生:《傅鼎生讲物权法》,上海人民出版社 2017 年版,第 157 页。

⑤ 史尚宽:《物权法论》,中国政法大学出版社 2000 年版,第 87 页。

（二）家庭财产共有权的定义

在明确了共有权的概念之后，家庭财产共有权之定义也就呼之欲出：所谓家庭财产共有权，是指家庭成员基于家庭财产之共有关系所享有的一系列权利以及利益。严格来说，利益本不应被纳入"家庭财产共有权"这项具有权利称谓的概念之中，利益并非权利，其要么属于特定权利之目的，如所有权中的收益，要么则只是单纯的利益，如纯粹经济损失中被减损的利益。不过，一方面，前已述及，共有权原本便不是独立的权利类型；另一方面，对于我国而言，权利与利益往往并未作出严格区分，例如，我国《侵权责任法》第 2 条便规定："侵害民事权益，应当依照本法承担侵权责任。"该条文中的"权益"，依照通说，便是"权利与利益"。尽管从术语与概念意涵来看，权利与利益存在差异，不过在保护与救济层面上，权利与利益之间的差异却非常微弱。职是之故，在家庭财产共有权项下，不仅包括权利，也包括利益。同时，仍须予以提示的是，家庭财产共有权并非独立的权利，其只是家庭成员因自己对财产所具有的所有权或者其他权利，而在家庭财产共有关系中获得的扩张性权益。

二、家庭财产共有权主体

家庭财产共有权的主体其实就是家庭成员，包括配偶、父母、子女、继子女、养子女、祖父母、外祖父母、兄弟姐妹等等。当然，也存在家庭成员不是家庭财产共有权主体的情形。例如，继承人以外的依靠被继承人扶养的缺乏劳动能力又没有生活来源的人，这部分人可能是因为一系列复杂原因而加入某个家庭，接受被继承人扶养。尽管这类人在社会学意义上属于家庭成员的范畴，但通常而言，其在家庭中并非相应地享有共有财产份额。除此以外，作为家庭成员的保姆，一般也不是家庭财产共有权的主体，尽管保姆可能与其他家庭成员一起长期生活，但其却不太可能与其他有血缘或者姻缘关系的人结成财产共有关系，故而保姆不太可能成为家庭财产共有权的主体。

三、家庭财产共有权的实现形式

（一）共同共有

一般而言，家庭财产均采共同共有之形式。所谓共同共有，是指"依一定原因成立共同关系之数人，基于共同关系，而共享物所有权的制度"[1]。家庭关系可谓最为常见的共同关系，家庭财产共有权的形式也以共同共有为典型形式。作为共有权的实现形式，共同共有具有以下特点。

第一，共同共有没有份额。[2] 在共同共有关系存续期间，共同共有人对共有财产不分份额地所有。由此可见，对于家庭共有而言，在家庭关系存续期间，应当由全体具有共有关系的家庭成员，不分份额地共有家庭共有财产。当然，共同共有也并非自始至终均无份额，在共同共有关系终止时，应当对共有财产予以分割，而在分割共有财产时，各共同共有人便会有份额地分享共同共有的财产。以夫妻共同财产为例，在夫妻关系存续期间，夫妻不分份额

---

① 陈华彬：《民法学原理（多卷本）：物权法原理》，国家行政学院出版社 1998 年，第 473 页。
② 陈华彬：《民法学原理（多卷本）：物权法原理》，国家行政学院出版社 1998 年，第 473 页。

地拥有夫妻共同财产,但在夫妻离婚的情况下,则需要对夫妻共同财产予以分割。原则上,夫妻共同财产应当由夫妻平分,换言之,在分割夫妻共同财产时,夫妻一方通常享有二分之一的份额。

第二,共同共有的发生以数人之间存在共同关系为前提。① 所谓共同关系,是指两个或者两个以上的主体,基于某种共同目的而结合,作为共同共有基础之法律关系。② 共同共有一般存在于婚姻家庭领域,通常而言,共同共有人之间具有关系,如夫妻关系、父母子女关系等等。

第三,共同共有中的每一位共有人,均对共有财产享有平等的权利,承担平等的义务。③我国《物权法》第102条规定:"因共有的不动产或者动产产生的债权债务,在对外关系上,共有人享有连带债权、承担连带债务,但法律另有规定或者第三人知道共有人不具有连带债权债务关系的除外;在共有人内部关系上,除共有人另有约定外,按份共有人按照份额享有债权、承担债务,共同共有人共同享有债权、承担债务。偿还债务超过自己应当承担份额的按份共有人,有权向其他共有人追偿",这表明,共同共有人在共有关系中,享有平等的连带债权,同时,倘若因共有财产而产生债务,则也应当负担连带债务。不过,与按份共有不同,共同共有人享有权利与承担义务,并不依据权利份额而存在大小之分。由于共同共有在终止前并无份额,故而所有共同共有人权利与义务均具有一致性。因此,在家庭财产共有权方面,所有参与家庭财产共有关系的家庭成员,均享有平等的家庭财产共有权,当然,也会负担相同的义务与责任。

(二)按份共有

尽管家庭财产共有权的形式,大多数为共同共有。但在特殊情形中,家庭财产共有权的实现形式也有可能是按份共有。例如,我国《婚姻法》第19条第1句规定:"夫妻可以约定婚姻关系存续期间所得的财产以及婚前财产归各自所有、共同所有或部分各自所有、部分共同所有。约定应当采用书面形式",这表明,夫妻完全可以借由约定,而将法定的夫妻共同财产所有制,转变为夫妻分别财产制。因此,举重以明轻,既然夫妻可以通过约定而实现夫妻财产分别所有,那么,倘若夫妻愿意,两人也可以将双方的共同共有财产关系,约定为按份共有财产关系。

所谓按份共有,又称分别共有,是指数人按照应有份额,对共有财产共同享有权利和分担义务的制度。④ 其特点在于:

第一,按份共有人对共有财产享有特定份额。⑤ 按份共有人对共有财产享有特定份额是按份共有最为突出的特点。例如甲与乙按份共有一套房屋,其中甲拥有三分之二的份额,而乙拥有三分之一的份额。尽管在所有权意义上,一套房屋只对应一个房屋所有权,但该所有权上不仅存在两个所有权人,并且在份额上存在差异,甲享有三分之二的份额,也就意味

① 陈华彬:《民法学原理(多卷本):物权法原理》,国家行政学院出版社1998年,第473页。
② 陈华彬:《民法学原理(多卷本):物权法原理》,国家行政学院出版社1998年,第473页。
③ 陈华彬:《民法学原理(多卷本):物权法原理》,国家行政学院出版社1998年,第473页。
④ 陈华彬:《民法学原理(多卷本):物权法原理》,国家行政学院出版社1998年,第481页。
⑤ 陈华彬:《民法学原理(多卷本):物权法原理》,国家行政学院出版社1998年,第481页。

着甲在处分房屋的问题上,拥有三分之二的权利。与之相应的是,乙的份额只有三分之一,因此乙在共有上的处分权限也相对甲小一些,倘若该房屋被出卖而获利三百万,则甲依照其份额应当分得两百万,而乙则只能分到一百万。

第二,从主体上来看,按份共有的主体为两人或者两人以上。[①] 倘若主体少于两人,则共有便不复存在。

第三,从内容上来看,按份共有人对份额的权利其实已经相当于所有权。[②] 我国《物权法》第 99 条规定:"共有人约定不得分割共有的不动产或者动产,以维持共有关系的,应当按照约定,但共有人有重大理由需要分割的,可以请求分割;没有约定或者约定不明确的,按份共有人可以随时请求分割,共同共有人在共有的基础丧失或者有重大理由需要分割时可以请求分割。因分割对其他共有人造成损害的,应当给予赔偿";第 101 条规定:"按份共有人可以转让其享有的共有的不动产或者动产份额。其他共有人在同等条件下享有优先购买的权利",这意味着按份共有人得以向所有权人处分所有权那样,相对自由地处置自己的权利份额。

第四,在内部关系方面,按份共有依照内部份额之多少,决定共有财产的管理与处分。[③] 我国《物权法》第 97 条规定:"处分共有的不动产或者动产以及对共有的不动产或者动产作重大修缮的,应当经占份额三分之二以上的按份共有人或者全体共同共有人同意,但共有人之间另有约定的除外",这表明,与共同共有不同,按份共有依照权利份额之多寡来决定共有财产的管理与处分,倘若共有人所占份额超出三分之二,则份额超出三分之二以上的共有人,便有权对共有财产做出决策。倘若按份共有人意欲将自己的份额出卖给他人,则其享有自由出卖的权利,只是在同等条件下,其他按份共有人享有优先权。而在外部关系方面,由于按份共有人对共有财产的相应份额享有近似所有权之权利,故而共有人有权请求共有外的其他人尊重其权利份额。当然,按份共有权的这种权利主张及于共有物的全部,而不应只以共有财产与权利份额相对应的部分为限。同时,在对外责任方面,根据我国《物权法》第 102 条之规定,按份共有人在第三人知道共有人不具有连带债权债务时,只承担按份责任。[④]

对于家庭财产共有权的实现而言,选择按份共有是较为罕见的现象,以夫妻共同财产为例,要么为共同共有,要么为分别所有,而不太可能转变为按份共有。不过,从私法自治的角度来讲,仍旧可以将按份共有作为家庭财产共有权的实现方式。

四、家庭财产共有关系的解体

家庭财产共有关系的解体,一般源于作为共有关系基础的共同关系的终止。例如夫妻离婚、父母子女分家析产、兄弟姐妹分家析产等等。一旦共同关系终止,则家庭财产共有关系即告消灭,通常来说也就意味着家庭的解体。不过在一些特殊情形中,即使家庭财产共有关系已经解体,但家庭仍旧继续存在,例如夫妻借由约定而实行夫妻分别财产所有制,在这种情形中,家庭中已经没有共有财产,但由于夫妻关系仍旧处于存续阶段,故而家庭仍然继

[①]　陈华彬:《民法学原理(多卷本):物权法原理》,国家行政学院出版社 1998 年,第 482 页。
[②]　陈华彬:《民法学原理(多卷本):物权法原理》,国家行政学院出版社 1998 年,第 482 页。
[③]　陈华彬:《民法学原理(多卷本):物权法原理》,国家行政学院出版社 1998 年,第 484 页以下。
[④]　陈华彬:《民法学原理(多卷本):物权法原理》,国家行政学院出版社 1998 年,第 492 页以下。

续存在,而未伴随家庭财产共有关系的解体而消灭。

第三节　家庭财产共有权与家庭财产保护

一、家庭财产共有权与家庭功能

（一）家庭功能

家庭社会学一般认为,家庭对于社会与个人均具有相应的功能。尽管伴随社会生活的变迁,部分家庭功能也存在不同程度的弱化现象,甚至部分家庭功能基本就消失了,[1]但总体而言,家庭仍旧具有相应的社会功能,以及对个人的功能。

1. 家庭的社会功能

家庭的社会功能主要有以下几个方面。

首先,家庭具有人口再生产功能。家庭作为现代社会的最小单位,一直扮演着人口再生产的角色。家庭是社会学意义上,以两性关系为基础所结成的最小团体,该团体肩负着更新社会成员的重要职责。对于一个稳定的社会而言,其物质基础乃是得以不断繁衍的人口,而家庭则基本完全负担着养育儿童,为社会提供新劳动者的职责。[2] 以人口再生产为基础,家庭不断为社会输送新的劳动力,这使得年长者得以从其社会角色中逐渐退位,而年轻人则逐渐接替年长者的位置,从而实现社会角色的更替,维持社会的正常运转。在社会更替之外,人口再生产也使得以家庭为单位的文化传承成为可能,家庭中的年长成员,通常会将自己所认同的文化与知识,传授给家庭中的未成年人或者其他成年家庭成员。

其次,家庭具有社会控制功能。从较为宽泛的层面上来看,所谓社会控制,是指"社会将自己的力量施于社会生活的各个方面,协调社会各个组成部分之间、社会整体与社会成员个人之间的关系,从而保证社会的稳定、和谐发展的诸种机制"[3],而严格意义上的社会控制,则主要是指社会对社会成员的不当行为予以约束和惩罚的机制。[4] 社会控制机制有很多具体类型,例如政府、法律、宗教等等,但无可置疑的是,家庭是诸多社会控制机制中,最为重要的机制之一。在早期罗马法中,家父对家子拥有生杀予夺的巨大权力,家庭是最为强大的社会控制机制。尽管近代以来,伴随"从身份到契约"的运动,家庭中的个人逐渐获得了更大的自由,但在社会学意义上,家庭对于家庭成员仍然具有管束功能,家庭对于家庭成员,尤其是未成年的家庭成员,仍然享有巨大的权威。正因为如此,家庭仍旧作为社会的最小单位,发挥着约束、管理与矫正家庭成员的社会控制功能。

然后,家庭具有促进社会变迁的功能。尽管一般意义上的社会变迁,主要展现于社会制度、社会结构、社会价值观念体系以及社会行为模式之上,但作为社会的最小单位,家庭在社会变迁中也扮演着极为重要的角色。例如,在由原始社会向农业社会变迁的过程中,家庭是

---

[1]　潘允康:《社会变迁中的家庭:家庭社会学》,天津社会科学出版社 2002 年版,第 141 页。

[2]　赵孟营:《新家庭社会学》,华中理工大学出版社 2000 年版,第 195 页。

[3]　赵孟营:《新家庭社会学》,华中理工大学出版社 2000 年版,第 198 页。

[4]　赵孟营:《新家庭社会学》,华中理工大学出版社 2000 年版,第 198 页。

生产工具使用甚至发明的核心机制,也是农业社会劳动力的训练与培养场所。事实上,农业社会的家庭乃是农业社会财富积累、权力结构、价值观念乃至社会行为模式得以形成的基础。① 而在我国改革开放进程中,家庭联产承包责任制与家庭工业的兴起,均表明家庭具有推动社会变迁的功能。②

最后,家庭具有社会交换功能。所谓社会交换,是指以其他组织、群体或者个人的回报为目的的行为,包括宏观社会交换与微观社会交换,前者是指组织与组织之间、群体与群体之间的社会交换;而后者则是指社会成员个体之间的社会交换。作为社会单位的一种,家庭不仅参与了宏观社会交换,也参与了微观社会交换。在宏观层面上,家庭为其他社会组织提供了成员,并且在社会范畴内塑造了以忠诚与信任为标志的家庭伦理,而以此为对价,家庭则从社会获得了生活必需品,以及经由授权,而获得的对家庭成员的约束权力。至于微观层面上的社会交换,则表现为大量发生的日常生活事件。③

2. 家庭对个人的功能

除社会功能外,家庭对个人也具有相应的功能。

第一,地位获得功能。家庭为个人提供了特定身份或者地位。在古代社会,特权与地位可以世袭,个人倘若出身于贵族世家,则一出生便享有相应的特权与社会。尽管在现代社会,个人身份的自致性,即借由自己的才能与努力获得社会地位已经成为社会共识,但家庭对于个人社会地位的取得仍然具有不可忽视的作用。事实上,相对而言,出生于富裕家庭的儿童,其成长环境显然优于出生于贫穷家庭的儿童,富裕家庭的子女有更多机会接触社会上层,也能更为便利地培养个人兴趣与爱好,提高个人修养等等,在此基础上,富裕家庭的子女自然年也会有更多机会获取较高的社会地位。④

第二,基本物质生活保障功能。非常显而易见的是,对于绝大多数人而言,家庭负担着解决衣食住行,负担生老病死的重任。对于未成年子女,以及没有养老能力的老人而言,家庭是提供物质生活保障的最重要机制。

第三,家庭为两性生活提供适当形式,同时也是合法的出生机构。⑤ 一般来说,正当的两性生活应当以家庭为单位展开,唯其如此,两性关系才能获得社会层面的认可与尊重。除此以外,子女出生也以家庭为合法处所。尽管现代社会中的法律已经不再歧视非婚生子女,但一般社会观念仍旧认为,唯有以适当的两性关系为基础所构成的家庭,方有资格与能力繁衍子嗣。

第四,家庭具有社会化功能。家庭能够为其成员提供融入社会生活的重要经验,告知成员社会的基本规范,从而有利于家庭成员在脱离家庭的条件下,完美适应社会。家庭倾向于为社会输送合格成员,即使部分家庭成员并不合格,但家庭也会尽其全力,通过教育、管束,提供模仿或者学习的榜样等方式,使家庭成员得以成为社会中合格的一员。⑥

---

① 赵孟营:《新家庭社会学》,华中理工大学出版社 2000 年版,第 199 页。
② 赵孟营:《新家庭社会学》,华中理工大学出版社 2000 年版,第 199 页。
③ 赵孟营:《新家庭社会学》,华中理工大学出版社 2000 年版,第 201 页。
④ 赵孟营:《新家庭社会学》,华中理工大学出版社 2000 年版,第 202 页。
⑤ 赵孟营:《新家庭社会学》,华中理工大学出版社 2000 年版,第 203 页。
⑥ 赵孟营:《新家庭社会学》,华中理工大学出版社 2000 年版,第 203～205 页。

第五,家庭对个人具有情感满足功能。在现代社会中,伴随家庭成员经济能力的增强,家庭所具有的情感满足功能越来越成为家庭最为重要的功能之一。家庭成员可以通过相互理解,表达和交流内心中的深层情绪与感受,形成共同的思想感情基础;家庭成员也可以通过相互关怀与支持,缓解家庭外部社会生活所带来的苦恼,形成和谐的家庭氛围,使家庭成员获得精神安慰;此外,家庭成员还可以通过集体性娱乐,调节身心,恢复体力,增强家庭成员之间的亲密程度。① 家庭是温暖的港湾,和睦有爱的家庭,能够极大地满足个人情感方面的需求,从而使个人得以更为从容的应对家庭外的各种社会生活。

当然,除以上所提及的家庭所具有的正面功能以外,从历史与现实两个层面上来讲,家庭也存在诸如无视个人的个性独立、剥夺个人生活选择自由、侵犯个人生活隐私、助长不平等负面功能。② 不过,虽然家庭的负面功能在现代社会中均不同程度地有所削弱,但是总体而言,家庭对于社会与个人,仍旧具有不可或缺的正面功效。

(二)家庭财产共有权与家庭功能的实现

前已述及,家庭具有诸多社会功能以及对于个人的功能,因此,对于法律而言,在供给制度时,应当着力从有利于实现家庭功能的角度出发,尽量使制度能够促成家庭功能之完满实现。

具体到家庭财产共有权而言,为了维系家庭之存续,努力实现家庭的诸多功能,家庭财产共有权的范畴应当尽可能扩大,从而为家庭功能的实现奠定坚实的物质基础。具体而言:

1. 家庭财产共有关系应当足够稳定

在家庭存续期间,为了有利于实现家庭功能,原则上不应使家庭财产共有关系解体。换言之,在家庭存续期间,家庭财产共有关系应当尽量维持在共同共有状态,而不宜转变为家庭成员分别所有的状态,唯其如此,方能为作为整体性存在的家庭提供稳定的物质基础,防止家庭因共同财产基础的丧失而进一步走向终结,最终使家庭丧失良好的人口再生产、社会更替、文化传承等功能。

2. 家庭财产共有权的客体范围应当尽量扩大

倘若家庭财产中家庭成员个人财产的份额占据绝大多数,则此时家庭作为一个团体,并无坚实的经济基础,家庭成员完全可能基于一己之私,而置家庭的整体性利益而不顾,任意处置个人财产,例如参与赌博,进行奢侈性消费等等。从维系家庭存续,实现家庭功能的角度出发,应当尽量扩大家庭财产共有权的客体范围,将家庭财产中的绝大部分转变为家庭共有财产,唯其如此,方可稳定家庭,并有利于家庭发挥自己的功能。

3. 家庭成员个人财产应受家庭制约

即使家庭成员的个人财产不能被纳入家庭财产共有权的客体范畴,也并不意味着家庭成员可以任意处置自己的个人财产。以公序良俗原则为切入点,将维系家庭存续,促进家庭功能之实现,维护家庭伦理道德视为公序良俗原则在家庭法领域中的具体展现,并以此为据,限制家庭成员处分个人财产的权利,无疑具有正当性。

---

① 赵孟营:《新家庭社会学》,华中理工大学出版社 2000 年版,第 205 页。
② 赵孟营:《新家庭社会学》,华中理工大学出版社 2000 年版,第 205~207 页。

二、家庭成员个人行为与家庭共有财产

由于家庭共有财产乃维系家庭存续,发挥家庭功能的经济与物质基础,因此,基于家庭本位观念,家庭成员的个人行为不应由家庭共有财产之全部份额负担相应的法律责任。

私法自治原则奉行自主决定与自己责任理念,因此,个人行为应由个人负担,乃现代民法之根基。因此,原则上,家庭成员个人行为不应由家庭共有财产充当责任财产。《最高人民法院关于适用〈中华人民共和国婚姻法〉若干问题的解释(二)》第24条规定:"债权人就婚姻关系存续期间夫妻一方以个人名义所负债务主张权利的,应当按夫妻共同债务处理。但夫妻一方能够证明债权人与债务人明确约定为个人债务,或者能够证明属于婚姻法第十九条第三款规定情形的除外",此项规定明显使家庭共同财产成为家庭成员个人债务之责任财产,这一规定既不符合私法自治观念,破坏了自己责任的基本信条,也对特定家庭形成了冲击。在家庭成员的个人财产及其共有财产份额之外,作为家庭成员配偶的一方,其个人财产以及共有财产份额,却要为另一方的个人债务负担法律责任,在这种情形下,家庭财产将可能因债务清偿而消弭殆尽,家庭名存实亡,也无法发挥其应有的社会功能与对个人的功能。职是之故,从维系家庭存续,发挥家庭功能的角度来看,《婚姻法司法解释(二)》第24条难谓正当。

尽管在2017年2月20日,最高人民法院审判委员会第1710次会议通过《最高人民法院关于适用〈中华人民共和国婚姻法〉若干问题的解释(二)的补充规定》,该司法解释规定在《最高人民法院关于适用〈中华人民共和国婚姻法〉若干问题的解释(二)》第24条的基础上增加两款,分别作为该条第二款和第三款:即第一,夫妻一方与第三人串通,虚构债务,第三人主张权利的,人民法院不予支持。第二,夫妻一方在从事赌博、吸毒等违法犯罪活动中所负债务,第三人主张权利的,人民法院不予支持。尽管该补充规定在形式上将虚构债务与不法债务排除在夫妻共同债务之外,但由于并未对《婚姻法司法解释(二)》第24条做出实质性修正,故而仍旧未能解决家庭财产保护问题。2018年1月8日,最高人民法院审判委员会第1731次会议通过《最高人民法院关于审理涉及夫妻债务纠纷案件适用法律有关问题的解释》,该司法解释规定,夫妻双方共同签字或者夫妻一方事后追认等共同意思表示所负的债务,应当认定为夫妻共同债务;夫妻一方在婚姻关系存续期间以个人名义为家庭日常生活需要所负的债务,债权人以属于夫妻共同债务为由主张权利的,人民法院应予支持;夫妻一方在婚姻关系存续期间以个人名义超过家庭日常生活需要所负的债务,债权人以属于夫妻共同债务为由主张权利的,人民法院不予支持,但债权人能够证明该债务用于夫妻共同生活、共同生产经营或者基于夫妻双方共同意思表示的除外,从而将夫妻共同债务限定在共同签字、一方事后追认以及因日常生活需要所负的个人债务的范围之中,较《婚姻法司法解释(二)》第24条而言,不仅体现了私法自治的要求,承认配偶有权因意思表示而与作为债务人的配偶共同负担债务,而且最大限度地限缩了夫妻一方债务被认定为夫妻共同债务的可能。在新司法解释的语境中,除因日常生活需要所负的个人债务外,其他个人债务均非夫妻共同债务,换言之,原则上,个人债务不再以家庭共同财产为责任财产,超越日常生活需要的家庭成员个人债务,只能以其个人财产以及共有财产中的个人份额为限,负担其债务,而其他家庭成员,尤其是配偶的个人财产以及共有财产中属于配偶的个人份额,则不构成债务清偿之责任财产。由此可以保全一部分家庭共有财产,为家庭的维系与继续发展奠定必要的经济基础。

三、家庭财产共有关系解体与家庭成员利益保护

尽管从家庭本位角度来看,家庭理应得到维系,家庭成员应当勤力同心将家庭经营地有声有色,然而不可避免的是,部分家庭亦会伴随离婚、分家析产等原因而走向解体。而家庭的解体,一般也意味着家庭财产共有关系的解体,在家庭财产共有关系解体的过程中应当特别注意维护未成年人、老年人、残疾人、妇女等弱势家庭成员的合法利益。

(一)未成年人利益的保护

一般而言,未成年人在家庭中处于受抚养之地位,其通常而言没有财产,而完全由家庭供给其衣食住行,给予其必要的教育、娱乐以及其他生活费用。家庭财产共有关系的解体,意味着未成年人所依赖的原有经济基础的丧失,势必对未成年人的生活会产生消极影响。有鉴于此,我国法律在制度上对于家庭财产共有关系解体时,未成年人利益保护问题做出了一系列回应,例如,我国《婚姻法》第 37 条规定:"离婚后,一方抚养的子女,另一方应负担必要的生活费和教育费的一部或全部,负担费用的多少和期限的长短,由双方协议;协议不成时,由人民法院判决。关于子女生活费和教育费的协议或判决,不妨碍子女在必要时向父母任何一方提出超过协议或判决原定数额的合理要求",这表明,家庭以及家庭财产共有关系的解体,原则上不应影响未成年人的生活与教育,即使家庭财产共有关系已经解体,但未成年子女仍旧可以向未尽抚养义务的父母一方,请求支付必要的生活费与教育费。因此,即使家庭财产共有关系已经解体,但这并不影响未成年人基于人身关系,尤其是父母子女关系而在抚养方面获得法律保障。

此外,部分未成年人,例如童星,可能会拥有自己的个人财产。未成年人的个人财产属于家庭财产的范畴,但通常而言,不应纳入家庭共有财产,尤其是夫妻共有财产的范畴。我国《民法总则》第 35 条规定:"监护人应当按照最有利于被监护人的原则履行监护职责。监护人除为维护被监护人利益外,不得处分被监护人的财产。未成年人的监护人履行监护职责,在作出与被监护人利益有关的决定时,应当根据被监护人的年龄和智力状况,尊重被监护人的真实意愿。成年人的监护人履行监护职责,应当最大限度地尊重被监护人的真实意愿,保障并协助被监护人实施与其智力、精神健康状况相适应的民事法律行为。对被监护人有能力独立处理的事务,监护人不得干涉",这意味着除非是为了未成年人的利益,否则监护人不得处分未成年人的财产。即使是为了未成年人利益而处分其财产,也应当遵循最有利于被监护人的原则。因此,在家庭解体的情形中,其他家庭成员不得擅自处分、私分未成年人的财产,而应当将未成年人财产转由负担未成年人抚养义务的监护人管理,唯其如此,方能最大限度地维护未成年人的财产权益。

(二)老年人利益的保护

在家庭以及家庭财产共有关系解体的过程中,作为家庭成员的老年人也是急需保护的弱势人群。随着年龄的增长,老年人在体力与智力方面均呈现下降趋势,其对于家庭的情感寄托与经济依赖与日俱增。在家庭以及家庭财产共有关系解体时,老年人的利益极易受到侵害,其财产可能遭到擅自处分或者私分,其赡养需求也可能得不到满足。

我国《婚姻法》第 21 条规定："父母对子女有抚养教育的义务；子女对父母有赡养扶助的义务。父母不履行抚养义务时，未成年的或不能独立生活的子女，有要求父母付给抚养费的权利。子女不履行赡养义务时，无劳动能力的或生活困难的父母，有要求子女付给赡养费的权利。禁止溺婴、弃婴和其他残害婴儿的行为"，《老年人权益保障法》第 14 条规定："赡养人应当履行对老年人经济上供养、生活上照料和精神上慰藉的义务，照顾老年人的特殊需要。赡养人是指老年人的子女以及其他依法负有赡养义务的人。赡养人的配偶应当协助赡养人履行赡养义务"，这表明，尽管子女享有自父母处得到抚养教育的权利，但同时，成年子女也应当负担对父母的赡养义务，无劳动能力或者生活困难的父母，有权利向子女请求支付赡养费。即使家庭与家庭财产共有关系走向解体，但父母与子女之间的人身关系却仍然会继续存续，作为老年人的父母仍旧可以父母子女关系为基础，要求子女负担赡养义务。

此外，值得注意的是，在分家析产的过程中，极易发生成年子女预先将属于老年人的财产予以私分（预先继承）的情况，部分老年人由于期待获得子女的赡养与扶助，常常也对这种财产私分行为采取默许的态度。事实上，成年子女私分老年人财产的行为，其实往往构成侵权行为，老年人有权请求成年子女将属于自己的财产返还给自己。即使老年人存在默许的情况，但倘若私分在前，老年人无奈默许在后，则原则上也不应认可老年人默许的法律效力，而应认定成年子女私分老年人财产的行为系属侵权。

（三）残疾人利益的保护

倘若家庭成员中存在残疾人，则残疾人也是在家庭及家庭财产共有关系解体时急需获得保护的弱势群体。与未成年人和老年人相似，残疾人由于缺乏健全的生活自理能力，故而一般而言没有相对高薪的工作，也难以完全依靠自己的力量照顾好自己。家庭的解体以及家庭共有关系的结束无疑对于残疾人的生活而言极具负面影响。因此，为了维护残疾人的合法权益，应当注意一下几个方面的问题：首先，归属于残疾人所有的财产，尤其是残疾人因残疾所获得赔偿金、补偿金、保险金等等，应当作为个人财产，在家庭解体时分给残疾人，严禁私分残疾人的个人财产。其次，根据我国《残疾人保障法》第 9 条第 1 项的规定，残疾人的扶养人必须对残疾人履行扶养义务。因此，即使家庭已经解体，家庭财产共有关系也已经结束，但残疾人仍然有权基于具有人身关系性质的扶养关系，请求负有扶养义务的人给予扶养费或者提供其他扶养行为。最后，倘若残疾人在家庭共有财产中享有相应的份额，即使残疾人欠缺相应的财产处分能力，其他家庭成员，尤其是残疾人的监护人，也应当基于残疾人利益之考虑，而参与家庭共有财产的分配，协助残疾人取得应当归属于自己的财产份额。

（四）妇女利益的保护

在家庭中，妇女相对于成年男性而言，处于弱势地位。在家庭以及家庭财产共有关系解体的过程中，常常存在侵害妇女权益的情况。例如，在分家析产的过程中，由于部分地区认为妇女属于嫁出去的女儿，不应算作自家人，故而常常将其应得的财产份额也私分掉。因此，笔者认为，在家庭及家庭财产共有关系解体的过程中，应当特别注意保护妇女的财产权益，严禁私分属于妇女的个人财产以及共有财产中的财产份额。

第四章
夫妻债务的认定和清偿

第一节 我国夫妻共同债务的界定

我国 2001《婚姻法》(修正案)第 41 条规定,为夫妻共同生活需要所产生的债务为夫妻共同债务,夫妻双方承担共同偿还义务。该条款强调,因夫妻共同生活需要而产生的夫妻共同债务,夫妻对共同债务不分份额地共同地承担偿还义务。夫妻共同债务的认定和清偿,对于保护交易安全和促进财产流转具有重要意义。但在我国现有的婚后所得共同财产制的框架内,存在优先保护债权人的立法趋势。[①] 最高人民法院《婚姻法司法解释二》第 24 条确立在婚姻关系存续期间夫妻一方所产生的债务原则上推定为夫妻共同债务的规则。在司法实践中,法院依据第 24 条直接判令非举债的夫妻另一方连带偿还在婚姻关系存续期间举债方所产生的债务,使没有参与举债的离婚女性承担着"夫债妻还"。在绝大多数"男主外、女主内"婚姻家庭中,妻子掌握的是日常生活开销,是以生活资源为主的显性消费性财产的支配权,而丈夫拥有与生产资源相关的隐性资本性财产,是家产的实际控制者,对外从事较多的生产、经营、负债等活动。[②] 当丈夫在婚姻关系存续期间与第三人从事交易活动产生债权债务关系时,妻子并不知情,直至离婚亦未从中受益,但这些离婚女性却因前夫在"巨额举债"中被推上了债务纠纷的被告席,她们没有参与举债,没有从中得到任何利益,对前夫的举债事实根本无法辨别真假,但法院凭据"借条"+上述司法解释第"24 条",直接判决非举债方共同偿还或承担连带清偿责任,使离婚女性陷入生活的困境。

诚然,《婚姻法司法解释二》第 24 条规定的夫妻共同债务的推定规则符合债权人的期待,有利于强化交易安全的保护。但这种"应当按夫妻共同债务处理"的硬性规定,导致司法实践中,法院不分青红皂白地一律将婚姻关系存续期间夫妻一方在外单独举债的行为作为共同债务处理,[③]严重损害了婚姻关系非举债的另一方的合法权益,将债的风险全部推到夫妻中非举债一方身上,直接危及婚姻的稳定和安全。婚姻关系是一种身份关系,将大量的交易风险引入婚姻家庭领域,必将与传统的婚姻家庭观念相冲突,影响婚姻家庭生活的安定性,导致婚姻家庭价值观念的失范。同时,夫妻共同债务推定规则使夫妻共同债务范围无限扩大化,夫妻一方的恶意举债、非法债务或与第三人串通虚构的债务都被推定为夫妻共同债务,在家维持日常家事的非举债的女方即使解除婚姻关系,也无法免除连带偿还夫妻债务的

---

① 胡苷用:《婚姻合伙视野下的夫妻共同财产制度研究》,法律出版社 2010 年版,第 98 页。

② 郭旭红:《论夫权占优婚姻习俗及其主要影响》,《中华女子学院学报》2014 年第 3 期。

③ 通过中国裁判文书搜索,2016 年按照《婚姻法司法解释二》第 24 条判定夫妻共同债务的案件高达 14 万多件,同比 2015 年的 8.9 万件增长 57.3%。

责任。夫妻共同债务本应是夫妻为了婚姻共同生活目的而管理婚姻事务所承担的消极后果,简单粗暴地以夫妻身份关系对夫妻共同债务进行推定,没有"夫妻共同生活需要"的基础和前提,使举债方的配偶因婚姻身份的存在而无法免除连带清偿夫妻债务的责任,造成婚姻身份关系是夫妻共同债务的替代品,引发众多的社会问题。

2017 年 2 月 28 日,最高人民法院出台《关于人民法院适用〈婚姻法司法解释二〉的补充规定》。该规定在《婚姻法司法解释二》第 24 条的基础上增加两项排除事由:一是夫妻一方与第三人串通、虚构债务,第三人起诉主张权利的,不予支持;二是夫妻一方在从事赌博、吸毒等违法犯罪活动中所负债务,第三人主张权利的,不予支持。该规定被称为《婚姻法司法解释二的补充规定》,但并没有改变《婚姻法司法解释二》第 24 条所涉及的夫妻共同债务推定规则。2018 年 1 月 17 日,最高人民法院发布《关于审理涉及夫妻债务纠纷案件适用法律有关问题的解释》,该解释明确了夫妻共同债务的认定标准,规定了夫妻共同债务的"共债共签"原则,即夫妻双方共同签字或者夫妻一方事后追认等共同意思表示所负的债务,应当认定为夫妻共同债务;明确夫妻一方为家庭日常生活需要所负的债务为夫妻共同债务;但夫妻一方以个人名义超出家庭日常生活需要所负的债务原则上不认定为夫妻共同债务,债权人能够举证该债务用于夫妻共同生活、共同生产经营或基于夫妻双方共同意思表示的除外。2019 年 7 月 5 日,《中华人民共和国民法典婚姻家庭法编(草案)》征求意见稿(简称:"民法典征求意见稿")在婚姻家庭编第三章第一节"夫妻关系"第 840 条之一对夫妻共同债务范围作出明确规定,吸纳了 2018 年 1 月 17 日上述司法解释的规定。

但是,《婚姻法司法解释二》第 24 条规定的夫妻共同债务推定规则和第 25 条将夫妻共同债务简单地等同于夫妻连带债务所带来的聚焦效应,引发理论界和实务界对夫妻共同债务的识别标准和清偿责任的大讨论,即使"民法典征求意见稿"对夫妻债务问题作出相应的规定,但针对夫妻债务规则的检讨和反思仍在继续。通过梳理我国理论界和实务界就夫妻债务问题的争论观点,主要体现以下这些问题:夫妻共同债务的认定标准是什么? 是夫妻共同生活之用途? 还是夫妻双方约定之合意? 抑是日常家事代理权之权限推定? 还是在婚姻关系期间举债时间的债务推定为夫妻共同债务? 日常家事代理权是否构成夫妻共同债务推定规则的理论基础? 夫妻共同债务的责任财产范围是否包括非举债方的个人财产? 非举债的夫妻另一方对夫妻共同债务是承担连带责任还是有限责任? 因此,有必要对夫妻共同债务的内涵和外延及清偿责任作出认真的研究。

一、夫妻共同债务的法律性质

夫妻共同债务不仅仅是夫妻内部的债务分配问题,属于夫妻之间的财产关系问题,而且涉及第三人的交易安全,影响到社会的交易秩序。从立法例分析,有的国家将夫妻债务问题规定在夫妻财产制中,认为夫妻债务是夫妻财产的消极形式;有的国家将夫妻债务规定在离婚制度中,认为夫妻共同债务的承担是离婚财产分割的方式;有的国家则将夫妻债务的承担作为家庭财产分割的一种方式。

我国在立法层面并没有就夫妻共同债务作出明确的定义。1950 年《婚姻法》、1980 年《婚姻法》、2001 年《婚姻法》(修正案)均在离婚时夫妻共同生活期间的债务偿还问题中作出相应的规定。将"为夫妻共同生活所负的债务"归结为夫妻共同债务,但没有明确何谓"夫妻共同生活"。最高人民法院 1993 年《关于人民法院审理离婚案件处理财产分割问题的若干具体意见》第 17 条件则进行较为明确的解释:"夫妻为共同生活或为履行抚养、赡养义务等所负债务,应认定为夫妻共同债务,离婚时应当以夫妻共同财产清偿"。该解释同时对不能认定为夫妻共同债务的情形亦作出规定,将夫妻共同债务和个人债务进行明晰。但由于何为"夫妻共同生活",立法没有明确规定,理论界就夫妻共同债务的界定亦存在不同的解读。有的学者认为:因夫妻共同生活和婚后履行抚养、赡养、扶养等法定义务所负的债务为夫妻共同债务。[①] 有的学者认为:在婚姻关系存续期间,夫妻双方或一方为维持共同生活或者出于为共同生活的目的从事经营活动所引起的债务为夫妻共同债务。[②] 有的学者认为:夫妻共同债务包括夫妻合意共同对外举债、为家庭共同生活对外负债以及附随在夫妻共同财产上的债务。[③]

归纳上述观点,夫妻共同债务存在以下特点:

1. 夫妻共同债务是融合夫妻身份和财产性质的债务。夫妻债务包括夫妻对内债务和夫妻对外债务。夫妻对内债务,是夫妻之间一方为债权人,另一方为债务人的债务。夫妻对外债务,是指夫妻为债务人,债权人为夫妻之外的第三人的债务。夫妻共同债务属于夫妻对外债务。夫妻共同债务是以婚姻关系为基础,因缔结婚姻关系而产生共同生活,因共同生活而产生夫妻共同债务。在婚姻关系中,人身关系是基础,财产关系是人身关系派生的结果,因婚姻关系而产生婚姻家庭共同生活,为满足婚姻家庭共同生活而产生的债务构成夫妻共同债务。这种债务不仅仅具有财产性,而且也具有身份性。因此,理论上应将维持婚姻家庭共同生活和履行婚姻关系中法定抚养义务而生的债务均列入夫妻共同债务范围。

但是,没有成立合法有效的婚姻关系而产生的债务是否为夫妻共同债务?在我国,目前受法律正确评价的婚姻状态是登记婚,是指符合结婚实质要件和形式要件的婚姻。如欠缺形式要件的"事实婚姻"和欠缺实质要件的"无效婚姻""可撤销婚姻",均可纳入广义上"非婚"状态,这种债务的承担主体因不是合法有效的夫妻关系,因而不能成立夫妻共同债务。我国 2001 年《婚姻法》(修正案)第 12 条规定无效婚姻和可撤销婚姻被确认无效或撤销后,当事人之间的关系是同居关系。针对这种"同居关系",《婚姻法司法解释(一)》第 15 条规定:"被宣告无效或撤销的婚姻,当事人同居期间所得的财产,按共同共有处理。但有证据证明为当事人一方所有的除外"。可见,对无效婚姻和可撤销婚姻被确认无效或撤销后的同居者产生的财产关系是适用共同共有规则。基于 2001 年《婚姻法(修正案)》生效后,相关司法解释对非婚同居产生的财产关系没有进行明确的规定,而 1989 年《关于人民法院审理未办结婚登记而以夫妻名义同居生活案件的若干意见》确立了处理同居财产纠纷所应遵循的原则、财产分割规则、债权债务关系的处理等内容,因此只要与 2001 年《婚姻法(修正案)》及司法解释没有抵触的,上述规定就成为处理同居期间财产关系的主要依据。根据 1989 年上述司法解释第 11 点规定:"解除非法同居关系时,同居期间为共同生活、生产而形成的债权、债务,可按共同债权债务处理"。可见,同居期间共同生活、共同生产而产生的债务为同居者共同债务,按照共同共有财产关系产生的债务予以处理。

---

① 蒋月:《夫妻的权利与义务》,法律出版社 2001 年版,第 206 页。

② 马原主编:《新婚姻法条文释义》,人民法院出版社 2002 年版第 309 页。

③ 朱凡:《我国夫妻共同债务制度的缺陷与完善》,载陈苇主编:《家事法研究》,群众出版社 2008 年版,第 74 页。

但夫妻身份既包括结婚登记的法律婚姻,也包括获得法律承认的事实婚姻。《婚姻法司法解释(一)》以 1994 年 2 月 1 日《婚姻登记管理条例》为分水岭对事实婚姻加以认定:对 1994 年 2 月 1 日《婚姻登记管理条例》公布实施以前,符合结婚实质要件的,按事实婚姻处理。因此,符合婚姻实质要件并获得法律承认的同居是事实婚姻,取得夫妻身份,因事实婚姻具备与法律婚姻相同的法律效力,对符合事实婚姻条件的男女在共同生活期间而产生的债务,应归入夫妻共同债务。

2. 夫妻共同债务以婚姻关系为基础,一般而言,形成于婚姻关系存续期间。但夫妻共同债务是否仅仅局限于婚姻关系存续期间?在缔结婚姻关系之前,为了将来成立的婚姻家庭而产生的债务是否是夫妻共同债务?最高人民法院 1993 年《关于人民法院审理离婚案件处理财产分割问题的若干具体意见》第 18 条规定,婚前一方借款购置的房屋等财物已转化为夫妻共同财产的,为购置财物借款所负债务,视为夫妻共同债务。《婚姻司法解释二》第 23 条也规定,债权人就一方婚前所负个人债务向债务人的配偶主张权利的,人民法院不予支持。但债权人能够证明所负债务用于婚后家庭共同生活的除外。因此,夫妻共同债务的举债时间并非限定于"婚姻关系存续期间"。婚前债务向夫妻共同债务的转化,以用于婚后家庭共同生活为条件,识别为夫妻共同债务。但婚前债务转化为夫妻共同债务后,债务人的配偶只应在其实际接受财产或受益的范围内承担清偿责任。[①] 另者,婚姻关系终止后,离异双方因抚养共同子女等原因而负担的债务,是否是夫妻共同债务?举例,在婚姻关系终止后,因离异的夫妻双方对未成年人子女侵权行为而负担的损害赔偿之债,是作为监护人的父母共同承担的补充赔偿责任,此是属于抚养关系而形成的债务,构成夫妻共同债务。

3. 夫妻共同债务是多数人之债。共同债务是指债务人一方为多数人的债务。但多数人之债不必然等于连带债务。我国有关连带债务的立法最早体现在《民法通则》第 87 条,连带债务的成立必须"依照法律的规定或者当事人的约定"。《侵权责任法》第 13 条和第 14 条对法定连带债务进行规定。结合这些法律规定,只有"法律规定承担连带责任的",共同债务的主体才对外承担连带责任。连带债务与连带责任是不同的,连带债务是连带责任的前提,但不是连带责任的必然基础,连带债务的实质在于多数债务人就债务清偿彼此提供担保,以保障债权的实现。而连带责任是当债务人不履行债务时,出现法律规定或者当事人约定的应当承担连带责任的情形下,由一人或数人向债权人清偿全部债务,从而消灭其他债务人对债权人的债务。连带债务和连带责任在性质、发生的根据、构成条件、实现主体和免除效力的不同。[②] 连带债务反映的是数个债务人之间债务关系上的相互牵连,而连带责任属于民事法律责任范畴,体现的是多个责任人在责任关系上的相互承担。只有连带债务人不履行或不完全履行债务,发生法律规定或合同约定的情形时,连带责任才得以发生。[③]

综上,夫妻共同债务是基于特定的人身关系而产生的财产关系,是两个或两个以上的债务人;债务的发生是基于同一原因(婚姻家庭共同生活);债务人为给付基于同一目的,为婚姻家庭共同生活的需要。但我国目前《婚姻法》对夫妻共同债务并没有明确规定夫妻对外承

① 最高人民法院民事审判第一庭编:《最高人民法院婚姻法司法解释(二)的理解与适用》,人民法院出版社 2004 年版,第 215 页。

② 邱业伟:《论连带债务与连带责任的关系》,《河北法学》2007 年第 6 期。

③ 王利明、杨立新、王轶、程啸:《民法学》,法律出版社 2017 年版,第 235 页。

担连带清偿责任,仅做出"夫妻共同偿还"规定。

4. 夫妻共同债务的形成原因多样,既有合意借贷的违约之债,依据夫妻双方的合意而形成,又有因法定事由如履行法定的抚养赡养义务、行使日常家事代理权、共同生产经营而产生之债,还有婚前债务因用于家庭共同生活而转化的夫妻债务,另存在夫妻双方为他人担保形成的担保之债。从理论上分析,合同行为、侵权行为、不当得利、无因管理等债形成的一般发生原因,均会导致夫妻共同债务。因此,夫妻共同债务因其形成原因不同而存在不同的分类。从主体标准划分,分为夫妻一方家事代理之债和夫妻双方共同行为之债;从债务形成的原因划分,分为合同之债、侵权之债、无因管理之债和不当得利之债。有学者认为,合同之债是夫妻共同债务的主要形式,从合同之债细分,夫妻共同债务分为家事代理之债、夫妻合意之债和债权人善意之债。债权人善意之债是既非家事代理之债,亦非夫妻合意之债,但债权人有理由相信用于家事需要或有理由相信属于夫妻合意的债务。①

二、夫妻共同债务推定论的误区

2003 年出台的《婚姻法司法解释二》第 24 条对夫妻共同债务作出规定:"债权人就婚姻关系存续期间夫妻一方以个人名义所负债务主张权利的,应当按夫妻共同债务处理。但夫妻一方能够证明债权人与债务人明确约定为个人债务,或者能够证明属于婚姻法第十九条第三款规定情形的除外"。该条款是为应对在市场经济活动中,出现夫妻双方联手坑害债权人,举债之后把财产转移到非举债的配偶名下,然后以假离婚逃避债权人追讨的情况。因此,将夫妻一方在婚姻关系存续期间以个人名义所负的债务推定为夫妻共同债务,既能减轻财产交易的成本,便于及时、合理地解决纠纷,又符合日常家事代理的基本法理。②基于此,《婚姻法司法解释二》第 24 条和第 25 条以在婚姻关系存续期间的夫妻身份作为标准,用"身份名义论"将在婚姻关系存续期间产生的债务推定为夫妻共同债务,夫妻双方承担连带清偿责任,这实质上造成非举债的夫妻另一方需要以个人财产为举债的夫妻这一方承担债务的担保,是以牺牲私人"静的财产利益"来保护"动的交易安全"。这种夫妻消极财产的分配是在缺乏法律明确授权的情况产生,合法性存疑。

1. 背离"共同生活"基础

《婚姻法司法解释二》第 24 条的解释依据是 2001 年《婚姻法》(修正案)第 41 条,而《婚姻法》(修正案)第 41 条所规定的夫妻共同债务强调的是所负债务用于夫妻共同生活。因此,为夫妻共同生活所负的债务,是夫妻共同债务的本质特征。夫妻共同债务的认定应以该本质特征为前提,只有用在婚姻家庭共同生活的债务,离婚时或离婚后另一方才承担连带清偿责任,这样才符合权利和义务相一致的基本原则。夫妻财产关系是一种共同共有关系,基于夫妻共同生活或共同经营而产生的夫妻共同债务对夫妻双方而言也具有"共同共有"的性质,夫妻对外承担连带清偿责任,才合理合情。③ 但《婚姻法司法解释二》第 24 条以司法解

---

① 王礼仁、何昌林:《夫妻债务的司法认定与立法完善》,人民法院出版社 2019 年版,第 6~9 页。

② 最高人民法院民事审判第一庭编:《最高人民法院婚姻法司法解释(二)的理解与适用》,人民法院出版社 2004 年版,第 217 页。

③ 缪宇:《走出夫妻共同债务的误区——以〈婚姻法司法解释(二)〉第 24 条为分析对象》,《中外法学》2018 年第 1 期。

释的方式改变了 2001 年《婚姻法》(修正案)第 41 条所明确的夫妻共同债务应为"共同生活"所生的债务,将夫妻一方在婚姻关系存续期间以个人名义所负债务以推定夫妻共同债务为原则,背离"共同生活"而产生"共同债务"之本质。这种以夫妻身份关系进行推定,不问债务的用途是否与夫妻共同生活有关,不问债务的产生是否经过夫妻合意,不问债务带来的利益是否夫妻共享,一律推定为夫妻共同债务,使得离婚的非举债一方因"共同偿还"的责任,即使"卸下婚姻",也不能得以免除清偿责任。

2. 舍弃"目的""合意""分享"标准

我国 1950 年《婚姻法》[①]和 1980 年《婚姻法》[②]长期奉行以所负的债务的目的、用途作为划分标准,凡所负债务是为了夫妻共同生活之用,才界定为夫妻共同债务。夫妻共同债务的认定,以符合夫妻共同生活需要为目的,这是"目的"标准。2001 年《婚姻法》(修正案)第 41 条所规定的夫妻共同债务,仍强调以实现债务用途的目的加以界定,强调"共同生活需要"是夫妻共同债务识别的前提。

1993 年最高人民法院《关于人民法院审理离婚案件处理财产分割问题的若干具体意见》第 17 条规定:"夫妻为共同生活或为履行抚养、赡养义务等所负债务,应认定为夫妻共同债务,离婚时应当以夫妻共同财产清偿。下列债务不能认定为夫妻共同债务,应由一方以个人财产清偿:(1)夫妻双方约定由个人负担的债务,但以逃避债务为目的的除外;(2)一方未经对方同意,擅自资助与其没有抚养义务的亲朋所负的债务;(3)一方未经对方同意,独自筹资从事经营活动,其收入确未用于共同生活所负的债务;(4)其他应由个人承担的债务"。该条款在夫妻共同债务认定标准上,一方面坚持夫妻为共同生活或为履行抚养、赡养义务等所负债务的正面标准;另一方面又对夫妻共同债务作出了排除性规定,并设立了兜底条款,对不属于夫妻共同债务的情形进行了列举。有学者认为,该司法解释以夫妻双方意思表示一致为必要条件来确定夫妻共同债务,凡以夫妻双方名义所负债务,或虽以夫妻一方名义所欠债务但经过对方同意的,均可界定为夫妻共同债务。[③]

综上,夫妻合意共同对外举债或夫妻一方对外举债但经得非举债另一方的追认,这是夫妻共同债务认定的"合意"标准。在"合意"标准下,不论该债务带来的利益或用途是否为夫妻共享,只要该债务为夫妻双方所合意,均认定为夫妻共同债务。但夫妻尽管事先或事后没有共同举债的合意,在该债务发生后,非举债另一方分享该债务所带来的利益,该债务仍认定为夫妻共同债务,这是夫妻共同债务认定的"分享"标准。在该标准下,如果夫妻一方缔结债务未经对方的同意,而该债务所产生的收益没有用于婚姻家庭共同生活或根本未产生收益,就被认定为非举债另一方未分享债务带来的利益,因而不构成夫妻共同债务。"分享"标准强调权利和义务相一致,夫妻对共同财产的权利决定夫妻对共同债务承担连带清偿责任。

但《婚姻法司法解释二》第 24 条所规定的夫妻共同债务推定规则,是以债务发生的表面

---

① 1950 年《婚姻法》第 24 条规定:"离婚时,原为夫妻共同生活所负担的债务,以共同生活时所得财产偿还;如无共同生活时所得财产或共同生活时所得财产不足清偿时,由男方清偿。男女一方单独所负的债务,由本人偿还。"

② 1980 年《婚姻法》第 32 条规定:"离婚时,原为夫妻共同生活所负的债务,以共同财产偿还。如该项财产不足清偿时,由双方协议清偿;协议不成时,由人民法院判决。男女一方单独所负债务,由本人偿还。"

③ 夏吟兰:《我国夫妻共同债务推定规则之检讨》,《西南政法大学学报》2011 年第 1 期。

形式来判断,只要在婚姻关系存续期间所发生的债务原则上推定为夫妻共同债务。不论是否以个人名义所负的债务,也不论是否"为夫妻共同生活"所负,只要双方具有夫妻身份,即使举债未经双方合意或一方举债未经对方同意,且并非用于婚姻家庭共同生活,也推定为夫妻共同债务。这样实际上舍弃了"共同生活目的"论,也不符合"合意"和"分享"标准。同时,夫妻共同债务推定规则将举证责任完全分配给非举债的配偶一方,只有在该方配偶举证证明债权人与举债一方明确约定为个人债务,或债权人知道夫妻之间采取约定分别财产制的情形下,才免与举债方共同承担该笔夫妻共同债务清偿责任。

3. 追求"身份关系"对共同债务的推定

在《婚姻法司法解释二》第 24 条中"应当按夫妻共同债务处理"的硬性规定,导致司法审判,不分青红皂白地一律将婚姻关系存续期间夫妻一方在外单独举债作为夫妻共同债务处理,严重损害了婚姻关系不知情的非举债的另一方的合法权益,使夫妻共同债务范围无限扩大化,夫妻一方的恶意举债、非法债务或与第三人串通虚构的债务都被推定为夫妻共同债务,非举债方即使解除婚姻关系,也无法免除连带偿还债务的清偿责任。

夫妻对共同财产的共有是建立在共同关系的基础上,各共有人对共有财产享有平等的权利,承担平等的义务,才存在对外承担连带责任的条件。夫妻共同债务是夫妻为了婚姻共同生活目的,管理婚姻事务和家庭共同生活承担的消极后果。以身份关系对夫妻共同债务进行推定,没有"夫妻共同生活需要"的基础和前提,使举债方的配偶因婚姻身份的存在而无法免除连带清偿债务的责任,造成婚姻身份关系是夫妻共同债务的替代品,引发系列的社会问题。

4. 非举债方的财产权益陷入困境

《婚姻法司法解释二》第 24 条所规定的夫妻共同债务推定规则,以交易安全为最终价值,体现了司法机关对债权人的过度保护和对非举债方的不信任。[①] 司法实践表明,凡适用"第 24 条"处理夫妻债务的,很少有举债方的配偶能够免除清偿责任。法院机械地以"婚姻关系"作为推定夫妻共同债务的根据,非举债方因婚姻背上巨额债务,即使解除婚姻关系也沉浸在连带清偿责任中,财产权益和日常生活因此陷入困境。

(1)举证责任的配置

夫妻共同债务的认定,是由举债的夫妻一方承担举证责任,还是非举债的夫妻另一方承担举证责任,抑或由债权人承担举证责任,这涉及举证责任分配的公平正义原则。在过度注重保护债权人利益的立法理念下,《婚姻法司法解释二》第 24 条对债权人和债务人采用双重标准的举证责任,债权人对夫妻共同债务是否成立无须承担举证责任,而非举债的债务人配偶则需要举证债权人和债务人约定该债务为个人债务或夫妻双方约定分别财产制。在该规则下,债务人的配偶要免除责任,则须举证证明:债权人明知债务是举债方的个人债务或夫妻双方实行分别财产制的约定。但是,只要债权人坚称不知情,不知举债事实的债务人配偶又如何能够证明举债时债务人和债权人明确约定为个人债务?同时,约定财产制仅是夫妻间的内部约定,债务人配偶如何能够证明债权人"明知"该约定?如此举证责任的配置,使债务人配偶陷入无法举证的境地,从而被推定为夫妻共同债务,承担连带清偿责任。因此,由

① 朱凡:《我国夫妻债务制度的缺陷与完善》,载陈苇主编:《家事法研究》(2007 年卷),群众出版社 2008 年版,第 69 页。

夫妻关系中不知情的非举债一方来承担夫妻共同债务的举证责任,完全违背常识常理常情,且不符合举证责任的配置规则。

（2）连带责任的创设

根据我国《民法通则》第 87 条[1]的规定,连带债务的依据在于法律明确的规定和当事人的约定,但最高人民法院在《婚姻法司法解释二》中确立了一项与《民法通则》相抵触的全新的连带责任制度,从其中第 25 条[2]的规定可以判断夫妻共同债务的性质是连带责任。而就我国有关夫妻共同债务的清偿责任规定分析,除存在约定财产归各自所有的外,夫妻共同债务应以夫妻共同财产优先偿还。在夫妻共同财产不足清偿时,1950 年《婚姻法》第 24 条规定由离婚男性清偿。1980 年《婚姻法》第 32 条和 2001 年《婚姻法》（修正案）第 41 条均规定由离婚男女按照双方协议清偿,协议不成时由人民法院判决,但未规定"双方协议"和"人民法院判决"能否对抗第三人。但《婚姻法司法解释二》第 25 条明确夫妻共同债务是连带责任,即使离婚协议或人民法院的判决书、裁定书、调解书已经对夫妻财产分割问题做出处理的,债权人仍有权就夫妻共同债务向男女双方主张权利。在这种连带责任的创设下,夫妻共同财产和夫妻个人财产都是夫妻共同债务的担保财产,对夫妻共同债务承担全部清偿责任。即使在共同财产不足以清偿的情况下,离婚的男女仍应以各自的个人财产予以偿还,直到清偿完毕为止,并不因离婚而改变连带清偿责任。因此,非举债方即使解除与举债方的婚姻关系,仍应承担向债权人清偿夫妻债务的连带责任。

（3）日常家事的越权

日常家事代理是夫妻身份关系所产生的家事代理,是夫妻一方因日常生活需要,以一方的名义对外的交易行为,不管另一方是否同意或授权或追认,均应认定为夫妻共同行为,该行为所形成的债务被认定为夫妻共同债务。但日常家事代理权的范围限制在家事范围内,只有夫妻一方举债为日常的共同生活所必须,另一方才存在承担连带责任的基础和前提。若举债超越日常家事范围,不是夫妻共同生活所需要的,其效力当然不应当由夫妻共同承担。《婚姻法司法解释二》第 24 条不问举债目的和用途,不论该举债对家庭开支是否合理,将夫妻一方在婚姻关系存续期间的举债一律推定为日常家事代理范围内,由非举债的另一方基于日常家事代理权的效力,对债权人承担连带清偿责任。在此规定下,依据家庭生活的状况,属于明显过分的开支,本不属于日常家事范围的或未经过夫妻双方同意的,基于夫妻共同债务的推定规则也应承担连带责任。因此,夫妻共同债务推定规则极大地侵害非举债方的财产权益,为举债方和债权人合谋的虚假债务、非法债务提供保护的依据,成为虚假债务和恶意举债的温床。

---

[1]　《民法通则》第 87 条规定:"债权人或债务人一方人数为二人以上的,依照法律的规定或当事人的约定,享有连带权利的每个债权人,都有权要求债务人履行义务,如有连带义务的每个债务人,都负有清偿全部债务的义务,履行了义务的人有权要求其他负有连带义务的人偿付他应当承担的份额。"

[2]　《婚姻法司法解释二》第 25 条规定"当事人的离婚协议或者人民法院的判决书、裁定书、调解书已经对夫妻财产分割问题做出处理的,债权人仍有权就夫妻共同债务向男女双方主张权利。"

（4）婚姻关系的陷阱

夫妻共同债务推定规则使得婚姻关系存续期间发生的对外财产责任，原则上均由夫妻双方共同承担，此增加了婚姻风险。① 受传统观念影响，女性在就业选择中往往优先考虑收入稳定的低风险行业和职位，而男性受"男主外、女主内"的传统生产模式影响，承担对外交易包括借贷行为。当涉及离婚时，男方可以利用自身控制财产的优势，通过举债来扩大夫妻共同债务，给作为非举债方的女性套上枷锁，结婚证居然成为"卖身契"，通过离婚转嫁债务，将夫妻之间的义务和责任无限扩张，严重侵害离婚女性的财产权益。

婚姻的发展趋势，男女的人身自由度越来越大，夫妻在身份上的"对外连带性"正在逐渐淡化。但夫妻共同债务推定规则笼统地强调夫妻一体，要求婚姻关系存续期间发生的债务的清偿责任原则上由夫妻双方共同承担，完全以婚姻关系作为推定夫妻共同债务的根据，保护债权的初衷被严重异化扭曲，混淆了婚姻关系夫妻对外交往中的家事代理和非家事代理的界限，把夫妻之间的一切行为都视为家事代理，婚姻成为巨大的陷阱，一旦结婚，就有了为对方债务承担责任的义务，合法的婚姻关系所要承担的风险明显大于同居关系，同时，婚姻的义务多于权利，影响着人们对缔结婚姻的选择。②

第二节　夫妻债务制度的比较法观察

一、德国夫妻债务制度

德国在夫妻财产制中规定夫妻对外财产责任，不同的夫妻财产制下夫妻对外财产责任不同。根据《德国民法典》的规定，夫妻的法定财产制是剩余共同财产制，夫妻双方在婚姻共同生活期间所得财产归各自分别所有，但在婚姻关系终止时对婚内夫妻财产进行盈余分配。根据剩余共同财产制，夫妻对婚前财产和婚后所得财产各自保留所有权、管理权、使用收益权及有限制的处分权，只是夫妻双方在婚姻关系终止时对婚内增值财产的差额进行分配，即对婚姻期间的增值结余部分予以分割。因此，该财产制在婚姻关系存续期间是分别所有和分别管理，有学者认为将这种财产制作为夫妻共同财产之一种，实质上是对该财产制的误解，实质上是分别财产制。③ 德国法下夫妻的约定财产制有两种：分别财产制和一般共同制。分别财产制是夫妻双方各自财产各自所有和管理，各自的债务也是各自承担。只有一般共同制下，因夫妻的全部财产，不论是婚前财产还是婚后财产，不论是动产还是不动产，归属夫妻共同共有，除法律另有规定的外，一般共同财产制下产生的债务为夫妻共同债务问题。

在实行法定夫妻财产制即剩余共同财产制下，《德国民法典》第 1357 条规定了夫妻之间的家事代理权，夫妻的任何一方均有权处理适当满足家庭需要而效果及于夫妻另一方的事

---

① 唐雨虹：《夫妻共同债务推定规则的缺陷及重构——〈婚姻法司法解释（二）〉第 24 条之检讨》，《行政与法》2008 年第 7 期。

② 卓冬青：《夫妻一方以个人名义所负债务的认定》，载夏吟兰等主编：《婚姻家庭法前沿——聚焦司法解释》，社会科学文献出版社 2010 年版，第 130 页。

③ 裴桦：《夫妻共同财产制研究》，法律出版社 2009 年版，第 46 页。

务。夫妻因满足家庭需要所负债务为共同债务。但第 1412 条规定,夫妻分居的,一方处理家事的效力不对另一方生效。所以,夫妻共同债务的基础建立在家事代理权的基础上。同时,根据《德国民法典》第 1459 条规定"除基于第 1460 条至 1462 条发生其他效果外,①夫的债权人或妻的债权人都可以请求就共同财产受清偿(共同债务)"。基于此,除法律另有规定外,在由夫妻管理共有财产的情形下,对于因夫妻一方在夫妻财产共同制期间的法律行为而产生的债务,只在另一方同意该法律行为或者该法律行为即使无其同意也对共有财产有效的情形,共有财产管理方才承担责任。就此,夫妻共同债务主要有:(1)共同财产管理方实施的或经其同意而发生的债务;(2)因共同财产而产生债务;(3)与共同财产有关的诉讼费用。② 可见,在婚姻对外财产责任上,管理夫妻共同财产的配偶一方对共同财产之债所应承担的责任高于配偶另一方,应当对配偶另一方发生的共同财产之债承担连带责任。

在实行约定财产制下,依据《德国民法典》第 1357 条的规定,即使约定分别财产制,但在婚姻期间夫妻因满足家庭生活需要所负的债务为共同债务。根据《德国民法典》第 1437 条规定:"约定实行财产共同制的,对于共同财产所负债务,无论因配偶任何一方的原因发生,债权人都可以请求从共同财产中受清偿"。在一般共同制下,共同财产所生之债务,夫妻双方对外要承担连带责任。《德国民法典》同时强调分割共同财产制,须保证共同债务的清偿,配偶双方须首先清偿共同财产之债。债务未到期或处于争议中的,配偶双方须留置清偿该债务为必要的一切。若有必要,共同财产须兑换成金钱以清偿共同财产之债。③ 但在婚姻内部的债务承担上,共同财产之债由配偶一方单独负担的,该配偶方不得请求由共同财产清偿债务。在共同财产之债被偿还之前,共同财产已被配偶双方分割的,应区分不同的情形而存在不同的规则:(1)在共同财产制存续期间,曾单独管理共同财产的配偶一方须向配偶另一方保证:配偶另一方既不就一半以上的债务,也不就超过从共同财产中间取得的一切被提出请求;配偶双方曾共同管理共同财产的,配偶任何一方都须向另一方配偶保证不就一半以上的债务被债权人提出请求;(2)债务由配偶一方承担的,该方配偶须保证另一方配偶不被债权人提出请求。④ 总之,在《德国民法典》的一般共同财产制下,夫妻共同债务以"共同财产的利益"和"配偶双方合意"作为认定标准,且区分夫妻内部责任与外部责任。夫妻双方对共同生活产生的共同财产之债务对外承担连带清偿责任,但夫妻对内是按份责任,已履行清偿责任的一方有权向另一方追偿。夫妻离婚分割财产时,非举债方以分得的共同财产对外承担清偿责任。

在《德国民法典》下,夫妻个人债务主要包括:(1)在财产共同制存续期间,配偶一方将遗产或遗赠作为保留财产或特有财产的权利或因占有这类财产而由不管理共同财产的配偶一方产生的债务;(2)未经配偶一方允许,配偶另一方独立从事营业的单独法律行为所生之债;(3)债务通常属于从收入中予以清偿的特有财产负担之债;(4)在共同财产制实施期间,未经

① 《德国民法典》第 1461 条规定:"配偶一方在财产共同制存续期间将遗产或遗赠作为保留财产或特有财产而取得,就该方因遗产或遗赠的取得而发生的债务,共同财产不负责任"。第 1462 条规定:"就配偶一方在财产共同制存续期间,因属于保留财产或特有财产的权利或者因占有属于保留财产或特有财产的物而发生的债务,共同财产不负责任"。因此,德国因保留财产或特有财产而产生的债务由夫妻个人承担。
② 陈卫佐译:《德国民法典》,法律出版社 2015 年版,第 457~458 页。
③ 陈卫佐译:《德国民法典》,法律出版社 2015 年版,第 465 页。
④ 陈卫佐译:《德国民法典》,法律出版社 2015 年版,第 466~467 页。

配偶一方同意而实施的行为所生之债。因此,附属于个人财产上的债务为个人债务。同时,因侵害行为或犯罪行为产生的债务也是夫妻个人债务。对于夫妻个人债务,除法律另有规定外,一般由举债方负责偿还,且允许以共同财产或者配偶另一方财产予以清偿,但举债方应补偿共同财产或对方配偶。

二、日本夫妻债务制度

日本有关的夫妻共同债务和个人债务规定在夫妻财产制中。在修正的《日本民法典》第762条实行分别财产制,夫或妻各自独立拥有财产之所有权、管理权、收益权、处分权,但不明财产推定属于夫妻共有财产。为避免"妻于家庭内专事家务之时,采分别财产制之结果,未参与社会劳动之家庭主妇,将永无获得财产之机会",①将在婚姻关系存续期间夫妻协力所取得的财产属于夫妻共有财产。同时,《日本民法典》第760条规定婚姻家庭费用的分担,夫妻斟酌其资产、收入及其他一切之情事,分担婚姻家庭生活费用,这里"一切之情事"包括妻之家事劳动。第768条还规定,"离婚之际,于财产分与之时,夫妻就其婚姻关系存续中协力而取得的财产,平均分配"。因此,日本的分别财产制,并不是纯粹的分别财产制,类似于德国剩余共同财产制,充分考虑婚姻关系存续期间的夫妻协力和贡献所取得的共有财产的分配。

在法定的分别财产制下,《日本民法典》第761条规定:"夫妻一方就日常家事与第三人之间的法律行为,另一方就因此所生的债务负连带责任。但已经对第三人预先告知不负责任时,不在此限"。可见,日本以夫妻分别财产制为基础,夫妻对各自财产有各自的所有权、使用权、管理权和收益权,因此而产生的债务由各自偿还。但就日常家事范围内产生的债务,夫妻双方对外承担连带清偿责任,将夫妻连带清偿债务的责任限制在日常家事范围内。

在约定的共同财产制或推定共同财产制下,因共有财产所生债务,由夫妻共同承担。夫妻财产关系的变更,未经登记的,不得对抗善意第三人。夫妻订立与法定分别财产制不同或其他财产约定为个人的债务,因未经申报登记或未向债权人告知的,不得对抗善意第三人。

三、瑞士夫妻债务制度

瑞士实行限定的共同财产制,是指在婚姻关系解除或终止时,对婚后所得财产进行清算,并对结余予以依法分割的夫妻财产制。②《瑞士民法典》第223条规定,配偶双方可通过婚姻协议约定仅限于收入采用共有财产制。自有财产的收益归入共同财产。《瑞士民法典》第197条规定,所得财产是指夫或妻在夫妻财产制存续期间有偿获得的财产,主要包括劳动所得、各种福利保险给付、丧失劳动能力的补偿金、夫或妻自有财产的收益、所得财产的替代利益等。③《瑞士民法典》第198条对夫或妻的自有财产范围进行规定,自有财产是指所得分配制终结时不参与分割的夫妻一方个人所有的特有财产,如夫妻个人物品、精神损害赔偿而取得的债权、自有财产投资所获财产等。凡不属于自有财产范围内的夫妻财产,均是所得财产。在所得分配制终止时,夫妻对所得财产予以结算和分配。

---

① 林秀雄:《夫妻财产制之研究》,中国政法大学出版社2001年版,第103页。
② 裴桦:《夫妻共同财产制研究》,法律出版社2009年版,第45页。
③ 殷生根、王燕译:《瑞士民法典》,中国政法大学出版社1999年版,第53页。

根据《瑞士民法典》，债务归属于与之有实质联系的夫妻财产，将债务看作消极财产，与积极财产一样归属于所得财产。《瑞士民法典》概括地规定夫妻对外财产责任，且在每一种夫妻财产制下规定夫妻债务的认定和清偿责任。根据《瑞士民法典》第233条的规定，夫妻任何一方以其自有财产和共有财产对以下债务承担清偿义务：(1)在家事代理和管理共同财产的权利范围内产生的债务；(2)如将共有财产投入到职业或经营企业的，或该职业、企业的收入归入共有财产的，因该职业或企业产生的债务；(3)配偶他方也应承担清偿义务的债务；(4)配偶双方与第三人约定以共同财产清偿的债务。可见，夫妻共同债务以"家事代理权范围内"、"合意"和"收益属于共同财产"来界定。

《瑞士民法典》第166条明确规定家事代理权的适用范围，夫妻双方于共同生活期间，任何一方可代理处理家庭日常事务。但对于家庭日常事务之外的其他事务，只有在两种情形下享有代理权：一是得到配偶授权或法官授权；二是配偶一方由于疾病、不在场等特殊原因不能正常处理事务，在紧急情况下，为了保护夫妻共同利益而进行的代理。夫妻双方各自对自己的行为负责，夫妻任何一方的行为无法使第三人识别已经超越代理权限的，另一方应负连带责任。因此，只有在债权人识别不了超越日常家事代理权限时，非举债方才负连带清偿责任。但如果明显超越代理权限，债权人无权要求非举债方承担连带清偿责任。

对于属于夫妻共同债务的，不区分配偶各自的责任份额，配偶任何一方应以自有财产和双方的共同财产承担清偿责任。但为协调家庭内部的财产利益与外部的交易安全的平衡，《瑞士民法典》建立个人财产和夫妻共同财产之间的补偿机制，第238条规定：(1)以夫妻一方的自有财产清偿共有财产之债务，或以共同财产清偿自有财产之债务，在共有财产制解除时，共有财产和自有财产之间应相互补偿。(2)对于因自有财产而产生的债务，用自有财产清偿；对于因共有财产而产生的债务，用共有财产清偿；如无法确定债务的性质，则用共有财产清偿。[1]

对于夫妻个人债务，根据《瑞士民法典》第234条规定，不属于夫妻共同债务的其他一切债务均属于夫妻个人债务，由夫妻一方以其自有财产和共有财产之一半承担清偿义务。但因采用夫妻所得共同财产制而获利的，由此引起的诉讼，不在此限。因此，夫妻对个人债务应以其全部财产承担清偿责任，但在实行夫妻所得共同财产制下，配偶一方以其自有财产和共同财产的一半承担个人债务清偿责任。

《瑞士民法典》第188条、第189条规定了夫妻一方破产、因个人债务被查封等情形，可依法变更分别财产制。但《瑞士民法典》在"夫妻财产制一般规定"中规定，不因夫妻财产制的设定或变更或夫妻财产的清算而规避债权人的起诉。同时，第193条第2款规定，如果夫妻一方或双方的债权人可以请求清偿的财产由配偶一方已转移给配偶另一方，则该方配偶须偿还债务，但以其受领的财产范围为限。[2]《瑞士民法典》第249条还规定夫妻实行分别财产制的，所负的债务界定为个人债务，以其个人全部财产负责清偿。但即使是分别财产制，也不影响夫妻之间债务的清偿。[3]

---

①　于海涌、赵希璇译：《瑞士民法典》，法律出版社2016年版，第82页。

②　殷生根、王燕译：《瑞士民法典》，中国政法大学出版社1999年版，第52页。

③　于海涌、赵希璇译：《瑞士民法典》，法律出版社2016年版，第85页。

四、法国夫妻债务制度

法国是实行夫妻法定共同财产制的国家,《法国民法典》第 1401 条、第 1402 条规定,法定婚后所得共同财产的范围包括:夫妻在婚姻期间共同取得或分别取得的财产;夫妻个人财产的孳息与收入形成的节余;如不能证明是夫妻一方的特有财产的,推定为共同财产。《法国民法典》规定在法定夫妻财产制外,夫妻可以通过财产契约自由约定适用一般共同财产制、分别财产制、婚后所得参与制等作为约定的夫妻财产制。

法国将夫妻因负担家庭生活费用所产生的债务放在夫妻财产制中予以规定。《法国民法典》第 1409 条规定,应由夫妻共同财产负担的共同债务包括:用于支付家庭日常生活开支与子女教育费用的债务;共同财产制期间发生的其他债务,视情况而定。未经夫妻合意的分期付款购买及借贷,只有在金额较少且属于家庭日常生活必要的,为夫妻共同债务。[1] 因此,法国法下夫妻共同债务的认定主要以家事用途加以界定,但"视情况而定"则被认为是在共同财产制期间发生的债务,但即使没有用于家庭需要,但债权人善意的情形下,夫妻另一方也应承担夫妻共同债务的清偿责任。[2]

《法国民法典》将夫妻共同债务分为永久性负债和补偿性负债,永久性负债是为了家庭日常生活需要和教育子女的目的而产生的债务,根据第 1414 条的规定,偿还的责任财产包括共同财产和个人财产,夫妻双方承担连带清偿责任。但是,视家庭生活状况,所进行的活动是否有益以及缔结合同的第三人是善意还是恶意,对明显过分的开支,不发生此种连带义务。[3] 这种对夫妻一方依法行使日常家事代理权所产生的债务,债权人可以要求扣押另一方所得的收益与工资。总之,法国以维持家庭开支和抚养教育子女而产生的债务作为永久性的夫妻共同债务,但根据家庭状况、行为是否有益、开支是否过大、相对人是否善意等因素判断是否予以排除夫妻共同债务。而补偿性债务,因其涉及夫妻一方的利益或由夫妻一方的原因产生,故其责任财产并不及于另一方的个人财产,且其虽被视为共同债务并以共同财产进行清偿,但受益配偶应当对共同财产进行补偿。[4] 因此,补偿性的夫妻共同债务以共同财产为限承担清偿责任,个人财产原则上不负担连带清偿责任。《法国民法典》还规定,共同财产分割之后,只要有财产清册,夫妻各方对债务所负清偿责任仅以其从共同财产中分得的财产为限。对于本应由夫妻双方共同承担的债务,若夫妻一方承担了全部清偿责任或超额清偿的,有权向另一方行使补偿请求权。

就此,《法国民法典》对共同财产和个人财产之间的补偿进行明确的规定,第 1412 条规定,如以共同财产偿付夫妻一方的个人债务,该方应对共同财产给予补偿。根据第 1468 条的规定,应以夫妻各方的名义建立一项补偿账目,登录应以共同财产对夫妻各方给予补偿的数额和夫妻各方应补偿给共同财产的数额。如果夫妻的共同财产从夫妻一方的个人财产中

---

① 罗结珍译:《法国民法典》,法律出版社 2005 年版,第 207 页。

② 王礼仁、何昌林:《夫妻债务的司法认定与立法完善》,人民法院出版社 2019 年版,第 246 页。

③ 《法国民法典》第 1413 条规定:"对夫妻各方在共同财产制期间所负的债务,无论其发生原因如何,均有请求以共同财产为清偿,但如作为债务人的夫妻一方有欺诈或者债权人有恶意,不在此限,并且在相应场合,如有必要,应对共同财产给予补偿。"

④ 罗结珍译:《法国民法典》,法律出版社 2005 年版,第 1138 页。

取得利益,则应以共同财产对该方给予补偿;如果夫妻一方从共同财产中获得属于其个人的利益或以共同财产偿付了其个人债务,该方应对共同财产给予补偿。个人财产应得到补偿的夫妻一方可以要求对方支付此差额或按照此差额从共同财产中先取某些财产。[①]

《法国民法典》第 1410 条对于夫妻个人债务也作出明确的规定,主要包括:(1)夫妻各方在结婚之日之前负担的债务或在婚姻期间因接受继承、接受赠与所负有的债务,为个人债务。该债务只能就债务人的自有财产与收入进行清偿。(2)根据第 1415 条的规定,夫妻各方在设立保证与借贷时未征得其配偶同意,只能用其自有财产与收入承担义务,且不能向共同财产提起追偿。但夫妻一方设立保证和借贷时,征求另一方同意,可以在共同财产的额度内清偿,但不能以另一方的自有财产清偿。(3)作为商人的丈夫的商业债务,妻子并没有参与经营,则妻子不必与丈夫连带清偿与经营相关的债务。[②] (4)完全由夫妻一方原因所生之债如刑事犯罪被判处罚金等产生的债务,该债务不得请求夫妻另一方自有财产承担清偿责任,若由夫妻共同财产负担时,受益配偶应当补偿夫妻共同财产。

五、意大利夫妻债务制度

意大利是实行夫妻婚后所得共同财产制为法定财产制的国家。在婚后所得共同财产制下,根据《意大利民法典》第 186 条和第 190 条的规定,夫妻共同债务主要包括:(1)取得共同财产之时设立的所有负担和费用;(2)为管理共同财产支出的费用;(3)维持家庭生活的费用、培养、教育子女及供养老人的费用以及家庭利益共同或分别承担的债务;(4)夫妻双方共同对外签订的契约债务,但特别约定除外。在无法以夫妻共同财产清偿全部债务的情况下,债权人可以请求用夫妻任何一方的个人财产清偿债务,但以满足债权额的半数为限。[③] 因此,意大利法下夫妻共同债务是维持家庭生活或为家庭利益所生的债务,以夫妻共同财产予以偿还;夫妻共同财产不足清偿的,债权人在债权的一半数额以内有权要求非举债方以个人财产清偿。

《意大利民法典》第 187-189 条对夫妻个人债务作出规定,主要包括:(1)夫妻一方在婚前承担的债务,应由该方的个人财产承担。(2)如果夫妻一方所获得的赠与或继承的财产属于夫妻个人财产,则该方因接受这些财产所负担的债务应以该方的个人财产偿还。(3)在无法以夫妻一方的个人财产清偿其个人全部债务的情况下,对于该方在婚姻关系存续期间为非必须取得另一方同意的、特殊管理行为承担的债务,可以用夫妻共同财产清偿,但以该方在共同财产中享有的财产份额为限。如果上述债权人是无担保债权人,则夫妻双方的共同债权人享有优先受偿权。

六、美国夫妻债务制度

美国是联邦制国家,婚姻财产关系主要由各州立法予以规范。美国很多州的立法受普通法的影响,实行分别财产制,夫妻双方对各自财产独立行使管理权、使用权、收益权和处分权,各自的债务各自承担。但美国至少有 9 个州(如爱达荷、德克萨斯、路易斯安那、新墨西

---

① 陈苇主编:《外国婚姻家庭法比较研究》,群众出版社 2006 年版,第 183 页。

② 罗结珍译:《法国民法典》,法律出版社 2005 年版,第 1142～1146 页。

③ 费安玲译:《意大利民法典》,中国政法大学出版社 2004 年版,第 50 页。

哥、华盛顿、威斯康星、加利福尼亚等)实行夫妻共同财产制,夫妻共同债务原则上应以夫妻共同财产和引起债务的夫妻一方的个人财产清偿。有学者将这些州夫妻共同债务制度分为以下三种模式:①

(1)管理模式:在该模式下,夫妻一方在婚姻关系存续期间负担的债务,责任财产范围包括债务人的个人财产及其管理的夫妻共同财产。管理模式诞生于丈夫作为一家之主对夫妻共同财产享有单独的管理控制权。但随着社会的发展,夫妻双方对夫妻共同财产享有平等的管理权,管理模式发生一定的修正,夫妻一方不是以自己管理的夫妻共同财产,而是以自己有权或能够管理的夫妻共同财产对自己引起的债务负责。因此,债权人不限于债务人实际管理的夫妻共同财产受偿,而是有权就夫妻全部共同财产受偿。不论债务在于满足何种利益,不影响债权人就夫妻共同财产受偿的权利,但如果用夫妻共同财产清偿的债务是夫妻一方为个人利益负担的债务,配偶可以要求举债方对夫妻共同财产予以补偿。

(2)夫妻共同债务模式,该模式强调债务旨在满足何种利益,若债务满足夫妻共同体利益的,是为夫妻共同债务,债权人可以通过执行和扣押夫妻共同财产予以受偿;满足个人单方利益的,是为个人债务,个人债务原则上不能以夫妻共同财产进行清偿。对于意定之债,如查明债务人为夫妻共同体利益订立合同的,可要求夫妻双方在合同上共同签字。在司法实践中,出现夫妻共同体利益扩张解释的情形,债务的形成与夫妻共同体具有轻度关联即可,特别是侵权损害赔偿之债,尤其是故意侵权之债,加害人具有为夫妻共同体利益而实施加害行为的故意,则归入夫妻共同债务。威斯康星州还存在夫妻共同债务推定规则,夫妻一方在婚姻关系存续期间负担的债务,被推定为为了夫妻共同利益所负担的夫妻共同债务,非举债的配偶必须提出明确且令人信服的证据或优势证据来推翻这一推定。

(3)分割模式,该模式平衡债权人利益与债务人的配偶利益,夫妻一方个人债务的债权人,除债务人的个人财产以外,还能就部分夫妻共同财产受偿。但根据清偿顺序,加害人先以个人财产负责,不足部分由部分的夫妻共同财产清偿,主要适用于侵权之债,该模式从责任财产范围区分共同债务和个人债务,实质是夫妻共同债务模式的一种子类型。②

因此,在美国,就一般规则而言,夫妻一方仅承担其个人在婚姻存续期间引起的债务,债权人无权要求夫妻一方偿付另一方所引起的债务。③ 但就夫妻共同债务,概括而言,主要有夫妻共同账户引起的债务;以夫妻双方共同偿付为保证而引起的债务;因生活必需而引起的债务,如衣、食、住以及医疗保健等;因子女教育问题而引起的债务,夫妻双方负有连带清偿责任,一方配偶不能清偿的,他方有代为清偿的义务。对于在法定分居之后离婚之前,夫妻双方各自引起的债务由其个人负责偿付。但在此期间,因生活必需和子女教育而引起的债务,无论该债务由哪一方引起的,均应由夫妻双方共同偿付。对在婚姻关系存续期间,夫妻双方共同申请信用卡,且在共同签字保证承担偿还账单义务的,无论是否夫妻双方共同消费,夫妻双方均有承担清偿该账单的义务。对于婚前债务、与共同生活无关的债务、个人财产上的债务为个人债务,由夫妻个人承担清偿责任。

① 缪宇:《美国夫妻共同债务研究——以美国实行夫妻共同财产制州为中心》,《法学家》2018年第2期。
② 缪宇:《美国夫妻共同债务研究——以美国实行夫妻共同财产制州为中心》,《法学家》2018年第2期。
③ 夏吟兰:《美国现代婚姻家庭制度》,中国政法大学出版社1999年版,第274页。

七、葡萄牙夫妻债务制度

《葡萄牙民法典》第 1721-1731 条规定婚后取得财产共同制为夫妻法定财产制,夫妻共同财产的范围主要包括夫妻婚后劳动所得、在婚姻期间有偿取得和法律推定为共有的动产等。夫妻可以在一般共同财产制、分别财产制、嫁妆制中作为约定财产制。《葡萄牙民法典》将夫妻债务与夫妻财产制分别规定,在第九章第二节专门单独规定"夫妻之债务",就夫妻共同债务、夫妻一方负责之债和夫妻间之补偿权进行规定。①

《葡萄牙民法典》第 1691 页规定夫妻共同债务的范围,主要包括:(1)结婚前后,夫妻双方或一方经对方同意而设定的债务;(2)结婚前后,夫妻一方为家庭生活正常负担而设定的债务;(3)婚姻关系存续期间,夫妻一方在财产管理权限内为夫妻共同利益而设定的债务;(4)夫妻一方从事商业活动中设定的债务,但证明有关债务非为夫妻共同利益而设定或夫妻采用分别财产制除外;(5)所得财产归入共同财产的赠与、继承或遗赠所负担的债务,但接受财产的配偶另一方仍有权以该财产的价值不足以应付有关负担为据对债务清偿责任提出异议;(6)实行一般共同制的夫妻,夫妻任何一方在结婚前为夫妻共同利益而设定的债务。②根据《葡萄牙民法典》第 1695 条的规定,夫妻双方负责的债务,由夫妻共有财产承担;共有财产不足时,由夫妻任一方的个人财产承担;属分别财产制的,夫妻不承担连带清偿债务责任。

因《葡萄牙民法典》所规定的夫妻共同债务范围较宽,所以夫妻个人债务的范围相对较窄。根据《葡萄牙民法典》第 1692 条规定,个人债务的范围主要包括:(1)夫妻任何一方未经对方同意,在结婚前后设定的债务,且不属于为家庭生活之正常负担或管理财产的夫妻一方在其管理权限内为夫妻共同利益而设定的债务;(2)因犯罪所生之债及可归责于夫妻任何一方的事实而须承担的损害赔偿、处罚、应返还或应支付之诉讼费或罚金,但有关事实仅涉及民事责任,且属于第 1691 条第 1 款、第 2 款规定范围的除外;(3)附属于个人财产上的债务,但该债务因取得有关财产之收益所生,且该收益按照所适用的财产制应视为共同财产制的除外。③根据《葡萄牙民法典》第 1696 条的规定,对于由夫妻一方独自负责的债务,以该负债一方的个人财产承担,同时以该方在共同财产中所占有的半数补充承担清偿责任。

《葡萄牙民法典》第 1607 条对夫妻债务的补偿问题作出规定,夫妻一方承担债务超过自己应负担的份额,可以向另一方追偿。对于夫妻双方应负责的债务,若仅由其中一方的财产支付,该方就其已清偿而超出其应清偿的部分称为他方的债权人,但该债权仅在夫妻共同财产分割时方可要求(分别财产制除外)。对于仅由夫妻一方独自负责的债务而以共同财产支付时,分割夫妻共同财产时,另一方享有对相关款项的债权。④

八、台湾地区夫妻债务制度

(一)联合财产制下的夫妻债务制度

台湾地区"亲属法"修法之前实行联合财产制。在联合财产制中,夫妻的财产分为特有

财产和原有财产。特有财产是指专供夫或妻个人使用之物、夫或妻职业上必需之物以及夫或妻所受的经赠与人声明为其特有财产之赠与物。妻因劳力所得之报酬也属于妻之特有财产。而夫或妻的原有财产是系除特有财产以外的夫妻各自所有的其他财产。① 在联合财产制中,夫妻既然对其财产各自保有管理、使用、收益及处分权,那么,原则上对于自己财产而产生的债务承担清偿责任。如台湾地区旧"民法"第 1023 条规定,下列债负清偿之责:(1)夫于结婚前所负之债务;(2)夫于婚姻关系存续中所负之债务;(3)妻因日常家事代理行为所负之债务。夫应以其特有财产和原有财产在内的全部财产对这些债务承担清偿责任。在 1985 年修正之前的旧"民法"第 1024 条规定,下列债务,由妻就其财产之全部,负清偿之责:(1)妻于结婚前所负之债务;(2)妻于职务或业务所生之债务;(3)妻因继承所负之债务;(4)妻因侵权行为所生之债务。对这些债务,妻应以包括其特有财产及原有财产在内的全部财产承担清偿责任。但旧"民法"第 1025 条规定,下列债务,由妻仅就其特有财产负清偿之责:(1)妻就其特有财产设定之债务;(2)妻逾越日常家事代理权限所生之债务。对于这些债务,妻仅限于妻之特有财产承担清偿责任,原有财产不须负责。同时,在联合财产制中,夫妻对其财产各自保有所有权,并依法各自对于特定债务负全部财产责任或特有财产责任,然而,当发生应以夫妻的各自特有财产负担的债务却以联合财产进行清偿,或应以联合财产负担的债务却以夫妻各自的特有财产进行清偿的,发生补偿请求权。② 旧"民法"第 1027 条规定,妻之原有财产所负债务,而以夫之财产清偿,或夫之债务,而以妻之原有财产清偿的,夫或妻有补偿请求权。但在联合财产关系消灭前,不得请求补偿。妻之特有财产所负债务,而以联合财产清偿,或联合财产所负债务,而以妻之特有财产清偿的,虽于婚姻观关系存续中,亦得为补偿之请求。

台湾地区 1985 年对联合财产关系消灭后的财产处理问题进行修正,规定了剩余财产差额的分配制度,法定财产制关系消灭时,夫或妻于婚姻关系存续之所取得而现存之原有财产,扣除婚姻关系存续中所负债务后,如有剩余,其双方剩余财产之差额,应平均分配。但因继承或其他无偿取得之财产,不在此限。

(二)改良式分别财产制下的夫妻债务制度

台湾地区 2002 年根据"贯彻男女平等原则""维护婚姻生活和谐""肯定家事劳动价值"以及"保障财产交易安全"等四项"立法原则",③废除联合财产制,建立起以分别财产制为其基本架构的法定财产制:一方面,将夫妻的财产分为婚前财产和婚后财产,由夫妻各自所有,各自管理、使用、收益及处分;另一方面,在财产制解体时,夫妻现存的婚后财产在扣除婚姻关系存续期间的债务,刨除慰抚金、继承所得或其他无偿所得之后,若有剩余,双方的剩余财产将在经过一定的计算后,经由债权性质的剩余分配请求权由夫妻双方均享。④ 因此,台湾地区以分别财产制为法定夫妻财产制的同时,吸收了婚姻所得共同制的精神,对剩余财产的范围予以明确,被称为改良式分别财产制。剩余财产是指在法定财产关系消灭时,夫或妻现

① 张毅辉:《台湾法定夫妻财产制的变迁》,载《环球法律评论》2004 年春季号,第 76 页。
② 高凤仙:《亲属法理论与实务》(增订六版),五南图书公司 2006 年版,第 132 页。
③ 邓学仁:《新法定财产制之抉择》,《月旦法学》2002 年第 10 期。
④ 林秀雄:《剩余财产分配请求权之再造》,《月旦法学》2002 年第 10 期。

存之婚后财产扣除婚姻关系存续中所负债务后的财产,但因继承或其他无偿取得之财产,不在此限。

台湾地区"民法"第 1018 条规定,夫或妻各自管理、使用、收益及处分其财产。但为避免剩余财产分配请求权落空,并规定,夫妻就其婚后财产,互负报告之义务。第 1023 条规定,夫妻各自对其债务负清偿之责,夫妻之一方以自己财产清偿他方之债务时,虽于婚姻关系存续中,亦得请求偿还。此次修正并未具体明确规定夫妻个人债务和夫妻共同债务的范围,但更加明确夫妻各自对自己举债的债务负清偿责任。只有因家庭生活所负的费用,除法律或契约另有约定外,由夫妻各依其经济能力、家事劳动或其他情事分担之,因此项费用所生的债务,由夫妻负连带清偿责任。

为保障夫妻在家庭中所享有的管理家庭事务的权限,台湾地区"民法"第 1003 条规定:"夫妻于日常家务,互为代理人。夫妻之一方滥用前项代理权时,他方得限制之。但不得对抗善意第三人"。因此,夫妻双方在行使日常家事代理权时,负有与为自己事务时相同的注意义务,否则应承担相应的法律后果。日常家事代理权不因夫妻财产制的不同而有所不同,在共同财产制和分别财产制下,都因婚姻家庭生活的需要而必须处分一定的财产。日常家事代理权行使的结果,虽足以影响夫妻的财产关系,但日常家事代理权自身本质上并非单纯的财产权,不问夫妻财产制如何,均独立存在,且不受其变更的影响。[①] 因此,即使台湾实行改良式分别财产制,第 1003-1 条仍规定:"家庭生活费用,除法律或契约另有约定外,夫妻各依其经济能力、家事劳动或其他事情分担之。因前项费用所生债务,由夫妻负连带责任"。

为解决夫妻关系处于非正常状态下的财产关系,台湾地区"亲属法"规定非常法定财产制,第 1010 条规定:"夫妻之一方有下列各款情形之一时,法院因他方之请求,得宣告改用分别财产制:一、依法应给付家庭生活费用而不给付时。二、夫或妻之财产不足清偿其债务时。三、依法应得他方同意所为之财产处分,他方无正当请求改善而不改善时。五、有管理权之一方对于共同财产之管理显有不当,经他方请求改善而不改善时。六、有其他重大事由时。夫妻之总财产不足清偿总债务或夫妻难于维持共同生活,不同居已达六个月以上时,前项规定于夫妻均适用之"。可见,台湾地区法定夫妻财产制和非常法定财产制都强调夫妻财产分别所有,各自管理、使用和处分,夫妻各自的财产利益不因对方行为而受到影响。即使夫妻约定共同财产制的情形下,为充分保障婚姻当事人的合法财产权益不受侵害,仍可申请宣告改用分别财产制,以建构完善的婚姻财产关系立法体系来保障夫妻个体的财产利益。同时,在:"夫或妻之财产不足清偿其债务时"可以启动非常法定财产制。

台湾地区在规定夫妻法定财产制的同时,将共同财产制作为约定财产制。共同财产制包括:(1)一般共同财产制,包括夫妻所有财产及所得,但特有财产除外,均是夫妻共同财产。(2)劳力所得共同财产制(限劳力所得,但不包括非劳力所得财产及孳息)。在共同财产制下,就特有财产所设定的债务和一方逾越日常家事代理权所产生的债务是个人债务。台湾地区"民法"第 1038 条规定:共同财产所负之债务,而以共同财产清偿者,夫妻间,不生补偿请求权。在共同财产制下,共同财产属于夫妻共有,在共同财产范围内存在连带责任之债。但存在共同财产与特有财产之间产生补偿机制。台湾地区"民法"第 1038 条规定:"共同财产所生之债务,而以特有财产清偿,或特有财产之债务,而以共同财产清偿者,有补充请求

---

① 林菊枝:《亲属法新论》,五南图书出版公司 1996 年版,第 82 页。

权,虽于婚姻关系存续中亦得请求"。

九、对域外国家或地区的夫妻债务制度的总结

(一)夫妻财产制下规定夫妻债务制度

域外国家或地区以夫妻财产制为主导,多数将夫妻债务制度置于夫妻财产制下,规定不同的夫妻财产制下实行不同的夫妻债务制度,或直接单独规定夫妻对外财产责任,但多数没有在离婚法中规定夫妻债务问题。同时,各国明确规定日常家事代理制,至于日常家事代理权的范围,法国规定为"维持家庭日常生活与教育子女",[①]德国规定为"家庭生活需要",[②]日本规定为"日常家事",[③]瑞士规定为"婚姻共同生活"。[④]《法国民法典》第1414条还明确规定,只有在夫妻一方依法行使日常家事代理权所产生的债务,债权人方可扣押配偶所得的收益与工资。各国立法明确规定日常家事代理权的适用范围,才能有效地保护交易相对方和夫妻另一方的合法权益。日常家事范围之外的事务,配偶另一方是否负连带责任或对第三人是否产生效力,须获得配偶的授权或以第三人是善意还是恶意进行判断。多数国家注意保护善意第三人的利益,维护交易安全。与此同时,在日常家事代理权基础上还明确规定了夫妻共同债务的范围和清偿责任、个人债务的范围和清偿责任,建立共同财产和个人财产清偿债务的补偿机制。多数国家或地区还规定夫妻对半负担夫妻共同债务的清偿责任,且根据债的发生原因不同而区分确定双方连带责任的与否。[⑤] 与此同时,多数国家还规定,采用约定的夫妻财产制或其他财产约定所生的债务,未经公示或登记或以其他形式向相对第三人告知的,不能对抗善意的第三人。

(二)夫妻共同债务的界定

各国或地区在夫妻共同债务的界定上,主要存在如下类型化规定:

1. 维持家庭日常开支、夫妻扶养、子女抚养教育等所产生的债务,为夫妻共同债务。如《法国民法典》第1409条规定:"为维持家庭日常开支与子女教育的支持,夫妻双方应对负担的生活费用以及缔结的债务";《意大利民法典》第186条第3项规定:"维持家庭生活的费用、养育子女的费用以及夫妻双方为家庭利益共同或分别承担的债务";《美国统一婚姻财产法》第八节第(b)款(1)项规定:"配偶一方为履行对他方配偶的扶养义务,及对婚生子女的

---

① 《法国民法典》第220条规定:"夫妻各方均有权单独订立以维持家庭日常生活与教育子女为目的的合同。夫妻一方依此缔结的合同对另一方具有连带约束力。"

② 《德国民法典》第1357条规定:"婚姻的任何一方均有成立使家庭的生活需求得到适当满足并且效力也及于婚姻对方的事务。婚姻双方通过此种事务而享有权利和承担义务,但是如果根据情况得出另外结论的则除外。"

③ 《日本民法典》第761条规定:"夫妻一方就日常家事同第三人实施了法律行为时,他方对由此而产生的责任负连带责任。但是,对第三人预告不负责任意旨者,不在此限。"

④ 《瑞士民法典》第166条规定:"配偶双方中任何一方,于共同生活期间,代表婚姻共同生活处理家庭日常事务"。

⑤ 蒋月:《域外民法典中的夫妻债务制度比较研究——兼议对我国相关立法的启示》,《现代法学》2017年第5期。

扶养义务而负担的债务"为夫妻共同债务。《日本民法典》第 760 条、第 877 条和《德国民法典》第 1604 条等都作出类似的规定。

2. 夫妻双方共同缔结或经另一方配偶同意而缔结的债务,为夫妻共同债务。《德国民法典》第 1460 条规定,基于配偶一方在财产共同制存续期间实施的法律行为而发生的债务,仅在另一方同意该法律行为,此时的债务为夫妻共同债务。《澳门民法典》第 1558 条第 1 项规定:"结婚前后,夫妻双方或一方经他方同意而设定之债务,由夫妻双方负责"。

3. 夫妻任何一方行使日常家事代理权或管理权而产生的债务,为夫妻共同债务。《瑞士民法典》第 233 条第 1 项规定,配偶间任何一方在其行使夫妻财产共同体的代理权或共同财产的管理权时发生的债务,为夫妻共同债务。《澳门民法典》第 1558 条第 3 项规定,婚姻关系存续期内,夫妻中管理财产之一方在其管理权力范围内为夫妻共同利益而设定之债务,为夫妻共同债务。《德国民法典》第 1357 条、《法国民法典》第 220 条、《日本民法典》第 761 条等均对夫妻互享家事代理权而产生的债务规定为夫妻共同债务。

4. 夫妻任何一方缔结的为家庭利益或家庭需要或收益用于家庭而产生的债务,为夫妻共同债务。《俄罗斯家庭法典》第 45 条第 2 款规定,对于夫妻一方的债务,如果法院确定,夫妻一方的债务全部用于家庭需要,可追索夫妻共同财产。当该财产不足时,夫妻以其各自的财产对上述债务负连带责任。《德国民法典》第 1460 条规定,基于配偶一方在财产共同制存续期间实施的法律行为而发生的债务,该法律行为不经另一方同意但为共同财产的利益而有效力时,为夫妻共同债务。《美国统一婚姻财产法》第八节第(b)款(2)项规定,配偶一方为婚姻利益或家庭利益所负的债务,为夫妻共同债务。《瑞士民法典》第 233 条第 2 项规定,配偶间任何一方在其从事职业或经营事业中发生的债务,仅以动用共同财产之资金或将收益归入了共同财产者为限的,为夫妻共同债务。《澳门民法典》第 1558 条第 4 项规定,夫妻任一方在从事商业活动中所设定的债务,证明有关债务为夫妻共同利益而设定的,为夫妻共同债务。

5. 因共同财产而产生的债务。《意大利民法典》第 186 条规定,取得共同财产之时设立的一切负担和费用和全部的管理费用,为夫妻共同债务。《澳门民法典》第 1561 条规定,附于共同财产上之债务,不论在财产成为共同财产之前或之后到期,均须由夫妻双方共同负责。

6. 在共同财产制期间推定为夫妻共同债务。美国《路易斯安那民法典》第 2361 条规定,除第 2363 条规定的情形(个人债务)外,夫妻一方在夫妻共同财产制存续期间所承担的债务被推定为夫妻共同债务。

(二)夫妻共同债务的清偿

在夫妻共同债务的清偿责任上,各国或地区立法多是区分夫妻对外财产责任和对内财产责任,并建立夫妻共同财产和个人财产之间补偿机制。

1. 夫妻共同债务原则上由配偶双方对半负担,且以在婚姻关系存续期间所产生的共同财产为限进行清偿。共同财产和个人财产具有各自的价值和功能,共同财产和个人财产是共同债务和个人债务的经济基础。《德国民法典》第 1438 条第 1 款规定,基于在财产共同制存续期间实施的法律行为而发生的债务,仅在管理共同财产的配偶一方实施该法律行为或该方同意实施之,或该法律行为不经其同意也为共同财产的利益而有效力时,共同财产才就该债务负责任。这是基于夫妻共同财产制形成一个类似于法人的新财产主体,夫妻对共同财产负担的债务承担有限责任。①

2. 夫妻双方承担连带清偿责任的范围一般限于日常家庭生活所生的债务、共同财产所生的债务、夫妻合意所生的债务,且无论是实行夫妻婚后共同财产制还是分别财产制。即使实行分别财产制,婚姻效力如生活保持义务、日常家事代理权,仍应予以适用。

3. 在以夫妻共同财产无法清偿全部夫妻共同债务的情况下,债权人可以请求用夫妻任何一方的个人财产清偿夫妻共同债务,但以满足剩余债权额的半数为限。

4. 夫妻个人债务,由夫妻个人财产承担清偿责任。在无法以夫妻一方的个人财产清偿其个人全部债务的情况下,夫妻一方的债权人也可以请求用夫妻共同财产清偿,但以该方在共同财产中所享有的财产份额为限。如《意大利民法典》第189条规定,对于夫妻个人债务,无法以夫妻一方的个人财产清偿其个人全部债务的情况下,夫妻一方在婚姻关系存续期间对应取得但未取得配偶他方同意的特殊管理行为所承担的债务,可以用共同财产清偿,但以该方在共同财产中享有的财产份额为限。

第三节　我国法上夫妻债务立法现状和司法动态

一、我国立法和司法解释对夫妻债务的规定之演变

1. 1950 年《婚姻法》

1950 年《婚姻法》在明确夫妻双方对于家庭财产有平等的所有权与处理权的基础上,在第 24 条规定了夫妻债务规则:"离婚时,原为夫妻共同生活所负担的债务,以共同生活时所得财产偿还;如无共同生活时所得财产或共同生活时所得财产不足清偿时,由男方清偿。男女一方单独所负的债务,由本人偿还"。

该规定虽然没有出现"夫妻共同债务"的概念,但区分"夫妻共同生活的债务和男女一方单独所负的债务",规定"夫妻共同生活所负担的债务"由"共同生活所得的财产偿还"或"男方清偿"。此规定确立"夫妻共同生活的债务"为夫妻共同债务,但有关债务的清偿规则即"由男方清偿",有违男女平等原则,带有夫权色彩,且并未将夫妻债务规则规定在夫妻财产制下,而是明确"离婚时"才涉及夫妻债务的清偿问题。

2. 1980 年《婚姻法》

1980 年《婚姻法》第 32 条规定:"离婚时,原为夫妻共同生活所负的债务,以共同财产偿还。如该项财产不足清偿时,由双方协议清偿;协议不成时,由人民法院判决。男女一方单独所负债务,由本人偿还"。

可见,1980 年《婚姻法》在 1950 年《婚姻法》第 24 条的基础上,再次明确"为夫妻共同生活"所负的债务"以共同财产偿还",但将"男方清偿"改为"双方协议清偿"和"由人民法院判决"。对于何为"夫妻共同生活",1980 年《婚姻法》没有作出明确的规定,学界普遍认为是"衣、食、住、行"等婚姻家庭共同生活方面,并就此称为"目的规则"或"用途规则"。

---

① 蒋月:《域外民法典中的夫妻债务制度比较研究——兼议对我国相关立法的启示》,《现代法学》2017 年第 5 期。

3.1986 年《民法通则》

《民法通则》第 29 条规定:"个体工商户的债务,个人经营的,以个人财产承担;家庭经营的,以家庭财产承担"。

该规定明确个体工商户登记在个人经营的情况下,个体工商户和经营者是同一个主体的,应当以经营者的个人财产承担债务;个体工商户登记在家庭经营的情况下,其他家庭成员参与经营的,为保护债权人的利益,以家庭财产承担债务。

4.1988 年最高人民法院关于《贯彻执行〈民法通则〉若干问题的意见》(简称:《民法通则司法解释》)

《民法通则》在 1987 年 1 月 1 日生效后,针对其中出现的问题,最高人民法院作出该司法解释,其中第 42 条规定:"以公民个人名义申请登记的个体工商户和个人承包的农村承包经营户,用家庭共有财产投资,或者收益的主要部分供家庭成员享用的,其债务应以家庭共有财产清偿"。第 43 条规定:"在夫妻关系存续期间,一方从事个体经营或者承包经营的,其收入为夫妻共有财产,债务亦应以夫妻共有财产清偿"。

该规定针对个体经营户和承包经营户这类特殊主体的债务,明确"收入归夫妻共有财产"的债务以"夫妻共有财产清偿"。此规定已初见夫妻债务认定之受益规则的端倪,首次将受益作为认定夫妻共同债务的要件。特别值得注意的是,与 1980 年《婚姻法》规定不同的是,该规定并非表达"夫妻共同财产偿还",而是"夫妻共有财产"清偿,此被理解为完全排除了夫妻个人财产。

5.1993 年最高人民法院《关于人民法院审理离婚案件处理财产分割问题的若干具体意见》(简称:1993 年《离婚财产处理意见》)

《离婚财产处理意见》第 17 条规定:"夫妻为共同生活或为履行抚养、赡养义务等所负债务,应认定为夫妻共同债务,离婚时应当以夫妻共同财产清偿。下列债务不能认定为夫妻共同债务,应由一方以个人财产清偿:(1)夫妻双方约定由个人负担的债务,但以逃避债务为目的的除外;(2)一方未经对方同意,擅自资助与其没有抚养义务的亲朋所负的债务;(3)一方未经对方同意,独自筹资从事经营活动,其收入确未用于共同生活所负的债务;(4)其他应由个人承担的债务"。第 18 条规定:"婚前一方借款购置的房屋等财物已转化为夫妻共同财产的,为购置财物借款所负债务,视为夫妻共同债务"。

《离婚财产处理意见》首次出现"夫妻共同债务"的概念,并在夫妻共同债务的认定标准上,一方面,坚持夫妻为共同生活或为履行抚养、赡养义务等所负债务为夫妻共同债务标准,另一方面,对夫妻共同债务又作出了排除性规定,并设立了兜底条款,对不属于夫妻共同债务的情形进行了列举,试图将"夫妻共同生活"进行类型化,以划清夫妻共同债务与个人债务的界限。[①] 同时,该规定在 1980 年《婚姻法》夫妻债务"目的规则"的基础上增加"为履行抚养、赡养义务等所负债务"为夫妻共同债务,进一步规定非义务性的抚养所负的债务为夫妻个人债务。同时,设立夫妻债务转化规则,第 18 条首次出现夫妻婚前个人债务向婚后夫妻共同债务的转化的规定。

6. 2001 年《婚姻法》(修正案)

2001 年《婚姻法》(修正案)第 41 条规定:"离婚时,原为夫妻共同生活所负的债务,应当

---

① 冉克平:《夫妻团体债务的认定及清偿》,《中国法学》2017 年第 5 期。

共同偿还。共同财产不足清偿的,或财产归各自所有的,由双方协议清偿;协议不成时,由人民法院判决"。第 19 条第 3 款就分别财产制下的夫妻债务的处理规则作出规定:"夫妻对婚姻关系存续期间所得的财产归各自所有的,夫或妻一方对外所负的债务,第三人知道该约定的,以夫或妻一方所有的财产清偿"。

可见,2001 年《婚姻法》(修正案)在 1980 年《婚姻法》第 32 条的基础上延续规定"夫妻共同生活"的债务为夫妻共同债务的"目的规则",但是将"以共同财产偿还"改为"共同偿还",并增加"财产归各自所有"的分别财产制下的夫妻债务界定情形。不过,该规定未明确何谓"共同偿还",亦未明确法院根据什么规则判决夫妻债务的清偿责任。

7. 2001 年最高人民法院《关于适用〈婚姻法〉若干问题的解释(一)》(简称:《婚姻法司法解释一》)

该司法解释第 17 条规定:"夫或妻在处理夫妻共同财产上的权利是平等的。因日常生活需要而处理夫妻共同财产的,任何一方均有权决定。夫或妻非因日常生活需要对夫妻共同财产做重要处理决定,夫妻双方应对平等协商,取得一致意见。他人有理由相信其为夫妻双方共同意思表示的,另一方不得以不同意或不知道为由对抗善意第三人"。

该条款对日常家事代理权的效力作出规定:夫妻因日常生活需要而处理夫妻共同财产的,任何一方均有权决定。即使是单方做出的,也可视为夫妻双方的共同意思表示;非因日常生活需要对夫妻共同财产作出重要处理决定的,双方应对平等协商,取得一致意见,夫妻一方不得单独处理夫妻共同财产。但是他人有理由相信其为夫妻双方共同意思表示的,另一方不得以不同意或不知道为由对抗善意第三人。[①]

在保护善意第三人的原则下,2001 年《婚姻法》(修正案)第 19 条第 3 款就分别财产制下的夫妻债务问题做出规定:"夫妻对婚姻关系存续期间所得的财产约定归各自所有的,夫或妻一方对外所负的债务,第三人知道该约定的,以夫或妻一方所有的财产清偿"。最高人民法院在《婚姻法司法解释一》第 18 条就此进一步明确规定,《婚姻法》(修正案)第 19 条所称"第三人知道该约定的",夫妻一方对此负有举证责任。最高人民法院给出的理由是"第三人很难清楚别人夫妻之间有何财产约定,即便是夫妻之间的约定进行了公证,要求第三人在与夫妻之中的一方进行债权债务往来时都详细审查夫妻之间是否有所约定,一则对第三人要求过苛,二则即使第三人去有关部门了解情况也未必能达到目的。所以对第三人的要求不能过于严格,而是对夫妻双方要严格要求"。[②] 可见,夫妻能够举证证明第三人清楚知道夫妻之间的财产约定归属各自所有,此时的债务才由夫妻各自承担。若夫妻无法举证第三人知道该财产约定的,则应理解为该约定无法拘束第三人,第三人有权要求夫妻共同偿还该债务。

8. 2003 年最高人民法院《关于适用〈婚姻法〉若干问题的解释(二)》(简称:《婚姻法司法解释二》)

(1)《婚姻法司法解释二》第 23 条规定:"债权人就一方婚前所负个人债务向债务人的配

---

① 最高人民法院民事审判第一庭编:《婚姻法司法解释及相关法律规范》,人民法院出版社 2002 年版,第 27 页。

② 最高人民法院民事审判第一庭编:《婚姻法司法解释及相关法律规范》,人民法院出版社 2002 年版,第 26 页。

偶主张权利的,人民法院不予支持。但债权人能够证明所负债务用于婚后家庭共同生活的除外"。

《婚姻法司法解释二》第23条在1993年《离婚财产分割意见》的基础上进一步明确夫妻婚前个人债务向婚后夫妻共同债务的转化规则,避免夫妻一方为了利用婚姻关系,采用约定的方式将婚前负债一方的个人财产于婚后转移在其配偶名下,或者用于婚后夫妻的共同生活,从而损害债权人的利益,于是在第23条规定,如果债权人能够证明夫妻一方婚前个人债务与债务人婚后家庭共同生活具有必然的因果联系,即夫妻中一方婚前所负债务中的资金、财物已转化为夫妻双方婚后物质生活的,如婚前按揭贷款买房或借款装修房屋,该房屋供夫妻共同居住或共同使用的,夫妻一方的婚前个人债务即应比照夫妻共同债务的原则予以处理。[1] 这种转化规则依据夫妻一方婚前债务与婚后共同生活的因果联系,结合债务人举债的目的、用途以及婚后共同生活的需要等诸多因素进行判断。[2] 但是,夫妻一方的婚前个人财产转化为夫妻共同债务后,夫妻双方是承担连带清偿责任还是债务人的配偶在实际接受财产或受益的范围内承担清偿责任?该规定没有给出答案,从公平合理的角度,举债方的配偶仅就在婚后所接受的财产价值范围内承担清偿责任,这同时亦符合夫妻共同债务"共同偿还"的原则。

(2)《婚姻法司法解释二》第24条规定:"债权人就婚姻关系存续期间夫妻一方以个人名义所负债务主张权利的,应当按夫妻共同债务处理。但夫妻一方能够证明债权人与债务人明确约定为个人债务,或者能够证明属于婚姻法第十九条第三款规定情形的除外"。

基于在司法实践中出现夫妻双方联手坑害债权人,夫妻一方举债之后把财产转移到配偶名下,以假离婚逃避债务的情况。为了遏制该现象,权衡债权人利益和夫妻非举债方的利益后,基于婚姻安全和交易安全的价值取舍判断,《婚姻法司法解释二》采用"一刀切"的方式,第24条将婚姻关系存续期间产生的债务推定为夫妻共同债务,将保护的重心偏向债权人。该条款规定就夫妻一方在婚姻关系存续期间以个人名义所负的债务,债权人可以向夫妻双方主张权利,并要求按照夫妻共同债务承担清偿责任。但如果债权人与债务人明确约定为个人债务,且债务人或债务人的配偶对此能够证明的,由债务人本人承担清偿责任;或者,夫妻双方实行约定的分别财产制,债权人事先知道该约定的,由债务人的个人财产承担清偿责任,但债权人事先不知道该约定的,债权人仍然可以向夫妻双方按照夫妻共同债务承担清偿责任。

《婚姻法司法解释二》第24条一方面减轻财产交易的成本,保障交易安全,另一方面符合日常家事代理的基本法理,便于及时、合理地解决纠纷。[3] 但是,由于该条款在司法适用上的操作性强,导致在司法审判中大量予以援引,每年近15万案件以夫妻共同债务推定规则而判令离婚的夫妻对外承担连带清偿责任,大量非举债的夫妻一方因此沦为巨额债务的

---

[1]　最高人民法院民事审判第一庭编:《最高人民法院婚姻司法解释(二)的理解与适用》,人民法院出版社2004年版,第206～209页。

[2]　最高人民法院民事审判第一庭编:《最高人民法院婚姻司法解释(二)的理解与适用》,人民法院出版社2004年版,第215页。

[3]　最高人民法院民事审判第一庭编:《最高人民法院婚姻司法解释(二)的理解与适用》,人民法院出版社2004年版,第217页。

承担者,不利于非举债的夫妻一方合法权益,直接危及婚姻安全。同时,客观上促使债权人随意放贷而怠于债权风险注意义务,甚至出现债权人和举债的夫妻一方联手虚构债务损害非举债的夫妻另一方。由于《婚姻法司法解释二》的夫妻共同债务推定规则引发大量的社会问题,社会质疑声音不绝于耳,引发理论界就"夫妻债务的界定"大讨论。[①]

(3)《婚姻法司法解释二》第25条规定:"当事人的离婚协议或者人民法院的判决书、裁定书、调解书已经对夫妻财产分割问题作出处理的,债权人仍有权就夫妻共同债务向男女双方主张权利。一方就共同债务承担连带清偿责任后,基于离婚协议或者人民法院的法律文书向另一方主张追偿的,人民法院应当支持"。

《婚姻法司法解释二》在夫妻共同债务推定规则的基础上,第25条明确规定夫妻双方对共同债务不因婚姻关系解除而免除清偿责任,将夫妻财产视为夫妻共同债务的全部担保,不论是夫妻个人财产还是夫妻共同财产,均被视为债务人的财产从而构成对该债务的担保,即使夫妻实行分别财产制或限定部分共同财产制,均不影响夫妻财产构成夫妻共同债务的担保,夫妻双方应对夫妻共同债务承担连带清偿责任。[②] 同时,离婚分割共同财产的,也不移转和变更夫妻对外承担的连带清偿责任。由于婚姻关系的解除,可以通过夫妻双方的合意进行,而债权人无法因债权债务关系的存在而控制或影响债务人的婚姻关系,债权人的权利不能因婚姻关系的变化而落空或丧失。[③] 但夫妻对外承担连带清偿责任后,连带债务人内部之间,除法律另有规定外或协议另有约定外,双方承担平均分担义务。夫妻一方对外履行清偿责任后,可以按照法院生效判决所确定的标准和原则行使其向另一方的追偿权。

(4)《婚姻法司法解释二》第26条规定:"夫或妻一方死亡的,生存一方应当对婚姻关系存续期间的共同债务承担连带清偿责任"。

该条款进一步明确夫妻一方死亡后的连带清偿责任。夫妻共同债务的连带清偿责任,所有连带债务人均有义务满足债权人的同一给付利益,连带债务人之间能否追偿的风险由债务人自身承担,与债权人无关。[④] 因此,夫妻一方死亡,生存方仍然应就夫妻共同债务承担连带清偿责任。

9. 2011年最高人民法院《关于适用〈婚姻法〉若干问题的解释(三)》(简称:《婚姻法司法解释三》)

《婚姻法司法解释三》第4条规定:"婚姻关系存续期间,夫妻一方请求分割共同财产的,人民法院不予支持,但有下列重大理由且不损害债权人利益的除外:(一)一方有隐藏、转移、变卖、毁损、挥霍夫妻共同财产或者伪造夫妻共同债务等严重损害夫妻共同财产利益行为的;(二)一方负有法定扶养义务的人患重大疾病需要医治,另一方不同意支付相关医疗费用的"。

---

① 夏吟兰:《我国夫妻共同债务推定规则之检讨》,《西南政法大学学报》2011年第1期;贺剑:《论婚姻法回归民法的基本思路》,《中外法学》2014年第6期;孙若军:《论夫妻共同债务"时间"推定规则》,《法学家》2017年第1期。

② 蒋月:《夫妻的权利和义务》,法律出版社2001年版,第266页。

③ 最高人民法院民事审判第一庭编:《最高人民法院婚姻司法解释(二)的理解与适用》,人民法院出版社2004年版,第230页。

④ 最高人民法院民事审判第一庭编:《最高人民法院婚姻司法解释(二)的理解与适用》,人民法院出版社2004年版,第237页。

随着离婚案件日趋增多,相关案件集中地反映出婚前贷款买房、夫妻之间赠与房产、亲子鉴定等司法争议较大的问题,亟须明确司法适用标准。《婚姻法司法解释三》重点对结婚登记程序瑕疵的救济手段、亲子关系诉讼中当事人拒绝亲子鉴定的法律后果、夫妻一方婚前财产婚后收益的认定、父母为子女购买不动产的产权认定、离婚案件中一方婚前购房婚后共同还贷的产权的处理、附协议离婚案件的财产分割协议效力的认定、夫妻之间赠与不动产的效力等问题作出了规定。该司法解释第 4 条针对一方存在伪造夫妻共同债务等严重损害夫妻共同财产利益的情形,作出"非常夫妻财产制"的规定,在夫妻双方不离婚即在婚姻关系存续期间,夫妻一方有权请求分割共同财产,以保护其财产利益。

10. 最高人民法院院〔2014〕民一他字第 10 号答复意见

2014 年 7 月 12 日,最高人民法院民一庭答复江苏高院作出的(2014)民一他字第 10 号答复意见:"在不涉及他人的离婚案件中,由以个人名义举债的配偶一方负责举证证明所借债务用于夫妻共同生活,如证据不足,则其配偶一方不承担偿还责任。在债权人以夫妻一方为被告起诉的债务纠纷中,对于案涉债务是否属于夫妻共同债务,应当按照《最高人民法院关于适用〈中华人民共和国婚姻法〉若干问题的解释(二)》第二十四条规定认定。如果举债人的配偶举证证明所借债务并非用于夫妻共同生活,则其不承担偿还责任"。

该答复对夫妻共同债务的举证责任做出规定,明确非举债的夫妻另一方举证证明所借债务并非用于夫妻共同生活的,则不承担清偿责任。

11. 2015 年最高人民法院《关于审理民间借贷案件适用法律若干问题的规定》(简称:《民间借贷司法解释》)

该司法解释第 19 条规定:"人民法院审理民间借贷纠纷案件时发现有下列情形,应当严格审查借贷发生的原因、时间、地点、款项来源、交付方式、款项流向以及借贷双方的关系、经济状况等事实,综合判断是否属于虚假民事诉讼:(一)出借人明显不具备出借能力;(二)出借人起诉所依据的事实和理由明显不符合常理;(三)出借人不能提交债权凭证或者提交的债权凭证存在伪造的可能;(四)当事人双方在一定期间内多次参加民间借贷诉讼;(五)当事人一方或者双方无正当理由拒不到庭参加诉讼,委托代理人对借贷事实陈述不清或者陈述前后矛盾;(六)当事人双方对借贷事实的发生没有任何争议或者诉辩明显不符合常理;(七)借款人的配偶或合伙人、案外人的其他债权人提出有事实依据的异议;(八)当事人在其他纠纷中存在低价转让财产的情形;(九)当事人不正当放弃权利;(十)其他可能存在虚假民间借贷诉讼的情形"。

该条款加大人民法院对借贷事实和证据的审查力度,加大调查取证力度,对夫妻债务的认定,应综合审查发生债务的原因、时间、地点、款项来源、交付方式、款项流向以及债务双方的关系、经济状况等加以判断,防止虚假的夫妻债务诉讼。

12. 最高人民法院〔2015〕民一他字第 9 号答复意见

最高人民法院在 2015 年给福建省高院《关于夫妻一方对外担保之债能否认定为夫妻共同债务的复函》规定,夫妻一方对外担保之债不应适用《婚姻法司法解释二》第 24 条的规定认定为夫妻共同债务。该复函排除担保之债适用《婚姻法司法解释二》第 24 条规定的夫妻共同债务推定规则。

13. 代表性省份就夫妻债务问题的处理意见

在《婚姻法》规定和最高人民法院的司法解释在夫妻债务问题多重规定的情况下,各省各级法院就夫妻债务相继出台各自的认定标准和处理意见。

浙江省高级人民法院《关于审理民间借贷纠纷案件若干问题的指导意见》（浙高法〔2009〕297号）第19条规定："婚姻关系存续期间，夫妻一方以个人名义因日常生活需要所负的债务，应认定为夫妻共同债务。日常生活需要是指夫妻双方及其共同生活的未成年子女在日常生活中的必要事项，包括日用品购买、医疗服务、子女教育、日常文化消费等。夫妻一方超出日常生活需要范围负债的，应认定为个人债务，但下列情形除外：（1）出借人能够证明负债所得的财产用于家庭共同生活、经营所需的；（2）夫妻另一方事后对债务予以追认的。不属于家庭日常生活需要负债的，出借人可以援引《合同法》第四十九条关于表见代理的规定，要求夫妻共同承担债务清偿责任。援引表见代理规则要求夫妻共同承担债务清偿责任的出借人，应对表见代理的构成要件承担证明责任"。基此，将夫妻债务的举证责任分配给出借方，更好地保护非举债方的配偶财产利益，同时，明确"日常生活需要"的范围，规定日常生活所需而产生的债务为夫妻共同债务。

上海市高级人民法院2005《关于执行夫妻个人债务及共同债务案件法律适用若干问题的解答》和2007年《关于审理民间借贷合同纠纷案件若干意见》（沪高法民一〔2007〕第18号）就夫妻债务问题作出规定。其中，在沪高法民一〔2007〕第18号意见第3条规定：应将《婚姻法司法解释（二）》第24条的夫妻共同债务推定作为一个基本处理原则，即债权人就婚姻关系存续期间夫妻一方以个人名义所负债务主张权利的，按照夫妻共同债务处理，同时还有两个因素需要考虑：一是夫妻有无共同举债的合意；二是该债务有无用于夫妻共同生活。如果夫妻一方有证据足以证明夫妻双方没有共同举债的合意和该债务没有用于夫妻共同生活，则该债务可以认定为夫妻一方的个人债务。同时将举证责任分配给夫妻一方，特别是由非举债方证明该债务是否用于家庭生活或夫妻双方是否存在举债合意。

广东省高级人民法院《关于审理婚姻纠纷案件若干问题的指导意见》（粤高法发〔2006〕39号）第7条规定："对于夫妻一方在婚姻关系存续期间个人名义所负的债务，债权人请求按夫妻共同债务处理的，如夫妻一方不能证明该债务已明确约定为个人债务或属于《婚姻法》第十九条第三款规定情形，人民法院应当按夫妻共同债务处理。但存在以下情形的，可按个人债务处理：（1）夫妻双方不存在举债的合意且未共同分享该债务所带来的利益；（2）该债务不是用于夫妻双方应履行的法定义务或抚养义务；（3）债务形成时，债权人有理由相信该债务不是为债务人的家庭共同利益而设立"。该意见对夫妻共同债务的规定，由法官根据案件事实及日常生活经验法则来判断，导致法官自由裁量的空间加大。

山东省高级人民法院2011年《关于印发全省民事审判工作会议纪要的通知》（2011年11月30日鲁高法〔2011〕297号）在"七、关于婚姻家庭纠纷案件（二）关于夫妻共同债务的认定问题"上规定："依据《婚姻法》第41条的规定，离婚时，原为夫妻共同生活所负的债务，应当共同偿还。上述规定的'为夫妻共同生活'所负债务，是构成夫妻共同债务的本质特征。夫妻一方以个人名义举债所负的债务是否构成夫妻共同债务，除根据最高人民法院《关于适用〈中华人民共和国婚姻法〉若干问题的解释（二）》第24条的规定认定外，还要从夫妻双方是否具有共同举债的合意和所负的债务是否用于夫妻共同生活等加以判断认定，不能简单地将婚姻关系存续期间，夫妻个人一方的举债推定为夫妻共同债务"。在举证责任的分配上，该会议纪要规定，夫妻一方在婚姻关系存续期间以个人名义举债并主张属于夫妻共同债务的，举债方应承担举证责任，即证明举债用于夫妻共同生活或夫妻存在共同举债的合意，否则其主张不予支持。

江苏省高级人民法院在 2013 年《关于民间借贷纠纷案件审理中的若干问题会议纪要》第 3 条规定:"婚姻关系存续期间,夫妻一方以个人名义向他人借款所形成的债务,原则上应当认定为夫妻共同债务,由夫妻双方共同对外承担偿还责任。但如果夫妻一方能够证明存在下列情形之一的,则可以认定该债务为夫妻一方的个人债务:(1)出借人与借款人明确约定为个人债务的;(2)夫妻对婚姻关系存续期间所得的财产约定归各自所有且出借人知道该约定的;(3)出借人知道或者应当知道所借款项并非用于家庭生产经营或共同生活的"。可见,该会议纪要由夫妻一方来证明出借人知道该笔借款的用途或出借人知道夫妻之间对财产另有约定。

福建省高级人民法院审判委员会在 2015 年 11 月 28 日召开专题会议,研究讨论了关于婚姻关系存续期间夫妻一方以个人名义对外借款的责任承担问题,并形成会议纪要(闽高法〔2015〕426 号)即《福建省高级人民法院审委会关于婚姻关系存续期间夫妻一方以个人名义对外借款责任承担问题的会议纪要》,主要内容包括:第一,人民法院不主动依职权追加非举债方为被告,若非举债方主动申请参加,可将其列为无独立请求权第三人;第二,对于夫妻一方以个人名义对外借款的债务性质的认定,应当以《婚姻法司法解释二》第 24 条的规定处理。但夫妻一方有证据证明或者根据人民法院已查明的事实可以认定借款非用于家庭共同生活或者家庭生产经营的,应认定为个人债务;第三,人民法院就夫妻一方以个人名义对外借款,债权人请求夫妻共同偿还案件所作出的债务性质的认定效力,并不当然及于离婚诉讼夫妻债务性质的认定,相反亦然;第四,如夫妻非举债方对借款的事实有异议的,应当严格审查借贷的具体情况。若属于虚假诉讼的,应当判决驳回原告的诉讼请求,并依法予以处理。

14. 2017 年《民法总则》

《民法总则》第 56 条规定:"个体工商户的债务,个人经营的,以个人财产承担;家庭经营的,以家庭财产承担;无法区分的,以家庭财产承担"。

可见,《民法总则》在《民法通则》第 29 条的基础上,强化对债权人的保护,无法区分是个人经营的还是家庭经营的,推定为家庭经营,由家庭财产负责清偿债务。

15. 最高人民法院 2017 年《关于人民法院适用〈婚姻法司法解释二〉的补充规定》(简称《补充规定》)

在《婚姻法司法解释二》第 24 条对遏制夫妻联手坑害债权人的现象得到有效控制,但又出现配偶一方和债权人联手坑害非举债的配偶另一方的情况下,2017 年 2 月 28 日,最高人民法院颁布上述《补充规定》。该规定在《婚姻法司法解释二》第 24 条基础上增加两项排除事由:一是夫妻一方与第三人串通、虚构债务,第三人起诉主张权利的,不予支持;二是夫妻一方在从事赌博、吸毒等违法犯罪活动中所负债务,第三人主张权利的,不予支持。

该规定被称为《婚姻法司法解释二补充规定》,并没有改变《婚姻法司法解释二》第 24 条所涉及的夫妻共同债务推定规则,且没有针对补充规定中所列举的两项排除事由的举证责任作出明确的规定,该补充规定在司法实践中适用较少。

16. 最高人民法院 2017 年《关于依法妥善审理涉及夫妻债务案件有关问题的通知》(简称《2017 年通知》)

最高人民法院针对司法实践中对《婚姻法司法解释二》第 24 条的适用争议较大,与《补充规定》出台上述通知。该通知指出:(1)保障未具名举债夫妻一方的诉讼权利。在审理以夫妻一方名义举债的案件中,原则上应当传唤夫妻双方本人和案件其他当事人本人到庭;需要证人出庭作证的,除法定事由外,应当通知证人出庭作证。在庭审中,应当按照《最高人民法院关于适用〈中华人民共和国民事诉讼法〉的解释》的规定,要求有关当事人和证人签署保证书,以保证当事人陈述和证人证言的真实性。未具名举债一方不能提供证据,但能够提供证据线索的,人民法院应当根据当事人的申请进行调查取证;对伪造、隐藏、毁灭证据的,要依法予以惩处。未经审判程序,不得要求未举债的夫妻一方承担民事责任。(2)审查夫妻债务是否真实发生。债权人主张夫妻一方所负债务为夫妻共同债务的,应当结合案件的具体情况,按照《最高人民法院关于审理民间借贷案件适用法律若干问题的规定》第16条第2款、第19条规定,结合当事人之间关系及其到庭情况、借贷金额、债权凭证、款项交付、当事人的经济能力、当地或者当事人之间的交易方式、交易习惯、当事人财产变动情况以及当事人陈述、证人证言等事实和因素,综合判断债务是否发生。防止违反法律和司法解释规定,仅凭借条、借据等债权凭证就认定存在债务的简单做法。(3)在当事人举证基础上,要注意依职权查明举债一方作出有悖常理的自认的真实性。对夫妻一方主动申请人民法院出具民事调解书的,应当结合案件基础事实,重点审查调解协议是否损害夫妻另一方的合法权益。对人民调解协议司法确认案件,应当按照《最高人民法院关于适用〈中华人民共和国民事诉讼法〉的解释》要求,注重审查基础法律关系的真实性。(4)区分合法债务和非法债务,对非法债务不予保护。在案件审理中,对夫妻一方在从事赌博、吸毒等违法犯罪活动中所负的债务,不予支持;对债权人知道或者应当知道夫妻一方举债用于赌博、吸毒等违法犯罪活动而向其出借款项,不予法律保护;对夫妻一方以个人名义举债后用于个人违法犯罪活动,举债人就该债务主张按夫妻共同债务处理的,不予支持。(5)把握不同阶段夫妻债务的认定标准。依照《婚姻法》第17条、第18条、第19条和第41条有关夫妻共同财产制、分别财产制和债务偿还原则以及有关婚姻法司法解释的规定,正确处理夫妻一方以个人名义对外所负债务问题。(6)保护被执行的夫妻双方基本生存权益不受影响。树立生存权益高于债权的理念,对夫妻共同债务的执行涉及夫妻双方的工资、住房等财产权益,甚至可能损害其基本生存权益的,应当保留夫妻双方及其所扶养家属的生活必需费用。执行夫妻名下住房时,应保障生活所必需的居住房屋,一般不得拍卖、变卖或抵债被执行人及其所扶养家属生活所需的居住房屋。

可见,该通知注重保障非举债夫妻一方的诉讼权利,加大虚假债务和非法债务的审查,制裁夫妻一方与第三人串通伪造债务的虚假诉讼行为,降低了虚假债务、非法债务对非举债的夫妻一方的影响。但是,该通知存在以下问题:(1)没有从根本上减轻夫妻共同债务认定中非举债方的举证责任,没有解决非举债方的举证不合理问题,不利于防范夫妻一方和第三人虚构债务而损害非举债方利益;(2)对于"夫妻一方与第三人串通,虚构债务的"行为而言,由于债务本来就不存在,自然就不存在要求夫妻另一方承担连带责任的基础,因此该条款作出如此规定,不具有现实操作意义。(3)对于"夫妻一方在从事赌博、吸毒等违法犯罪活动中所负债务,第三人主张权利的,人民法院不予支持"条款,该条款在"赌博、吸毒等违法犯罪活动"中加上"等"字,而违法犯罪涉及范围广,如夫妻一方为了家庭的生产经营,在雇佣他人生产作业的过程中未尽到安全保障义务,导致他人受伤或者死亡,并由此产生了大额债务,但根据《2017年通知》来认定夫妻另一方不需要承担连带清偿责任,显然有违夫妻共同债务的本质。(4)《2017年通知》将不负连带责任的行为仅限于"违法犯罪活动",导致免责范围过

窄,且不符合复杂的夫妻共同生活。如夫妻一方实施明显超出家庭经济能力的高消费行为所负的债务,该举债行为既不属于违法犯罪活动,也不属于为夫妻共同生活所负的债务,但是按照《2017年通知》,夫妻另一方却应当承担连带清偿责任,此当然与夫妻共同债务的本质不符。总之,《2017年通知》并不能从根本上解决夫妻离婚后的夫妻债务承担问题。

17.最高人民法院2018年通过了《关于审理涉及夫妻债务纠纷案件适用法律有关问题的解释》(简称:《夫妻债务纠纷新解释》)。

(1)《夫妻债务纠纷新解释》的文义解读

2018年1月17日,最高人民法院发布《关于审理涉及夫妻债务纠纷案件适用法律有关问题的解释》,该解释明确了夫妻共同债务的认定标准,规定了夫妻共同债务形成时的"共债共签"原则;明确夫妻一方为家庭日常生活需要所负的债务为夫妻共同债务;夫妻一方以个人名义超出家庭日常生活需要所负的债务原则上不认定为夫妻共同债务,债权人举证该债务用于夫妻共同生活、共同生产经营或基于夫妻双方共同意思表示的除外。

①该解释第1条规定:"夫妻双方共同签字或者夫妻一方事后追认等共同意思表示所负的债务,应当认定为夫妻共同债务"。因此,夫妻有举债的共同意思表示的(即共债共签),按共同意思表示来认定夫妻共同债务。共同意思表示有夫妻双方共同签字或非签字方事后追认等表现形式。非举债方事后追认,可以根据非举债方在法庭上追认、补签还款计划书或邮件往来、代还借款本息、口头承诺还款等以电话、短信、微信、邮件表达共同举债或共同偿还的意思表示。

②该解释第2条规定:"夫妻一方在婚姻关系存续期间以个人名义为家庭日常生活需要所负的债务,债权人以属于夫妻共同债务为由主张权利的,人民法院应予支持"。因此,夫妻一方举债,但符合日常家事代理范围的,可以视为夫妻有举债的共同意思表示,认定为夫妻共同债务。可见,在日常家事范畴内的债务,债权人无须承担举证责任,直接认定为夫妻共同债务。但夫妻一方主张不属于夫妻共同债务,则要承担举证该债务没有用于家庭日常生活的证明责任。该条款并没有针对日常家事的认定形式加以明确,司法实践中通常以单笔举债或同一债权人举债金额在一定金额以下;或与举债时家庭收入状况、消费形态基本合理匹配进行认定。

③该解释第3条规定:"夫妻一方在婚姻关系存续期间以个人名义超出家庭日常生活需要所负的债务,债权人以属于夫妻共同债务为由主张权利的,人民法院不予支持,但债权人能够证明该债务用于夫妻共同生活、共同生产经营或者基于夫妻双方共同意思表示的除外"。因此,在无法推定夫妻存在举债的共同意思表示的情形下,根据债权人举证该借款的用途,即是否用于夫妻共同生活,是否共同生产经营,来确定是否属于夫妻债务。多数学者认为,夫妻共同生活包括夫妻在婚姻关系存续期间的生活、生产或经营,夫妻共同生产、共同经营也是夫妻共同生活的表现形式,因此而产生的债务属于夫妻共同债务。[①] 因此,该解释明确将夫妻一方以个人名义所负债务超出家庭日常生活的需要而用于夫妻共同生活、共同生产经营的,属于夫妻共同债务。在司法实务中,债权人通常以非举债方客观上参与公司经

---

① 陈苇:《婚姻家庭继承法》,群众出版社2012年版,第273页;又见余延满:《亲属法原论》,法律出版社2007年版,第357页;冉克平:《论夫妻共同债务的类型与清偿——兼析法释〔2018〕2号》,《法学》2018年第6期。

营管理;在借款期间购置家庭房产、车辆等大件物品;非举债方收入太低难以维持家庭生活等方面加以举证,证明借款用于夫妻共同生产经营或家庭共同生活。

总之,该司法解释将借款用途的举证责任分配给债权人,符合债的相对性原理和取证、举证能力的强弱配置;将夫妻共同债务的界定,实行"意思说+用途说",以意思说为前置,以用途说为兜底。对于大额债权债务实行共债共签,符合交易安全和维护家庭稳定的家庭财产保护的立法价值取向,有利于保障非举债的夫妻另一方的财产权益,有效减少了非举债的夫妻一方因夫妻共同债务推定而无端背负巨额债务的情况,符合当下的社会现实和民众期待,有利于强化债权人出借资金的交易注意义务和市场风险意识。

(2)《夫妻债务纠纷新解释》存在的问题

①该司法解释强调共债共签,明确由债权人承担借款用途的证明责任,此将增加交易成本,导致资金出借时不仅需要夫妻共同签字以达到双方的共同意思表示,而且势必要求债权人审查配偶身份及其签字的真实性。这样,将导致夫妻必须全面介入彼此的交易或经营事务,徒增交易成本。[1]

②债权人须证明的借款用途是约定的借款用途还是实际的借款用途?如果约定的借款用途发生改变,是否需要对实际的借款用途进行举证?夫妻共同生活的私密性使得以"用途论"界定夫妻共同债务的举证责任存在困难。我国立法并没有对夫妻共同生活做出明确的界定,而夫妻共同生活具有封闭性,难以为交易的第三人提供合理的信赖保护,外界很难判断夫或妻以其个体行为是否具有为"夫妻共同生活"的目的或用途。[2]

③夫妻生产经营的情形多元化,而夫妻共同债务的认定标准单一。夫妻共同生产经营的范围如何界定?对于借款用于夫妻一方或双方经营的个体工商户、合伙企业;借款用于股东是夫妻二人的夫妻公司;借款用于夫妻一方或双方作为控股股东的公司;借款用于夫妻一方作为小股东的公司;借款用于金融投资或转借他人谋取利息等等不同情形下,夫妻共同生产经营的范围是否存在不同的界定?该《解释》规定过于原则,没有做出类型化的区分。为解决该问题,江苏省高级人民法院就此明确规定:"夫妻共同生产经营"是指夫妻共同决定生产经营事项或者一方授权另一方决定生产经营事项或者夫妻另一方在生产经营中受益的情形。[3]

④"家庭日常生活需要"的认定标准不明确。我国城镇居民消费种类主要分为八大类:食品、衣着、家庭设备用品及维修服务、医疗保健、交通通讯、文娱教育及服务、居住、其他商品及服务。但由于我国东西部之间、城乡之间经济发展很不均衡,不同家庭之间千差万别,"家庭日常生活需要"缺乏统一的标准,司法实践中的认定不一。如有的法院认为用于开设超市经营的 20000 元借款属于日常家庭生活需要,进而判决该借款属于夫妻共同债务。[4]有的法院直接以借款金额较大为由,认定该借款超出日常家庭生活需要,而不问该借款的用

---

[1] 王礼仁、何昌林:《夫妻债务的司法认定与立法完善》,人民法院出版社 2019 年版,第 53~55 页。
[2] 冉克平:《夫妻团体债务的认定及清偿》,《中国法学》2017 年第 5 期。
[3] 详见《江苏省高级人民法院家事纠纷案件审理指南》(苏高法〔2019〕474 号)。
[4] 张广兄:《丁远星与毕传峰、孙灵民间借贷纠纷一审民事判决书》,聚法案例,上网浏览时间 2018 年 3 月 12 日。

途如何。① 因此,在没有对"家庭日常生活需要"具体界定下,法官对判断借款的用途性质拥有较大的自由裁量权,加之受各地不同的经济水平,造成司法实践中同案不同判的现象。

⑤司法解释的相关规定发生矛盾。该《解释》第3条规定了夫妻一方超过日常家庭生活需要所负的债务原则上推定为个人债务,除非债权人举证证明该借款用于夫妻共同生产经营、夫妻共同生活、夫妻共同意思表示。该规定表明,夫妻共同生产经营产生的债务为夫妻共同债务,夫妻一方单独生产经营产生的债务原则上为夫妻个人债务。该规定的"共同生产经营"已突破了为"共同生活"所负的夫妻共同债务识别标准,若夫妻单方经营,夫妻另一方分享了该方经营所带来的利益,此却被认定为夫妻个人债务,显然不合理。1993年《离婚财产分割司法解释》第17条对夫妻生产经营活动中的举债问题已经明确规定"一方未经对方同意,独自筹资从事经营活动,其收入确未用于共同生活所负的债务"为夫妻个人债务;但"夫妻一方从事经营的债务"在某些情形下可以被认定为夫妻共同债务,如"动用夫妻共同财产投资经营"、"将经营收益归入夫妻共同财产"、"夫妻一方独自举债经营,但收益用于夫妻共同生活"等等。该规定与1993年《离婚财产分割司法解释》之间的规定发生一定的矛盾。

同时,我国《婚姻法》实行婚后所得共同财产制为夫妻法定财产制,在婚姻关系存续期间,无论是夫妻共同生产经营还是夫妻单独生产经营所得收益都为夫妻共同所有。因此,若将夫妻单方生产经营所得收益列为夫妻共同财产的同时,根据该《解释》,却将此方个人生产经营所负债务推定为个人债务,明显违反了权利义务相一致原则,导致夫妻共同债务的认定规则和婚后所得共同财产制之间产生矛盾,一定程度上动摇夫妻共同债务认定规则赖以存在的理论基础。

⑥缺乏有效的夫妻债务清偿、追偿规则。我国建立的夫妻债务制度规定在夫妻离婚的基础上,但对婚姻关系存续期间如何清偿夫妻债务均没有规定,且在清偿夫妻债务后,夫妻个人财产与夫妻共同财产之间补偿机制没有建立。夫妻债务的认定的最终目的是保障债务得到有效的清偿,如果没有行之有效的清偿规则,那么夫妻债务的界定就没有实质意义,债权人的权利将无法保障。该解释没有明确规定公平合理的夫妻债务清偿规则,可以说,夫妻债务问题仍然无法得到妥善的解决。

18.《中华人民共和国民法典婚姻家庭法编(草案)》(2019年7月5日征求意见稿)

该征求意见稿在婚姻家庭编第三章第一节"夫妻关系"中增加一条,第840条之一对夫妻共同债务范围作出明确规定,夫妻双方签字或夫妻一方事后追认等共同意思表示所负的债务,以及夫妻一方在婚姻关系存续期间以个人名义为家庭日常生活需要所负的债务,属于夫妻共同债务。夫妻一方在婚姻关系存续期间以个人名义超出家庭日常生活需要所负的债务,不属于夫妻共同债务,但是债权人能够证明该债务用于夫妻共同生活、共同生活经营或者基于夫妻双方共同意思表示的除外。与此同时,该征求意见稿确立了日常家事代理权,第837条规定,夫妻一方因家庭日常生活需要而实施的民事法律行为,对夫妻双方发生效力,但是夫妻一方与相对人另有约定的除外。夫妻之间对一方可以实施的民事法律行为范围的限制,不得对抗善意相对人。

上述条款对《婚姻法司法解释一》第17条的"日常家事代理权"和2018年《夫妻债务纠

---

① 杨洁坤:《原告田刚与被告侯丰明、林娜民间借贷纠纷一案民事判决书》,聚法案例,上网浏览时间2018年5月24日。

纷新解释》相关内容予以吸纳,确立夫妻共同债务的识别标准,以方便日常家庭生活,保障交易安全。根据上述规定,这些情形属于夫妻共同债务:(1)为家庭日常生活需要所负的债务;(2)债权人能够证明债务用于夫妻共同生活的;(3)债权人能够证明债务用于夫妻共同生产经营的;(4)基于夫妻共同意思表示的(夫妻共同签字或非举债方追认)。但是,该征求意见稿没有明确规定日常家事代理权范围内的债务的举证责任,而是"以个人名义为家庭日常生活需要所负的债务"直接认定为夫妻共同债务,这实质上也是夫妻共同债务的推定规则,同样无法完全避免举债方借款后没有实际用于家庭日常生活需要,同样无法完全避免重蹈《婚姻法司法解释二》第24条下的夫妻共同债务推定规则的覆辙,导致非举债方的夫妻一方合法权益被侵犯。孙宪忠教授在有关会议就此提出,夫妻共同债务是基于夫妻共同生活而产生,这是客观事实的判断,夫妻债务的立法应存在客观标准,以"共债共签"作为解决夫妻共同债务的首要裁判规则并不妥当,但只能作为一种补充性或例外性的规定,而不能作为处理夫妻债务的常设性规则。

二、夫妻共同债务纠纷案件的实证分析

(一)《婚姻法司法解释二》下的夫妻债务纠纷

1. 推定为夫妻共同债务的案件数量占比过半

根据中国裁判文书网的公开数据,由于民间借贷纠纷案件频发,2014年开始,因适用《婚姻法司法解释二》第24条而判定为夫妻共同债务的案件大量爆发,2014年、2015年、2016年每年的夫妻共同债务案件均达8万多件。中国裁判文书网显示,判定共同债务的案件逐年递增(见表4-1)。从2013—2016年随机抽取的涉及云南、广东、上海、福建、重庆、浙江等6个省市的1200分涉及夫妻债务的认定和承担的生效判决中,以《婚姻法》第41条的"用途标准"对在民间借贷中进行识别夫妻债务的1200个案件中,认定为个人债务的有412件,占34.3%;认定为夫妻共同债务的有747件,占62.2%;驳回诉讼请求的占3.4%。以"时间标准"对夫妻债务进行识别的,认定为夫妻共同债务的有968件,占80.6%;认定为夫妻个人债务的有232件,占19.3%。[①] 对个别省份的调研如福建省泉州市法院民间借贷案件分析,2015年民间借贷2337件,涉及到夫妻共同债务的占1601件,占68.51%;认定为夫妻共同债务的1586件,占99.06%。[②]

表 4-1

	涉及"夫妻共同债务"案件	援引"婚姻法司法解释二第24条"判定的"夫妻共同债务"案件		援引"婚姻法第41条"判定的"夫妻共同债务"案件		援引"41条"及"24条"判定的"夫妻共同债务"案件	
	案件数	案件数	占比	案件数	占比	案件数	占比
2013	28155	18057	64.13%	2352	8.35%	847	3.01%

① 转引自周黎敏:《民间借贷中夫妻共同债务认定研究》,厦门大学法律硕士学位论文2016年,第15~16页。

② 转引自周黎敏:《民间借贷中夫妻共同债务认定研究》,厦门大学法律硕士学位论文2016年,第17页。

续表

	涉及"夫妻共同债务"案件	援引"婚姻法司法解释二第 24 条"判定的"夫妻共同债务"案件		援引"婚姻法第 41 条"判定的"夫妻共同债务"案件		援引"41 条"及"24 条"判定的"夫妻共同债务"案件	
	案件数	案件数	占比	案件数	占比	案件数	占比
2014	125941	80489	63.91%	10301	8.18%	3390	2.69%
2015	130641	89539	68.54%	9404	7.20%	3630	2.78%
2016	196993	141026	71.59%	11477	5.83%	4996	2.54%

数据来源：中国裁判文书网(20170402)

2. 最高人民法院在适用《婚姻法司法解释二》的裁判意见

在《婚姻法司法解释二》颁布后，有学者从 60 多万份的司法裁判书中分析，认定夫妻共同债务主要援引的依据是《婚姻法司法解释二》第 24 条，比例高达 71.5%，《婚姻法》第 41 条被援引的比例仅是 5.0%。这表明处理夫妻共同债务问题时，法院普遍脱离《婚姻法》第 41 条，径行适用《婚姻法司法解释二》第 24 条认定夫妻共同债务。[①]

最高人民法院在审理夫妻债务案件中，同样根据《婚姻法司法解释二》第 24 条的规定，对于婚姻关系存续期间以夫妻一方名义所负债务，原则上应当认定为夫妻共同债务。例如：在谢文泽、刘红萍离婚纠纷案件中，因谢文泽、刘红萍未能证明《婚姻法司法解释二》第 24 条的两种例外情形，故刘红萍对婚姻关系存续期间谢文泽以经营名义所欠的债务应当承担连带还款责任。[②]在另一案中，最高人民法院也认为，万莉和景玉生系夫妻关系，涉案借款系在婚姻关系存续期间的对外借款，该借款未明确约定为万莉的个人债务，景玉生提交的证据也不能证明刘文泳知晓其夫妻之间签订的财产分割协议，故应按夫妻共同债务处理，刘文泳主张景玉生应对万莉的借款承担连带偿还义务责任，符合法律规定，予以支持。[③] 在华伟明与许洪标、徐静娟一案中，最高人民法院认定，许洪标并非债务担保行为，且主债务人德金公司原法定代表人许逸文为许洪标女儿，该公司与许洪标、徐静娟均有密切关系。华伟明与德金公司最初的《合作协议》即由许洪标代表签字，许洪标实际参与德金公司的经营活动，且徐静娟自称家庭经济事宜均由许洪标包办，因此，华伟明的债务并非与许洪标、徐静娟无关，许洪标在德金公司经营过程中的行为是婚姻关系存续期间的生产经营活动，由此认定华伟明的债务已用于许洪标、徐静娟夫妻共同生活，应作为许洪标与徐静娟的夫妻共同债务，判定由徐静娟承担共同清偿夫妻债务责任。[④]

3. 夫妻共同债务的例外情形的举证责任的配置

在《婚姻法司法解释二》第 24 条下，夫妻一方的举债被推定为夫妻共同债务，举债方的配偶如果抗辩债权人，则应就《婚姻法司法解释二》第 24 条规定的两项例外事由进行举证。

---

① 蔡立东、刘国栋：《60 万份裁判文书看夫妻共同债务的认定逻辑与改革方向》，《中国应用法学》2019 年第 2 期。

② 详见最高人民法院(2016)最高法民申 541 号民事判决书。

③ 详见最高人民法院(2016)最高法民申 124 号民事判决书。

④ 详见最高人民法院(2017)最高法民申 1516 号民事判决书。

在司法实践中,就夫妻共同债务推定规则作出例外裁决的主要考虑因素:(1)夫妻一方举债数额之巨,明显超出日常家庭生活之需;(2)夫妻没有举债合意;(3)家庭生活没有分享举债带来的利益;(4)属于夫妻一方对外担保产生的债;(5)债权人明知债务人与其配偶约定适用分别财产制;(6)虚假债务或非法债务如赌博之债。在这样的举证责任配置下,举债方的配偶应举证:债权人知道夫妻约定适用分别财产制或举债方与债权人约定为个人债务。这种将举证责任完全分配给举债方的配偶,不符合《民事诉讼法》及其司法解释的举证规则,因为举债方和债权人对债权债务的发生情况了如指掌,举债方的配偶并没有举证的证明能力,且不占有举债的相关资料,亦无法证明债务没有用于家庭生活,因此导致司法推定夫妻共同债务顺理成章。

在举证责任的配置上,多数学者反思《婚姻法司法解释二》第24条建立的举债方的配偶承担例外情形的举证责任,违反常理,侵犯了民事主体的知情权。[①] 有学者建议:在认定"家庭利益"时,应当以是否有利于夫妻团体及其未成年子女、父母的人格与社会经济地位的发展,并结合家庭的经济状况和生活习惯,以及通常的社会观念进行个案判断,夫或妻的个人负债行为愈是与家庭的经济状况、生活习惯以及社会观念相背离,则债权人就负有更高程度的举证责任,由其证明夫或妻的个人行为所负债务是用于"家庭利益"。但夫妻之间采用分别财产制,并为第三人所知晓的除外。[②]

(二)《夫妻债务纠纷新解释》下的夫妻债务纠纷

笔者指导调研小组就适用2018年《夫妻债务纠纷新解释》判决书为研究对象,通过查阅中国裁判文书网,在关键词为"民事案由"、"民事案件"和"一审判决书"检索,对2018年1月18日至2018年8月18日的案件进行搜索,得到共计332份有效判决数据;在相同的关键词搜索下,将法律依据改为"《婚姻法解释(二)》第24条",得出的据此判决的夫妻共同债务案件数量共计4件。

从上述数据分析:

(1)认定为夫妻共同债务的164个案件中,发生在婚姻关系存续期间的有142件,发生在离婚后的有22件;属于共债共签的有110件,不属于共债共签的有54件;认定债务属于共同生活的有82件,属于生产经营的有83件;认定原因中认定属于夫妻双方合意的有106件,推定夫妻合意的有57件,由债权人证明用于夫妻共同生活的有1件。

(2)认定为个人债务的168个案件中,纠纷发生在婚姻关系存续期间的有129件,发生在离婚后的有31件;认定原因是超过日常家事范围且无法证明是夫妻共同债务的案件有157件,无法证明属于夫妻关系的有8件,另外还有3件属于原告撤诉的案件,也计入个人债务的认定。

(3)在认定为夫妻共同债务的案件中,民间借贷纠纷占51%,金融借款合同纠纷占22%;而认定为个人债务的案件主要集中在民间借贷纠纷,占93%。从某种程度上可以反映《夫妻债务纠纷新解释》生效后,民间借贷纠纷中被判为夫妻个人债务的占比加大。

(4)认定夫妻债务"共签共债"和"推定合意"的案件占比大幅度增加。夫妻共同债务"共

---

① 马贤兴:《夫妻债务司法认定及实案评析》,法律出版社2018年版,第19页。
② 冉克平:《夫妻团体债务的认定及清偿》,《中国法学》2017年第5期。

签共债"标准针对夫妻双方是否均在债权凭证上签字。"双方合意"包括夫妻双方均在债权凭证上签字和非举债方虽未签字但事后认可债务存在的情形;"推定合意"是指非举债方虽未签字,但是债务的用途表明债务用于夫妻共同生活或者共同生产经营。上述数据显示,在夫妻共同债务案件中,有3%的案件并不符合"共债共签"的标准即夫妻双方没有共同签字,但仍认定为夫妻共同债务,这部分案件主要是由法院推定构成"夫妻合意"或认定债务用于日常生活需要或者共同生产经营。"推定合意"的案件数占认定为共同债务总案件数的35%。总之,《夫妻债务纠纷新解释》颁布后,适用《婚姻法司法解释二》第24条的案件裁判数量大幅度下降,普及了"共债共签"的意识,为非举债方维护正当财产权益提供了较为有力的保障。(详见图4-1至图4-9所示)

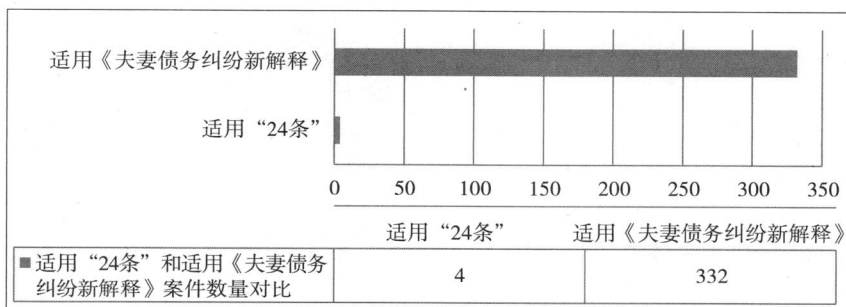

	适用"24条"	适用《夫妻债务纠纷新解释》
■适用"24条"和适用《夫妻债务纠纷新解释》案件数量对比	4	332

图4-1　适用"24条"和适用《夫妻债务纠纷新解释》的案件数量对比图

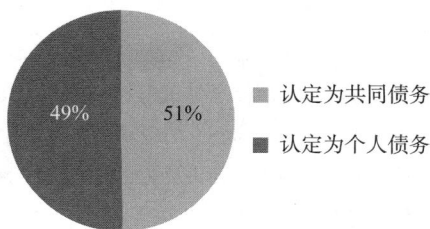

图4-2　案件数量统计

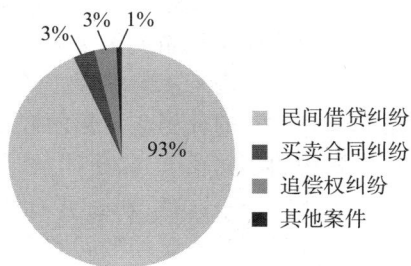

图4-3　认定为个人债务案件类型统计

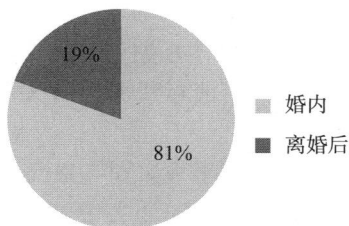

图4-4　个人债务纠纷发生时间

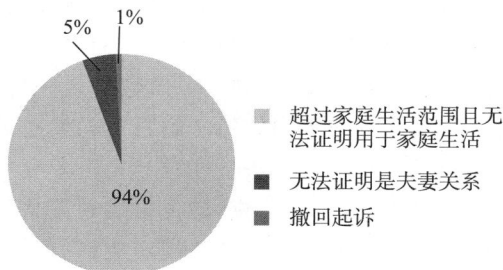

图4-5　认定个人债务原因

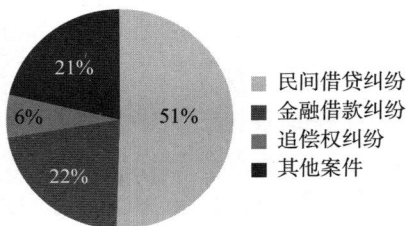

图 4-6　认定为夫妻共同债务案件类型统计

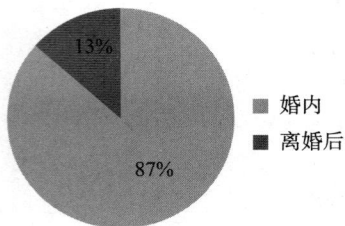

21%　6%　22%　51%

民间借贷纠纷
金融借款纠纷
追偿权纠纷
其他案件

图 4-7　夫妻共同债务纠纷发生时间

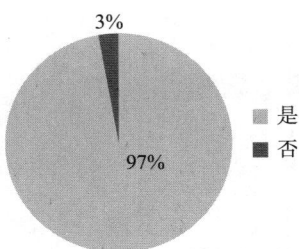

13%　87%

婚内
离婚后

图 4-8　是否符合"共债共签"的标准

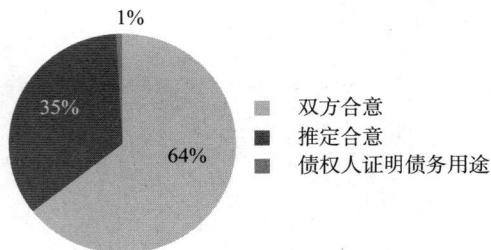

3%　97%

是
否

图 4-9　裁判夫妻共同债务的原因

1%　35%　64%

双方合意
推定合意
债权人证明债务用途

三、夫妻债务制度存在的问题

1. 立法规定过于原则,司法解释分散且矛盾

从上述的婚姻法规定和相关司法解释分析,我国《婚姻法》(修正案)第三章就夫妻共有财产与个人财产的划分进行规定,第 17 条和 19 条规定夫妻法定财产制和夫妻约定财产制,但涉及离婚时夫妻债务的分担与清偿的规定却在第 41 条,使得《婚姻法》对夫妻债务的相关规定散落在婚姻法的不同章节,缺乏体系。这些规定存在的问题只能通过司法解释加以解决,但《婚姻法司法解释一》、《婚姻法司法解释二》、《婚姻法司法解释三》以及最高人民法院就夫妻债务的复函意见对夫妻债务问题作出各自不尽相同的规定。从 1993 年最高人民法院发布实施《关于人民法院审理离婚案件处理财产分割问题的若干具体意见》到 2018 年《关于审理涉及夫妻债务纠纷案件适用法律有关问题的解释》,对夫妻共同债务的认定标准不断变化,先后有"用途论""目的论""推定论""合意论""共债共签论"等多种标准,导致法律价值在交易安全、债权人利益和非举债的夫妻一方利益之间来往摇摆,造成夫妻共同债务的认定标准分散化和碎片化,缺乏系统性的统一规范的认定标准,且在司法解释体系内部缺乏协调性。立法规定与不同的司法解释之间发生冲突和矛盾,这是引发我国当前司法实务对夫妻债务的认定乱象之源头。[①]

夫妻债务是夫妻财产的消极表现形式,各国立法多是将夫妻债务置于夫妻财产制下进行规定。我国将夫妻债务的规定放在"离婚"章节,造成对婚姻关系存续期间的夫妻财产关系缺乏完整性的规定,仅在婚姻关系终止时涉及夫妻债务问题。正由于夫妻共同债务与夫妻财产制度的脱钩,将夫妻债务的规定设于离婚制度之下,所以,不仅在内容上不完整,而且

---

① 　张华贵:《夫妻财产关系法研究》,群众出版社 2017 年版,第 218 页。

立法结构不合理,司法适用不统一。①

2. 立法价值的定位不清,无法合理协调债权人、举债方和非举债方三方利益。

夫妻共同债务是夫妻一方或双方因合理正当地管理、维持婚姻家庭事务所引起的而由婚姻共同体负担的费用。② 夫妻共同债务的确认制度,不仅要保护债权人的利益,维护交易安全,而且也要保护婚姻共同体和夫妻个体的财产权利,协调交易安全与婚姻安全。我国对于夫妻债务的规定主要侧重离婚时的债务清偿问题,过于重视离婚财产分割对债权人的影响,注重婚姻关系外部的交易安全;而不将夫妻债务规定在夫妻财产制中,且涉及婚姻关系存续期间的夫妻债务处理规则较少,忽视夫妻债务的内部分配和承担问题。《婚姻法司法解释二》第 24 条严重背离婚姻法的立法原意和立法精神,将《婚姻法》(修正案)第 41 条强调的夫妻共同债务是为夫妻共同生活所负债务,改为在婚姻关系存续期间产生的债务推定为夫妻共同债务,一定程度上使得该规则成为虚假债务、恶意债务的保护伞,非举债方为婚姻背债,陷入连带偿还夫妻债务并进而影响日后生活的窘迫境地。这种最大限度地追求保护债权人利益和交易安全,甚至在一定程度上忽视婚姻安全,正是夫妻债务制度立法价值定位不清造成的弊端。

3. 夫妻共同债务和夫妻个人债务的界定不清,清偿规则不明

我国《婚姻法》及其相关的司法解释不仅对夫妻共同债务的认定标准多元化,而且对夫妻债务的清偿的规定更加不清晰。从 1980 年婚姻法"以共同财产清偿"到 2001 年《婚姻法》(修正案)"共同偿还",再发展到《婚姻法司法解释二》的"连带清偿",均没有明确夫妻共同债务清偿的责任财产范围,没有规定"共同财产不足清偿"的情形下对夫妻共同债务的处理方式。《婚姻法》第 41 条的"共同偿还"是以夫妻共同财产偿还,还是夫妻对共同债务承担连带清偿责任,是否需要追及非举债的夫妻一方个人财产? 语焉不详,易发争议,司法实践中经常出现"是否将非举债的夫妻一方的个人财产纳入清偿夫妻共同债务的责任财产范围?""非举债的夫妻一方就夫妻共同债务清偿后,能否向另一方追偿?"等问题。如此规定因夫妻债务的清偿和追偿规则不明确而导致债务清偿责任无法落实,且夫妻内部在举债方和非举债方缺失追偿权,不仅债权人的利益难以充分保障,而且非举债方的夫妻一方权益更无从保障。

与此同时,我国《婚姻法》对夫妻个人债务问题更缺失规定,在 1993 年的《离婚财产分割意见》司法解释中仅罗列了三种的个人债务的类型,并以"其他应由个人承担的债务"进行兜底规定。夫妻个人债务如何清偿,是否可以夫妻共同财产进行清偿? 在婚姻关系存续期间,特别是实行婚后所得共同财产制的夫妻,以举债方的个人财产或夫妻共同财产清偿个人债务,是否侵害非举债方的财产利益? 如何在共同财产和个人财产建立补偿机制? 这些问题层出不穷。可见,夫妻个人债务的认定缺乏准确性规定,直接影响到夫妻共同债务的界定;而夫妻个人债务的清偿规则缺失,债权人的债权和非举债夫妻一方的正当财产权益更无法得到保障。

4. 夫妻共同债务的界定基础即日常家事代理制度不健全

---

① 蒋月:《域外民法典中的夫妻债务制度比较研究——兼议对我国相关立法的启示》,《现代法学》2017 年第 5 期。

② 胡苷用:《夫妻共同债务的界定及其推定规则》,《重庆社会科学》2010 年第 2 期。

通说认为,日常家事代理制度是夫妻共同债务认定的基础之一,对于保障交易安全、维护债权人利益和非举债的夫妻一方的利益,对于家庭日常生活的正常运行,都有着积极地意义。我国《婚姻法司法解释一》第17条对日常家事代理制度作出规定,但没有涉及日常家事代理权的权限范围、表见代理或越权代理等重要问题,没有明确界定"日常家事"的外延,导致在司法实践中难以操作,在认定夫妻共同债务时无法准确把握"日常家事"的范围。特别是《夫妻债务纠纷新解释》的颁布,各地法院对日常家事范围的界定甚至以举债的金额数额多少进行教条性的规定,以数额的直接推定相当于进行了"数额小=用于家庭日常生活=夫妻共同债务"的等式替换,缺失逻辑上的合理性。日常家事代理权范围的认定,应考虑个案家庭的特殊经济状况,而对于家庭经济情况的考量,必须结合家庭人数及其各自职业、收入等因素,同时综合考虑当地经济发展水平状况、当地居民生活习惯及夫妻或其未成年子女的合理生活消费习惯等。①

同时,因日常家事代理制度不健全,少数学者提出日常家事代理权不是夫妻共同债务推定规则的基础。有学者认为,夫妻日常家事代理权不仅存在于夫妻共同财产制,而且存在于夫妻分别财产制,而夫妻共同债务推定规则是夫妻共同财产制的产物,何况,夫妻共同债务的本质基础在于夫妻共同生活,但夫妻共同生活不仅仅包括夫妻日常生活,因此,夫妻共同债务范围包括但不限于因日常家事代理权所生的夫妻共同债务,日常家事代理权并不是夫妻共同债务推定规则的基础。② 还有学者认为,日常家事代理以家庭主妇婚姻模式为基础,有违当代双薪夫妻共同管理家务之现状,我国不存在日常家事代理的历史接力,应转而设计全新的家事委托代理规则。日常家事代理制度被错误地用来解释和建构夫妻共同债务规则,既违反债的相对性,又悖于夫妻共同财产制精神。在日常家事代理制度下,债权人依据日常家事代理要求家事交易相对人的配偶承担债务清偿责任,是对债的相对性的破坏,且无法通过夫妻之间的约定加以排除,全然成为债权人保护伞。因此,日常家事代理下的共同清偿责任只有在一般共同财产制下不存在问题,对其他夫妻财产制而言均有冲突,将夫妻共同债务的连带清偿责任建立在日常家事范围内,是对日常家事代理制度的误读,且违背夫妻共同财产制的本质。③ 由此,理论界在夫妻共同债务认定的依据或基础问题上仍无法达成共识。

---

① 冉克平:《夫妻团体债务的认定及清偿》,《中国法学》2017年第5期。

② 缪宇:《走出夫妻共同债务的误区——以〈婚姻法司法解释(二)〉第24条为分析对象》,《中外法学》2018年第1期。

③ 王战涛:《日常家事代理之批判》,《法学家》2019年第3期。

5. 没有明确规定夫妻非正常关系时期的债务问题

夫妻共同生活包括物质生活、精神生活和性生活,分居或离婚诉讼期间的夫妻双方没有共同生活,因"夫妻共同生活"而生的夫妻债务如何在分居或离婚诉讼等非常的夫妻关系期间进行识别? 我国《婚姻法》(修正案)第 32 条仅仅就"因感情不和分居两年"作为准予离婚的法定事由之一,但对于分居期间的夫妻财产关系特别是债务问题并没有作出任何规定,导致夫妻关系特殊状态下的夫妻债务问题无法可依。常态下的夫妻因共同生活产生日常家事代理权,《夫妻债务纠纷新解释》明确认定婚姻关系存续期间夫妻一方以个人名义为家庭日常生活需要所负的债务为夫妻共同债务,而非常态下的夫妻债务认定仅依据《夫妻债务纠纷新解释》无法得以公平合理的适用。因此,夫妻处于分居期间或者离婚诉讼期间的情形下发生的借款,通常不会使用于夫妻共同生活。非举债的夫妻一方仅需证明该笔债务发生于分居期间或者诉讼离婚期间,原则上就应优先认定为举债方的个人债务,这样才能更好地规范非常态的夫妻债务的清偿责任。

6. 约定财产制下的夫妻债务规定不充分

我国在实行婚后所得共同财产制为夫妻法定财产制的同时,《婚姻法》(修正案)第 19 条虽然规定了约定财产制,但对约定财产制的类型、约定的时间、约定内容、约定的效力均没有作出明确的规定。第 19 条第 3 款仅规定:"夫妻对婚姻关系存续期间所得的财产约定归各自所有的,夫或妻一方对外所负的债务,第三人知道该约定的,以夫或妻一方所有的财产清偿"。但在约定财产制下特别是适用分别财产制下,夫妻日常家事范围内的债务是否依据《夫妻债务纠纷新解释》也认定为夫妻共同债务? 约定财产归夫妻各自所有,该约定如何对第三人发生公示效力? 是否进行公证或登记就必然识别为"债权人明知"? 在现实生活,举债方一般不主动告知债权人,其夫妻之间存在约定财产,债权人亦没有途径知晓举债方与其配偶存在约定财产制,因此,在约定财产制下的夫妻债务问题仅仅依据《婚姻法》第 19 第 3 款的规定,无法保护已经约定财产的非举债的夫妻另一方的财产权益,也无法合理保护债权人利益。

第四节　夫妻共同债务之效力规则构造

我国婚姻家庭法的发展历程虽短,但夫妻债务制度却在短暂的历程中经过曲折的演变过程。《婚姻法》所建构的"夫妻共同生活"识别夫妻债务,《婚姻法司法解释二》所规定夫妻共同债务的推定规则和连带清偿责任,《夫妻债务纠纷新解释》对举证责任的修正,都没有回归夫妻共同债务制度的本质和真谛,因此,应重构夫妻共同债务规则,切实保护债权人、非举债方的合法权益和两者利益平衡。

一、在夫妻财产制中建构夫妻债务制度

我国在离婚制度中规定夫妻债务规则,其立法结构设计不合理,无法针对不同的夫妻财产关系确定不同的夫妻债务规则,又缺失夫妻财产关系中夫妻债务的识别所应遵循的一般性规则。夫妻债务作为消极意义上的夫妻财产,应与夫妻财产制度紧密联系,才能保证该制度的体系化。夫妻共同债务问题,不仅仅是在婚姻关系结束时才值得讨论,而是作为夫妻财产关系的一部分伴随婚姻产生直至结束,贯穿于婚姻关系存续全过程。我国应借鉴法国、瑞

士等夫妻财产制中夫妻债务的一般性规定,明确夫妻共同债务和夫妻个人债务的界定和清偿责任,确定夫妻对外财产责任范围和清偿规则,对夫妻财产间的补偿机制进行规定,保障夫妻财产制度的统一和完整。① 婚后所得共同财产制为我国夫妻法定财产制,因家庭共同生活所产生的债务为夫妻共同债务,应将夫妻共同债务作为夫妻在婚姻关系存续期间所得的消极财产,通过夫妻财产制度建立夫妻共同债务规则。

同时,我国约定夫妻财产制的规定得十分笼统,而约定财产制对夫妻共同债务的认定和清偿均产生较大的影响,夫妻约定财产制采用的是一般共同财产制还是分别财产制,将产生不同的夫妻债务和个人债务的处理规则。从债的相对性而言,第三人作为债权人,在夫妻实行约定的分别财产制下,只有债权人知道该约定,才能识别出债权人出借债务时其信赖的基础建立在举债方以个人所有的财产进行偿还,因此为保护债权人的信赖利益和交易安全,约定的夫妻财产制应公示,公示的方式为登记,只有登记的约定财产制才能对抗债权人,未经登记的夫妻约定财产制,不得对抗善意的第三人即债权人。婚姻登记机关可以就夫妻约定财产制在当事人户籍所在地或住所地婚姻登记机关进行登记备案和管理,以方便查询,保障债权人在交易时对债务主体履行必要的注意义务和审查责任,增加交易的安全性,同时亦保障约定夫妻财产制下的非举债方的合理权益。在借款之初,债权人拥有交易上的自由选择权,对债权的发生掌握着主动权和决定权,若此时要求夫妻双方承担偿还债务的责任,债权人可以提供让非举债的夫妻另一方对所借债务进行确认,以避免出借资金交易上的风险,因此,有必要明确债权人负有借款的谨慎注意义务。

二、日常家事代理权限与夫妻共同债务的推定

日常家事代理制度是夫妻双方基于特定的人身关系,在属于日常家事范畴的对外经济活动中,可享有家事代理权、互为代理人的制度。② 日常家事代理与夫妻一方处分财产或负债是一个紧密联系且不可分割的整体制度,正是由于日常家事代理权,夫妻因日常家庭事务与第三人为一定法律行为时相互代理,夫妻双方才对第三人承担连带责任。因此,日常家事代理权是明确夫妻共同债务的立法基础。但婚姻关系具有隐秘性,第三人在日常家事交易中通常难以知情家事内部的事务,因此基于婚姻关系而直接推定夫妻承担连带责任的范围只限于为夫妻共同生活的家事范围。通常认为,日常家事代理权所产生的债务应限于生活性债务,经营性债务应纳入社会经营范畴而不适用日常家事代理权。③ 超越日常家事范围而举债,除非另一方追认,否则应当认定为个人债务。值得注意的是,日常家事代理是婚姻关系而产生的效力之一,是一项特殊的代理制度,该制度不因夫妻财产制的不同而不同,夫妻财产制侧重处理夫妻内部的法律关系,而日常家事代理权重在对外交易中善意第三人的保护,所以,即使是夫妻对其财产约定适用分别财产制,仍然存在日常家事代理权。在日常家事代理权下,夫妻一方为共同生活需要而进行的日常交易,无须获得夫妻另一方的同意或

---

① 蒋月:《域外民法典中的夫妻债务制度比较研究——兼议对我国相关立法的启示》,《现代法学》2017 年第 5 期。

② 余延满:《亲属法原论》,法律出版社 2007 年版,第 246 页。

③ 唐雨虹:《夫妻共同债务推定规则的缺陷及重构——〈婚姻法司法解释(二)〉第 24 条之检讨》,《行政与法》2008 年第 7 期。

授权,夫妻双方因婚姻共同体对外成为债权人的责任共同体。①

我国 1950 年、1980 年《婚姻法》和 2001 年《婚姻法》(修正案)都未明确规定日常家事代理权,但国外立法对日常家事代理权都做出相应的规定。《法国民法典》第 220 条第 1 款规定:夫妻各方均有权单独订立旨在维持家庭日常生活与子女教育的合同,夫妻一方依此缔结的债务对另一方具有连带的约束力。《德国民法典》第 1357 条、《日本民法典》第 761 条、《瑞士民法典》203 条都就日常家事代理权作出明确的规定。概言之,法国规定为"维持家庭日常生活与教育子女",②德国规定为"家庭生活消费需要",③日本规定为"日常家事",④瑞士规定为"婚姻共同生活"。⑤ 只有立法明确规定日常家事代理权的适用范围,才能有效地保护交易相对方和非举债的夫妻另一方的合法权益。日常家事范围之外的事务,他方是否负连带责任或对第三人是否产生效力,须获得他方的授权或以第三人是善意还是恶意进行判断。《婚姻法司法解释一》第 17 条规定:"因日常生活需要而处理夫妻共同财产的,任何一方均有权决定。夫或妻非因日常生活需要对夫妻共同财产做重要处理决定,夫妻双方应当平等协商,取得一致意见……"可见,夫妻之间在婚姻关系存续期间,只能就"日常生活需要"具有代理权,一方行驶日常家事代理权对另一方产生拘束力,因此而产生的债务为夫妻共同债务;对于夫妻一方超出日常生活需要范围的举债,非是日常家事代理权的范围,不能当然地认定为夫妻共同债务。

理论界普遍认为,《婚姻法司法解释一》第 17 条是我国夫妻"日常家事代理权"的相关规定。但该条款仅仅涉及日常家事代理权,并没有对日常家事代理权的权限、适用范围和相关限制等做出具体规定。在现有的《婚姻法》及其司法解释下,何谓日常家事代理权的范围?有学者从正面解读日常家事的范围,认为包括购买必要的生活用品、医疗医药服务、合理的保健与锻炼、文化消费与娱乐、子女教育、家庭用工的雇佣等决定家庭共同生活必要的行为及其支付责任。⑥但也有学者提出,家庭管理需要,即维持家庭建设的需要,如理财、储蓄、保险等,也属于日常家事范围。⑦有的学者从反面解读日常家事的范围:不动产的处分、以分期付款形式购买价值较大财产,处理与夫妻另一方与人身相关联的债务等不属于日常家事代理范围。⑧ 有的学者从行为的性质、行为发生的频率、社会的一般认同、价值大小等来界定日常家事范围,而价值大小则根据特定家庭的富裕程度或消费水平综合考虑。

---

① 但有学者提出,日常家事代理制度是对债的相对性的破坏,不存在法定的代理问题,应转而设计全新的家事委托代理规则。详见王战涛:《日常家事代理之批判》,《法学家》2019 年第 3 期。

② 《法国民法典》第 220 条规定:"夫妻各方均有权单独订立以维持家庭日常生活与教育子女为目的的合同。夫妻一方依此缔结的合同对另一方具有连带约束力"。

③ 《德国民法典》第 1357 条规定:"婚姻的任何一方均有成立使家庭的生活需求得到适当满足并且效力也及于婚姻对方的事务。婚姻双方通过此种事务而享有权利和承担义务,但是如果根据情况得出另外结论的则除外"。

④ 《日本民法典》第 761 条规定:"夫妻一方就日常家事同第三人实施了法律行为时,他方对由此而产生的责任负连带责任。但是,对第三人预告不负责任意旨者,不在此限"。

⑤ 《瑞士民法典》第 166 条规定:"配偶双方中任何一方,于共同生活期间,代表婚姻共同生活处理家庭日常事务"。

⑥ 蒋月:《夫妻的权利与义务》,法律出版社 2001 年版,第 61 页。

⑦ 王歌雅:《家事代理权的属性与规制》,《学术交流》2009 年第 9 期。

⑧ 史浩明:《论夫妻日常家事代理权》,《政治与法律》2005 年第 3 期。

总之,无论是夫妻共同财产制还是分别财产制下,夫妻在琐碎日常家事中都必然发生与第三人交易活动,为节约婚姻生活的成本,只要是日常家事的事项本着夫妻共同生活之所必需,就在此范围内推定另一配偶同意并不损害其利益,因此日常家事代理权是夫妻共同债务的认定的基础和依据。① 而在界定日常家事权的适用范围时,则以"家庭日常生活的必需"为标准,如一家的食物、衣着等日常用品和合理的衣食住行、子女的教养、老人的赡养、正当的保健和医疗等均属于日常家事范围,因此产生的债务为夫妻共同债务。

日常家事代理权是基于维持家庭日常生活的必要事项而形成,行使主体是婚姻关系存续期间的夫妻双方,因此在夫妻双方之间的代理关系可以互换。但英美国家相关法律存在规定,合法婚姻关系的夫妻分居后不再适用日常家事代理权。② 由于分居是婚姻关系存续期间的特殊状态,虽然存在夫妻关系但已免除夫妻同居,而日常家事建立在夫妻共同生活的基础上,分居的夫妻已无共同生活,彼此就不存在日常家事的基础,不再适用日常家事代理权。但值得说明的是,日常用语下的分居并非均是基于夫妻感情而引起,有的夫妻是因工作异地、子女陪读等因素而产生分居,这时的夫妻仍然存在共同生活的意愿和可能,而且,对子女抚养教育是夫妻双方的法定义务,因此对于分居期间产生的债务不能简单地"一刀切"以日常家事代理权而推定为夫妻共同债务,而是应区分不同的分居原因进行分析:在因客观因素形成的夫妻分居,夫妻双方存在共同生活的意愿,双方仍然履行共同生活的利益互享,这时因日常家事所必需而产生的债务为夫妻共同债务;因夫妻感情不和而分居,虽然婚姻关系没有解除,但彼此之间没有家庭共同生活且没有夫妻共同生活的利益互享,此时的夫妻不存在日常家事代理问题,一方举债而产生的债务应推定为夫妻一方的个人债务,除非债权人可以证明是夫妻双方合意形成债务或夫妻共同生产经营而产生的债务。

既然合法的婚姻关系产生日常家事代理权,那么,事实婚姻或同居关系不是法律确认的婚姻关系,是否适用日常家事代理权?一方举债产生的债务是否推定为夫妻共同债务?笔者认为,夫妻共同债务的推定界定在日常家事代理权范围内,是在维护婚姻生活共同体利益和保障交易安全之间寻求一种平衡,是因婚姻共同生活而产生在财产关系的牵连性,这种牵连性导致夫妻一方因日常家事举债而被推定为夫妻共同债务。对于不受法律确认的事实婚姻关系和非婚同居关系,其人身自由度加大,身份上的"对外牵连性"弱化,因此,虽然这些同居者存在日常共同生活,但法律在不认可其身份关系的情况下,亦不赋予彼此间当然的日常家事代理权,尽管在同居生活存续期间发生一方为支付共同生活费用、抚养子女等共同生活而举债,除非存在第三人与同居双方特别约定作为共同债务人的协议,否则不得直接推定为夫妻共同债务。另外,日常家事代理权究竟仅指夫妻之间相互代理,还是包括其他家庭成员之间的相互代理?我国基于身份的共有关系主要有夫妻共有和家庭共有,虽然我国没有建立家庭共有财产制,但家庭成员之间因共同生活存在法律确认的家庭财产共同共有关系,家事代理权亦应与此匹配,应该同样适用于家庭共有关系的家庭成员之间。③ 在家庭财产共有关系存续期间,家庭成员一方为家庭共同生活而产生日常家事代理权,在日常家事代理权范围内的债务应推定为家庭共同债务。

---

① 冉克平:《论夫妻共同债务的类型与清偿——兼析法释〔2018〕2 号》,《法学》2018 年第 6 期。
② 徐海燕:《英美代理法研究》,法律出版社 2000 年版,第 152~153 页。
③ 李琳琳:《我国家事代理权的立法问题探究》,《学术交流》2013 年第 3 期。

虽然日常家事代理权范围内的债务推定为夫妻共同债务,但日常家事代理权存在权利的边界,若一方超越代理权,则构成无权代理。无权代理,根据第三人是否善意而判断是否构成表见代理。表见代理的根本目的在于保护相对人的利益,维护交易安全。日常家事代理权之外的法律后果是否适用表见代理?《法国民法典》第 220 条第 2 款规定,视家庭生活状况,所进行的活动是否有益以及缔结合同的第三人是善意还是恶意,对明显过分的开支,不发生此种连带义务。《瑞士民法典》第 163 条第 2 款规定,妻超越日常家事代理范围的行为,在不能为第三人所辨识时,夫应该承担责任。我国《婚姻法司法解释一》第 17 条第 2 款:"他人有理由相信其为夫妻双方共同意思表示的,另一方不得以不同意或不知道为由对抗善意第三"。因此,夫妻一方超越日常家事代理权,构成无权代理,无权代理下夫妻一方举债行为处于效力待定状态,必须经过非举债的夫妻另一方的追认,才能对非举债方产生效力。在这个意义上分析,无权代理和表见代理存在本质的区别,表见代理之所以产生效力,在于第三人有合理的理由相信,形成权利外观,这种权利外观不能仅仅从被代理人事后否认的表示来确定,关键要从第三人是否相信或者应当相信的角度来考虑。[①] 若第三人即债权人有理由相信举债方存在日常家事代理权,才能对非举债方产生承担清偿债务责任的效力。因此,非举债的夫妻一方对日常家事代理权范围外的表见代理是否承担清偿责任,其关键在于第三人的善意。在日常家事代理权范围外的表见代理,对第三人的善意存在较高的标准,以第三人是否知道该约定进行区分,如夫妻双方实行分别财产制的约定,第三人对该约定不知情,非举债方仍可能基于债权人的表见代理而形成的债务承担清偿责任。

三、以债务的类型化确定夫妻共同债务范围

对夫妻债务采取类型化加以界定,可以直接有效地解决夫妻债务认定不清的问题。如《法国民法典》以家事代理权建立夫妻共同债务的基础,第 220 条规定,为了家庭的共同生活的需要,夫妻各方均有权单独订立旨在维持家庭日常生活与教育子女的合同。夫妻一方所缔结的此类合同对另一方具有连带约束力。但以下情形除外:一是夫妻一方所缔结的合同相对于家庭生活状况而言明显过分的开支,对家庭无益,合同的相对方是出于恶意;二是夫妻一方所缔结的合同,是未经对方同意的以分期付款的方式进行的购买或借贷。如果此种购买与借贷数量较少且是家庭日常生活所必需的,不在此限。[②]《法国民法典》第 1409 条直接援引第 220 条作为夫妻共同债务的根据,规定应由夫妻共同财产负担的共同债务包括:(1)因日常家事代理权而产生的债务;(2)在共同财产制期间发生的其他债务,视情况而定;(3)夫妻在婚姻关系存续期间缔结的具有连带性质的债务。可见,《法国民法典》的上述规定将夫妻共同债务类型化,同时针对不同的夫妻债务规定不同的清偿规则,对夫妻一方依法行使日常家事代理权所产生的债务,债权人可以要求扣押夫妻另一方所得的收益与工资;夫妻各方对以自己的名义所负共同债务负全部清偿责任;夫妻各方对其配偶原因由共同财产负担的债务,仅就其一半负清偿责任。夫妻财产分割之后,在终止之日起 9 个月内,依法造具财产清册,各方以分得共同财产为限对共同债务承担责任。如果夫妻一方已清偿的债务超过其应负担的部分,就已超出部分对另一方享有求偿权。《意大利民法典》第 186 条也规定,

---

① 王利明、杨立新、王轶、程啸:《民法学》,法律出版社 2017 年版,第 228 页。
② 陈苇主编:《外国婚姻家庭法比较研究》,群众出版社 2006 年版,第 177 页。

由夫妻共同财产负担的债务有：取得共同财产之时设立的所有负担和义务；为管理共同财产支出的费用；维持家庭生活的费用、培养、教育子女的费用以及夫妻双方为家庭利益共同或分别承担的债务；任何一项由夫妻双方共同承担的债务。在无法以夫妻共同财产清偿的情况下，债权人可以请求用夫妻任何一方的个人财产清偿债务，但以满足债权额半数为限。[①]因此，我国应借鉴上述的相关规定，对夫妻共同债务的类型化做出明确规定，且如何以共同财产承担夫妻共同债务的清偿责任，也应予以界定。

有学者就 60 万份裁判文书统计分析，构成夫妻共同债务的主要类型有：[②]（1）基于夫妻双方合意的债务；（2）用于家庭生活产生的债务；（3）为家庭共同生产经营所负债务；（4）为履行法定义务的所负债务；（5）因非举债的夫妻另一方未尽举证责任的债务。而没有被认定为夫妻共同债务的主要类型是：（1）债务发生在婚前或者离婚后；（2）债务发生在夫妻感情破裂、分居期间；（3）因夫妻一方个人财产的取得、管理所负债务；（4）非法债务；（5）非用于共同日常生活、共同经营而产生的债务；（6）债权人未能尽到举证责任的债务。因此，综合上述的司法实践中界定为夫妻共同债务的主要类型，借鉴《法国民法典》等夫妻债务类型化的相关规定，我国应采用概括和例举条款相结合方式，明确夫妻共同债务范围，以原则性的规定将日常家事代理权范围内的债务确定为夫妻共同债务，并在此基础上先列举主要类型的债务为夫妻共同债务，并采用兜底条款明确规定婚姻家庭共同生活需要所负的债务为夫妻共同债务。

（1）日常家事代理权范围内的债务推定为夫妻共同债务。我国应明确夫妻为共同生活所生债务属于日常家事代理权范围内的债务而推定为夫妻共同债务。日常家事代理权的债务包括家用债务，即在婚姻关系存续期间由一方缔结并用于家庭生活而负担的债务；共益债务，即在婚姻关系存续期间管理财产的一方在日常家事范围内为夫妻共同利益而缔结的债务。日常家事代理权范围内的夫妻债务，一方面将债的用途限于婚姻家庭共同生活，另一方面将债的产生时间限于婚姻关系存续期间。[③] 而"家庭日常生活需要"应将衣食住行、医疗保健、交通通信、文娱教育等所负的债务，结合债务金额、举债次数、债务用途、家庭收入状况、消费水平、当地经济水平和一般社会生活习惯等予以综合判断。[④]

（2）日常家事代理权之外的债务如何认定为夫妻共同债务还是夫妻个人债务，应根据不同的类型加以界定。借鉴多数国家的夫妻债务制度，夫妻共同债务的主要类型有：①共签债务：由夫妻双方共同对外缔结的债务，无论婚前或婚后，无论用途是否用于婚姻家庭生活或生产经营，无论是否突破日常家事代理权范围，只要夫妻双方共同签字确认的债务，除非是非法或欺诈胁迫等意思表示不真实的债务外，均应认定为夫妻共同债务。②合意债务：该种债务是指在婚姻关系存续期间，夫妻一方经另一方同意或事后追认而缔结的债务。夫妻在没有经过另一方授权同意的情况，除非符合表见代理构成要件，否则债权人不能向非举债方主张清偿责任。③商事债务：在婚姻关系存续期间夫妻双方因共同进行商事生产经营所产

①　陈苇主编：《外国婚姻家庭法比较研究》，群众出版社 2006 年版，第 197 页。

②　蔡立东、刘国栋：《60 万份裁判文书看夫妻共同债务的认定逻辑与改革方向》，《中国应用法学》2019 年第 2 期。

③　陈法：《我国夫妻共同债务认定规则之检讨与重构》，《法商研究》2017 年第 1 期。

④　详见《江苏省高级人民法院家事纠纷案件审理指南》（苏高法〔2019〕474 号）。

生的债务为夫妻共同债务,夫妻一方在商事生产经营中未经过另一方同意所负的债务,原则上应认定夫妻个人债务,除非因此增加夫妻共同财产的情形。

四、明确夫妻共同债务的清偿责任

1. 夫妻共同债务不是必然的夫妻连带债务

连带清偿责任建立在连带之债基础上,而连带之债以法律规定或当事人约定而成立。[①]从有关的法律规定分析,我国立法并没有明确规定夫妻双方对夫妻共同债务承担连带清偿责任。1980 年《婚姻法》第 32 条[②]虽没有出现"夫妻共同债务"的表达字样,但作为涉及夫妻债务问题的唯一条款,该条款规定了离婚的法律后果,强调"夫妻共同生活所负的债务"由共同财产偿还。对于共同财产不足清偿的情况,该条款没有作出后果性的规定,仅仅提出"协议清偿或法院判决"。可见,该条款强调共同财产优先偿还,并没有建立夫妻连带清偿责任。也有学者因此认为,以"共同财产清偿"的立法本意,是指从夫妻共有财产中先用于清偿夫妻共同债务,然后再对剩余的夫妻共有财产进行分割。但清偿时以共同财产为限,清偿后不剩共同财产的,不再分割;共同财产清偿债务不足的,剩余的债务消灭。[③]

最高人民法院 1993 年《关于人民法院审理离婚案件处理财产分割问题的若干意见》,第 17 条进一步规定:"夫妻为共同生活或为履行抚养、赡养义务等所负的债务,应认定为夫妻共同债务,离婚时应当以夫妻共同财产清偿"。该司法解释首次以"夫妻共同债务"表达方式来规定其认定依据,但同样仅仅明确"以夫妻共同财产清偿"。因此,在 1980 年《婚姻法》及其相关的司法解释中,均强调以夫妻共同财产清偿,并没有涉及连带清偿责任,更没有规定以个人财产对夫妻共同债务承担偿还责任。

2001《婚姻法》(修正案)第 41 条在此基础上规定:"离婚时,原为夫妻共同生活所负的共同债务,应当共同偿还。共同财产不足清偿的,或财产归各自所有的,由双方协议清偿;协议不成时,由人民法院判决"。该条款删除 1980 年《婚姻法》第 32 条就个人债务清偿责任的规定,专门针对共同债务的清偿责任作出规定,将"共同财产偿还"改为"共同偿还",强调的是夫妻双方对共同债务负有共同清偿的责任,至于是以共同财产清偿还是用其他方法清偿尚在其次。[④] 由于该规定体现在第四章"离婚"中,因此更多地着眼于解决离婚导致的夫妻共同财产分割问题,为婚姻当事人清偿债务创造便利,至于是"先清偿,后分割"还是"先分割,后清偿",只要属于"共同清偿",在所不问。但该条款对共同财产不足清偿后的责任问题,仍然没有作出明确的规定,仅规定"共同财产不足清偿"的情况下,"双方协议或法院判决",并没有就此定性离婚后的夫妻对此承担连带清偿责任。

因此,无论是 1980 年《婚姻法》还是 2001 年《婚姻法》(修正案),可以说,在最高人民法院《婚姻法司法解释二》颁布之前,从我国婚姻立法和相关司法解释的规定分析,均无法扩张

---

① 参见《中华人民共和国民法通则》第 87 条。

② 1980 年《婚姻法》第 32 条规定:"离婚时,原为夫妻共同生活所负的债务,由共同财产偿还。如该项财产不足清偿时,由双方协议清偿;协议不成时,由人民法院判决。男女一方单独所负债务,由本人偿还"。

③ 杨立新:《亲属法专论》,高等教育出版社 2005 年版,第 355 页。

④ 蒋月:《夫妻的权利与义务》,法律出版社 2001 年版,第 207 页。

理解为夫妻双方应无条件地负担夫妻共同债务的连带清偿责任。现行的 2001 年《婚姻法》（修正案）第 41 条只是明确了共同财产优先偿还夫妻共同债务的效力,并没有规定夫妻共同债务的完整效力。至于"共同偿还"是解释为共同债务人对共同债务承担连带清偿责任,任一债务人皆可以偿还而达到债的消灭；[①]还是解释为共同债务人必须作为一个整体共同偿还,任一债务人因不发生"共同偿还"而无法实现债的消灭,仍然存在争议。笔者认为,既然夫妻作为夫妻共同债务的"共同债务人""共同偿还",那么,必须以共同债务人的共同财产才能"共同偿还",若夫妻共同财产不足"共同偿还"的情况下,"共同偿还"只能解释为共同债务人就剩余债务拿出"共同份额"的个人财产加以偿还,并不发生连带清偿责任。非举债方没有参与"夫妻共同债务"的缔结,其在婚前取得的或离婚后产生的个人财产与夫妻共同生活无关,不会产生连带清偿夫妻共同债务的效力。

2. 夫妻双方对合意和日常家事范围内的夫妻共同债务承担连带清偿责任

夫妻债务的形成,从举债的主体进行分类,主要有夫妻合意举债和夫妻一方举债两种情形。夫妻在婚姻关系存续期间事先明示合意或事后追认形成合意而对外产生债务,无论是否用于夫妻共同生活,无论是实行夫妻共同财产制还是夫妻分别财产制,夫妻因对外合意举债而导致夫妻双方构成共同债务人,夫妻双方理应承担清偿债务的责任,这是自负其责的必然结果。与此,正是基于夫妻的身份关系,可以夫妻共同财产清偿,不足的部分由夫妻承担连带清偿责任。因此,对于夫妻合意形成的夫妻共同债务,夫妻双方不仅以夫妻共同财产,而且以夫妻个人财产承担连带清偿责任。

日常家事代理权范围内的债务,视为夫妻双方的行为,此类夫妻共同债务,虽是夫妻一方举债但在日常家事代理权范围内必然约束另一方,因此夫妻双方应以全部财产包括共同财产和个人财产承担连带清偿责任。

3. 非举债方基于夫妻共同生活而承担夫妻共同债务的有限清偿责任

夫妻一方以个人名义对外交往中产生的债务,在外部关系中是举债方的个人债务,但因是夫妻共同生活或自身需要的目的不同,因是否属于日常家事代理权范围的不同,因非举债方是否分享债务带来的利益不同,而产生是否识别为夫妻共同债务的不同,进而承担的债务清偿责任的不同。依据《婚姻法》（修正案）第 41 条的规定,非举债方为"夫妻共同生活"的债务为夫妻共同债务。夫妻之间在婚姻关系存续期间,只能就"日常生活需要"具有代理权,对另一方产生拘束力。对于一方超出日常生活需要范围的举债,非属于日常家事代理权的范围,不能当然认定为是夫妻共同债务。日常家事代理制度的合理性不能推导出"推定共同债务"规则。[②] 只有立法明确规定日常家事代理权的适用范围,才能有效地保护交易相对方和夫妻另一方的合法权益。《法国民法典》存在相关规定,只有在夫妻一方依法行使日常家事代理权所产生的债务,债权人方可扣押配偶所得的收益与工资。因此,日常家事范围之外的事务,非举债的夫妻一方是否负连带责任或对第三人是否产生效力,须获得夫妻一方的授权或以第三人是善意还是恶意进行判断。

在共同财产制为基本形态的夫妻财产制下,夫妻双方对共同财产均有管理和处分权。如果夫妻一方滥用权利的行为,不仅由夫妻共同财产承担责任,而且使夫妻个人财产对对方

---

① 郭丽红:《冲突与平衡:婚姻法实践性问题研究》,人民法院出版社 2005 年版,第 158～159 页。
② 裴桦:《夫妻共同财产制研究》,法律出版社 2009 年版,第 221 页。

行为承担责任,必然损害夫妻另一方的权益。将在婚姻关系存续期间夫妻一方所产生的债务"推定个人债务"作为基本规则,以日常家事代理权范围内产生的债务为夫妻共同债务作为必要补充,既符合债的属性和债法的基本原则,又最大限度地维护婚姻当事人和交易债权人的双方利益。婚姻法作为民法的特别法,民法的交易安全和婚姻法的婚姻安全的两者立法价值不可偏废。保障债权人利益的同时,也应尽可能保护婚姻当事人的个人财产,将婚姻当事人的个人财产与非本人行为所造成的债务进行隔离,非举债方的责任财产范围应与共同财产制对应,未举债一方最多是因夫妻共同生活享受了举债方的债务资金的所有权,即使该债务或者其转化物全部或部分转移给了非举债一方,该方也只能在其"实际接收及所收益范围内"承担清偿责任,[①]其责任财产至多是夫妻共同财产,不应扩大到其个人财产。最高人民法院在《〈民法通则〉适用意见》第 43 条就规定:"在夫妻关系存续期间,一方从事个体经营或者承包经营的,其收入为夫妻共有财产,债务亦应以夫妻共有财产清偿"。该条款清晰地表达出非举债方在因夫妻共同财产制而享有举债方的债务利益的情况下,仅以夫妻共有财产为限清偿举债方产生的债务。因此,夫妻共同债务是以夫妻共同财产作为一般财产担保的债务,是在夫妻共同财产的基础上设定的债务,非举债方只能以夫妻共同财产为限承担清偿夫妻共同债务的责任。对于夫妻一方为经营行为而产生的债务,因夫妻一方经营而另一方不参与,虽然经营方名下的收入和资产按照婚后所得共同财产制为夫妻共同财产,但配偶方客观无法控制经营,其所得的财产往往也只有在离婚时分割财产时方能体现一方经营所得为共同财产,因此其承担债务的形式应当是有限连带而不是无限连带,既然配偶一方的个人财产与夫妻共同生活或共同财产并无关联,就不应作为清偿夫妻共同债务的责任财产范围。[②]

(1)基于债的相对性,夫妻共同债务清偿责任不涉及非举债方的个人财产

债的形成是债权人与债务人双方相互选择的结果,是双方间相互信赖的结果。债权债务关系的发生多以当事人意思自治为基础,在债权人与夫妻一方所形成的债权债务关系中,是债权人对形成债权债务关系的夫妻一方个人资历、能力和信用的信任,而不涉及债的当事人之外的第三人包括非举债的夫妻另一方。[③] 债权人在借债时,注重的是交易对象自身的信誉和资质,而非交易对象是否婚配、配偶如何、背景如何等。在债的外部法律关系中,当夫妻一方以个人名义与第三人进行法律行为时,无论是缔结债务还是其他法律行为,无论是承担债务还是获得利益,均是个人承担或享有。即使在共同财产制下,夫妻财产共同共有,债权人愿意将款项出借给债务人,也只能基于有理由相信夫妻一方的举债行为是以夫妻共同财产为担保,而不是建立在非举债的夫妻另一方的个人财产的基础上。债权是一种相对权,是特定债权人对特定债务人的权利,债的相对性是债的基本法律属性。因此,债的核心是给付,意味着债权的核心内容只是请求权而非支配权。因夫妻共同生活而产生夫妻共同债务,无论主观上是"为夫妻共同生活"所需,还是客观上产生"夫妻共同生活"需要,就债的相对性

---

①　刘正祥:《基于债权人利益保护的夫妻债务承担研究》,《西南交通大学学报(社会科学版)》2009 年第 3 期。

②　杨晓蓉、吴艳:《夫妻共同债务的认定标准和责任范围——以夫妻一方经营性负债为研究重点》,《法律适用》2015 年第 9 期。

③　裴桦:《夫妻共同财产制研究》,法律出版社 2009 年版,第 223 页。

而论,均止于夫妻共同生活。非举债方没有参与举债,没有作出举债的意思表示,债权人无法从此债中推出非举债方以其个人财产为此清偿的承诺,因此,无法牵涉到非举债方的个人财产。

(2)夫妻共同债务不是共有物之债,不存在非举债方连带清偿责任的基础

我国实行法定夫妻财产制和约定夫妻财产制的双轨制。婚后所得共同制是法定夫妻财产制,在婚姻关系存续期间夫妻一方所得和双方共同所得的收入和财产,归夫妻双方共同所有。这里的"夫妻共同所有"是否属于物权法中的共有物关系?我国《物权法》第102条规定,因共同的不动产或者动产产生的债权债务,在对外关系上,共有人享有连带债权、承担连带债务,但法律另有规定或者第三人知道共有人不具有连带债权债务关系的除外。该条款强调的是因共有的不动产或动产而产生债务,共有人承担连带债务。在共同共有财产上,设定负担是由共有人共同实施民事行为为之,是共有人使用共有财产的过程中而形成的债务。当然,单个人在设定共有财产的负担上,如果不违背共有人的意志,也应当发生效力。[①] 夫妻关系中的非举债方因"夫妻共同生活"而分享举债方的债务利益,或举债方在日常家事代理范围内代理非举债方而产生夫妻共同债务,并不是非举债方与举债方因共同共有的不动产或者动产而产生的债务,而是综合"夫妻关系"的身份和"共同生活"的需要而产生夫妻共同债务,对此不能简单地归属于共有物之债。即使夫妻对婚姻关系存续期间所得的财产共同共有,共有人基此而产生债务,那么对该债务亦限于共同共有的不动产或动产中,因为共有物上产生的债务类似"物上请求权",物上请求权的目的在于维护所有权的圆满状态,非举债方对共有物没有作出举债的意思表示,那么,不可能以其个人财产来填补共有物基础上产生的债务。

(3)非举债方不是基于合伙关系承担共同债务清偿责任

从夫妻共同债务的性质分析,存在"共同债务说"和"合伙债务说"两种不同的观点。但共同债务与连带债务不同:共同债务是单数债,各当事人对外以一个整体形式存在,体现在诉讼程序上属于不可分之诉,须以所有当事人作为共同被告,以一个共同的身份参与诉讼,且判决效力当然及于各当事人,是主体之间形成共同财产后内在逻辑的必然要求;而连带债务是复数之债,各债务人彼此独立,相互间基于共同的目的而被连带,对外展现的依然是数个独立的个体。[②]所以,连带债务的任一债务人对外清偿债务时,不得拒绝超过自己负担部分的债务,而对内而言则产生补偿请求权,对外清偿的债务人有权向其他债务人请求偿还各自负担的部分。而共同债务的当事人之间并不必然产生内部追偿问题,如台湾地区"民法典"第1038条第1款规定"共同财产所负之债务,而以共同财产清偿者,不生补偿请求权"。因此,从理论上分析,共同债务与连带债务存在本质上的区别,共同债务不必然产生连带清偿责任。夫妻共同债务本质上是夫妻身份所产生的共同债务,而连带债务并不一定基于共同关系,只要法律规定或合同约定,是债务的一种承担方式而已。

有学者将婚姻关系类比为合伙关系,夫妻共同债务与合伙债务存在一定的相似性,婚后所得共同财产制决定夫妻对共同财产是共同共有,决定了共同共有人的团体性,决定在对外

---

① 杨立新:《共有权理论与适用》,法律出版社2007年版,第56页。

② [日]我妻荣:《新订债权总论》,王焱译,中国法制出版社2008年版,第356页。

债务关系上的一致性。① 但就合伙债务的性质而言,合伙债务是典型的共同债务,是在合伙关系存续期间产生的债务,不是合伙人的个人债务,是与合伙事务和合伙团体有关的债务。关于合伙债务的清偿责任存在三种不同的立法例:一种是无限连带责任,即合伙人除以合伙财产为一般担保负有限责任外,并以合伙人自己的个人财产为担保负连带清偿责任;一种是分担无限责任,各合伙人就合伙债务,仅就其分担部分负清偿的无限责任,合伙人并不当然承担无限连带责任;一种是连合分担无限责任,合伙人对合伙债务由按股份分担之意,如合伙人无力清偿的,应由其他合伙人按股份分担偿还。② 因此,即使是合伙债务,也存在不同的清偿责任。我国《合伙企业法》第38条规定合伙企业对其债务,应先以其全部财产进行清偿。第39条接着规定,合伙企业不能清偿到期债务的,合伙人承担无限连带责任。可以理解,我国《合伙企业法》是对合伙债务实行无限连带清偿责任的立法例。可见,合伙债务,并不必然导出连带清偿责任。有学者认为夫妻所组成的家庭是非营利性的个人合伙组织,夫妻应对共同所负债务像合伙组织一样承担无限连带责任。③ 但是,夫妻共同债务不同于合伙债务,合伙人在合伙资产不足时以个人财产承担补充连带责任,是因为合伙人之间造成合伙纯粹是以盈利为目的,虽然存在一定的人合性,但即便为参与管理经营的普通合伙人,也应对合伙企业的发展和可能承担的无限连带责任风险有所预期。而夫妻关系,经济原因是其中的因素,更重要的是感情因素,对于配偶方未能预期夫妻另一方产生的债务风险,不能以其个人资产承担。

总之,就夫妻共同债务的性质,无论存在何种分歧,首先应承认夫妻共同债务具有共同债务的性质,但共同债务并不是当然的连带债务。即使认为夫妻关系具有合伙关系的性质,合伙债务作为共同债务的代表,那么,夫妻共同债务成立后,当共同财产不足清偿时,夫妻承担什么性质的责任? 夫妻是否需要以个人财产对此承担连带清偿债务,仍然根据不同的立法例,需要在各国选择各自的立法例后以法律形式作出明确的规定。何况,婚姻关系实质上无法等同于合伙关系,且我国现行《婚姻法》(修正案)对"共同财产不足清偿共同债务"的情形并没有作出明确的规定,仅仅是规定以协议或判决进行清偿。因此,从合伙关系也无法推导出非举债方以个人财产对夫妻共同债务承担连带清偿责任。

(4)非举债方正是基于夫妻共同生活承担夫妻共同债务的清偿责任

从《婚姻法》(修正案)第41条的立法原意探究,非举债方只有与举债方在婚姻关系存续期间"为夫妻共同生活",在夫妻共同生活中占有或享受举债方的债务利益,才得以"共同偿还"举债方的债务。"夫妻共同生活"是"共同偿还"的基础和原点,仅有夫妻身份而没有"夫妻共同生活"基础的债务,非举债方就不存在"共同偿还"的支点。因此,以"为夫妻共同生活"的债务用途来界定夫妻共同债务,将举债的目的与用途直接联系,此反映夫妻共同债务的本质。非举债方因从该用途的债务享有了利益,从权利义务相一致出发,因而才应承担夫妻共同债务的清偿责任,但非举债方仅是因为在夫妻共同生活过程中享有举债方带来的债务利益,故非举债方承担该债务的责任基础在于夫妻共同财产。

① 胡苷用:《婚姻合伙视野下的夫妻共同财产制度研究》,法律出版社2010年版,第98页。
② 杨立新:《共有权理论与适用》,法律出版社2007年版,第401页。
③ 刘莉、张雨梅:《浅议夫妻共同债务清偿问题的立法缺陷及完善》,载万鄂湘主编:《婚姻法理论与适用》,人民法院出版社2005年版,第270页。

4. 非举债方清偿夫妻共同债务的责任财产限于夫妻共同财产范围内

（1）婚后所得共同财产制下的积极财产和消极财产

长期以来，理论界普遍认为共同财产制最符合我国婚姻伦理的本质和文化习俗，有着其他财产制不可比拟的优势。但共同财产制对于保障夫妻个人财产权益和交易安全仍存在局限性，容易出现夫妻一方不能未经对方同意而擅自行使共同财产权，进而不能满足夫妻个人的某些特殊经济需要的情形。[1]另者，在共同财产制下，仍然存在夫妻共同财产和夫妻个人财产之分，因此，夫妻相互间，及与之为法律行为的第三人，在婚姻关系存续中，应不断地注视此多种财产的性质及了解各种财产所担保债务之范围，否则自身权益难以有效保障。[2]我国《婚姻法》（修正案）第 17 条实行婚后所得共同财产制，夫妻共同财产是夫妻共同所有的财产的外在表现形式，但这里强调的是夫妻财产所有权形式，体现的是夫妻财产关系。在这种所有权下，夫妻双方对共同财产行使共同财产管理权，但夫妻各方对其个人财产仍具有占有、管理、收益、处分的权利。

夫妻共同财产和个人财产体现了家庭和个人不同的价值。婚姻承载着组织家庭生活的功能，这些功能的实现依赖着其物质基础即共同财产。因此，婚姻关系在产生配偶的身份关系的同时，也产生配偶的财产关系，配偶权和夫妻共有财产权两者相互依赖，离开共有权的依赖，配偶权就失去了物质基础。[3] 婚后共同财产制使得夫妻所组成的生活共同体具有其物质基础——共同财产，这种共同财产的所有权归属夫妻双方共同所有。因此，夫妻在婚姻关系存续期间创造夫妻共同财产的同时，也因夫妻共同生活而产生夫妻共同债务。夫妻共同财产制产生的结果既有积极财产，又有消极财产。在夫妻共同财产制下，夫妻一方对外负债的收益属于夫妻共同财产，债务也被认定为夫妻共同债务。这时由于实行的是共同财产制，导致举债方的财产与非举债方配偶一方的财产混同而合为一体。而婚姻虽创设夫妻配偶身份，但夫妻共同体却不具有独立的民事主体地位，因此不可能以"夫妻共同体"为主体对外承担责任。共同债务既然是基于共同财产而成立，当然是以共同财产为其责任财产范围。因此，消极财产的债务也只能以夫妻共同财产作为债的担保，非举债方因该债务与伴随清偿责任，因此而产生的夫妻共同债务的清偿责任基础也在于夫妻共同财产。[4] 因此，共同财产制并不必然是连带清偿责任的基础。

（2）非举债方的个人财产与夫妻共同债务无关

夫妻个人财产是指夫妻在实行共同财产制的同时，依照法律规定或者双方约定，各自保留一定范围的财产为个人所有，独立享有对该项财产的占有、管理、使用、收益和处分权。[5]夫妻的个人财产是以共同财产制为前提，是对婚后所得共同财产制的补充和限制。根据我国《婚姻法》（修正案）第 18 条的规定，个人财产主要包括夫妻一方的婚前财产、具有人身性质或与人身相关的财产、遗嘱或赠与合同中确定只归夫或妻一方的财产等其他应当归一方

[1] 陈苇：《中国婚姻家庭法立法研究》，群众出版社 2000 年版，第 206 页。
[2] 戴东雄：《亲属法论文集》，台湾东大图书公司 1988 年版，第 166 页。
[3] 杨立新：《亲属法专论》，高等教育出版社 2005 年版，第 347 页。
[4] 杨晓蓉、吴艳：《夫妻共同债务的认定标准和责任范围——以夫妻一方经营性负债为研究重点》，《法律适用》2015 年第 9 期。
[5] 杨大文主编：《亲属法》，法律出版社 2004 年版，第 133 页。

的财产。

婚前财产是夫妻一方在婚姻缔结前取得所有权的个人财产，不因婚姻关系的延续而发生向共同财产的转化，永远是个人财产。我国民法没有规定物权取得时效制度，个人财产不因婚姻存续期间而发生所有权的改变，因此，婚前财产的取得与夫妻共同生活无关。同样，婚前债务也应由个人财产偿还。但婚前的个人债务作为消极财产，为家庭共同生活所用，那么就已转化为夫妻共同财产，亦由夫妻共同财产加以偿还。① 《法国民法典》第 1433 条也规定：“只要夫妻的共同财产从一方配偶的自有财产中取得利益，均应以共同财产对该一方配偶给与补偿”。这是夫妻共同财产与个人财产之间的补偿。

对于夫妻一方因身体受到伤害而获得的医疗费、残疾人生活补助费、保险赔偿金、个人专用的生活用品等与人身密切相关的个人财产，非因夫妻共同生活而产生，当然不需要用以偿还夫妻共同债务。在遗嘱或赠与合同中，被继承人或赠与人明确表示将财产转给夫妻一方的，排除配偶另一方的财产权利，从尊重原财产所有人设定财产转移的意思表示出发，该类型的个人财产不作为清偿夫妻共同债务的责任财产。因此，婚前个人财产及离婚后取得财产属于非举债方的个人财产，与夫妻共同生活并无关联，非举债方偿还夫妻共同债务仅应以其与举债方的夫妻共同财产为限，非举债方的个人财产不应作为偿还涉案夫妻共同债务的责任财产。

（3）非举债方以夫妻共同财产为限承担共同债务的责任基础

婚姻法调整的是婚姻内部关系，即夫妻之间的关系，婚后所得共同财产制从夫妻财产制的性质而言，也是关注婚姻存续期间的财产权利和财产义务。而民法调整婚姻外部关系，即夫妻与第三人之间的关系。因此，从民法的债权性质、意思自治和自负其责的原理出发，举债方作为债务人应对债权人承担清偿债务的责任，非举债方并非是债权人，只是基于与举债方存在婚姻内部关系，才就举债方对外产生的夫妻共同债务承担清偿责任。那么，既然非举债方没有对外作出举债的意思表示，为什么因婚姻关系就应承担夫妻共同债务的清偿责任呢？婚姻当事人缔结婚姻的目的在于夫妻共同生活，在共同生活中夫妻双方不可能事必躬亲，这就产生日常家事代理权。日常家事代理权是明确夫妻共同债务的立法基础。基于婚姻关系而直接推定夫妻承担清偿责任的范围只限于为夫妻共同生活的家事范围即生活性债务，经营性债务应纳入社会经营范畴而不适用日常家事代理权。超越日常家事范围而举债，除非另一方追认而成为共同债务人，否则应当认定为举债方的个人债务。

（4）夫妻共同财产包括婚姻关系存续期间的共有财产和离婚分割所得的共同财产

非举债方以夫妻共同财产为限承担清偿责任，这里的“共同财产”不仅包括在婚姻关系存续期间夫妻双方或一方所得的财产，也包括非举债方在离婚时依法或以约定分割到的夫妻共同财产。

夫妻共同财产的界定，是以非举债方和举债方在婚姻关系存续期间所得的财产为范围。但是，在复杂的社会生活中，某项财产的归属存在争议，难以界定是夫妻共同财产还是个人财产。最高人民法院 1993 年《离婚财产分割意见》第 7 条：“对个人财产还是夫妻共同财产难以确定的，主张权利的一方有责任举证，第三人举不出有力证据，人民法院又无法查实的，

---

① 《婚姻法司法解释二》第 23 条：“债权人就一方婚前个人债务向债务人的配偶主张权利的，人民法院不予支持。但债权人能够证明所负债务用于婚后家庭共同生活的除外”。

按夫妻共同财产处理"。但共同财产推定规则没有被我国婚姻立法所明确。从各国的共同财产推定规则分析,如《法国民法典》是实行夫妻共同财产制国家,第 1422 条规定:"任何财产,不论是动产还是不动产,如不能证明其依据法律规定属于夫妻一方的自有财产的,均视为共同财产"。日本是实行夫妻分别财产制国家,第 762 款规定:"夫妻间归属不明的财产,推定为共有"。可见,无论是共同财产制国家还是分别财产制国家,多数国家都存在共同财产推定规则。① 因此,我国《婚姻法》实行婚后所得共同财产制,更有必要设立夫妻共同财产推定规则。

总之,非举债方若与举债方存在婚姻关系,双方或一方在婚姻关系存续期间的所得均属于夫妻共同财产,应以此范围内的财产清偿夫妻共同债务;非举债方若与举债方离婚,以离婚判决书或离婚调解书或离婚协议中确定分割的夫妻共同财产为限清偿夫妻共同债务。对不能证明是夫妻共同财产还是个人财产的,推定为夫妻共同财产,作为清偿夫妻共同债务的责任财产范围。

在司法实践中,江苏省高级人民法院 2016 年公布的典型案例中出现非举债方以夫妻共同财产为限清偿夫妻共同债务的判决。② 在该判决书中,法院认为:涉案债务被认定为夫妻共同债务的原因不是非举债方实际参与了合伙经营活动,也不是夫妻之间就涉案债务存在举债合意,而是基于我国婚后所得共同财产制的法律规定,夫妻对婚后一方取得的财产存在共同所有的关系,成为夫妻共同生活的一部分,则与该财产相对应的债务也属于夫妻共同债务。正因为此,对该债务承担偿还责任时,非举债方的责任财产范围也应与该财产制相对应,即与夫妻共同生活无关的财产应排除在外。而在本案,非举债方的婚前个人财产及离婚后取得的财产属于个人财产,与夫妻共同生活并无关联,因此,偿还涉案的夫妻共同债务仅应以共同财产为限,非举债方的个人财产不应作为责任财产。但夫妻中的举债方作为借款人,其举债的行为表明其有将个人全部财产作为责任财产的意思表示,包括夫妻共同财产中其享有的部分,故举债方仍应以个人全部财产及夫妻共同财产中所享有的部分对涉案债务承担清偿责任。

5. 反思《婚姻法司法解释二》夫妻共同债务推定下连带清偿责任的不合理性

每个个体是私法上最基本的行为主体,个人责任自负是私法基本原则。从夫妻财产制的发展进程分析,婚姻与财产的日趋分离,夫妻人格日趋独立,夫妻个人财产权益日趋彰显,立法日趋侧重维护夫妻个人独立主体的合法权益。"连带责任"的目的是为了使债权的索取和债务的清偿更为便利,强调的是在责任负担和权利享有上的"整体性",每一债权人有请求整体给付的权利或每一债务人有整体给付的义务,这时的夫妻双方对外呈现一个整体,夫妻一方的行为由夫妻双方负责,将夫妻共同体看成一个与自然人、法人并列的第三类民事主体。《婚姻法司法解释二》第 24 条是基于婚姻作为共同体而存在,夫或妻个人的人格部分被吸收进婚姻共同体,婚姻共同体就像一个面纱一样遮住了夫或妻个人,夫或妻以个人名义举债时,首先是作为婚姻共同体的代表承担债务,只有在个人的意志以一种明确的方式凸显出来,从而得以超越婚姻的面纱时,个人才能脱去婚姻共同体代表的身份,而以个人的身份形

---

① 裴桦:《夫妻共同财产制研究》,法律出版社 2009 年版,第 137~143 页。
② 详见江苏省高级人民法院(2014)苏民再提字第 0057 号民事判决书。

成个人债务。① 这种强调夫妻在身份及财产上的对外连带性,使得婚姻充满风险,夫妻共同体沦为"投机者乐园"。② 婚姻关系的成立,虽为创设一个生活共同体,但并不意味着一个新的人格的产生,③夫妻个人人格相互吸收无从论及。 婚姻的本质在于伦理性即让夫妻情感回归本真的状态,婚姻的伦理是婚姻安全的基本要素,从公共政策的角度出发,交易安全和婚姻安全不可偏废,一方对另一方并无绝对的优先性,不存在"作为个人利益的夫妻利益,理当让位于处于更高位阶的代表社会共同利益的交易安全保护的需要"的问题。④ 婚姻当事人缔结婚姻的目的在于共同生活,不必然意味着要求夫妻一方必须为另一方举债承担连带清偿责任,此远远超出当事人缔结婚姻所能预见的程度,并产生严重的不公平。⑤

《婚姻法司法解释二》在夫妻共同债务推定规则上,第 25 条规定夫妻双方对共同债务不因婚姻关系解除而免除清偿责任,且在第 25 条第 2 款出现"一方就共同债务承担连带清偿责任后"的表述,最高人民法院就此解释为"夫妻对婚姻关系存续期间的共同债务应当承担连带清偿责任,这种连带清偿责任不因离婚协议或人民法院裁判文书已对夫妻财产作出分割处理而移转"。⑥ 上述所言,我国《婚姻法》并没有明确规定夫妻共同债务的连带清偿责任,此司法解释的阶位显然低于婚姻法,有超越立法之嫌。 连带责任具有法定性,涉及主体法定、权利法定、行为法定、责任法定等,在《婚姻法》现行规定下,为保持制度稳定,避免司法机关肆意课责,非举债方基于婚后所得共同财产制,应以夫妻共同财产为限清偿夫妻共同债务。 非举债方的责任财产限制在共同财产以及离婚时从共同财产中分得的部分,就是因为举债方的配偶承担债务的原因并非基于自己的意思,而是为了保全共同财产的需求,若让举债方的配偶承担无限制的连带责任,显然超出该制度目的的范围。 既然制度目的在于保全共同财产,那么承担债务的责任财产范围也就是限于共同财产以及离婚后从共同财产中分得的部分,而不应当及于配偶的婚前个人财产以及离婚后重新获得的个人财产,这从债权人的角度而言,也符合债权人借款时的预期利益。⑦

6. 建立离婚财产清算制度

夫妻债务制度虽然应在夫妻财产制度中加以明确规定,但夫妻离婚和一方死亡均导致婚姻的终止而引发夫妻财产制的终结。我国以婚后所得共同财产制为夫妻法定财产制,婚姻关系的终止导致夫妻共同财产制的终结,两者均应当对婚姻财产进行分割或清算。我国《继承法》第 26 条规定:"夫妻在婚姻关系存续期间所得的共同财产,除有约定的以外,如果分割遗产,应当先将共同所有的财产的一半分出为配偶所有,其余的为被继承人的遗产"。离婚是婚姻的解体或婚姻的死亡,也诸如被继承人死亡,发生婚姻财产的清算。离婚财产清算是因婚姻解体所产生的重要财产效力,离婚导致共同财产的分割就是离婚财产清算的体

① 尚晨光:《婚姻法司法解释(二)法理与适用》,中国法制出版社 2004 年版,第 81 页。

② 贺剑:《论婚姻法回归民法的基本思路——以法定夫妻财产制为重点》,《中外法学》2014 年第 6 期。

③ 史尚宽:《亲属法论》,中国政法大学出版社 2000 年版,第 110 页。

④ 唐雨虹:《夫妻共同债务推定规则的缺陷及重构——〈婚姻法司法解释(二)〉第 24 条之检讨》,《行政与法》2008 年第 7 期。

⑤ 魏小军:《论我国夫妻共同债务推定规则》,《昆明理工大学学报(社会科学版)》2009 年第 11 期。

⑥ 最高人民法院民事审判第一庭编:《最高人民法院婚姻法司法解释(二)的理解与适用》,人民法院出版社 2004 年版,第 227~228 页。

⑦ 龙俊:《夫妻共同财产的潜在共有》,《法学研究》2017 年第 4 期。

现。在社会经济活动中,共同财产分割的原因多样,《婚姻法司法解释三》第 4 条虽就非常情形下的共同财产分割问题做出规定,但我国缺失离婚财产清算制度,仅仅规定离婚共同财产分割的基本规则。财产存在载体,一个团体没有任何可供自己支配的财产,也就失去了存在的物质基础,婚姻的解体意味着婚姻共同体丧失了产生共同财产的基础,离婚在分离夫妻身份的同时,在财产方面也发生解体的清算,因此,应构建离婚财产清算制度:

(1)编制共同财产表和个人财产表及债权债务清单。《德国民法典》第 1379 条第 1 款①和《美国加州家事法》第 2100-2133 条②均规定夫妻财产关系终止时,彼此提供或报告财产状况的义务,尤其是应披露债务情况。在此基础上,厘清共同财产和个人财产的范围,厘清夫妻共同债务和个人债务的金额。对于无法清晰是夫妻债务还是个人债务的,以在婚姻关系存续期间夫妻一方所产生的债务推定个人债务为基本规则,以日常家事代理权范围内产生的债务推定为夫妻共同债务作为必要补充来界定夫妻债务的类型。

(2)变现非货币性的资产,明确婚姻共同财产的金额。夫妻共同财产是夫妻共同债务偿还的物质基础,离婚财产清算应划清夫妻共同财产和个人财产的金额范围。法国法和德国法均规定在分割共同财产前,先将个人财产从共同财产中取回,以保障婚姻财产的纯正性。《法国民法典》第 1467 条、1468 条、1469 条、1470 条规定,共同财产制一经解除,凡是没有进入共同财产范围的财产实物尚在时,夫妻各方均可取回这些财产或者取回用以替代该财产的其他财产,随后得进行共同财产的清算,包括对共同资产与共同负债的清算。《魁北克民法典》第 483 条还规定,财产分割前应当对财产进行评估价值。

(3)以夫妻共同财产清偿共同债务。夫妻共同财产是保障夫妻共同债务清偿的基础。日常家事代理权范围内的债务属于"用于家庭共同生活的债务",是夫妻共同债务,应以夫妻共同财产偿还,而个人债务以夫妻个人财产清偿。我国《澳门民法典》第 1563 条规定:"属共同财产制者,共同财产先用以支付夫妻负责的债务,继而支付其他债务"。夫妻共同财产不足以清偿夫妻共同债务或个人财产不足以清偿夫妻个人债务时,以下述的夫妻债务离婚清偿有限责任来偿还债务。

首先,夫妻共同债务以在婚姻关系存续期间所产生的共同财产为限进行清偿,是婚姻财产离婚清算的第一层限制。共同财产和个人财产具有各自的价值和功能,共同财产和个人财产是共同债务和个人债务的经济基础。将夫妻财产与婚姻作出一定程度的分割,将财产关系从婚姻的枷锁中解放出来,"婚姻归婚姻,财产归财产",净化了婚姻关系的爱情本质。夫妻共同生活期间创造共同财产,也产生共同债务,婚姻的解除导致共同财产和共同债务的清算,因此,夫妻共同债务,必须由夫妻共同财产承担全部清偿责任。对于"夫债妻还",债务人的配偶没有与债权人直接打交道借贷,若债务的资金被用于夫妻共同生活或者夫妻分享共同债务带来的利益的,非债务人的配偶一方在婚姻关系存续期间取得资金的共有权,从权利和义务相一致而言,应共同偿还。但离婚导致共同共有关系的结束,非债务人的配偶一方

---

① 《德国民法典》第 1379 条第 1 款规定:"夫妻财产制终止后,配偶任何一方有义务向另一方提供关于其终结财产现状的情况。配偶任何一方可以请求:在制作依照第 260 条须向其提交的目录时请其参加,并且查明财产标的与债务的价额"。

② 《美国加州家事法》第 2100-2133 条规定,在 1993 年 1 月 1 日之后所开始的离婚诉讼,配偶双方都必须提供最初和最后的资产与负债申报资料给配偶另一方。

所取得的权利仅是债务转为资金的共有权,因此,其所负担的义务也只能以夫妻共同财产为限,而不能及于夫妻个人财产。

其次,在以夫妻共同财产无法清偿全部夫妻债务的情况下,债权人可以请求用夫妻任何一方的个人财产清偿债务,但以满足剩余债权额的半数为限,这是第二层限制。从债的相对性出发,夫妻各方在设立保证和进行借贷时,仅得用其个人特有财产与个人收入承担义务,除非在设立债务时得到配偶的明示同意的不在此限。《德国民法典》第1438条第1款规定,基于在财产共同制存续期间实施的法律行为而发生的债务,仅在管理共同财产的配偶一方实施该法律行为或该方同意实施之,或该法律行为不经其同意也为共同财产的利益而有效力时,共同财产才就该债务负责任。因此,离婚后配偶的自有财产不应该对夫妻共同债务承担无限责任。而"夫债妻还",就是发生在夫妻缔结婚姻后一方单独举债的情形,且离婚并无法解除因"推定夫妻共同债务"所产生的连带清偿责任。此且不说,婚姻的解体导致婚姻财产的清算,既以共同财产无法全部清偿在婚姻关系存续期间所推定的夫妻债务,那么,离婚后的夫妻个人财产对夫妻债务的负担更有必要加以限制。《意大利民法典》第190条所规定的"债权人就夫妻共同债务主张权利的,以满足债权额的半数为限",既满足债权人应有的财产利益,又限制了婚姻当事人在解除婚姻后就夫妻债务的连带清偿责任,有效地平衡了债权人和婚姻当事人的财产权益,值得我国借鉴。

最后,夫妻共同财产中有负债一方的财产份额,若共同财产不能用于清除个人债务,不利于保护债权人利益;但若夫妻共同财产对个人债务承担全部责任下,对非举债的夫妻另一方不公正。因此,夫妻个人债务,由夫妻个人财产承担清偿责任。在无法以夫妻一方的个人财产全部清偿其个人债务的情况下,债权人可以请求用夫妻共同财产清偿,但以该方在共同财产中享有的财产份额为限。《意大利民法典》第189条规定,对于夫妻个人债务,无法以夫妻一方的个人财产清偿其个人全部债务的情况下,夫妻一方在婚姻关系存续期间对应取得但未取得配偶他方同意的特殊管理行为所承担的债务,可以用共同财产清偿,但以该方在共同财产中享有的财产份额为限。《俄罗斯家庭法典》第45条第1款也规定:"对于夫妻一方的债务只能追索该一方的财产。在该财产不足时,债权人为追索债务,有权请求分出作为债务人的夫妻一方在分割夫妻共同财产时应分给该债务人的份额"。

(4)分割剩余财产。我国《婚姻法》以男女平等、保护妇女、儿童等弱势方的合法权益、尊重当事人意愿、有利于生产和方便生活、照顾无过错方等为原则,在离婚时对夫妻共同财产予以合情合理的分配。在清偿夫妻债务后,对剩余的夫妻共同债务按上述原则予以分割。

因此,离婚财产清算制度的构建,有利于明晰夫妻债务范围,防止虚假或伪造债务,避免因单方举债而推定为夫妻共同债务所产生的"夫债妻还"困境,为平等地保护债权人利益和婚姻当事人权益奠定基础。婚姻关系本质上是一种伦理关系,婚姻的缔结并非导致夫妻人格混同,更不能因此成为夫妻共同债务连带清偿的当然归责。离婚财产清算制度和非举债方承担有限清偿责任,是夫妻别体主义立法理念的体现,有利于维护夫妻人格的独立和夫妻个人财产权益,有利于在债权人利益和非举债配偶利益之间寻求平衡,有利于维护离婚两方的经济利益,进而维护社会经济秩序。

五、实行举证责任的公平配置

夫妻共同债务的界定和清偿,应维护婚姻共同体、夫妻各方与债权人三者之间的利益的动态平衡,合理分配举证责任是保障实体正义和程序正义的重要体现。夫妻共同债务的举证,首先应举证证明夫妻关系的存在,若无法证明合法婚姻关系的存在,就难以认定为夫妻共同生活所生的夫妻共同债务;其次,应证明债务发生在婚姻关系存续期间,婚姻关系开始前或结束后的发生的债务,原则上不认定为夫妻共同债务。

在夫妻合意形成的夫妻共同债务中,无论是夫妻共签还是夫妻一方举债而另一方追认的情形,只要债权人能举证证明债权债务关系的合法有效存在,且属于夫妻合意或债务人配偶在场但未作出明确反对意思表示或存在事后追认以及其他共同意思表示的,夫妻双方就应按照夫妻共同债务的清偿规则承担连带清偿责任,此情形由债权人承担举证责任。①

但在夫妻一方举债,而另一方是非举债方的情形下,夫妻共同债务的识别和清偿就较为复杂。就举证责任的难易程度而言,第三人作为债权人较之非举债的夫妻一方更熟悉债务情况,其往往更容易举证。若非举债方已举证家庭日常生活没有存在举债的必要性,如非举债方有正常的收入足以维持家庭日常生活;或者借贷的款项明显超出家庭日常生活,不是日常家事代理权范围等等,这时的举证责任应由债权人承担,由其举证该债务是否为家庭日常生活所用。因此,债权人诉请非举债方共同偿还在婚姻关系存续期间日常家庭生活需要所产生的债务,应由债权人承担该债务为家庭日常生活需要的初步举证责任。债务人的配偶主张不属于夫妻共同债务的,此时的举证责任转移至债务人的配偶。若债权人知道或应当知道所借款项并非用于家庭日常共同生活的,则该债务为夫妻个人债务。

同时,由于非举债方没有参与借贷,无法知道举债的过程,要求其承担举证责任来证明债权人和债务人之间约定为个人债务,或证明债权人知道夫妻双方实行分别财产制,是不现实的。《婚姻法司法解释二》第24条免除主张举债方或债权人的举证责任,将举证责任强加于否定此主张的夫妻非举债方,显然违背基本的逻辑常理,也违背《民事诉讼法》第65条"谁主张,谁举证"的原则。举证事实存在积极事实和消极事实,当事人只能对积极事实进行举证证明,而无法对消极事实进行举证证明。发生在夫妻之外的第三人为债权人与夫妻一方之间的借贷,对于非举债的夫妻另一方,是属于不能掌握或无法控制信息的外部人。因此,应由举债方对借贷(款)用于夫妻共同生活的积极事实举证证明,而不应由非举债方对借贷(款)未用于夫妻共同生活的消极事实举证证明,因为只有举债方才最清楚是否与债权人约定该债务为个人债务,是否告知债权人存在夫妻分别财产制的约定。当举债方不能举证时,应当由债权人举证证明其借款是否属于因夫妻共同生活所负的债务。在举债方和债权人都举证证明以举债方名义所负的债务用于家庭共同生活时,非举债方仍主张免除责任的,才再就抗辩事由承担举证责任。《婚姻法司法解释二》下,因举证责任的配置不一,由非举债方举证还是债权人举证的规定不清,导致同案不同判的情况比比皆是。② 因此,只有进一步完善夫妻共同债务纠纷案件中的举证责任合理配置规则,才能切实维护非举债的夫妻一方财产权益,防止虚假债务和恶意债务,以促进婚姻稳定,切实保障债权人的合法权益,以实现公平正义的法律价值。

在夫妻债务的举证问题上,很多学者主张应当把举证责任分配给抵抗风险能力强的一

---

① 详见《江苏省高级人民法院家事纠纷案件审理指南》(苏高法〔2019〕474号)。

② 如(2008)赣中民四终字第117号民事判决书中,一审法院以债权人无证据证明债务人将借款用于夫妻共同生活而认定诉争债务为个人债务;二审法院以非举债方对该债务是否知情且未用于夫妻共同生活未能举证而认定诉争债务为夫妻共同债务。

方,即债权人,其理由是夫或者妻无法控制彼此的行动和意志,债权人拥有主动的交易权,可自由选择交易对象,对于举债风险的规避更有能力,完全可以当着夫妻双方的面出借资金,在合同文本里写明由夫妻双方担责,并要求夫妻双方在文书上签字。[①] 最高人民法院《关于审理涉及夫妻债务纠纷案件适用法律有关问题的解释》第 3 条也作出举证的规定,"夫妻一方在婚姻关系存续期间以个人名义超出家庭日常生活需要所负的债务,债权人以属于夫妻共同债务为由主张权利的,人民法院不予支持,但债权人能够证明该债务用于夫妻共同生活、共同生产经营或者基于夫妻双方共同意思表示的除外"。从上述的《夫妻债务纠纷新解释》即 2018 年 1 月 18 日以后的案件的举证责任配置分析,笔者指导学生通过聚法案例数据库进行案例检索,以夫妻共同债务为关键词进行检索,从中随机抽样了 176 个案例作为研究对象。(见表 4-2)

表 4-2　《夫妻债务纠纷新解释》后夫妻共同债务案件举证情况分析

认定结果	援引《夫妻债务纠纷新解释》的案件量	该类案件占比	援引《婚姻法司法解释(二)》的案件量	该类案件占比	没有援引法条的案件量	该类案件占比
个人债务	91	51.7%	0	0%	17	9.7%
共同债务	42	23.9%	19	10.8%	7	4%

在收集的 176 个判决中,有 91 个判决适用《夫妻债务纠纷新解释》第 3 条认定为个人债务。在这 91 个判决中,仅有 23 个判决先行判断该借款不属于"家庭日常生活需要",而后才将举证责任分配给债权人;而其余的 68 个判决中法院直接要求债权人承担证明责任。[②] 因此,《夫妻债务纠纷新解释》通过举证责任的二元配置来平衡债权人与夫妻非举债方之间的利益:首先,债权人需要举证夫妻双方共同签订借条或夫妻一方举债而另一方事后追认或签订还款承诺书,以此证明是夫妻共同债务;其次,借贷中属于日常家事范围内的部分,推定为夫妻共同债务,由非举债方承担借款没有用于日常家事的举证责任;最后,对于超出日常家事范围的部分,则需要由债权人承担举证责任,若债权人无法证实夫妻合意或债务用于日常家事生活,应认定为举债方的个人债务,而非夫妻共同债务。

综上,要坚持以夫妻共同债务的界定规则为基准,综合考虑债权人、债务人及其配偶举证能力、控制能力的强弱,来进行举证责任的配置。

同时,夫妻共同债务的案件多数集中在合同之债,特别是借贷之债上,有关夫妻债务的司法解释亦是立足于借贷合同,相关的举证责任的配置也是着眼在合同之债的夫妻共同债务基础上。但是,债的种类有合同之债、侵权之债、不当得利之债、无因管理之债。根据 60 万份裁判文书统计数据,合同之债所涉案件占比 99.6%,而侵权之债、无因管理之债、不当得利之债所涉案件之和占比 0.4%,因不同主体对债务产生的控制力不同,在侵权之债和不当得利之债中,债权人并不能基于自己的意思选择债务人,甚至不知悉债务人,也不能在实际的操作中保障债

---

① 何焕锋:《论婚姻关系存续期间夫妻一方以个人名义所负债务的性质——兼评〈婚姻法司法解释(二)〉第 24 条》,《辽宁行政学院学报》2009 年第 4 期。

② 如宁夏回族自治区银川市兴庆区人民法院(2017)宁 0104 民初 9872 号民事判决书:"借款虽然发生在被告王某、高某某婚姻关系存续期间,但原告未举证证明借款用于二被告共同生活、共同生产经营或者基于二被告双方共同意思表示,故其针对被告高某某的主张,本院不予支持。"

权的实现。① 因此,在合同之外的其他类型的夫妻共同债务的认定上,应保护弱者的权益,在举证责任的配置上充分体现该原则,减轻债权人对该类型夫妻共同债务的举证责任。

六、完善夫妻之间追偿规则

完善夫妻共同债务的清偿规则,需要区分婚姻关系存续期间和离婚两个时间段,同时明确规定对外清偿方式和对内追偿规则。这些规则涉及夫妻共同财产与个人财产之间的补偿问题,域外立法针对夫妻债务的清偿中多数存在相关的补偿或追偿制度。如《瑞士民法典》第 238 条第 1 款规定:"以夫妻一方的自有财产清偿共有财产之债务,或以共同财产清偿自有财产之债务,有共有财产制解除时,共有财产和自有财产之间应相互补偿。"我国台湾地区"民法"第 1038 条也明确规定:"共同财产之债务,而以特有财产清偿,或特有财产之债务,而以共同财产清偿者,有补偿请求权"。我们应借鉴上述规定,完善夫妻债务的对外清偿规则和对内追偿规则。

首先,对外清偿规则是:(1)对于婚姻关系存续期间的个人债务的对外清偿规则,应当以债务方的个人财产以及共同财产的一半为限清偿。当债务方以共同财产清偿个人债务,需要及时对共同财产进行补足。(2)对于婚姻关系存续期间的共同债务的对外清偿规则,在夫妻双方合意或基于日常家事代理权产生的债务,夫妻双方应对债权人承担连带清偿责任。对于超出日常家事代理权产生的夫妻债务的对外清偿规则,债务方应以其个人财产和夫妻共同财产为限清偿,非举债方以夫妻共同财产为限清偿债务。(3)对于离婚财产分割时的个人债务的对外清偿规则,以债务方的个人财产和债务方通过离婚财产分割后得到的共同财产进行清偿。(4)对于离婚财产分割时的夫妻共同债务对外清偿规则,基于夫妻双方合意或因日常家事代理权产生的债务,离婚的双方承担连带清偿责任,包括婚姻存续期间的夫妻共同财产、离婚财产分割后得到的共同财产、离婚双方的个人财产承担清偿责任。对于超过日常家事代理权产生的夫妻债务对外清偿规则,以债务方的个人财产和非举债方以从共同财产分割所得部分为限予以清偿。

其次,对内追偿规则。在夫妻共同债务与个人财产关系中,《婚姻法司法解释二》第 25 条第 2 款规定:"夫妻一方就共同债务承担连带清偿责任后,基于离婚协议或者人民法院的法律文书向另一方主张追偿的,人民法院应当支持"。因此,我国相关司法解释已明确承认夫妻之间的追偿规则。夫妻之间追偿规则是:

(1)共同财产是清偿夫妻共同债务的责任财产,在以夫妻共同财产清偿夫妻共同债务情况下,夫妻作为共同财产共有人而视夫妻为一个团体对外形成一个债的关系,不存在追偿问题。因为在共同共有之债中,债务人以共同财产清偿,债务人之间不存在追偿关系,即使个别债务人自愿以个人财产清偿共同共有之债的,也是从共同财产而非其他债务人的个人财产获得补偿。②

(2)夫妻对外承担夫妻共同债务的连带清偿责任后,夫妻内部存在责任份额的约定的,

---

① 蔡立东、刘国栋:《60 万份裁判文书看夫妻共同债务的认定逻辑与改革方向》,《中国应用法学》2019 年第 2 期。

② 缪宇:《走出夫妻共同债务的误区——以〈婚姻法司法解释(二)〉第 24 条为分析对象》,《中外法学》2018 年第 1 期。

应承认约定的效力。没有约定的情况下,夫妻内部对夫妻共同债务的负担份额,原则上是各自承担一半的清偿责任。

(3)夫妻一方以个人财产清偿夫妻共同债务的或清偿夫妻共同债务超过其一半应负担份额的,应赋予该方就超额部分向另一方追偿的权利。同时,如以夫妻共同财产清偿夫妻一方的个人债务的,受益的夫妻该方应对夫妻共同财产予以补足或赋予夫妻另一方对该方享有补偿请求权。

(4)在婚姻关系存续期间,夫妻之间的追偿不存在时效制度的限制。如《德国民法典》第207条规定,在夫妻关系存续期间,夫妻之间的内部追偿可不受诉讼时效制度的影响,即在时效进行中的任何时间基于婚姻关系存续的原因,时效都可中止。① 但在婚姻关系解除后,夫妻之间的追偿则受普通时效制度的限制。

---

① 张弛、翟冠慧:《我国夫妻共同债务的界定与清偿论》,《政治与法律》2012 年第 6 期。

第五章
未成年子女财产权益的保护

第一节　未成年子女财产的界定

在古代的家庭制度中,家庭关系建立在宗法和血缘基础上,父权在家庭生产和家庭消费中处于绝对支配地位。在父权主导的社会模式下,子女无独立的人格,亦没有财产权,对家庭财产更无法行使任何的权利。我国唐朝《户婚律》明确规定,祖父母、父母在世,子孙不得别籍异财。罗马帝政时期的《盖尤斯法学阶梯》也明文规定,家子不得拥有个人财产,亦无权提起返还财产之诉,家子所获得的财产的所有权和占有权归属家父。因此,在家长权强大的时代,子女被认为没有财产能力,也不存在子女的特有财产,家长是唯一拥有家庭财产支配能力的主体,家产因此成为家长制下维持家庭生活的物质基础。

近现代社会后,随着家长权式弱,"大家庭"模式逐步解体,原有的"亲本位"逐渐演变的"子女本位",各国民法典不仅承认子女包括未成年子女在法律上存在独立人格,而且享有独立的财产地位,允许其拥有特有财产如继承或受赠的财产、通过劳动获得的财产,这是子女独立人格的体现,并逐渐以未成年子女利益最大化为中心在立法上予以保护。但是,未成年子女不具有完全民事行为能力,其父母或其他监护人作为未成年子女的财产代管人,其财产权益受到侵害的情形较为常见。同时,我国深受传统家庭伦理道德的影响,未成年人财产权长期不受重视,父母对未成年子女的财产管理多认为系家庭自治范畴,"法不入家门",国家权力不宜过多介入家庭内部事务,未成年子女的财产公权救济相对困难。

未成年人的生存和成长,最重要在于物质基础,可以说财产权是未成年人各项权利中的一项基础性权利。我国《宪法》第13条所明确规定的"公民的合法的私有财产不受侵犯",该条款确立了包括未成年人在内的一切公民的合法私有财产不受他人侵犯的原则。但在《民法通则》《民法总则》《继承法》《婚姻法》和《未成年人保护法》等法律法规及相关司法解释中均对未成年人的独立的财产地位缺乏明确的规定,未成年子女财产的法律保护成为真空地带。家庭是未成年子女生存和成长的第一场所,而相关法律法规没有对未成年子女财产问题作出明确的规定,未成年子女财产的归属、管理和保护问题无法可依。尤其随着现代家庭财产关系的复杂化,未成年子女财产保护机制日显不健全。

未成年人财产权作为一项基础性权利,保障未成年人权利是一个国家文明程度的标志,我国应建立适合未成年人自身特点的财产保护体系。家庭作为社会的基本单元,是未成年人幸福成长的地方,通过法律或其他方面取得各种机会,保障未成年人能生存在健康、自由、有尊严的状态中,并且在德、智、体、精神以及社会生活等方面全面发展。因此,建构以符合此目的为基础的未成年人保护体系,应当以未成年人最大利益为首要因素,未成年人利益最大化也是未成年人财产权益保护的基本价值。

一、未成年子女财产的概念

界定未成年人的财产范围,是保护未成年人财产权的基础。未成年子女是指在家庭中未达到完全民事行为能力的年龄阶段的子女。这里的子女包括婚生子女、非婚生子女、养子女和与继父母形成抚养关系的继子女。我国《民法总则》第 17 条明确规定不满十八周岁的自然人为未成年人。但在第 18 条指出例外情形"十六周岁以上的未成年人,以自己的劳动收入为主要生活来源的,视为完全民事行为能力人"。因此,未成年子女的年龄上限是 18 周岁或 16 周岁。对于已达到成年年龄但因智力等原因无法独立生活的限制民事行为能力的成年子女,不在此列。

未成年子女财产,被认为是指未成年子女因继承、受赠或劳动等方式取得的归属未成年子女所有的个人财产。有学者认为这里的"个人财产"实际是"特有财产",强调这种财产与权利主体的人身密不可分,不能由他人享有。[①] 但是,由于未成年子女受制于完全民事行为能力的欠缺,未成年子女财产更多地着眼于财产权属进行界定。肯定未成年子女财产地位的独立性,是将一定范围内的财产确定归属未成年子女个人所有,并不是指未成年子女完整地独立地享有对该项财产的占有、管理、使用、收益和处分的权利。

二、未成年子女财产的类型

各国亲属法或婚姻家庭法多以财产取得方式来界定未成年子女财产的类型:

1. 未成年子女因劳动、经营、投资或其他有偿方式取得的财产

未成年子女特别是已达到 8 周岁以上的限制民事行为能力的子女,可以从事与其智力、年龄相当的民事活动,具有一定的劳动能力,如参与文艺演出、发明创造、体育竞技、文学创作等获得的劳酬或奖金,是属于劳动收入的一部分,归属未成年子女所有。有学者认为,此类通过劳动等有偿取得的财产应归未成年子女所有,由其自由管理、使用、收益及处分,父母作为财产管理权应予以限制。[②] 各国在立法上也存在相应的体现,如《法国民法典》第 387条规定:"亲权之法定使用、收益,不扩大至子女因个别之劳动及职业所取得之财产,不扩大至子女以其父母不得享有使用、受益之明定条件而受赠与或受遗赠的财产";《德国民法典》第 1651 条规定:"父母的管理权不及于子女因被雇或允许独立营业之所得";《瑞士民法典》第 323 条第 1 款规定:"子女对自己的劳动所得,及父母从子女财产中交给子女经营事业的财产,享有管理及收益的权利";《俄罗斯联邦家庭法典》第 59 条规定:"子女对其获得的收入,获得的赠与或者依照继承方式获得的财产,以及用其资金购置的任何财产,享有所有权"。我国民事立法没有明确规定未成年子女以劳动等有偿方式取得财产的归属与其他无偿方式取得财产的归属有所不同。但基于多数国家立法均明确此类型的财产属于未成年子女的所有财产,未成年子女拥有自由支配的权利而不在父母的用益权范围,我国应予以借鉴并加以规定。但有学者认为,未成年人劳动之所得财产在家庭生活费用不足时可用以补充家庭生活费用。[③]

---

① 裴桦:《夫妻共同财产制研究》,法律出版社 2009 年版,第 109 页。

② 林秀雄:《婚姻家庭法之研究》,中国政法大学出版社 2001 年版,第 196 页。

③ 史尚宽:《亲属法论》,中国政法大学出版社 2000 年版,第 671 页。

2. 未成年子女因继承、遗赠、赠与或其他无偿方式取得的财产

我国《继承法》强调财产继承的抚育近亲属功能，子女作为与父母血缘关系最近的亲属，父母与子女互是第一顺序的法定继承人。《未成年人保护法》第52条更明确规定："人民法院审理继承案件，应当依法保护未成年人的继承权和受遗赠权"。而未成年子女的继承权和受遗赠权，是指未成年子女依照法律规定或根据合法有效的遗嘱，享有的继承或受赠被继承人遗产的权利。

我国《继承法》保护婚生子女、非婚生子女、养子女和与继父母形成抚养关系的继子女等各类子女的继承权。婚生子女与非婚生子女享有平等的继承权，非婚生子女不仅有权继承其生母的遗产，而且也有权继承其生父的遗产，不论其生父是否认领该非婚生子女。① 养子女是因收养关系而依法成立的与养父母的拟制血亲，因我国实行完全收养制度，在收养关系存续期间，养子女只能以法定继承人身份继承养父母的遗产，而无权以子女的身份继承生父母的遗产。与继父母形成抚养关系的继子女有双重的继承权，既有权继承继父母的遗产，也有权继承生父母的遗产。我国《继承法》第28条还对胎儿的继承份额予以特留份保护。与此同时，未成年人的继承权还体现在"代位继承"，②当未成年（外）孙子女适用代位继承时，享有对其（外）祖父母的继承权，其他继承人不得非法剥夺未成年人代位继承的份额。尽管我国学术界对代位继承的性质存在争议，但多数学者认为代位继承是一种固有权，是基于未成年（外）孙子女固有的权利而直接继承被继承人的遗产。但最高人民法院《关于执行〈继承法〉若干意见》第28条规定的代位继承中持代表权观点，必须基于被代位人生前存在有效的继承权，且未成年子女作为代位继承人原则上只能继承被代位继承人的应继承份额。但被代位人丧失继承权的，未成年子女因缺乏劳动能力又没有生活来源的作为酌情取得遗产请求权人，也可适当分得遗产。

同时，未成年子女也可以基于遗嘱继承、遗赠等方式获得财产，这些财产同样归属未成年子女所有。我国《继承法》明确规定遗嘱应当对缺乏劳动能力又没有生活来源的继承人保留必要的份额，否则，没有保留必要份额的这部分遗嘱内容无效，以此切实保障未成年子女的继承权利。但由于遗产继承中存在多个继承人，因此经常出现共同继承的情形，未成年子女作为共同继承财产的共有人，可以通过遗产分割而获得应继承的份额。

未成年子女接受赠与也是无偿取得财产的主要方式。最高人民法院《民法通则司法解释》第129条明确规定："赠与人明确表示将赠与物赠给未成年人个人的，应当认定该赠与物为未成年人的个人财产"。赠与财产有来自父母或父母之外的第三人。有学者认为，由父母无偿给予未成年子女的财产，不是未成年子女的个人财产，以杜绝父母利用子女财产而骗取他人信用的不法企图，期以保护第三人交易安全的利益。③ 笔者认为，不应限制父母对未成年子女的赠与，根据《民法通则司法解释》第6条的规定，无民事行为能力人和限制民事行为能力人接受奖励、赠与等，他人不得以无民事行为能力或限制民事行为能力为由，主张赠与或奖励行为无效。若父母利用赠与未成年子女财产来规避父母债务的清偿，应按照最高人

---

① 魏振瀛主编：《民法》，北京大学出版社、高等教育出版社2000年版，第601页。

② 我国《继承法》第11条规定："被继承人的子女先于被继承人死亡的，由被继承人的子女的晚辈直系血亲代位继承。代位继承人一般只能继承他的父亲或母亲有权继承的遗产份额"。

③ 王泽鉴：《民法学说与判例研究》，中国政法大学出版社2005年第3版，第141页。

民法院《民法通则司法解释》第 130 条"赠与人为了逃避应履行的法定义务,将自己的财产赠与他人,如果利害关系人主张权利的,应当认定赠与无效"。通过此条款加以限制以逃避债务为目的对未成年子女的赠与。《民法总则》第 19 条也强调,限制民事行为能力人可以独立实施纯获利益的民事法律行为,因此,未成年子女依法有权获得父母或第三人的赠与财产。

同时,按照《合同法》第 186 条、第 187 条的规定,赠与人在赠与财产的权利转移之前可以撤销赠与。赠与的财产依法需要办理登记等手续的,应当办理有关手续。但父母对于未成年子女的房产赠与属于道德义务性质的赠与合同,应对赠与人的任意撤销权予以限制。在解除婚姻关系时,有的父母将夫妻共同财产的房产赠与未成年子女,尽管尚未将房产过户到未成年子女名下,但赠与因是离异的夫妻双方一致的意思表示,在司法实践中,法院通常认为:夫妻离婚时共同约定将夫妻共同财产赠与给未成年子女所有,是一种以解除双方身份关系为目的的赠与行为,是属于具有一定道德义务的性质的约定。在离婚协议中离异的父母双方将夫妻共同财产赠与未成年子女的约定与解除婚姻关系、抚养子女、共同财产分割和共同债务的清偿等互为前提和互为结果,构成整体,在双方婚姻关系因离婚协议得以解除,且离婚协议的全体内容已经履行的情况下,应视为赠与财产的目的已经实现,赠与行为不能随意撤销。① 但也有判决认定夫妻共同出资购房,产权登记在未成年子女名下,不能简单地确定为未成年子女的财产,而应审查夫妻双方真实意思表示予以认定是否构成赠与。②

3. 未成年子女本人使用的衣物、饰物及学习用具等个人物品

未成年子女个人专用的衣物等生活日常用品,与人身密切联系,这些专用生活用品一旦脱离专用人,将丧失或降低使用价值,因此,应认定为未成年子女的特有财产。③对于未成年子女所拥有的贵重金银首饰等,多来源于受赠的且带有明显的人格纪念意义或家庭祖传标志,不能因其价值较大而否认归属未成年子女所有。对于未成年子女从事学习或职业(如广告拍摄)所必需的用品如书籍、劳动工具等,依其性质,是未成年子女学习或职业所必需,只有未成年人自身使用才能增加物的效用,因此也是未成年子女的个人财产,没有必要以价值大小加以区分不同的归属。未成年子女通过各种竞赛活动获奖而得到的财产如奖状、奖励的物品等,是其本人荣誉的一种体现,具有人身性质的纪念意义,应属于未成年子女所有的个人财产。

4. 未成年子女因人身遭受不法侵害而获得的人身损害赔偿金

人身损害赔偿金是未成年人的生命权、身体权、健康权受到不法侵害从而造成伤残或精神痛苦等后果而以财产赔偿的方式加以赔偿的金钱。人身损害赔偿金与受害人人身紧密相关,是具有人身性质的财产,通常包括精神抚慰金、伤痛补偿金、残疾赔偿金以及护理费、交通费、住宿费、住院伙食补助费用、必要的营养费、医疗费和残疾辅助器具等费用。这些赔偿金和费用是未成年子女的个人财产。

5. 以未成子女作为人身保险的受益人所获得的保险金

人身保险合同下,受益权是根据法律规定或投保人、被保险人的意志而直接赋予的财产

---

① 孔德翰:《离婚能够约定夫妻共同财产赠与子女?赠与能否可基于撤销?》,http://bjgy.chinacourt.gov.cn/article/detail/2018/11/id/3582392.shtml,访问时间 2019 年 6 月 27 日。

② 详见广东省汕头市中级人民法院(2108)粤 05 民终 623 号民事判决书。

③ 蔡福华:《夫妻财产纠纷解析》,人民法院出版社 2003 年版,第 87 页。

权,与其他的财产权利不具有关联性。受益权的产生一般基于投保人或被保险人在人身保险合同中的指定,特殊情况下由法律规定直接产生。这种基于法律规定或投保人指定而产生的受益权,是一种原始取得方式,是投保人或被保险人根据保险合同为第三人设定的权利,是权利的第一次产生,因此,受益权的本质是基于契约而发生,是"固有的"而非"继受的"。① 受益人请求保险人给付保险金,直接根据保险合同而产生,于保险事故发生时现实地转为财产权,并非基于继承权而取得遗产。因此,这种基于受益权而取得保险金,该财产并非是被保险人的遗产,被保险人的债权人不能因被保险人生前所欠的债务而申请对保险金的强制执行。② 对于父母作为投保人为未成年子女投保人身保险的,子女作为被保险人或父(母)作为被保险人,将未成年子女设定为受益人的,发生人身保险事故时,未成年子女基于受益人的身份而获得的保险金,具有人身性质,属于未成年子女的个人财产。

6. 未成年子女通过法定义务人履行抚养义务而取得的抚养费、教育费

我国 2001 年《婚姻法》(修正案)第 21 条规定:"父母不履行抚养义务时,未成年的子女有要求父母给付抚养费的权利"。抚养费,是父母履行抚养未成年子女的基本财产。抚养费包括未成年子女的生活费、教育费和医疗费等。抚养费系维持未成年人正常学习、生活所需的必要费用,是未成年人生存权、发展权的重要物质保障。抚养费因法律规定的抚养义务而产生,在用途上具有明确的指向性,必须提供给未成年人使用,而且法律也赋予了未成年子女对该财产的请求权,是未成年人取得财产的重要方式之一。因此,未成年子女对抚养费享有所有权,任何人不得加以侵犯。同时,我国《婚姻法》还明确规定父母与子女间的关系,不因父母离婚而消除。因此,离异父母给付的抚养费也是归属未成年子女的财产。我国《婚姻法》还规定有负担能力的祖父母、外祖父母;有负担能力的兄姐在父母已经死亡或父母无力抚养的情况下履行有条件的抚养义务,这些抚养费均构成未成年子女所有的财产。

7. 未成年子女的虚拟财产

在互联网时代,未成年人多拥有虚拟财产,如网游账号、QQ 账号、微博和微信账号、游戏装备、淘宝网店和虚拟货币等。虚拟财产是指依附于虚拟世界,以 0 与 1 之位元的数字化形式存在且能为人力所支配的信息资源。③ 但信息资源同时满足竞争性、永久性、互联性的特点,才是虚拟财产。虚拟财产不仅像传统财产一样面临着所有者和其他人之间的冲突,而且应平衡用户和网络提供者之间的利益,具有"用户可使其增值性",即意味着用户有权以网络服务提供者允许的方式提供信息资源,从而实现个性化和某种程度的改进。④ 自虚拟财产这一概念出现,其"个人财产"的性质得到广泛的认可。虚拟财产是用户通过努力和创造使得其产生或增加经济价值,从而激发在线和离线的交易市场,虚拟财产因此成为网络社会的重要财富。尽管目前就虚拟财产的性质仍存在争议,但无论是将虚拟财产界定物权、债权、知识产权还是其他新型权利,都是属于财产范畴,特别是未成年人在网络游戏的虚拟环境中产生的虚拟财产,虽然以数据形式存在于特定空间,但由于其具有一定价值,具有合法

---

① 覃有土、樊启荣:《保险法学》,高等教育出版社 2003 年版,第 354 页。

② 傅廷中:《保险法论》,清华大学出版社 2011 年版,第 115~116 页。

③ 林旭霞:《虚拟财产权性质论》,《中国法学》2009 年第 1 期。

④ 梅夏英、许可:《虚拟财产继承的理论与立法问题》,《法学家》2013 年第 6 期。

性,能够为人所掌控,属于在一定条件下可以进行交易的特殊财产,故而具有财产利益的属性。[1]《民法总则》第 126 条、第 127 条专门规定,民事主体享有法律规定的其他民事权利和利益,法律对数据、网络虚拟财产的保护有规定,依照其规定。《民法通则》第 5 章第 1 节"与财产权有关的财产权"和《物权法》第 180 条、第 223 条"可得转让的,可以作为担保物权客体的财产权利"也在一定程度上肯定虚拟财产可以成为财产权的范围。因此,未成年子女通过合法取得的虚拟财产应属于个人财产,但若通过黑客、植入木马等非法途径获得的虚拟财产,不应受到法律的保护。

三、未成年子女财产权的特性

1. 未成年子女行使财产处分权受限

未成年人财产权不仅包括物权、债权、知识产权、继承权等财产性质的权利,而且包括一切具有财产价值的权利。但由于未成年子女的心智尚未成熟,社会经验不足,识别能力和自控能力弱,民事行为能力欠缺,未成年子女不仅对其财产的处分应受到限制,而且无法抵御外界对其人身和财产的侵害,各国通过设立亲权或监护制度加以保护。为保护未成年人合法权益和维护交易安全的需要,各国民法典在亲权或监护制度中都规定父母对未成年子女财产享有管理权、用益权及一定范围内的处分权。我国《民法总则》也规定,无民事行为能力人由其法定代理人代理实施民事法律行为,限制民事行为能力人实施民事法律行为由其法定代理人代理或者经其法定代理人同意或追认,但限制民事行为能力可以独立实施纯获利益的民事法律行为或者与其智力、精神健康状况相适应的民事法律行为。因此,未成年子女行使其财产权利,只能从事与其年龄、智力相当的行为,不能完全地意思自主,多数的财产处分行为需要由其法定代理人代为处分或征得法定代理人的同意或追认后有效,由此对未成年人的财产处分权作出限制。

2. 监护人处分财产应符合未成年子女"利益最大化"

财产权是直接体现某种物质利益的权利,权利的内容是财产利益。虽然未成年子女在其本人暂时缺乏有效的财产管理能力的情况下,依然对其财产享有财产权,但其财产权大多数是其父母或其他监护人代为行使。监护人对未成年子女财产的处分,必须有利于未成年子女,这是各国法律对未成年子女财产处分行为予以限制的基本原则,该规定成为未成年子女财产保护的主要依据之一。我国《民法总则》第 35 条规定,监护人应当按照最有利于被监护人的原则履行监护职责。监护人除为维护被监护人利益外,不得处分被监护人的财产。因此,未成年子女的父母作为未成年子女的法定代理人,对未成年子女财产的处分必须有利于未成年子女,以防止其财产的不当减损。除为未成年子女的利益外,监护人就处分未成年子女的财产存在禁止性规制,包括转卖未成年子女财产、出借未成年子女财产而未有收益的、抵押或质押未成年子女财产而导致财产贬值严重或毁损的、将未成年子女财产出租给监护人自己或利害关系人但租金明显低于市场平均价的,财产增值收益不归还未成年子女

---

[1]　中国审判理论研究会民商事专业委员会:《〈民法总则〉条文理解与司法适用》,法律出版社 2017 年版,第 229 页。

等等。①

3. 财产权救济的特殊性

为了维护正常的交易秩序,也为了更好地维护未成年子女的合法权益,因未成年子女的民事行为能力的欠缺,法律设置监护人来协助完成未成年子女民事法律行为的实施。因此,未成年子女只能在其父母或其他监护人的协助下完成民事法律行为,或由其父母或监护人代为实施民事法律行为。基此,未成年子女财产权受侵害后,因未成年子女不具备完全民事行为能力而无法独立地寻求司法救济,有赖于其父母作为其法定代理人或其他监护人为其主张权利,决定是否寻求救济以及如何寻求救济。在司法救济的整个过程,未成年子女没有独立的诉讼权利,起诉、放弃或变更诉讼请求、达成调解、撤诉等诉讼所为都由其父母或其他监护人代为实行。但未成年子女的财产权完全寄托于父母和其他监护人的监护职责的履行,显然是不足的。当未成年子女的财产遭受来自父母和其他监护人的侵害时,因我国监护监督机制的缺失,此时的未成年子女财产救济更加缺乏。我国《民法总则》第 36 条规定,监护人实施严重侵害被监护人合法权益行为的,人民法院根据有关个人或组织的申请,撤销监护人资格,安排必要的临时监护措施,并按照最有利于被监护人的原则依法指定监护人。就此,有必要引入公权力对监护行为适度干预,以保障在未成年子女财产遭自父母或其他监护人的侵害时提供公权力的介入或监督。

四、未成年子女财产与家庭财产的关系

家庭财产包括为家庭成员共同共有财产和家庭成员个人财产。家庭成员共有财产主要是基于家庭成员共同劳动、共同创造的财产和共同继承、共同受赠的财产。家庭共同共有财产不同于家庭成员个人财产,家庭共有财产是财产的共有关系,而家庭成员个人财产是财产的个人所有关系,两者主要存在以下区别:

首先,全体家庭成员共同劳动和共同创造的财产是家庭共同共有财产。但对于部分或个别家庭成员劳动或创造的财产是否为家庭共有财产,存在不同的意见。有学者认为,如果以家庭共有财产投资,由该投资财产而取得的财产,因与家庭有密切联系,则应列为家庭共同共有财产;如果是部分家庭成员独立进行投资,该财产获得和整个家庭没有密切联系,则应为该部分家庭成员的共有财产,是否列为家庭共同共有财产,则视家庭成员意愿或进行约定。②

其次,家庭成员共同继承或共同受赠的所得财产,若全体家庭成员都作为继承人而共同继承的财产,是家庭共同共有财产。在遗产分割前,继承人共同共有,但任何继承人有权要求分割遗产而结束这种共有关系。部分家庭成员或个别家庭成员继承的财产,因继承的财产与继承人的特殊身份存在直接联系,而与整个家庭没有必然的直接关系,因此不认为继承所得财产必然是家庭共同共有财产。要尊重家庭成员的个人意愿,家庭成员自愿将个人财产赠与家庭的,由家庭成员共同享用的,是家庭共同共有财产。无论大陆法系还是英美法系,适用共同财产制的多数国家将夫妻在婚姻关系存续期间受赠或继承的财产原则上归属

---

① 中国审判理论研究会民商事专业委员会:《〈民法总则〉条文理解与司法适用》,法律出版社 2017 年版,第 75 页。

② 肖立梅:《家庭共有财产的性质研究》,《法学杂志》2009 年第 1 期。

于个人财产,而不是夫妻共同共有财产。① 有学者因此认为,判断继承或受赠等无偿方式获得财产的属性是共同财产还是个人财产,应当以是否体现"夫妻协力"为标准。如果一项财产的取得离不开配偶对方的贡献,应当认定是夫妻共同财产;如果一项财产的取得与对方贡献无关,除非夫妻双方另有约定或原财产所有权人有明确表示其归属的,通常应认定为个人财产。② 因此,并不是所有的家庭成员都具备家庭共有财产权利人的资格,而应当只限定在对家庭共有财产做出贡献的成员之间。③ 这种家庭共有财产制的建立,不仅是对按照约定并付诸行动进入同居共财模式的家庭成员财产的保护,也是对未加入家庭共有关系之家庭成员生活方式选择的尊重。

我国对家庭财产实行共同共有,共同共有关系建立在家庭成员身份关系基础上,以家庭关系为充要条件。同时,家庭共有财产的主体,互相之间必须具备家庭共同生活关系作为前提,若未成年子女与父母等其他家庭成员共同生活在一起,理论上是家庭共有财产的主体。但多数学者认为,未成年子女并不是家庭财产共有人的适格主体。我国《婚姻法》(修正案)第17条规定,夫妻在婚姻关系存续期间所得的财产归夫妻共同所有,第19条规定,夫妻可以约定婚姻关系存续期间所得的财产以及婚前财产归各自所有、共同所有或部分所有、部分共同所有。有学者因此认为,《婚姻法》的这些规定实际上否认了未成年子女的家庭财产共有人的地位。④家庭共有财产,有的来源于家庭成员共同劳动、共同创造,有的来源家庭成员通过约定将全部或部分的家庭成员的各自财产约定为共有财产,因此,只有成年的家庭成员才是家庭共有财产的主体,未成年子女不是适格主体:其一,在主观上,未成年子女的个人意识发展尚不成熟,不足以表达有效的意思表示加入家庭共有财产关系,即使作出此类意思表示,无民事行为能力和限制民事行为能力的未成年子女的此类意思表示的效力仍存在一定的受限;⑤其二,在客观上,一般来说未成年子女普遍没有劳动收入来源,无法对家庭财产做出持续性的贡献。即使存在未成年子女自身获取的收入或财产,从未成年子女利益出发,父母仅是财产代管人,无法将未成年子女财产归入家庭共有财产范畴。但尽管如此,未成年子女虽不具有家庭共有财产的主体资格,但是,其在家庭财产中的权益保护仍可以通过抚养权等相关制度进行。父母对未成年子女具有无条件抚养教育的义务,给付抚养费是父母履行因其与子女的身份关系而产生的法定义务,父母对子女的抚养可以让子女得到物质与亲情的双重保障,可以说家庭共有财产保障了未成年子女健康成长。在未成年子女长大成年并有收入来源后,若仍然与父母共同生活且财产共享,则该子女从其对家庭共有财产产生贡献之时具备共有资格。⑥

值得注意的是,未成年子女虽不是家庭共同共有财产的共有人,但未成年子女存在独立的财产地位,我们应明确肯定或承认未成年子女存在其个人财产。在家庭生活中,如果没有肯定和承认未成年子女独立的财产,因父母与未成年子女生活在一起,未成年子女财产与夫

---

① 　陈苇:《完善我国夫妻财产制的立法构想》,《中国法学》2000年第1期。

② 　裴桦:《夫妻共同财产制研究》,法律出版社2009年版,第196页。

③ 　杨立新:《共有权理论与适用》,法律出版社2007年版,第133页。

④ 　于大水:《家庭财产的共有制及立法建议》,《烟台师范学院学报》2002年第1期。

⑤ 　池骋:《法律困境与路径选择:家庭共有财产制度再探析》,《华中科技大学学报》2016年第4期。

⑥ 　杨振山:《试论我国的家庭财产共有权》,《中国政法大学学报》1984年第2期。

妻财产、家庭财产不易区分,容易发生混同,此直接侵害未成年子女的财产权益。有学者因此提出实行未成年子女独立财产制,认为这种财产制是监护制度的组成部分,有利于强化子女的独立法律人格,明确子女财产的范围,保障交易安全。[1] 台湾地区"民法典"将未成年子女的独立财产分为:特有财产和非特有财产,特有财产是指未成年子女因继承或其他无偿方式取得的财产,非特有财产是指未成年子女因劳动、营业或其他有偿方式取得的财产。《德国民法典》第 1638 条也规定,赠与人或被继承人可就该财产排除未成年子女的父母的监管权,也可要求父母按其意思管理和使用该财产。《日本民法典》第 830 条也规定,在监管财产的范围上,第三人无偿赠与子女时,可就该财产排除父母管理。因此,未成年子女拥有独立的财产地位,与未成年子女是否是家庭共有财产的共有人主体资格无关。

可见,未成年子女财产向家庭共有财产的转化必须具备一定的条件。上述所言,家庭共有财产的发生以家庭共同生活关系为前提,其权利主体可以是家庭全体成员,也可以是家庭部分成员。构成家庭共有财产的权利主体,一是对家庭财产有贡献;二是具有成为家庭共有财产权利主体的主观意愿。那种认为所有的家庭成员当然对家庭财产享有所有权的观点是错误的,只有愿意将家庭成员自己个人所有的财产交给家庭共有,才能成为家庭共有财产的权利主体。[2]从这点分析,家庭共有财产与夫妻共有财产是不同的,家庭共有财产需要家庭成员积极表达加入共同共有财产关系的意思表示,而夫妻共同共有财产只需要婚姻当事人不选择约定(分别)财产制的形式,即实行法定财产制即婚后所得共同财产制即可。因此,只有当家庭成员的财产加入家庭共同共有财产范围时,这部分的家庭成员才能成为家庭共有财产的权利主体。成年子女将其所得交给父母,就是同意实行家庭共有财产制时,成年子女成为家庭共有财产的权利主体。而未成年子女无法通过独立、有效的意思表示将自己财产交到家庭共有财产的范围,且因父母是未成年子女财产的代管人,从未成年子女的利益出发,也不宜将未成年子女财产转化为家庭共有财产,所以,未成年子女一般不构成家庭共有财产的权利主体。而且,当未成年子女通过劳动、接受赠与等方式取得财产,但他们并不愿意加入家庭共有财产或父母不同意未成年子女财产加入家庭共有财产的,子女同样也不能成为家庭共有财产的权利主体。总之,只有对那些对家庭共同财产的产生、积累和增值做出过贡献的家庭成员且愿意加入家庭共有财产范围的,才享有对家庭共同财产的共有权。[3]

第二节　未成年子女财产权益保护的正当性

一、未成年子女财产权益保护的合法性

受传统观念的影响,未成年子女财产权的独立性和重要性尚未得到社会的重视。人身权和财产权是公民基础权利,公民私有财产权是基本人权之一,任何个人作为财产权主体,都具有占有、使用、处分自己的财产并获得收益的权利。独立财产权是自然人生存的基本条件,具有基本人权的属性。未成年子女作为独立的民事主体,其民事权利能力始于出生,终

---

① 石纪虎:《未成年子女独立财产制的意义及其适用》,《广西社会科学》2004 年第 1 期。
② 杨立新:《亲属法专论》,高等教育出版社 2005 年版,第 360 页。
③ 王利明:《物权法论》,中国政法大学出版社 1998 年版,第 349 页。

于死亡,未成年子女平等地享有财产权利能力,这也是现代法律基本价值的应有之义。我国《宪法》第 13 条明确规定公民合法的私有财产不受侵犯。国家依据法律规定保护公民的私有财产权。未成年人是我国公民的一部分,国家有义务保护未成年人财产不受侵犯。财产权是其他权利的基础,不解决财产权问题,其他权利就难以确立。[①] 保护未成年人财产权,是我国法治建设和保障人权的根本价值所在。

尽管我国现行《婚姻法》明确规定父母具有抚养教育未成年子女的权利和义务,但对未成年子女财产权却没有作出具体明确的规定。未成年子女作为享有权利能力的民事主体,其有资格享有独立财产。财产权是任何民事主体依法享有对一切具有财产价值的权利,财产权的正当性首先根植于人的生存基础,即维持和繁衍自己的生命、照顾自己的利益、改进自身生存质量。[②] 财产权也是人身自由的前提,如果财产权与物质权处于某个机构或某个个人排他性的控制之下,个人自由将不复存在。[③] 我国《民法总则》第 3 条明确规定:"民事主体的人身权利、财产权利以及其他合法权益受法律保护,任何组织或者个人不得侵犯"。全面确认和保护各类民事主体的各项民事权利,构建民事权利体系,是人格尊严价值的保障。民法的权利体系由财产权和人身权两部分组成,但无论人身权还是财产权的设定都是以人对物质的把握为依托。因此,民法权利体系应该包含保护未成年人财产权的全面性和完备性。同时,民事权利能力的平等性表明未成年人与成年人都平等地享有财产所有权,平等地享有占有、支配、使用财产的机会和可能性。虽然未成年子女独立行使财产权,需要父母或其他监护人的辅助,但任何人不能剥夺未成年子女独立享有财产权这一资格。《未成年人保护法》还专门规定强化尊重未成年人的意见,父母或其他监护人应当根据未成年人的年龄和智力发展状况,在做出与未成年人权益有关的决定时应告知其本人,并听取他们的意见。可见,未成年人的财产权不仅是未成年人生存的物质基础,而且是作为拥有独立人格的未成年人主体对享有基本人权的正当性体现。

我国民事法律体系中,体现出未成年人财产保护的规定。《物权法》第 66 条明确规定民事主体的合法财产受法律保护。《未成年人保护法》第 46 条规定:"国家依法保护未成年人的智力成果和荣誉权不受侵犯",这里的智力成果就存在未成年人财产权的保护。第 52 条还规定,人民法院审理继承案件,应当依法保护未成年人的继承权和受遗赠权。继承权和受遗赠权也是财产权的重要体现。我国《继承法》第 6 条规定:"无行为能力人的继承权、受遗赠权,由他的法定代理人代为行使。限制行为能力人的继承权、受遗赠权,由他的法定代理人代为行使,或者征得法定代理人同意后行使"。该条款不仅明确未成年人有继承财产的权利,而且还为未成年人继承财产提供了保障。现行《婚姻法》虽然没有明确未成年子女的财产权,但确立了保护儿童(未成年人)合法权益的原则,肯定未成年人具有独立的人格权和平等地享有家庭和社会地位,未成年子女的财产权益保护当然内含在该原则中。《合同法》中规定了赠与等无偿合同,为未成年人通过赠与获得财产作出进一步保障。无民事行为能力和限制民事行为能力的未成年人,非经其法定代理人同意不得订立重大的有偿合同,但对于

---

① 焦洪昌:《公民私人财产权法律保护研究——一个宪法学的视角》,科学出版社 2005 年版,第 8 页。

② 焦洪昌:《公民私人财产权法律保护研究——一个宪法学的视角》,科学出版社 2005 年版,第 17 页。

③ [英]弗里德利希·冯·哈耶克:《自由秩序原理》(上),邓正来译,三联书店 1997 年版,第 171~174 页。

纯获利益的无偿合同,如接受赠与等,未成年人即使未取得法定代理人的同意,也可以订立。① 赠与合同可以附义务,但基于未成年人是特殊的群体,此种附带的义务应与未成年人的智力、精神健康状况相适应。

应该承认的是,虽然我国民事法律体系中存在未成年人财产权益的法律依据,但受中国社会特定的历史文化和社会环境的影响,在未成年人财产权益的保护中,明显存在相关法律法规不完善不健全的问题。可以说,我国目前有关未成年人财产权的法律规定较为零乱和分散,没有形成较为完备和系统的法律体系。我国《民法总则》中的财产制度针对的主要对象是成年人,而对于未成年人的财产,仅仅概括规定了父母和其他监护人的财产监护职责,没有规定财产监护的具体内容,且未成年子女财产出现侵权情形时的救济路径相对滞后,财产监护的监管更是缺位;《婚姻法》仅重点规定了夫妻财产制,并没有涉及未成年子女财产的具体范围;《未成年人保护法》也只是对未成年人享有生存权、发展权等作出原则性的规定,并没有明确规定未成年人的财产权。上述法律法规虽然都肯定了未成年人享有独立的意识财产,但是均没有对未成年人财产范围予以详细具体的界定,加上受制于我国传统思想的影响,"子孙无私器、无私货、无私蓄",未成年子女财产归属没有得以明确,即使未成年子女有权获得财产,也交由其父母保管,未成年子女财产就与家庭财产混为一谈,在我国家庭财产共有制的缺失下,未成年子女财产更无法获得独立的法律地位。同时,由于未成年子女缺乏独立的谋生能力,依靠父母抚育其生活,未成年子女财产权更无以现实予以保障。因此,我国《民法通则》《民法总则》《婚姻法》关于未成年人监护的规定,凸显了未成年人监护制度立法指导思想的"重人身监护,轻财产监护"、"重伦理道德自治,轻法律规制调整"的历史局限性。② 未成年人财产权的保护仍然停留在家庭自治性的水平,同时,由于立法对财产监护的职责缺乏具体性规定,法院在认定监护人是否侵害了被监护人的财产权益、监护人对未成年子女财产处分行为的效力等问题上,只能凭借法官的自由裁量权,未成年子女财产权的公权力保护和司法救济处于相对滞后和操作性不强的状态。

二、未成年子女财产权益的保护存在客观需要

由于未成年子女的识别能力的不足和需要家庭抚养的特殊性,未成年人的财产相较于成年人,更易受侵害。而且,未成年子女的财产权利保护意识普遍较弱,受其自身的限制,难以正确判断财产处分行为的利弊。同时,在家庭生活中普遍忽视未成年子女财产权的独立地位,父母或其他监护人在潜意识中缺失未成年子女财产权利的保护。父母代管未成年子女的财产时,容易出现未成年人财产与家庭财产混同的现象,尤其在父母追求夫妻共有财产和夫妻个人财产时,未成年人自身的财产权利经常被忽略或被牺牲,特别是父母解除婚姻关系时,经常出现将未成年子女财产与夫妻共有财产混淆或合并,一起作为夫妻共有财产予以离婚分割。另者,我国未成年人财产监护监督机制的缺失,公权力干预处于消极和被动,使得未成年子女的财产权利缺乏司法救济路径和司法保护的力度。

在家庭日常生活中,未成年子女财产权益受到侵害的情形,常见有:

---

① 韩世远:《合同法总论》,法律出版社 2018 年版,第 81 页。
② 曹诗权:《未成年人监护制度研究》,中国政法大学出版 2004 年版,第 277～278 页。

1. 非为未成年子女利益而处分未成年子女的财产

实务中,经常出现父母将未成年人子女的财产进行消费、变卖、置换;父母代未成年子女放弃继承、遗赠或受赠财产;父母以未成年人子女财产作担保进行抵押等等侵害未成年子女财产或财产权益的案件。例如:在广东省东莞市中级人民法院审理的一个房屋买卖纠纷中,涉案房产的所有人为何某(未成年人),何某母亲刘某代其与第三人官某签订房屋买卖合同。事后,刘某未配合官某办理房屋过户事宜,官某诉至法院。法院经审理,认为刘某非为其未成年子女何某利益处分房产,且官某明知房屋所有人为未成年人,从而认定该房产买卖合同无效。① 又如,在某抵押借款合同中,将涉及未成年人名下的房产作抵押,并办理了抵押登记手续。借款到期后,债务人无力还款。法院认定该抵押房产的四名所有人中有一名未成年人,且在签订抵押借款合同时未满 10 周岁,该未成年人无法独立作出抵押的有效的意思表示,该抵押担保行为为无效。②

2. 夫妻离婚中争夺未成年子女的财产

由于父母作为未成年子女的监护人,代管未成年子女财产,当父母离婚时,原来由父母双方共同代管其子女财产的环境被打破,加上容易发生家庭财产与未成年子女财产的混同情形,在财产利益的驱动下,父母一方或双方借着离婚财产分割,变相转移未成年子女财产或将未成年子女财产占为己有或混同作为夫妻共有财产,使得未成年子女的财产处于极其不安全的状态。例如:某离婚案件中,父母离婚时协议将某项财产赠送给女儿,并由女方抚养女儿和代管该项财产。离婚一年后,因离异的夫妻双方在其他财产问题上发生矛盾,男方以女方损害了女儿财产利益为由,起诉要求变更抚养关系。究本案纠纷发生原因,实为女方控制和损害了未成年子女的该项财产。③ 又如:甲的父母在甲十岁时因感情不和而离婚,甲随与父亲乙共同生活。两年后祖父去世,根据祖父生前所立的遗嘱,二万元遗赠给甲,以供甲读书所用。事后不久,父亲乙就拿该笔钱去做生意,结果亏本。该案的未成年子女甲对接受祖父遗赠而取得的二万元享有独立的财产权,与甲共同生活的父亲乙应当尽到管理未成年子女财产的职责,不得非法处分未成年子女的财产。④ 因此,在夫妻离婚纠纷中,经常出现未成年子女的财产或财产利益受侵害的情形。

3. 拖欠未成年子女的抚养费

我国《婚姻法》明确规定父母对未成年子女的抚养教育义务,支付抚养费是父母承担抚养义务的重要方式,关系到未成年子女生活、学习及健康成长,是保障未成年子女生存和发展的重要物质基础。一般情形下,父母自愿自觉履行抚养费给付义务。但在父母解除婚姻关系后,支付抚养费时有纠纷,主要有:(1)离婚协议中就抚养费的支付数额或支付时间约定不合理或不明确;(2)抚养义务人拒付、拖欠抚养费,不按离婚判决或离婚协议的约定履行其抚养义务;(3)因探视未成年子女受到阻挠而引发对抗情绪而拒付、拖欠抚养费;(4)离婚协

---

① 叶虹:《未成年子女房产不是父母想卖就能卖》,http://epaper.xxsb.com/showNews/2016-07-13/321702.html,访问时间:2016 年 7 月 13 日。

② 任思言.:《娃娃房"抵押被判无效　父母无权处置孩子财产》,http://news.fznews.com.cn/shehui/2011-10-17/20111017UPB0ODU6ML224842.shtml,访问时间:2017 年 11 月 17 日。

③ 成都市中级人民法院(2009)成少民终字第 208 号民事判决书。

④ 福州市中级人民法院(2012)福少民终字第 38 号民事判决书。

议或司法判决的抚养费不足以应对目前的生活开支或未成年子女发生疾病面临大笔的医疗费开支或未成年子女参加的教育培训等原因,导致未成年子女向抚养义务人主张提高抚养费;(5)抚养义务人因失业或意外事故而造成收入减少,无法足额履行支付抚养费。据有关数据,在 2013 年至 2017 年,全国法院依法审理涉未成年人权益保护案件 49 万件,其中抚养关系纠纷、抚养费纠纷、监护权纠纷等占比高达 94.54%。① 同时,一方面,在拖欠未成年子女抚养费中,传统的执行方式是通过抚养义务人存在固定收入的单位代为扣除。但现今社会的工资支付手段多种多样,人们获得财产的途径也是千差万别,抚养费的强制执行日趋困难。另一方面,直接抚养未成年子女的一方就抚养费的使用情况也缺少有效的监督机制,经常出现不当使用或挥霍使用未成年子女抚养费,甚至出现用未成年子女抚养费以满足个人私欲的情形。

4. 未成年子女财产被强制执行

强制执行未成年子女的父母或其他监护人财产时,因家庭财产与未成年子女财产的混同,以及对未成年人财产保护的思想意识不到位,经常出现未成年子女财产被强制执行的状况,未成年人的合法的财产权益无法得以保护。② 当然,并非所有涉及未成年子女名下的财产都不能作为可供执行的财产。未成年人在因其侵权违法行为而导致承担损害赔偿责任时,根据我国《侵权责任法》第 32 条第 2 款规定:"有财产的无民事行为能力人、限制民事行为能力人造成他人损害的,从本人财产中支付赔偿费用。不足部分,由监护人赔偿"。因此,在无民事行为能力和限制民事行为能力的未成年人有独立财产的情况下,可先执行其财产,不足部分再由监护人进行赔偿。但是,在某些情形下,父母为规避强制执行,而将其财产转移到未成年子女名下。根据《合同法》第 52 条"有下列情形之一的,合同无效:……(二)恶意串通,损害国家、集体或者第三人利益;……"以及最高人民法院《民法通则司法解释》第 130 条"赠与人为了逃避应履行的法定义务,将自己的财产赠与他人,如果利害关系人主张权利的,应当认定赠与无效"的规定,如果被执行人为了逃避执行,而将财产转移给其未成年子女,应认定其赠与行为无效,即使登记在未成年子女名下的财产,仍可作为可供执行财产来予以执行。

第三节　未成年子女的财产监护制度

各国在承认未成年子女对其财产享有财产权的同时,通过亲权制度或监护制度规定父母或其他监护人对未成年子女财产的权利义务。亲权是父母对未成年子女在人身和财产方面的管教和保护的权利和义务,以保护未成年子女合法权益、父母共同行使亲权、禁止滥用亲权等为原则;财产方面的亲权包括财产行为的代理权和同意权、管理权、用益权和必要时的处分权等。

从本质而言,监护制度和亲权制度存在一定的区别。监护制度起源于古罗马的成文法典《十二铜表法》,其核心在于补足未成年人的行为能力的缺陷,是家长权的某种延伸。而亲

---

① 参见《审判动态》,载《家事法苑资讯简报》2018 年第 2 期。

② 刘黎明:《浅议执行案件中未成年人名下的财产如何执行和保护》,http://www.chinacourt.org/article/detail/2013/09/id/1096483.shtml,上网浏览时间 2016 年 10 月 22 日。

权制度起源于家父对家子的占有支配权,而后发展为父母对未成年子女在人身、财产方面所享有的权利。在大陆法系下,监护和亲权是相互独立的制度,亲权主要是父母对未成年子女的权利义务,而未成年人的监护是亲权的补充与扩展,只有在父母亲权缺位时,监护制度才得以适用,所以监护人往往是指父母之外的主体。但英美法系的监护制度囊括亲权,父母或其他监护人对未成年人的照管统称为监护,只有在未成年子女的父母不能承担监护责任时,其后位顺序的监护人才承担监护职责。① 我国《民法通则》建立统一的监护制度,父母是当然的监护人,无父母时另设监护人。现行《婚姻法》虽有"亲权"的内容规定,但因亲权强调父母对子女的权利,不符合现代社会保护未成年人利益的价值观,所以,没有使用"亲权"的规定。② 《民法总则》第27条仍然明确规定父母是未成年子女的监护人,将传统的亲权制度纳入监护制度之中,且整个监护制度是以父母的监护权为核心展开的。遗憾的是,我国《民法总则》《婚姻法》均没有对未成年子女的财产监护制度作出明确具体的规定。

一、未成年子女财产监护的内容

(一)财产管理权

未成年子女虽拥有独立的财产,但不具有相应管理和处分财产的能力。因此,当父母或其他监护人履行财产监护职责时,应以维护未成年子女利益为原则,以善良管理人的注意程度保护未成年子女的合法财产。在代为管理财产时,父母作为未成年子女的法定代理人,享有财产行为的代理权,但未为未成年子女的利益,不得处分未成年子女的财产。同时,父母或其他监护人行使财产行为代理权,以财产价值保存或增值为目的,对于在代管未成年子女财产中所得到的收益,也应予以合理的保管。父母在行使财产管理权时,管理行为主要包括保存、利用、改良等。对未成年子女财产享有使用权,使用权是财产管理权的内容之一,由于未成年子女与父母共同生活,所以在一般情况下,未成年子女的财产管理权与使用权并存。③ 父母对未成年子女的财产,在不损害财产的价值、效用和不改变财产归属的情况下,享有合理使用的权利。

各国立法均承认父母对未成年子女财产享有财产管理权。《法国民法典》第383条规定,在父母共同行使亲权的情况下,由未成年子女的父母双方共同对其子女的财产进行法定管理。如果父母一方死亡、离婚或其他情形下,则由单方行使财产管理权,但必须在监护法官的监督下。父母处分行为给未成年子女造成损害的,父母双方承担连带责任。④ 可见,在父母的婚姻关系存续期间,未成年子女的财产管理权由父母双方行使;在父母离婚的情形下,由直接抚养未成年子女的一方行使财产管理权;对于非婚生子女,主要由母亲行使财产管理权,在未成年子女被认领后,可以由父母双方行使财产管理权。父母在共同行使财产管理权而意思表示不一致时,应坚持父母协商;在未成年子女财产管理的重大问题上,父母无法达成一致的意见时,父母其中一方可以向法院起诉,法院以未成年子女利益最大化原则加

① 余延满:《亲属法原论》,法律出版社2007年版,第469页。
② 蒋月、何丽新:《婚姻家庭与继承法》,厦门大学出版社2013年版,第222页。
③ 李建洲:《论未成人财产监护职责的完善》,《天津法学》2011年第1期。
④ 罗结珍译:《法国民法典》(上册),法律出版社2004年版,第375页。

以裁决。

为维护未成年子女的合法权益,《德国民法典》采用"父母照顾权"取代"亲权",强调父母对未成年子女的人身和财产的照顾义务。但第 1638 条对父母财产照顾权进行必要的限制,对于子女因死因处分或因生前无偿赠送所得的财产,若被继承人以终意处分(遗嘱)或赠送人在赠送时规定该财产不由父母管理,则这种附条件的赠与排除了父母的财产照顾权。《德国民法典》第 1666 条第 2 款还规定了三种违反父母责任的情况:(1)父母违反其子女获得抚养费用的权利;(2)父母违反其管理子女财产的义务;(3)父母没有遵守法院关于管理儿童财产的义务。在上述情形下,视为父母对未成年子女财产的危害,家庭法院根据具体情形可以采取:一是命令父母在递交子女财产的目录时,提交管理财产时的计算报告;二是子女的财产金钱必须以一定的方式投资,提取时必须得到家庭法院的批准;三是责令危害子女财产的父母一方为受其管理的子女的财产提供担保。可见,各国对未成年子女的财产管理权都存在一定的例外或限制的规定。

《日本民法典》分别设立亲权与监护制度以保护未成年子女的财产权,由父母共同行使亲权,并明确规定父母对子女的财产管理权和代理权。《日本民法典》第 818 条、第 824 条、827 条规定,行使亲权的人管理其子女的财产,并就有关财产的法律行为代表其子女。行使亲权的人须以为自己管理相同的注意义务行使财产管理权。因重大过失而使未成年子女财产受到损失的,应承担赔偿责任。《日本民法典》还对父母的财产管理权作出例外规定,第 830 条规定,无偿给予未成年人财产的第三人表示享有亲权的父或母无权管理,则父或母无权管理;无偿获得的财产如若父母没有共同财产管理权,第三人又未指定管理人,则由家庭法院为其指定或者应检察官的请求选任管理人。《日本民法典》在第四编第五章规定监护制度,第 859 条、第 866 条规定,监护人对被监护人的财产进行管理,进行其相关的法律行为。监护人受让被监护人的财产或者第三人对被监护人的权利的,被监护人可以申请撤销其监护人。

我国《民法通则》和《民法总则》在财产监护方面仅笼统地规定,监护人的职责是代理被监护人实施民事法律行为,保护被监护人的财产权利。监护人不履行监护职责或者侵害被监护人合法权益的,应当承担法律责任。2001 年《婚姻法》(修正案)第 23 条明确规定父母有保护和教育未成年子女的权利和义务,因此可以理解父母双方均有权行使对其未成年子女的财产管理权。离异的父母虽然不改变与未成年子女的父母子女关系,但从方便行使财产管理权的角度出发,允许直接抚养未成年子女的一方行使财产管理权。与此同时,我国在立法上没有就财产管理权的例外情形作出规定。在日常生活中,存在父母允许未成年子女自行管理的财产如压岁钱、零花钱等情形,但这些财产的管理通常被认为是与未成年子女的年龄和智力状况相适应的行为。父母对未成年子女财产未尽与处理自己事务为同一注意义务的,使未成年子女财产受到损害的,负有赔偿责任,财产管理权亦宣告停止。[①] 因此,父母作为子女法定代理人,有管理子女财产的权利和义务,当第三人侵害子女财产时,父母可以凭借其财产管理人身份,请求交还子女的财产或提出损害赔偿。

---

① 史尚宽:《亲属法论》,荣泰印书馆 1980 年版,第 604 页。

（二）财产收益权

现代民法强化维护未成年子女的独立人格和合法权益的保护，对未成年子女的财产收益除支付养育和财产管理等必要费用外，多采否定的态度。[①]　即使从未成年子女利益出发，各国法律对父母的财产收益权加以诸多限制或根本否认收益权。如《德国民法典》第1649条规定，子女的财产收益，除通常管理财产费用外，应作为子女之抚养费；若有剩余，父母得为自己及该子女之未成年之未婚兄弟姐妹之抚养而使用之，但以斟酌当事人之财产及营业状况，合于公平者为限。因此，父母使用未成年子女财产的收益，应符合正当的用途，即用于支付抚养子女的生活和教育费用。在父母自身财产收入入不敷出难以维持家庭生活的情况下，可以使用子女的劳动所得，或者依照法律规定允许使用子女独立从事经营所得的收入。父母还可以为其自己的生计和未成年子女的未婚兄弟姐妹的抚养，使用在财产通常管理和子女抚养情形下所不需要的财产收益，但应遵循公平原则，并考虑未成年子女财产状况，该项权利通常在子女结婚时终止。

《法国民法典》第383条规定，父母对未成年子女的财产有使用收益权。法定的使用、收益，或者共同属于父母双方，或者属于父母中负责对财产进行法定管理的一方。但在第384-387条作出限制，子女年满16周岁或子女虽未满16周岁但已缔结婚姻时，父母即停止使用收益权，且父母使用收益未成年子女的财产只能用于子女的日常生活或教育。对于子女通过劳动取得的财产和子女以其父与母不享有使用、收益为所附条件的受赠或受遗赠而取得的财产，父母不享有使用收益权。《瑞士民法典》第319条第1款存在类似的规定："父母应将子女财产的收益用于子女的抚养、教育及职业培训，并在合理的限度内，用于家务费用。节余的仍归子女财产"。《瑞士民法典》第321-323条就父母使用和收益子女的财产作出限制性的规定："（1）在子女接受他人财产赠与时，赠与人明确表示用于生息和储蓄，或者明示不让父母管理的，父母对其财产不享有管理和使用权；（2）依遗嘱，可以禁止父母对子女特留份的管理；（3）子女对自己的劳动所得，及父母从子女的财产中交于子女经营事业的财产，享有管理及收益的权利。"[②]我国台湾地区的"民法"第1088条也规定，父母对于子女之特有财产有使用收益之权，但非为子女之利益不得处分之。因此，有学者解读，台湾地区"民法"仍肯定父母对未成年子女财产的收益权，但使用未成年子女财产的所得收益，一般应首先作为财产管理费用，其次作为子女教育费用，再次供家庭使用，如有剩余的，才作为父母自由处分。[③]

我国《民法总则》第35条亦存在相关规定，监护人应当按照最有利于被监护人的原则履行监护职责。监护人除为维护被监护人利益外，不得处分被监护人的财产。但我国《民法总则》并没有就父母在行使未成年子女财产管理权时是否具有收益权作出明确的规定。实务中，就未成人子女财产的收益归属通常是：（1）未成年子女财产的收益，原则上归属该子女所有，父母不享有收益权。（2）父母对未成年子女财产的收益，首先用于清偿财产管理费用，然后用于该子女的养育费用。如果收益用于该子女的养育不足的，仍由父母承担养育费用。

---

①　罗结珍：《法国民法典》，中国法制出版社1999年版，第382页。

②　《瑞士民法典》，殷生根、王燕译，中国政法大学出版社1999年版，第90页。

③　林秀雄：《婚姻家庭法之研究》，中国政法大学出版社2001年版，第206页。

因为抚养教育子女是父母的法定义务,父母不能因子女有独立财产而不履行其应尽的法定义务。(3)对于养育该子女费用仍存在剩余收益的,可用于家庭必要的开支,但父母对于无财产管理权的未成年子女财产的收益的,则不得用于此项使用。对于父母一方无自养能力的,此项费用在一定情况下可用于养育父母。[①]

但是,父母对未成年子女的财产管理权并不导致未成年子女财产及其收益归属发生改变。从所有权角度,既然财产所有权归属未成年子女,那么,其收益当然归属未成年子女。父母对未成年子女的抚养教育的权利义务与父母对未成年子女的财产管理权利义务都是法律赋予父母不同性质、互不为条件的权利义务,父母不能以承担抚养义务为由而将未成年子女财产的收益归属自己。当然,未成年子女财产及其收益可以用于支付未成年子女自身的教育费用,在家庭生活困难时,也可以用于支付自身的生活费用和必要的家庭开支,但此用途或支出与财产收益归属父母是不同的。有学者认为,亲权人对未成年子女的财产享有无条件的用益权。[②] 该观点应予以摈弃。一般而言,父母对未成年子女有生活保持义务,因此,无论未成年子女是否有财产足以负担自己的生活,父母均应依各自之能力或财力以抚养未成年子女。父母对未成年子女的抚养义务与未成年子女有无独立的财产并无关系,因此,从理论上而言,父母对未成年子女的财产,原则上不享有收益权。[③] 父母以未成年子女财产及其收益来维持未成年子女自身生活,承担未成年子女的教育费用和生活费用,是父母管理财产行为的结果,是父母行使未成年子女财产的用益权,而不是父母收益权。就此,各国从未成年子女利益出发,对父母的收益权一般予以限制或否定。虽有观点认为,因为父母对未成年子女的财产有管理的义务与责任,所以父母获得收益权是管理义务的对价。笔者认为,父母对未成年子女有抚育的义务和责任,是无条件的,不能以对价关系加以解释,为保障未成年子女的财产利益,应对父母的财产收益权进行限制。

(三)财产处分权

各国对父母处分未成年子女的财产均加以一定的限制。《瑞士民法典》第 319 条第 1 款规定:"父母应将未成年子女财产的收益用于未成年子女的抚养、教育及职业培训,经证明确需要支付费用时,监护官厅始得允许父母将未成年子女的其余财产分为各个特别款项加以动用"。《意大利民法典》第 320 条也规定:"父母不得转让、抵押、质押未成年子女以包括死因取得在内的任何名义获得的财产;不得接受未成年人保留的财产或拒绝接受遗产或遗赠、接受赠与、解除共有、订立消费借贷契约或者 9 年以上期限的租赁契约等。为了子女明显的利益,或者必要时,获得负责监护事务的法官准许后,才可采取上述行为"。《德国民法典》第 1641 条还专门规定:"除本着道德义务或礼节上应有的体面考虑以外,原则上父母不得代理子女为赠与"。第 1642 条、第 1643 条规定,原则上,父母利用子女财产进行投资以及从事有关土地、合伙租赁等财产投资行为,都应经监护法院许可。

同时,多数国家还明确规定,禁止监护人受让被监护人的财产。《法国民法典》第 450 条、第 451 条规定,在未成年子女的父母均死亡或被剥夺亲权时,为其设置监护。监护人对

---

①　杨立新:《亲属法专论》,高等教育出版社 2005 年版,第 263 页。
②　彭万林:《民法学》,中国政法大学出版社 1995 年版,第 62 页。
③　林秀雄:《婚姻家庭法之研究》,中国政法大学出版社 2001 年版,第 203 页。

未成年子女的财产管理存在一定的限制,监护人应以"善良家父"的态度管理未成年人的财产,并对其不善管理造成的损失负赔偿责任。同时,监护人对未成年人财产负有盘点、制作财产清册的义务,非经亲属会议批准,监护人不得以未成年子女的名义进行财产处分行为。监护人不得接受针对其监护的未成年子女的权利或债权的让与。

我国《民法通则》第18条和《民法总则》35条均规定,除为被监护人的利益外,不得处分被监护人的财产。未成年人的监护人履行监护职责,在作出与被监护人利益有关的决定时,应当根据被监护人的年龄和智力状况,尊重被监护人的真实意愿。监护人不履行监护职责或者侵害被监护人的合法权益的,给被监护人造成损失的,应当赔偿损失。人民法院可以根据有关人员或单位的申请,撤销被监护人的资格并按照最有利于被监护人的原则依法指定监护人。财产处分包括法律上的处分和事实上的处分,必须基于未成年子女的利益。财产监护中应贯彻最有利于被监护人原则,使得被监护人利益最大化,一方面要求监护人合法处分被监护人财产时要尽到审慎注意义务,对于被监护人所享有的财产权利和其他合法权益需要行使时,监护人要积极予以配合;另一方面,监护人应当选择最有利于被监护人利益方式进行,而不能选择监护人比较方便的、比较容易的方式。[①]

二、未成年子女财产监护制度的核心

未成年子女财产监护制度的核心在于维护未成年子女合法的财产权益。从《儿童权利宣言》所明确的"儿童利益最大化"原则开始,在财产监护上"最有利于被监护人"是当代监护制度的核心,也是我国《民法总则》所规定的监护职责的基础。我国应就未成年子女利益最大化进行明确规定,建立以未成年子女为本位的监护理念,并在合理范围内尊重未成年子女的自主决定权。

那么,何谓"未成年子女利益"?我国相关立法没有给出明确的规定。未成年子女利益实质在于充分保障未成年子女健康成长。我国民法体系下所构建的监护职责,在于保护被监护人的身体健康、照顾被监护人的生活、管理和保护被监护人的财产、代理被监护人进行民事活动、代理被监护人进行诉讼、对被监护人造成他人损害承担补充赔偿责任等等,这些都是以有利于被监护人的利益出发。总之,父母基于未成年子女健康成长或受教育的必要,应该理解为为子女利益。

同理,为未成年子女利益原则贯穿财产监护制度的方方面面:在未成年子女的财产上,未成年人的父母有法定代理权;未成年人为无民事行为能力的,由其父母代为行使财产上的行为;未成年人为限制民事行为能力的,其所进行的财产行为,除纯获利益或与其年龄、智力状况相适应的外,应征得法定代理人的同意。同时,未成年人的父母对未成年人子女的财产有管理权,父母在行使该管理权时,应尽与处理自己事项为同一程度的注意义务。父母基于其财产管理权,享有占有未成年子女财产的权利,若他人无正当理由而为占有时,构成对财产管理权的侵害,父母作为未成年子女的代理人行使基于所有权的物权请求权,亦得以侵害管理权为由而请求交还系争之物,还可以占有人地位行使占有保护请求权。[②]但是,父母对

---

① 中国审判理论研究会民商事专业委员会编著:《〈民法总则〉条文理解与司法适用》,法律出版社2017年版,第75页。

② 余延满:《亲属法原论》,法律出版社2007年版,第458页。

未成年子女的财产管理权存在例外情形,《法国民法典》389 条、《德国民法典》第 1638 条、《日本民法典》第 830 条都规定,无偿赠与财产给未成年子女的第三人,有权排除父母对未成年子女的此项财产的管理权或收益权。同时,父母对未成年子女的财产所享有的使用权,建立在不毁损、变更财物及其权利属性的前提下,才有支配和使用未成年子女财物的权利。总之,未成年子女的财产监护应为子女利益为判断要素,增加子女财产价值、有利于子女的生活和符合子女的长期利益,是子女利益的基本体现。

"为子女利益"原则不限于在财产监护中监护人对被监护人财产的监护职责上,还应体现尊重未成年子女与其年龄和智力状况的真实意愿。我国《民法总则》第 35 条也明确规定,未成年人的监护人履行监护职责,在作出与被监护人利益有关的决定时,应当根据被监护人的年龄和智力状况,尊重被监护人的真实意愿。英国《1989 年儿童法》第 8 条规定儿童利益最大化的因素包括:(1)根据儿童的年龄与理解能力而考虑其可确定的意愿和感受;(2)考虑儿童的物质、情感和受教育的需要,等等。因此未成年子女利益最大化,并不是简单地建构在父母甚至社会的利益基础上,而是以未成年子女本位的利益为根基,以有效管理财产的规则进行未成年子女的财产管理,非为未成年子女利益而不得处分,不得将未成年子女的财产进行转让、抵押或设置他项权利,保护未成年子女的合法财产利益。

但是,在日常生活中,经常出现非为未成年子女利益而侵害未成年子女财产的情形:(1)将财产用于清偿债务特别是夫妻共同债务;(2)父母取替未成年子女放弃继承权或受遗赠权,拒绝接受赠与等纯获利益的行为;(3)父母以不合理低价转让未成年子女财产或将未成年子女财产予以抵押;(4)父母离婚后,直接抚养子女的父母一方将子女的抚养费进行投资等等。[①] 各国对于监护人侵害被监护人财产利益的,均规定监护人应承担法律责任。《德国民法典》以司法介入形式来维护未成年子女的合法权益,作为保障子女利益最大化的主要方式,第 1696、第 1697 条规定,当父母行使亲权出现问题时,法院采用"命令"形式限制父母的非理性行为,从而达到保护子女最佳利益。第 1640 条规定,父母就未成年子女无偿取得的财产有编制财产目录并递交家庭法院的义务。第 1683 条更加明确规定,有权进行财产照顾的父母一方想与第三人缔结婚姻的,必须通知家庭法院,并以自己的费用递交子女财产的目录。《意大利民法典》第 330 条规定,在发生可能给子女造成严重损害的危险时,法官在听取父母和年满 14 周的子女的意见的基础上,可以建议采用其认为更符合子女和家庭利益的措施。《瑞士民法典》第 301 条和第 307 条还规定,父母应允许子女享有与其年龄相适应地安排自己生活的自由,并且对子女在重要事务中的意见予以尽量的考虑。当子女的利益受到侵害而父母对排除该侵害不关心或无能力时,监护官厅应为保护子女的利益采取适当的措施,积极介入保护子女的利益。我国《民法总则》在明确规定监护人不履行监护职责或侵害被监护人合法权益的,应当承担法律责任的基础上,引入撤销监护人资格制度,并安排必要的临时监护措施,且规定依法负担被监护人的抚养费的父母和其他监护人被撤销监护人资格后,应当继续履行负担的义务。

---

① 楼晓:《未成年人股东资格之商法检讨》,《法学》2008 年第 10 期

三、我国未成年人财产监护制度的困境

1. 混淆亲权与监护，缺失财产监护规则

亲权是指父母对未成年子女在人身和财产父母的管教和保护的权利和义务，来源于罗马法的家父权和日耳曼法的保护权。在罗马法中，亲权表现为对家子的占有支配权；在日耳曼法，亲权表现为对子女利益的保护。大陆法系国家多以亲权制度规定父母对未成年子女的权利和义务。但随着子女利益保护的强化，现代各国民法对亲权的称法发生改变，如1980年德国修改法律，将"亲权"改为"父母照护权"，1987年法国将"亲权"改为"父母职责"，强调原亲权所表述的父母对子女的控制改为亲权是父母保护教养未成年子女的权利和义务，以实现子女之福利。① 我国《婚姻法》虽存在"亲权"的内容规定，但没有使用"亲权"的表达方式。《民法通则》已建立未成年人照顾、扶助、教育、监督和保护为特定内涵的未成年人监护制度，但没有建立亲权制度。《民法总则》仍以父母的监护权为核心展开，也没有规定亲权制度。在大陆法系，亲权和监护权存在严格的区别，如《德国民法典》第1773条和《日本民法典》第838条都规定，子女一经出生，其父母是其亲权人，以亲权补正未成年子女的行为能力，但在亲权人均死亡或丧失亲权或被剥夺亲权时，须为未成年子女指定监护人，以监护制度加以补充。而在英美法系，亲权和监护不加以区分，统称为监护权。从本质而言，亲权制度与监护制度的重大区别在于亲权人对未成年子女享有惩戒权，而未成年人的监护人不享有此权利。②亲权是以保护教养未成年子女为目的，以对未成年子女的人身照护和财产照护为内容，是权利义务的集合。亲权是专有权，为父母所专有，当然，无论是生父母、养父母还是形成抚养关系的继父母都享有亲权。而监护人不仅是父母，还包括祖父母、外祖父母、兄姐等近亲属或机构监护。因此，亲权和监护两种制度，在主体范围、性质、内容等存在不同。

理论界对于我国就亲权和监护之选择存在论争：一种观点认为采用亲权，认为建立亲权制度适应我国现阶段亲子关系的客观要求，是规范我国亲子保护和教养关系的最佳选择。而另一种观点是反对引入亲权，认为区分亲权和监护的理由越来越少，本着保护未成年人利益的原则，父母和其他监护人的权利和义务正慢慢融合，父母的权利和负担不断被强化，因此只需建立完善的监护制度，便可充分保护未成年子女的利益。③

我国《民法总则》将亲权制度纳入监护制度，实行大监护制度，一方面规定父母对未成年子女负有抚养、教育和保护的义务，另一方面，直接规定父母是未成年子女的监护人，只有在未成年人的父母已经死亡或没有监护能力时，才由其他监护人按照一定的顺序担任监护人。这种监护和亲权的合并模式，针对未成年人的监护和亲权的职责是混同的，父母作为监护人和其他亲属作为监护人的监护职责不存在严格的区别。但是，在大监护该模式下，缺乏财产监护规则，并不利于保护未成年子女财产权益：

(1)在大监护模式下，我国现有立法强调的是人身监护，对财产监护重视不足，仅仅在《民法总则》第35条和《未成年人保护法》第5条、第45条、第47条做了简单的原则性规定，仅仅涉及以善良注意义务保管未成年人财产和为维护被监护人利益，不得处分被监护人的

---

① 薛宁兰：《我国亲子关系立法的体例与构造》，《法学杂志》2014年第11期。

② 余延满：《亲属法原论》，法律出版社2007年版，第453页。

③ 蒋月：《婚姻家庭法前沿导论》，法律出版社2016年版，第423～428页。

财产的规定。这些涉及财产监护的规定,因过于原则而没有操作性。同时,我国监护制度对无民事行为能力和限制民事行为能力人的财产监护制度存在诸多漏洞和不足,缺失专门统一的无民事行为能力人和限制民事行为人财产保护制度;现有监护制度集中规定的是人身监护为主要内容,而财产监护的规定则分散。① 正是由于缺乏明确性、系统性、专门性和可操作性的财产监护规则,使得未成年人财产监护处于空缺状态,实务中将未成年人排除出市场交易世界,更没有充分尊重未成年人的真实意愿,亦没有考虑相对人的信赖和交易安全问题,未成年人的财产权益无法得以切实的保护。

(2)《民法总则》笼统地规定限制民事行为能力的未成年人可以实施与其年龄、智力状况相适应的民事法律行为,但对未成年子女的交易资格没有进行细分,无法实现最大限度地尊重未成年子女的意思自治。同时,我国《民法总则》第 34 条对无民事行为能力人和限制民事行为能力人均采用监护人代理权模式,没有区分监护人针对未满 8 周岁的无民事行为能力的未成年子女和已满 8 周岁的限制民事行为能力的未成年子女存在不同的监护职责,使得限制民事行为能力的未成年子女可以从事与其年龄、智力相当的财产行为的相关规定形同虚设,这样导致对于限制行为能力的未成年子女的意思自治尊重不够,对已满 8 周岁的未成年子女自我决定权无法得以有效实现。只有细分未成年子女的民事行为能力,才能区分监护人的同意权和代理权。对于已满 8 周岁的未成年人,可以赋予父母或其他监护人以同意权,未成年人在经过父母或其他监护人同意下可以直接从事与其年龄、智力相关的财产行为;对于未满 8 周岁的未成年人,可以赋予父母或其他监护人以代理权,代理未满 8 周岁的未成年子女实施民事法律行为。

(3)现有的财产监护规则不清晰。财产监护是在父母或其他监护人对未成年子女财产管理过程中,弥补未成年子女的不完全民事行为能力,以更好地在财产交易动态运行中,维护未成年子女的财产权益。因此,财产监护规则只有是在符合财产流转和交易安全的要求下,以不损害未成年人的财产利益为根本,才能实现这两种价值的理想状态。财产监护规则应注重在财产监护行为的开始之初,而不仅仅是事后的救济。而我国财产监护制度的规定过于原则,缺乏操作性,且没有将未成年子女的财产管理权纳入监护监督之中,更没有设立专门的监护监督人或监护监督机构,在父母实施违背子女财产利益的财产监护行为,没有合理的救济途径。从最高人民法院近年公布的 12 起撤销未成年人监护人资格的典型案例分析,没有一起是涉及因父母不履行财产监护职责而导致撤销监护人资格的,这 12 起案例都集中在父母虐待被监护人、父母怠于行使人身监护职责(不探望或不抚养)或父母暴力侵害被监护人或监护人性侵被监护人等等,均没有涉及未成年子女财产监护问题。

2. 未成年人财产监护的监护职责模糊

我国《民法总则》规定,监护人应当履行监护职责,保护被监护人的人身、财产及其他合法权益,除为被监护人的利益外,不得处理被监护人的财产。但对什么是"监护职责",并没有作出明确的规定。此处的"除为被监护人利益外,不得处理被监护人财产",什么样的利益构成"被监护人的利益"?监护人处分被监护人的财产有无限额?是否以财产的保存或增值为被监护人的财产利益?对这些问题,立法均没有做出明确具体的规定。保护被监护人的财产权益,管理被监护人的财产是监护人的职责,但是什么样的行为被称为"管理行为",立

---

① 张莉:《特殊残障者法律人格的民法保护》,法律出版社 2015 年版,第 282～285 页。

法亦不明确规定。未成年人的财产类型不同,监护人的财产管理行为应随之有所不同,立法对此同样没有进行区分规定。同时,《民法总则》虽然规定,未成年子女的监护人履行监护职责,在作出与被监护人利益有关的决定时,应当根据被监护人的年龄和智力状况,尊重被监护人的真实意愿。但是,未成年子女作为被监护人的意愿如何在监护人代理的财产行为中予以落实? 总之,《民法总则》上述规定过于原则,财产监护职责问题成为困扰实务界的难点问题。

举一例:我国《保险法》第 34 条第 1 款规定,以死亡为给付保险金条件的合同,未经被保险人同意并认可保险金额的,保险合同无效。但该条第 3 款同时规定,父母为其未成年子女投保的人身保险,不受本条第 1 款规定的限制。可见,父母为未成年子女投保死亡给付保险,无须经被保险人同意。但父母以外的监护人,一方面,完全禁止为无民事行为能力人投保死亡给付保险,另一方面,为限制民事行为能力人投保死亡给付保险时,应经过被保险人同意。最高人民法院出台《保险法司法解释三》,其中第 6 条规定:"未成年人父母之外的其他履行监护职责的人为未成年人订立以死亡为给付保险金条件的合同,当事人主张参照保险法第 33 条第 2 款、第 34 条第 3 款的规定认定该合同有效的,人民法院不予支持,但经未成年人父母同意的除外"。在这样的规定下,只要经过未成年人父母同意的,未成年人死亡给付保险的投保人可成为"其他履行监护职责的人"。该规定一方面扩张了无民事行为能力的未成年人死亡给付保险的投保主体的范围,将从"非父母主体的绝对禁止"修正为"父母同意下的限定的主体",另一方面限缩了限制民事行为能力未成年人死亡给付保险的投保主体,将从"父母之外的任意主体"修正为"其他履行监护职责的人"。[①] 由此,不仅是父母可以为未成年人投保死亡给付保险,而且在父母同意下的"其他履行监护职责的人"也可以为未成年人投保死亡给付保险。法律赋予被保险人死亡保险的同意权,就是维护被保险人的意思自主,尊重被保险人人格权,将被保险人对死亡保险的同意视为其对自己的人格权的处分。但是,在《保险法司法解释三》第 6 条下,未成年子女的父母直接取代未成年子女作出"被保险人同意权",实质上就是未成年子女的父母行使或处分未成年子女的人格权,可以理解为父母对未成年子女的监护职责可以扩张到对未成年子女的"生杀大权"。监护职责的模糊,导致未成年子女投保死亡保险都可以由父母主宰。[②]

3. 监护类型从单一向多元转变中的配套制度缺失

《民法通则》规定的监护种类包括法定监护和指定监护。未成年子女的父母是未成年子女的监护人,是法定监护。第 16 条第 3 款规定,对因担任监护人有争议的,由未成年人的父、母的所在单位或未成年人住所地的居民委员会、村民委员会在近亲属中指定监护。

《民法总则》在规定父母是未成年子女的法定监护人的同时,第 29 条规定,被监护人的父母担任监护人的,可以通过遗嘱指定监护人。遗嘱监护具有意定监护的性质。[③] 对于父母一方死亡,被监护人只剩下单方的父或母,后死亡的父或母通过遗嘱为未成年子女指定监

---

① 周芳:《忍不住的"关怀"——试评"最高人民法院关于适用〈中华人民共和国保险法〉若干问题的解释(三)"第六条》,《上海保险》2016 年第 1 期。

② 何丽新、李金招:《论未成年死亡给付保险的限制——评〈保险法司法解释三〉第 6 条》,《保险研究》2018 年第 5 期。

③ 李永军:《民法总论》,中国政法大学出版社 2008 年版,第 95 页。

护人,是非常必要的,也是从未成年人子女的利益出发而设立,亦有利于家庭的紧密感。同时,《民法总则》第31条还规定,指定监护人前,被监护人的人身权利、财产权利以及其他合法权益处于无人保护状态的,由被监护人住所地的居民委员会、村民委员会、法律规定的有关组织或者民政部担任临时监护人。第36条还规定撤销监护人资格的,应安排必要的临时监护措施,完善了临时监护制度。《民法总则》还规定了监护协议,强调充分尊重被监护人的真实意愿。第30条规定,依法具有监护资格的人之间可以协议确定监护人,以协议确定监护人从而尊重被监护人的真实意愿。第35条还规定,未成年人的监护人履行监护职责的,应尊重被监护人的真实意愿。监护协议本质上是针对身份关系的在民事自治范围内的处分,是基于照顾、代理等义务负担为主的协议。因此,在父母因外出劳务或其他原因不能履行对未成年人监护职责的,可以从尊重被监护人的意愿出发,以监护协议形式委托有监护能力的监护人。监护人在作出与被监护人利益有关的决定时,应当根据被监护人的年龄和智力状况,作出最有利于被监护人利益的行为或措施。综上,《民法总则》构建了包括法定监护、指定监护和意定监护在内的完整的监护类型体系。

在这样多元化的监护下,各种类型的监护人,其监护职责是否完全一致?监护人违反监护职责时,如何承担法律责任?《民法通则司法解释》第22条规定了监护人可以将监护职责部分或全部委托给他人。[1] 因被监护人的侵权行为需要承担民事责任的,应当由监护人承担,但另有约定的除外。被委托人确有过错的,负连带责任。但在意定监护等形态下,可以转移监护职责吗?监护职责的转移,并非是监护人的变更。我国有关"监护权委托转移制度"下的监护职责的转移,有的是全面受监护人委托履行监护职责,有的是部分或单项履行监护职责,当部分或单项履行监护职责时,履行时间的长短是否存在要求?"履行监护职责的人"是仅指自然人还是包括法人或其他组织?我国《民法总则》虽然构建家庭监护、组织监护、国家监护的全方位立体监护体系,明确了民政部门、村(居)委会等组织在国家监护和临时监护中承担监护人这一重要角色。[2] 但是,"履行监护职责的人"的识别问题,不仅存在现实困难,在《民法总则》生效后更陷入困境。

4. 财产监护监督制度落实不到位

现代的监护已从单纯的权利模式发展成权利与义务相结合,成为以义务为中心内容的一种社会职责。监护的义务性质要求国家应当对监护人的监护行为进行监督。[3] 未成年人的监护不再被简单地归入个人和家庭的私事,而被认为是父母、社会和国家的共同责任,国家凭借各种公权力手段和社会公共机制干预和介入未成年人监护中,践行其保护未成年人合法权益的职责。[4] 监护已从私的亲属监护走向公的机构监护,监护出现公法化趋势。"基于社会连带责任思想之社会本位立法,监护事务事关社会公益,不容单纯以家务私事视之。

---

[1] 我国《最高人民法院关于贯彻执行〈中华人民共和国民法通则〉若干问题的意见(试行)》第22条规定,监护人可以将监护职责部分或全部委托给他人。《未成年人保护法》第16条规定,父母因外出务工或者其他原因不能履行未成年人监护职责的,应当委托有监护能力的其他成年人代为监护。上述规定构成监护权转移的法律依据。

[2] 详见《民法总则》第31条、第32条。

[3] 杨大文:《亲属法》,法律出版社2004年版,第267页。

[4] 李霞:《监护制度比较研究》,山东大学出版社2004年版,第249页。

监护事务要由亲属自治已非其时,继之以公权力干涉乃势所必然"。[1]

《民法总则》明确规定监护人的职责是代理被监护人实施民事法律行为,保护被监护人的人身权利、财产权利以及其他合法权益等。监护人依法履行监护职责产生的权利,受法律保护。监护人不履行监护职责或者侵害被监护人合法权益的,应当承担法律责任。《民法总则》进一步规定了监护监督机构:一是被监护人的所在单位、居民委员会、村民委员会;二是行政监护监督机构。这些监护监督机构,利于监护人履行监护职责的状况加于监督,保护被监护人的合法权益。监护监督人可以是自然人,也可以是法人或其他组织。居民委员会和村民委员会也可以成为监护监督人,履行监护监督的职能,因为居民委员会和村民委员会就设在被监护人的住所地,最了解监护人和被监护人的具体情况,便于迅速采取行动和措施。各级政府的民政部门作为国家的监护监督机构,也可以行使监护监督的行政权力,负责监督监护人的监护行为。但是,在针对"不履行监护职责"和"侵害被监护人的合法权益"的标准尚未明确情形下,监护监督机构如何介入?我国未成年人因监护失当而遭受侵害的事件屡见报刊,监护不当、监护困难、监护缺失、监护侵害等现象频频出现,以指定监护人、变更监护权、撤销监护权、委托监护等方式都难以在财产监护中有效发挥作用,明显出现未成年人财产监护过分依赖家庭,国家公权力介入或干预不足的现象。

我国未成年子女的财产监护以父母法定代理权为基础,在财产监护人的设置上具有严格的限定性,此是以亲属关系为基础,主要在家庭内部产生。尤其是,多数的未成年子女财产权在家庭内部受侵害具有隐蔽性,特别是当父母作为监护人侵害未成年子女财产权时,未成年人财产权如何救济?监护人不能履行监护职责,未成年子女的财产权如何行使?未成年子女平时依靠父母抚养教育,其财产监护依靠父母,父母侵害未成年子女财产时的救济仍然还是依赖父母,父母既是运动员又是裁判员,当没有其他监护人代理的情况下,未成年财产的侵权救济更是纸上谈兵。因此,未成年人的财产保护过分倚重监护人,并不能很好地保护未成年子女的财产。《民法总则》虽然规定未成年人父母的监护职责缺失时,由未成年人的父母所在单位或未成年人所在地的居民委员会、村民委员会或者民政部门担任监护人,但这些机构担任监护人时,如何有效履行保护未成年人的财产权?由于这些社会组织无法从根本上代替国家(政府)的职责,造成政府机构未成年人财产权保护中的缺位。

但国家具有承担保护未成年人财产的职责。在法国,设有社会援助部门来援助未成年人进行财产权的保护;在德国,设有青少年局和各种福利社团,在没有适宜监护人时,直接作为监护人,履行对未成年人财产权的保护;在日本,没有监护人时,可以申请家庭裁判所选任监护人,以保护未成年人的财产权。[2] 国家的财产监护和家庭的财产监护一样,都是未成年人财产保护的重要手段。我国没有建立对无民事行为能力和限制民事行为的未成年人财产监护的适度公权干预,没有相关组织机构予以监督或干预,家事审判中没有独立的家事诉讼程序,这些不仅违背未成年人财产监护事项的内在规律特性和要求,也影响了司法介入监护所应追求的社会效果、法治效果和道德效果,使已有的未成年人财产监护制度得不到司法机

①　林秀雄:《论未成年人之监护人及民法第 1094 条之修正》,载谢在全主编:《物权·亲属编》,中国政法大学出版社 2002 年版,第 293 页。

②　林秀雄:《论未成年人之监护人及"民法"第一千零九十四条之修正》,载《民法七十年之回顾与展望论文集》,中国政法大学出版社 2002 年版,第 278～279 页。

制的积极维护和推进。[1]

四、完善我国未成年子女财产监护的具体措施

1. 设立广义监护体系，明确财产监护职责

针对监护人对被监护人的财产监护，应规定具体的措施。《德国民法典》亲属编的第三章规定，监护人必须在实施监护时，将现存的或嗣后归属于被监护人所有的财产编制目录，并在对目录附加正确性和完整性的保证后，递交给监护法院。有监护监督人的，监护人必须在编制目录时；该目录页必须由监护监督人附加正确性和完整性的保证；被监护人取得遗产或赠与的财产，由监护人按照被监护人或赠与人的指令予以管理，遵从该指令时不应危害被监护人的利益；监护人不得代理人被监护人进行赠与行为，也不得将被监护人的财产用于自身和监护监督人；监护人处分被监护人的债权和有价证券，必须经监护法院及监护监督人的批准；监护人应将属于被监护人的无记名证券寄存于储蓄及有关信贷机构，也可以将应属于被监护人的无记名证券过户于被监护人名下；监护人必须至少每年向监护法院报告一次被监护人的个人情况，必须向监护法院提出关于其财产管理的计算书；监护人不得受让和无偿转让被监护人财产，不得代为被监护人放弃财产权利；监护法院可以通过对监护人科以罚款来监督其担任监护工作；家庭法院可命令父母递交子女财产目录并就管理提出计算报告，可责成危害子女财产的父母一方受其管理的子女财产提供担保等等。上述这些规定具体可行，为德国法下的未成年人财产监护职责和监护不当的救济措施以及监护监督机制提供具体明确且实操性强的法律条款。

因此，我国应借鉴《德国民法典》的规定，在《民法总则》相关规定的基础上，进一步细化规定财产监护的内容：(1)编制被监护人的财产目录和年度预算。监护人在监护开始时，必须在规定的期限内制作被监护人的财产清单，确定财产监护的范围，使监护人充分了解被监护人的财产情况，以更好地履行财产监护职责，同时也为日后衡量监护财产有无增减以及监护人有无不当、不正行为的标准。(2)监护人应尽善良管理人义务，并对管理失当造成的损失负赔偿义务。监护人应当以"善良管理人"的态度管理被监护人的财产，像管理自己的财产一样管理被监护人的财产的，监护人未尽到注意义务而造成财产管理行为不当的损失，应承担赔偿责任。(3)明确监护人财产管理行为的范围及于被监护人合法的所有财产，肯定财产管理行为包括保存行为、利用行为、改良行为以及一定的处分行为等，并根据被监护人的不同财产行为而履行不同的财产管理行为。

2. 鼓励监护人积极履行财产监护义务，适当给予财产监护报酬

监护人可否因监护行为获得报酬，主要有无偿主义、有偿主义和补偿主义：其一是采用无偿主义，如《俄罗斯联邦家庭法典》第150条规定，监护是一种社会义务，监护人不得索取报酬；其二是采用有偿主义，如《日本民法典》规定，法院可以根据监护人和被监护人的经济能力及其他情况，从被监护人的财产中给予监护相当的报酬；其三是采用补偿主义。监护原则上是无偿的，但监护人有请求补偿适当报酬的权利，如《德国民法典》《法国民法典》等。但各国法律一般还规定，对于父母作为监护人的，不存在索取报酬问题；非父母的监护人，为积极调动监护人履行监护职责，防止监护人之间互相推卸责任，在被监护人存在一定的财产情

---

① 曹诗权：《未成年人监护制度研究》，中国政法大学出版社2004年版，第294页。

况下,可以赋予监护人适当的报酬,最大限度地保护被监护人的财产权益。

由于我国实行大监护模式,未成年子女的监护人有可能是非父母的其他监护人,为避免监护人互相推诿监护职责,充分保护被监护人的财产权益,建议我国可以采用补偿原则,在对未成年子女进行财产监护时,综合监护事务的情况,对监护职责付出较多或给被监护人带来较大财产权益的监护人,在被监护人的财产中补偿适当的报酬。同时,根据权利和义务相一致的原则,这种补偿请求权,应与监护人所依法承担的监护职责相适应,通常是在以下情形下:(1)监护人代理被监护人积极收取债权;(2)采取必要措施对易于变质的财产作出变价处分而保存价金;(3)防止自然灾害或其他原因毁损被监护人的财物;(4)对侵害被监护人的财产的行为代为提起诉讼;(5)防止被监护人的财产闲置,使被监护人财产实现应有的财产价值等等,监护人可以请求适当的补偿请求权。

3.设置未成年子女财目录,实行重大财产强制报告制度

《日本民法典》第 853 条、第 861 条、第 866 条明确规定,监护人从监护开始,应制作被监护人财产目录,按年度就被监护人的生活、教育和财产管理所需要费用作出预算。监护监督人或家事法院有权要求监护人报告监护事务或提出财产目录,对监护事务或对被监护人财产状况加以调查,对监护人的监护行为进行监督。《德国民法典》第 1640 条、第 1683 条、第 1667 条、第 1788 条、第 1807 条等条款均规定,父母应将子女因死因处分而取得的和在其管理下的财产作成目录,在目录上附具正确性和完整性的保证,并将目录提交家事法庭。如父母如果不提交目录或提交目录不完整的,家事法庭可以命令将目录交主管机关或由主管的公务员或公证人制作财产目录。监护人必须至少每年向监护法院报告一次被监护人的个人情况,向监护法院提出关于其财产管理的计算书等。《法国民法典》也规定了制作财产目录制度。因此,多数国家立法均要求监护人应制作未成年子女财产清册和财产目录,以切实有效保护未成年子女的财产权益。

在我国,也开始尝试未成年子女财产报告制度。江苏常州天宁区人民法院为避免在离婚案件中忽视未成年子女独立的财产权益,以及避免离异父母的一方对直接抚养子女的另一方在管理子女财产方面存在不信任,在国内首创未成年子女财产登记报告制度。父母解除婚姻关系时,向法院提交未成年子女财产登记表,该登记表包括未成年人财产明细表、关于未成年子女财产的监管协议、未成年子女财产管理人的承诺等内容。该制度要求离婚当事人对未成年子女的财产进行申报,以便法院及时获知未成年子女的财产状况并在核实后进行备案登记。总之,未成年子女财产报告制度要求在夫妻离婚时,就未成年子女的财产开具清单,登记造册,未成年子女的财产交由直接抚养子女的一方代管,与未成年子女共同生活的一方定期向另一方报告未成年子女财产的管理、使用情况。对于夫妻一方均不信任对方的情况,双方当事人也可以另外协商选定未成年子女财产监管人,由双方均信任的第三人管理未成年子女财产,且定期向双方报告未成年子女财产的管理情况。但第三人为未成年人利益需要而使用未成年子女财产的,必须经父母双方同意。对于 8 周岁以上的未成年子女,选定财产管理人时应征询其本人意见,以充分尊重未成年子女的真实意愿。该制度对于细化《民法总则》财产监护制度,强化离异的父母保护未成年子女的财产权益,发挥着重要的作用。同时,基于我国《民法总则》规定,非为未成年子女利益,不得处分未成年子女财产。当父母或其他监护人处分未成年人重大财产时,应履行一定的程序向监护监督机构报告。有学者因此提出更详尽的未成年人财产报告制度,建议在家事纠纷案件中,如涉及未成年人

财产,当事人应如实填写《未成年人财产登记表》,明确未成年人财产范围、财产管理和监督方案,对于其中一方申请未成年人财产采取资金监管形式的,应当提交书面通知,存款支付方式按照当事人约定进行,如无特殊约定,账户内资金在未成年子女成年之前原则上不得动用。在未成年子女成年后,由其本人持有效证件到监管银行进行账户解冻,资金由其自行支配。①

4. 禁止监护人受让被监护人的财产

德国、日本、意大利等民法典均明确规定,监护人不得受让被监护人的财产或第三人对被监护人的权利。由于未成年人的监护人是未成年人财产的代管人,若一方面是未成年人财产出让方的代理人,另一方面作为该项财产的受让人,容易发生"自我代理"而损害被监护人的利益,因此,多数国家立法规定,如果违反该规定,被监护人和监护监督机构均有权申请予以撤销该项受让行为。我国《民法总则》第35条仅规定监护人除为维护被监护人利益外,不得处分被监护人的财产。但若监护人为未成年子女的利益而处分财产时,没有强制要求应征得监护监督机构的同意或许可。因此,为维护被监护人的财产权益,应做出类似的禁止性规定,禁止未成年子女的监护人受让被监护人的财产,但为未成年子女财产权益的除外。

5. 财产监护中细化撤销监护权的规定

日本、意大利、俄罗斯、法国、瑞士等民法典均规定为了保护未成年人的利益,当父母或家庭不能胜任保护未成年人权益时,采取剥夺父母亲权或监护权的措施,以在国家监护责任下承担保护未成年人权益的责任。我国《民法总则》亦规定监护权撤销制度,将监护权撤销作为监护制度的重要组成部分。在未成年子女的监护人职责出现实质缺位时,从"国家亲权"的理论出发,国家及时介入并主动干预,对监护不能、失能或监护不作为并严重损害未成年被监护人的合法权益下,对监护人进行处罚直到剥夺监护权。《民法总则》第36条明确规定,监护人有下列情形之一的,人民法院根据有关个人或者组织的申请,撤销其监护人资格,安排临时监护措施,并按照最有利于被监护人的原则依法指定监护人:(1)实施严重损害被监护人身心健康行为的;(2)怠于履行监护职责,或者无法履行监护职责并且拒绝将监护职责部分或全部委托给他人,导致被监护人处于危困状态的;(3)实施严重侵害被监护人合法权益的其他行为的。撤销监护权是对未成年子女的父母和其他监护人所有的与监护权相关的权利的剥夺,是通过剥夺监护人与被监护人共同生活等基本权利,以彻底隔离的形式帮助被侵害未成年人走出危机的有效措施。

从我国《民法总则》第36条规定了撤销监护权的三种情形分析,在财产监护中,主要以"实施严重侵害被监护人合法权益的其他行为",作为撤销监护权的法律依据。但是该规定缺失具体的标准,在实践中,因财产监护而导致撤销监护权的案例屈指可数,多数认为只有虐待未成年人等人身监护情形才存在撤销监护权的必要,财产监护并没有涉及未成年的生存和身心健康问题,不属于"实施严重侵害被监护人合法权益的其他行为",因此,为保护未成年子女财产权益,保证财产监护制度落地发挥作用,应细化财产监护中监护职责严重失能导致被监护人财产权益严重受损的标准,明确规定在财产监护中同样存在撤销监护权的情形,如监护人不是为了未成年人的利益向他人借款,致使该未成年人名下房产被法院查封

① 李文超:《家事审判中未成年财产权益保护之探析》,《家事法苑资讯简报》2018年第6期。

的,应属于严重侵害被监护人合法权益的行为而申请撤销监护权。① 同时,依据《民法总则》的规定,被撤销监护权的监护人,应当继续履行给付未成年人子女抚养费的义务,从人身和财产两方面全方位地保护未成年子女的合法权益。

6. 明确监护人的损害赔偿责任,保障未成年人获得有效的救济

《法国民法典》第 450 条第 2 款规定,监护人对因未成年人的财产管理失当产生的损害负赔偿责任。《瑞士民法典》还规定监护人与监护监督人就此承担连带责任。我国《民法总则》34 条也明确规定,监护人因履行监护职责过失所致损害,对被监护人负有损害赔偿责任。这是监护人失职责任。因监护人的故意或过失而致被监护人受有损害时,监护人须承担相应的民事责任,这是各国监护法公认的原则。②

但如何提起损害赔偿之诉? 我国相关法律没有作出明确规定。最高人民法院在《〈民法通则〉司法解释》第 20 条规定,监护人不履行监护职责,或者侵害了被监护人的合法权益,《民法通则》第 16 条、第 17 条规定的其他监护资格的人或者单位向人民法院起诉,要求监护人承担民事责任的,按照普通程序审理;要求变更监护关系的,按照特别程序审理;既要求承担民事责任,又要求变更监护关系的,分别审理。虽然该司法解释明确了相关的诉讼程序,但就未成年人启动诉讼程序时如何获得有效的诉讼代理,如何进行司法救济,没有具体的规定。因此,有必要借鉴《法国民法典》第 388 条规定,如在诉讼中未成年人的利益与法定代理人的利益相佐时,监护法官或受理诉讼的法官,得为未成年人指定一名财产管理人,以代理该未成年人。澳大利亚儿童保护立法中也存在子女的"独立代表人"制度,独立代表人由法院依职权或者依儿童、儿童福利组织或其他人的申请,制作独立代表令,任命独立代表人在诉讼中为子女代为行使诉讼权利,其权利不受未成年子女的父母或其他人意志的影响,使得未成年人的诉讼地位相对独立。我国也应明确保障未成年人财产权受到侵害时,未成年人在财产诉讼中获得有效的代理。当未成年人的财产权益与监护人的财产权益发生冲突时,监护人不得担任未成年人的法定代理人,暂停监护人管理未成人财产的职责,其他有监护资格的主体有权申请法院委派专人代理未成年人行为,以确保未成年人获得有效的代理。

7. 完善监护监督制度,保障监护监督人行使职权

多数国家为保障被监护人的权益不因监护事务而受损,均设立监护监督机构,负责对监护人的监护活动进行监督。德国的监护监督人由法院选任,监护法官对其管辖区内实施的法定管理与监护进行一般的监督。③ 英国设有监护法院,适用家事程序的法院有权就监护事务作出裁决。日本则是由家事裁判所作出监护监督。关于监护监督人的职责,归纳有关国家的规定,在财产监护的监督方面,主要体现在:(1)监督监护人是否履行监护义务;(2)在监护人违背监护义务或监护职责时,及时向有关机构报告;(3)依职权要求监护人通报财产监护的执行情况;(4)查阅有关监护文件或未成年人财产报告;(5)对监护人以被监护人的财产进行投资行为行使同意权;(6)在监护法院就监护有关事项做出裁决前,提出相关意见。

我国没有明确规定监护监督机构,但从《民法总则》第 36 条撤销监护人资格的相关规定

---

① 详见(2017)渝 0112 民特 903 号民事判决书,详见 http://cqfy.chinacourt.org/article/detail/2017/11/id/037094.shtml(重庆法院网),访问时间:2017 年 11 月 2 日。

② 余延满:《亲属法原论》,法律出版社 2007 年版,第 506 页。

③ 王竹青、杨科:《监护制度比较研究》,知识产权出版社 2010 年版,第 156~157 页。

分析,该条款规定的有关个人和组织一般包括:其他依法具有监护资格的人,居民委员会、村民委员会、学校、医疗机构、妇女联合会、残疾人联合会、未成年人保护组织、依法设立的老年人组织、民政部门等。这些个人或单位或组织具有了解监护情况的便利条件,来承担监护监督人,存在其合理性。但我国并没有明确规定这些主体是否可以成为监护监督人,对监护监督的职责范围亦没有作出规定。因此,有必要明确规定监护监督人的范围,监护监督人对监护人损害未成年子女财产的失职或滥用监护权的,暂停监护职责乃至撤销监护人和更换监护人;对于监护人不当处分或管理未成年子女财产行为而导致未成年子女财产权益受损的,应认定监护人的财产管理行为或处分行为无效,监护人因此承担民事赔偿责任。

在监护监督方面,一些国家利用全社会的力量来监督监护人履职,特别强调未成年人国家监护职责。[①] 根据《民法总则》《未成年人保护法》等有关规定,履行未成年人的全部或部分的国家监护职责的主体有:县级人民政府、民政部门、公安部门、司法部门、教育行政部门、学校、卫生部门、民政部门设立的儿童福利机构、救助保护机构、共青团、妇女联合会、未成年人保护组织、残疾人联合会、居民委员会、村民委员会等。这些机构的主要职责形式有:依法及时处理投诉、物质救助、帮助回归家庭、调查评估、对监护人提供教育指导、收容抚养或抚育、撤销监护权、追究法律责任等。[②]应该承认,我国对监护活动没有国家公权力的全面介入和监督,是监护立法的一大缺陷。[③] 应赋予民政部门直接介入和干预监护关系的权力,使其可以履行监护监督职责,强化对监护人的监督,从而真正行使监护监督人的职权。

第四节　未成年子女财产权益保护的司法问题

一、未成年子女财产设立抵押的效力问题

从未成年子女取得不动产的来源分析,父母直接以未成年子女的名义购房并将房屋登记在未成年子女的名下,是未成年子女获得不动产的主要途径,占比62.1%。[④] 因此,有关未成年子女房屋抵押问题,成为未成年子女财产权益纠纷的主要类型之一。

(一)有效与否的争议观点

未成年子女的不动产通过其劳动所得予以购置,较为少见。但有的父母出资购买房屋后通过赠与方式而登记在未成年子女名下作为房产所有人;有的父母基于特殊的考虑或为规避遗产税或为逃避债务等将房产直接登记在未成年子女名下。在司法实务中,未成年子女财产纠纷主要的类型是未成年子女房屋设立抵押权的效力之争,尤其父母的抵押行为是否被认定为"为被监护人的利益",更是争议的焦点问题。

---

① 福建省三明市中级人民法院课题组编著:《困境未成年人国家监护制度的健全》,法律出版社2016年版,第10页。

② 福建省三明市中级人民法院课题组编著:《困境未成年人国家监护制度的健全》,法律出版社2016年版,第26~27页。

③ 王洪:《婚姻家庭法》,法律出版社2003年版,第323页。

④ 《北京三中院通报涉未成年人不动产纠纷案件审理情况》,《家事法苑资讯简报》2018年第2期。

　　父母以未成年子女的房产设立抵押,实务中主要有两种情况:一种是父母直接代替未成年子女签订房产抵押合同;一种是未成年子女先在房产抵押合同上签字,而后再由父母以法定代理人的身份签字确认。有的法院认为,监护人以被监护人名下房产为他人提供抵押担保,属于损害被监护人权益的行为,为无权代理,对被代理人不发生法律效力,直接认定抵押合同无效。有的法院认为,对于未成年人自行签署抵押合同的效力 ,应区分无民事行为能力和限制民事行为能力的未成年人两种不同情形。未成年人为 8 周岁以下的无民事行为能力人的,不具有处分其财产的行为能力,其签署的抵押合同无效;未成年人为 8 周岁以上的限制民事行为能力人的,可以从事与其年龄和智力水平相适应的民事活动,其自行签署的抵押合同属于效力待定的法律行为,需要征得监护人同意或事后追认,或自己具备完全行为能力后进行追认和确认。① 有的法院认为,父母出具了不损害未成年子女利益的书面声明,可认定该抵押行为合法有效。② 有的法院认为,父母基于法定代理权有权处分未成年子女的财产。③

　　理论界针对父母是否为未成年子女的利益而处分子女财产,其效力问题,也存在不同的观点,主要是:(1)无效说:认为《民法总则》第 35 条所规定的"监护人除为维护被监护人利益外,不得处分被监护人的财产"属于强制性效力性规定,此因违反法律强制性规定而无效。(2)有效说:认为《民法总则》上述规定不是强制性规定,亲子关系存在家庭内部,其内部财产关系无法为外人所知悉或应知,从交易安全和保护债权人利益角度,因善意第三人无从查知父母子女间的财产内部关系,因此,父母未为未成年子女利益而以子女的财产与第三人订立抵押合同时,对外关系上应承认其效力,对内关系基于父母滥用监护权而造成子女财产损害的,父母应对未成年子女承担损害赔偿责任。(3)无权代理说:认为除符合表见代理构成要件外,应认为无权代理,待子女成年后可以追认抵押合同的效力。笔者认为该说缺乏依据,无权代理是无代理权的人以他人(被代理人)名义实施代理行为,而父母是未成年子女的法定代理人,属于有权代理而非无权代理,并非是无权代理的范畴。(4)区分说,根据有偿行为和无偿行为,为保护未成年子女的财产权益,有偿行为即相对人支付相应的对价,可以被认定为有效,而无偿行为即相对人取得利益没有支付任何对价,则设立抵押是减少积极财产而增加消极财产,应认定为无效。(5)无权处分说:认为依据我国《民法总则》第 35 条的规定"除为被监护人的利益外,监护人不得处分被监护人的财产",因此父母处分未成年子女财产属于无权处分。根据《合同法》第 51 条的规定,该处分行为属于效力待定的法律行为,无处分权的人处分他人财产,经权利人追认或者无处分权的人订立合同后取得处分权的,该合同有效。

(二)最高法院多持有效论

　　1. 在杨育霖与鞍山银行股份有限公司等借款合同纠纷案④中,杨育霖(未成年人)在申

---

　　①　夏昊晗:《父母以其未成年子女房产设定抵押行为的效力——最高人民法院相关判决评析》,《法学评论》2018 年第 5 期。

　　②　详见南京市鼓楼区人民法院(2013)鼓商初字第 224 号民事判决书。

　　③　详见无锡市南长区人民法院(2014)南商初字第 0485 号民事判决书。

　　④　详见最高人民法院(2016)民申 900 号民事裁定书。

请再审的诉状中认为：（1）限制民事行为能力人以其房屋为抵押物签订《最高额抵押合同》处分财产的行为，超越了法律规定"限制行为能力的未成年人可以进行与其年龄、智力相适应的民事活动"的范围，限制行为能力人超越其民事行为能力做出的非受益性的财产处分行为应认定无效。（2）法定监护人应依法履行对限制行为能力人财产的监管保护职责，在被监护人非受益该财产利益的情形下，法定监护人无权代理限制行为能力人处分其财产。本案中，法定监护人代限制行为能力人将其房产进行抵押的行为，给未成年人杨育霖设定了义务和财产损害的风险，该行为违反《民法通则》第18条的强制性规定，应认定无效。

最高人民法院在再审裁定书中认为，限制民事行为的未成年人杨育霖和父母以三人共有的房产为借款设定抵押，三人均在抵押合同上签字。抵押合同是杨育霖对房产份额的自行处分，并非是法定代理人处分限制行为能力人的财产的代理行为，其签字并未违反法律的强制性规定。《民法通则》第12条和《合同法》第47条均规定限制民事行为人可以通过其法定代理人代理或征得其法定代理人的同意而进行民事活动。案涉《最高额抵押合同》有未成年人和其监护人的共同签字，在监护人向鞍山银行出具的《同意抵押声明》中显示，被监护人名下房产向鞍山银行提供抵押担保是为监护人夫妻双方和被监护人的共同研究决定，是三方达成一致同意意见的结果，因此认定案涉《最高额抵押合同》是当事人真实意思表示，无论监护人在签订抵押合同时的身份是抵押人还是法定代理人，均不影响案涉《最高额抵押合同》的效力，抵押合同合法有效。而且，杨育霖父母作为杨育霖监护人的签字视为法定代理人的追认，根据《合同法》第47条的规定，应认定抵押合同有效。所以，本案杨育霖的再审申请缺乏事实和法律依据，且我国现行法律对抵押人的身份没有作出限制，尽管杨育霖确定《最高额抵押合同》时系限制民事行为能力人，但其签字行为并不违反法律的禁止性规定，案涉抵押合同有效。

但在本案中，最高人民法院并没有对抵押行为是否"为被监护人利益"作出审查。在本案中，什么是未成年子女的利益？未成年子女的法定代理人的追认或同意是否同样受到《民法总则》第35条第1款和《民法通则》第18条第1款的限制？对未成年子女和监护人共同签署的抵押合同是否当然有效？这些问题，最高法院没有给出答案。

2. 在"黄韵妮与华夏银行股份有限公司深圳天安支行、皓照明股份有限公司、上赫股份有限公司、黄恒蘽、温小乔一般担保合同纠纷申请再审案中"①，最高人民法院认为，我国现行法律对抵押人的身份并无限制性的规定，由监护人代为签署抵押合同并无违反相关法律法规的禁止性规定，同时，监护人以未成年人名下房产对外提供抵押，即使损害被监护人利益，由监护人承担法律责任，但不能由此否定抵押合同的效力而由合同相对方承担法律责任。监护人在获得贷款前出具不损害被监护人的声明，获得贷款后又以损害被监护人利益主张合同无效，属于恶意抗辩，违反诚实信用原则，因此涉案抵押合同为合法有效合同。

在本案可见，若"父母出具了不损害未成年子女利益的书面声明"，是否就可以认定为抵押合同是为未成年子女利益而设立，导致抵押合同效力得到肯定？在未成年人遭遇监护人处分其财产时，如何寻找救济路径来保护其财产？是否待未成年子女成年后才进行司法救济吗？这些问题在该案判决中同样无法得到合理的解释。特别值得注意的是，父母非为未成年子女的利益而将未成年子女财产设立抵押的，是否属于《民法总则》第36条第1款第3

---

① 详见最高人民法院（2014）民申308号民事裁定书。

项所规定的"严重侵害被监护人合法权益的其他行为"而撤销其监护权？此问题也没有结论性的答案。

3. 在中国信达资产管理公司福州办事处与张景宗、雷珊珊、张瑱瑱、厦门正丰源保税有限公司借款合同纠纷一案请示的复函中，[①]最高人民法院认为：张景宗在购房合同的买方一栏除署上自己的名字外，还署上其未成年女儿张瑱瑱的名字，是将所购房屋的一部分权利赠与张瑱瑱的行为。由于所购房屋尚未办理所有权证，张瑱瑱尚未取得赠与房屋的权利，故张景宗此时有权处分所购房屋。张景宗是张瑱瑱的法定代理人，银行无法向征张瑱瑱征询意见，应认定银行有理由相信张景宗具有对该房屋的处分权，尽到了注意义务，主观上是善意而无过失的，根据最高人民法院《民法通则司法解释》第 89 条的规定："在共同共有关系存续期间，部分共有人擅自处分共有财产的，一般认定无效。但第三人善意、有偿取得该财产的，应当维护第三人的合法权益，对其他共有人的损失，由擅自处分共有财产的人赔偿"。最高人民法院因此，认定该抵押合同有效。

但是，在该案中，有以下问题值得思考：(1)在房款付清之前，房屋是否归属未成年子女所有的财产？这样的认定是否违背《物权法》的规定，在办理房屋所有权登记之后，房屋归属所登记的权利人所有，其所有权与贷款是否还清并无关联。(2)抵押行为定性为无权处分后，如何识别善意的第三人？如果判断标准过于严格，将无异于认定抵押行为无效，不利于保护交易相对方的利益；如果判断标准过于宽松，又不利于保护未成年人的利益。[②] (3)父母基于对未成年子女的法定代理权，是否当然有权处分未成年子女的财产？是否因未成年人不能从事与其年龄、智力状况不符的行为，所以房屋抵押行为就当然只能由其法定代理人行使？这种认定逻辑是否自相矛盾？

(三)抵押合同应属于效力未定的合同

1. 未成年子女无权独立设立抵押

我国《民法总则》第 19 条和第 22 条均规定，限制民事行为能力的未成年人可以从事纯获利益的民事法律行为或者与其年龄、智力状况相适应的民事法律行为。因此，并非限制民事行为的未成年子女不能独立地从事任何民事法律行为，但只有在订立"纯获法律上利益的合同"或"其他与其年龄、智力相适应的合同"时，无须经法定代理人追认或同意，属于自始有效的行为。可见，以"利益"的有无来判断限制民事行为的未成年子女民事行为的效力。这里的"利益"是指《民法总则》第 19 条的"纯获利益"行为，由未成年子女自身从事该行为，无须法定代理人追认。"利益"的认定标准存在两种：其一为"实质判断标准"，即就个案依经济的观点，判断限制行为能力人所为的法律行为是否具有利益，以此决定其效力；其二是"形式判断标准"，是指不就具体案件，以经济观点，从法律上的效果加以判断，通常是认为限制行为能力的未成年人既不负担义务，又不发生权利丧失的结果，可以认定获得利益。[③] 未成年子女以未成年人所有的房屋设立抵押，显然不是属于"纯获法律上利益"的行为。

---

① 详见最高人民法院(2001)民一他字第 34 号民事判决书。

② 夏昊晗：《父母以其未成年子女设定抵押行为的效力——最高人民法院相关判决评析》，《法学评论》2018 年第 5 期。

③ 韩世远：《合同法总论》，法律出版社 2018 年版，第 297 页。

那么,抵押行为是属于"与其年龄、智力状况相适应的"吗?此是事实认定问题,从行为与未成年人本人生活相关联的程度、本人的智力能否理解其行为,并预见相应的行为后果,以及行为标的数额等方面加以认定,对于限制民事行为能力的未成年人,可以从"依其年龄、智力是否满足其日常生活、学习需要的合同"进行解释,[①]设立抵押合同是限制民事行为能力的未成年人非自主的日常生活所必须,抵押权设置的法律后果更使得未成年人难以充分认知,因此,此并非是限制民事行为的未成年子女所能独立行使的民事行为范畴。对于无民事行为能力的未成年人,根据《民法总则》第 20 条和第 144 条的规定,设立抵押的法律行为无效。因此,在无民事行为能力的未成年子女的房屋上设立抵押,既不是无民事行为能力的未成年子女依法所能独立实施的民事法律行为,更不是"纯获法律上利益"的民事法律行为,无民事行为能力的未成年子女无权将自己房屋独立地设立抵押。

2. 父母行使法定代理权所为之抵押

既然无民事行为能力和限制民事行为能力的未成年子女不得独立实施其房屋抵押行为,那么,应由法定代理人的父母代理行使。可是,虽然父母对未成年子女存在法定代理权,但父母非为未成年子女的利益,不得处分子女的财产。父母将限制民事行为能力和无民事行为能力的未成年子女房屋设立抵押,是否属于非"为被监护人利益",该规定是属于效力性规定还是管理性规定,从而影响到抵押的效力?

首先,有法院认为父母的抵押行为是为未成年子女合法利益的行为,因为抵押借款的用途是为改善或提高未成年子女的生活学习条件,不存在损害未成年子女利益,不违反法律和行政法规的强制性规定,因此,应认定为有效。[②] 多数法院持同样的观点,认为在住房抵押贷款合同中,父母将抵押贷款的房屋登记在未成年子女的名下或与未成年子女共有,但父母由于购房资金不足而签订抵押贷款合同,其抵押行为的目的在于担保购房所贷款项的偿还,此虽然不属于《民法总则》第 19 条的"纯获利益"的行为,但应认定是为未成年子女的利益而抵押,为有效。父母若为经营困难等问题而向银行贷款或为第三人的债务设立抵押,此当然涉及"非为未成年子女利益而处分未成年子女"的财产问题,为无效。[③]

其次,《民法总则》第 35 条第 1 款所规定的"监护人除为维护被监护人利益外,不得处分被监护人的财产"是否属于《合同法》第 52 条第 5 款的"强制性规定"而导致抵押行为无效?《合同法》第 52 条第 5 款所规定的强制性规定是以全国人大及其常委会制定的法律和国务院制定的行政法规为依据,《合同法司法解释二》第 14 条将强制性规定分为效力性强制性规定和管理性强制性规定,违反管理性强制性规定并不必然导致合同无效,而且,《合同法》第 52 条立法宗旨在于从公共秩序的角度限制合同的效力,因此,第 5 项的强制性规定应当限于公法规范,不包括私法规范。[④] 所以,父母代理未成年子女财产设立抵押,即使存在违反《民法总则》第 35 条第 1 款的规定,也不必然或当然的无效,法定代理行为的效力按照代理的理论进行分析。

---

① 张谷:《略论合同行为的效力》,《中外法学》2000 年第 2 期。
② 详见江苏省无锡市惠山区人民法院(2013)惠商初字第 1185 号民事判决书。
③ 详见广东省佛山市禅城区人民法院(2014)佛城法民三初字第 2182 号民事判决书。
④ 孙鹏:《论违反强制性规定行为之效力——兼析〈中华人民共和国合同法〉第 52 条第 5 项的理解与适用》,《法商研究》2006 年第 5 期。

第三，未成年子女的父母代理未成年子女房屋设立抵押，其效力问题不仅仅涉及监护人和被监护人之间的关系，还涉及交易安全。因此，抵押效力问题必须考虑被监护人的财产利益、交易安全和监护人的法定代理权限问题。若父母直接以自己的名义实施未成年子女财产的抵押行为，属于无权处分行为；若父母以法定代理人的身份实施未成年子女财产的抵押行为，应属于滥用代理权的行为。在无权处分的行为下，父母不得同意或追认其自行处分未成年子女财产的行为，因此，此时的同意或追认仍然受到《民法总则》第 35 条第 1 款的规定的约束，且因房产的重大价值和抵押行为的高风险性，一般推定为非为未成年子女的利益，因此，一般应认定无效，理由如下：首先，非为未成年子女的利益；其次，房产登记在未成年子女名下，相对人明知物权登记的公示，却与父母以自己的名义将未成年子女房产设立抵押，显然不是善意的相对人；最后，父母在无权处分行为下，不可能再以所谓的法定代理人进行"追认或同意"，因此，应认定无效。

在父母滥用代理权的行为下，因父母代理将未成年子女房产设立抵押，是以法定代理人的身份进行，从交易安全角度，其行为的效力必须考虑行为相对人的主观状态，若相对人善意，没有证据显示相对人明知父母子女间的财产内部关系，而父母又是未成年子女的法定代理人，应在对外关系上承认其效力，对内关系基于父母滥用权利造成子女损害的，由父母承担监护人所应承担的损害赔偿责任。

二、未成年子女财产监护中司法救济问题

我国《民法总则》第 35 条明确规定"监护人除为维护被监护人利益外，不得处分被监护人的财产"。该规定属于事前控制行为，立法只有从根源上对父母就未成年子女财产处分权限加以限制，明确监护人的财产监护职责范围，清晰界定监护人处分被监护人财产中的"被监护人利益"，才能构建监护人处分被监护人财产行为的事先控制制度。与此同时，根据《民法总则》第 34 条第 3 款"监护人不履行监护职责或者侵害被监护人合法权益的，应当承担法律责任"，父母非为未成年子女利益而处分未成年子女财产而因此造成未成年利益严重受损的，应承担损害赔偿责任。在司法实务中，将监护人的不当财产管理行为或处分行为视作侵权行为，但发生父母不当处分未成年子女财产的情形下，如何进行司法救济，则存在较大的困境：

（1）未成年子女往往不愿意追究父母或其他亲属监护人的侵权损害赔偿责任。在我国家庭观念中，家庭成员之间的权利没有泾渭分明的界限，即使在主张其权利时，也希望为对方留有余地，免伤和气。[①] 在这种传统观念的影响下，未成年子女受父母或其他监护人的养育，当未成年子女向其父母或其他亲属监护人主张侵权损害赔偿责任时，自然承受着巨大的道德压力和心理压力。因此，即使未成年子女财产遭受侵权，亦很少直接向其父母或其他亲属监护人提起财产监护的侵权之诉，这种司法救济存在众多现实障碍。

（2）侵权诉讼程序难以进行。未成年子女以父母或其他亲属监护人作为侵权主体提起因财产监护而产生的侵权损害赔偿之诉，而侵权人往往就是被侵权人的法定代理人，此相当于父母或其他亲属监护人又当原告又当被告，难以进入司法救济程序之中。而且，在父母财产管理行为涉及第三人的交易纠纷中，案由复杂多样，涉及侵害未成年人财产的，并没有独

---

① 黄金兰：《家庭观念在中国传统社会中的秩序功能》，《现代法学》2016 年第 5 期。

立的案由,未成年子女是否有必要参与诉讼以及以何种身份进入诉讼程序的问题,在司法实务中均存在争议。

(3)家庭成员之间举证困难。未成年子女追究父母或其他亲属监护人的侵权损害赔偿之诉的,需要举证证明父母或其他亲属监护人存在因不当的财产监护行为而造成未成年子女财产权益受损。《民法总则》第35条规定处分被监护人财产的,必须为被监护人利益,但如何举证损害被监护人的利益,尤其是被监护人财产权益受损更是难上加难。同时,因家庭成员的共同生活,未成年子女财产和父母财产混同现象严重,未成年人承担举证证明其是财产所有人,同样存在难度。何况,父母或其他亲属监护人的财产处分行为的侵害发生在父母与其他家庭成员之间,具有隐蔽性,缺乏独立第三方的监督,加上未成年子女心智尚未完全成熟,举证能力不足,造成司法救济中的举证难以进行。

(4)家事审判特性未能体现。法院在审理这类纠纷时,交易第三人善意与否的认定、交易安全、未成年人财产权益三者之间,孰轻孰重,这是此类纠纷审理的难点。若维护交易安全下第三人的利益,则未成年人的财产权益难以维护。同时,《侵权责任法》中规定的民事责任包括停止侵害、恢复原状或折价赔偿。但这些救济方式对未成年子女财产的保护并不全面,难以体现对父母或其他亲属监护人特殊的惩戒,难以避免以后的类似侵权行为,难以满足保护未成年人财产权益的特殊需要。

因此,我国应完善未成年子女财产司法救济制度。当对未成年人财产权益的侵害发生在监护人与被监护人之间时,传统的法定代理人制度难以有效发挥作用,于是就应赋予未成年人寻求独立的诉讼代理人代表其主张权利和参与诉讼。从"国家亲权"理论出发,由人民检察院承担这一职能,存在合理性和可行性。检察院代表国家,为未成年人提供上述法律服务,带有一定的"公诉人"性质,使未成年人财产权在遭受父母或其他亲属监护人侵害时能得到有效的保护和司法救济,此时的检察院作为未成年人的法定代理人是在代表国家承担对未成年人予以保护的责任。同时,限制民事行为能力的未成年人,其已具备了一定的认知水平,可以考虑赋予限制民事行为的未成年人以独立的诉权,赋予未成年人以超越其监护人意志而独立提起诉讼的权利,确立限制民事行为能力的未成年人在诉讼中的独立地位,有利于未成年人真实意思的表达、未成年人财产权利的主张和司法救济的进行。

同时,有必要设置家事法院或家事法庭,充分重视家事案件不同于一般民事案件的特殊性。因未成年人财产权益的保护,涉及家庭亲情和伦理,其财产关系交织着身份性和财产性,家事审判人员除要求法律专业知识外,最好应具备教育学、社会学、心理学等方面的知识,克服以普通的陌生人财产侵权的简单纠纷处理方法,忽视父母或其他亲属监护人侵害未成年人财产纠纷的身份性特点,在审理过程中要注意情与理的交织与平衡,维系原被告双方的亲情,避免当事人矛盾激化,充分发挥家事审判的价值和功能。

另者,基于未成年子女举证的困境以及家事案件涉及内容的隐蔽性,家事纠纷采取职权主义的审理模式更加适宜,法官居于主导地位,更大限度地承担证据收集的职能,一定程度地扩大调查取证范围,不僵化适用民事诉讼的举证配置规则,适当提高被告即监护人的举证责任。同时,聘请家事调查员,了解事实真相,制作调查报告,有针对性地开展调解工作,化解矛盾;并加强未成年人心理辅导,降低诉讼对未成年人的负面影响,适当的时候注意吸纳未成年人保护团体的参与,有效化解未成年子女财产监护中的矛盾和冲突。

三、强制执行未成年子女财产问题

强制执行的责任财产范围是被执行人用以承担全部清偿责任的财产,但为维护被执行人的基本生存权和社会公序良俗的需要,存在强制执行的财产豁免制度。我国《民事诉讼法》第 243 条规定:"被执行人未按执行通知履行法律文书确定的义务,人民法院有权扣留、提取被执行人应当履行义务部分的收入。但应当保留被执行人及其所扶养家属的生活必需费用"。该规定表明在强制执行中,应当为被执行人及其抚养的家属予以保留必要的生活费用,以保障被执行人及家属日常基本生活需要。最高人民法院《关于人民法院民事执行中查封、扣押、冻结财产的规定》第 5 条规定,人民法院对被执行人下列的财产不得查封、扣押、冻结:(1)被执行人及其所扶养家属生活所必需的衣服、家具、炊具、餐具及其他家庭生活必需的物品。(2)被执行人及其所扶养家属所必需的生活费用。当地有最低生活保障标准的,必需的生活费用依照该标准确定。(3)被执行人及其所扶养家属完成义务教育所必需的物品等等。第 6 条同时规定,对被执行人及其所扶养家属生活所必需的居住房屋,人民法院可以查封,但不得拍卖、变卖或者抵债。因此,在涉及未成年子女财产强制执行案件中,应按照上述规定保留未成年子女的基本生活需要,维护未成年子女的合法权益。

在王永权、姚明春与贺珠明借款一案中,[①]最高人民法院认为:王永权、姚明春俩夫妻以王蕴轩名义签订案涉房屋购房合同时,王蕴轩仅 13 岁,属无劳动能力的限制民事行为能力人,王蕴轩亦未举证证明其通过继承、奖励、父母之外的第三人的赠与、劳酬、收益等其他方式而存在合法的经济来源。因此,本案的王永权、姚明春将涉案 18 套房屋登记在未成年子女王蕴轩,损害本案债权人贺珠明的利益。另外,案涉房屋一直由王永权、姚明春夫妻用于经营使用,明显超出王蕴轩的基本生活需要,应认定案涉房屋为王永权、姚明春、王蕴轩的家庭共有财产,可予以强制执行。因此,在本案,法院认定案涉房屋超出未成年子女王蕴轩的基本生活需要,即使属于父母以未成年子女名义购买且登记为未成年子女所有的房屋,但因损害债权人的利益,仍然可因父母债务而予以强制执行。

但在郑州市顺德丰投资担保有限公司与吕蔚然(未成年子女)一案中,[②]最高人民法院则认为,吕蔚然的父母(原审第三人)刘惠敏夫妻于 2009 年 5 月 21 日签订《离婚协议书》约定诉争房屋归女儿吕蔚然所有,该约定是离异父母就婚姻关系解除时财产分配的约定,在诉争房产办理过户登记之前,吕蔚然享有的是将诉争房产的所有权变更登记至其名下的请求权。综合比较该请求权与顺德丰投资担保公司对刘惠敏所形成的金钱债权,吕蔚然享有的远远早于顺德丰公司对刘惠敏形成的金钱债权,且诉争房产作为刘惠敏夫妻婚姻关系存续期间的夫妻共同财产,婚姻关系解除时双方约定归女儿吕蔚然所有,具有对未成年子女的生活保障功能,吕蔚然的请求权应当优于顺德丰公司的金钱债权。二审法院经审理判决,从吕蔚然的请求权与顺德丰公司的金钱债权所形成的时间、内容、性质以及根源等方面综合考量,认定吕蔚然对诉争房产所享有的权利能够阻却顺德丰公司对案涉房产的执行,应予以支持。在本案,夫妻在离婚协议中约定共有房产归未成年子女所有,但尚未办理过户登记的,未成年子女对该房产所有权变更至其名下的请求权具有优先性,能够阻却法院对父母债务

---

① 详见最高人民法院(2017)民申 3404 号民事判决书。

② 详见最高人民法院(2018)民申 5671 号民事裁定书。

的强制执行。因此,从保护未成年子女财产利益出发,人民法院不能强制执行该诉争房屋。

综合上述的强制执行案件,在强制执行家庭财产特别是涉及未成年子女财产时,应注意以下问题:

首先,父母以未成年子女名义购买且登记在未成年子女名下的房屋,是父母对未成年子女的赠与物。《城市房屋权属登记管理办法》第5条规定,房屋权属证书是权利人依法拥有房屋所有权并对房屋形式占有、使用、收益和处分的唯一合法凭证,不动产权属证书是权利人享有该不动产的证明,因此,对已发生交付并所有权明确登记在未成年子女名下的房屋应认定是未成年子女的财产。只有涉及未成年子女承担损害赔偿责任的,对属于未成年子女的财产才能依法予以强制执行。同时根据《民法总则》和《民法通则》的有关规定,无民事行为能力和限制民事行为能力的未成年子女造成他人损害的,父母或其他监护人承担补充赔偿责任。未成年子女存在财产的,从本人财产中支付赔偿费用。不足部分,由父母或其他亲属监护人补充赔偿,但单位担任监护人的除外。因此,未成年子女因不法行为造成他人的人身和财产损害的,可以强制执行未成年子女的财产包括登记在未成年子女名下的房屋。

其次,根据《民法总则》的规定,除为未成年子女的利益外,父母不得处分未成年子女财产。因此,登记在未成年子女名下的房屋,只有父母为未成年子女的利益如为未成年子女治病、出国留学等原因出售房屋并将款项用于此用途的,属于"为未成年子女的利益",否则,因清偿父母的债务,不属于"为被监护人的利益",故不得以此处分或强制执行未成年子女名下的房屋。

第三,以未成年子女名义购房的原因复杂多样,对于父母恶意逃债而将房屋登记在未成年子女名下,根据《合同法》第74条的规定,债权成立后,债务人放弃到期债权或无偿转让财产,导致无法清偿债务的,债权人有权申请人民法院撤销父母将房产转移到未成年子女名下的赠与行为,此类的未成年子女名下的房屋可予以强制执行。但是,如在债权未成立之前,父母已将房屋登记在未成年子女名下,则属于未成年子女的财产,为保护未成年子女的财产利益和基本生活需要,不能因清偿父母的债务需要而强制执行未成年子女的房屋。

总之,涉及强制执行未成年子女财产的案件中,应充分重视未成年子女财产权益的特殊性和财产权益保护的优先性,注意从强制执行标的物中分离出未成年人财产,切实保障未成年子女的基本生活需要和未成年子女作为被抚养人的根本生存利益,充分保障未成年子女正常生活和健康成长的需要。

第六章
家事劳动财产价值的保护

第一节　家事劳动财产价值的法律确认

　　家庭作为一种人类的基本生活方式,家庭成员在家庭中共同分享物质利益、精神利益,家庭成员共同生活,彼此之间相互协作,此既是家庭生活的需要,也是家庭成员的基本职责。但家庭作为一种社会实体和家庭成员日常共同生活的单元组织,需要成本投入,只有在时间、情感、机会等多方面投入,才能满足家庭生活的需要。家庭的投入在多数情况下无法准确通过价值来具体体现。传统上受"男主外,女主内"的习俗和思想所限,料理家务、抚育子女和照料老人等家事劳动由女性主导,由于家事劳动无法通过具体的价格来体现其劳动价值,也无法通过与其交换的"商品"的价格标示其价值。[①]　因此,这种家事劳动长期以来被忽视,没有体现出社会经济价值。

　　但所有的家庭投入不能视而不见,家事劳动不仅是家庭生活的重要存在方式,也是人类维持生存生活的主要手段;不仅是对家庭的贡献,也是对家庭责任的承担。正是家事劳动因私的属性,不进入社会化的劳动力市场,不参与市场交换,家事劳动长期被看作家庭内部的事务,成为附属性的劳动方式,其财产价值被社会和公众所忽视,进而被贬化或无偿化。现代社会下,家事劳动日趋社会化,家事劳动同样消耗人的体力和脑力,对家庭和社会均具有使用价值,家事劳动亦能存在剩余价值,使得家庭成员产生了基于成本与收益的价值交换,且也可以用以生产劳动的交换价值予以衡量。家庭的劳动分工和专业化,推动了家庭生产力的飞速发展,家事劳动的社会化意味着家事劳动突破家庭服务而进入劳动力市场进行交换。家事劳动不仅仅是家庭成员之间爱和情感的体现,更是将家事劳动作为社会劳动的一种,肯定家事劳动具有财产价值,此已成为主流观点。

一、家事劳动的界定

　　传统意义上的家事劳动通常被理解是为了维持家庭而进行的没有报酬、没有交换价值的无偿劳动,它既不是流动的货币,也不是固定资产,更不能生产出特定的商品,而是被限定在某种特定的关系(如血缘、婚姻)下的务务活动。[②]　通常语境下的家事劳动则是指料理家庭日常事务,如照顾老人、抚育幼小、洗衣做饭、打扫卫生等,且这些劳动多是体现为体力劳动。但有学者指出,家事劳动是指家庭成员在家庭内部,为直接满足家庭成员精神生活和物

---

　　① 　[美]劳埃德·R.科恩:《婚姻:长期的契约》,载[英]安东尼·W.丹尼斯、罗伯特·罗森编:《结婚与离婚的法经济学分析》王世贤译,法律出版社 2005 版,第 22 页。

　　② 　黄春晓:《城市女性社会空间研究》,东南大学出版社 2008 年版,第 102 页。

质生活的需要而进行的体力或脑力劳动。① 因此，应将家庭成员的感情投入，如给家庭成员以鼓励或提供建议，或将家庭计划或家庭管理等智力劳动也纳入家务劳动范畴。② 但我国《婚姻法》第40条将家事劳动范围界定在"抚育子女、照料老人、协助另一方工作等"中，如何解释该条款的"等"，则存在不同的观点。

笔者认为，家事劳动并非局限在体力劳动中，家庭管理、协助其他家庭成员工作等智力劳动和抚慰家庭成员等情感投入，也属于家事劳动范畴。那么，生育和抚育子女是否是家事劳动？有学者认为，从家事劳动的起源分析，家事劳动就是指为了满足人的各种生理需要，基于女性生产、早期哺育的"自然的""家庭的"有性别分工的活动，是一种自然劳动而不同生产方式的社会劳动。③ 但是，抚育子女需要父母在经济上、物质上对子女养育和照料，更需要在思想、品德学业等方面对子女全面培养，因此，我国《婚姻法》明确将抚育子女纳入家事劳动范畴。

在界定家事劳动中，应注意家事劳动的特性：

（1）家事劳动具有一定的私密性。家事劳动通常封闭在家庭内部，是以家庭成员为服务对象，维持家庭成员的基本饮食起居等日常生活，并进行抚育孩子、赡养老人等家事活动。家事劳动传统上没有进入劳动力市场交易，而无法体现其交换价值，很难以社会劳动的衡量标准加以评价，所以长期被认为是私人劳动。

（2）家事劳动是利己性和利他性结合的劳动。家事劳动所完成的日常家事，有家庭成员自身需要，也有其他家庭成员的需要；既满足自身的日常生活需求，在温馨的家庭氛围中得到体力的恢复和精神的愉悦，亦实现了维持其他家庭成员日常生活的目标，兼有利己性和利他性。

（3）家事劳动存在成本的支出。家事劳动的支出成本，至少包括三个方面：时间、技能和情感，它可以使家庭中的子女和老人因家事劳动而健康成长和安度晚年，可以使从事社会劳动或社会工作的家庭成员更有充裕的时间和精力投入社会工作或劳动。所以，家事劳动是存在成本支出的劳动。同时，家庭成员之间的家事活动具有情感性，情感的投入是联系家庭生活的纽带，不仅存在于夫妻之间，也存在于子女、老人等家庭成员之中，是维护家庭的基础，是人类特有的也是人类的本能，但家事劳动属于较为典型的无形财产性质，虽然不具有某种形态但能占据某一空间且具有支配性，即使是纯粹的家庭情感慰藉，也伴随着时间的付出，均可纳入广义的家事劳动范畴。

二、家事劳动的特殊类型

（一）女性家事劳动

男女在家庭中的角色定位，与两性生理构造和社会文化密切相关，中国几千年封建社会

---

① 蔡淑燕、徐慧清：《女性与家务劳动研究初探——兼评〈婚姻法〉第40条的立法不足》，《中华女子学院学报》2003年第6期。

② 冉启玉：《论我国〈婚姻法〉对夫妻家事劳动价值的保护》，载《探索与争鸣（理论月刊）》2011年第1期。

③ 甄美荣：《家务劳动经济学分析的国外文献综述》，《江苏商论》2009年第2期。

遗留的男权中心思想在传统家庭中得以延续,两性关系的不平等也渗透到家庭关系中,因此,传统的社会性别规范将日常生活照料等家事劳动划归女性承担。有学者指出,因生物学意义上的差异和社会劳动的专门化而产生的性别劳动意味着:一个家庭的产出是由其成员分别执行不同任务而产生的。在婚姻产生的家庭中,只有妇女才具有生育、哺乳的天然能力,在抚养子女和从事家事劳动方面比男性更具有先天优势,而妇女的这些天然能力在婚姻外部得不到充分评价,不像男性的人力资本那样是一种进入市场交易的资源。[1]因此,在现实生活中,女性对家庭付出的家事劳动多于男性。社会学研究表明,即使妇女在劳动力市场全职工作,妇女比男人要做的家事劳动还是更多。[2]在一般的家庭中,由于存在明显的性别劳动分工,妇女具有在抚养子女和从事家事劳动的先天优势,因此,妇女更多时间从事家事劳动,丈夫更多时间从事市场经济活动。有资料显示,妻子的日均家务时间高达 4.36 小时,是丈夫的 2.8 倍。[3]在现代社会中,大多数家庭仍以妻子承担家务劳动为主。一个涉及全球 28 个国家的调查显示,女性平均每天耗费 163 分钟做家务,男性每天做家务时间平均为 73 分钟。[4]关于中国妇女地位调查结果显示,72.7%的已婚者认为,与丈夫相比,妻子承担的家务劳动更多。被访者目前 3 岁以下孩子基本由家庭承担照顾责任,其中,母亲承担日间主要照顾责任的比例为 63.2%。[5]进入 21 世纪,女性承担主要的家事劳动的格局并没有改变,家事劳动与社会工作之间仍存在不平衡。从现有的调研数据分析,女性每天家事劳动超过 2 小时的人数占被调查女性总数的 30%,而相应的男性只占总数的 20%。[6]

因此,由于受到历史和文化等因素的影响,家事劳动在男女两性中分配不公现象普遍存在。男性从事社会劳动多,获取较多的经济财富,这样导致经济资源相对较多的一方所承担的家务劳动相对较少。而女性承担大量的家事劳动,导致一定程度上削弱其在市场经济中的竞争力,在一定程度上丧失了许多发展自己和提升人力资本的机会,使得女性符合市场需求的人力资本降低,导致其在社会劳动和社会工作的时间减少,对女性就业、女性健康休闲、女性收入乃至女性社会地位都产生负面影响。第三期中国妇女社会地位调查结果显示,城镇和农村在业女性的年均劳动收入分别是男性的 67.3%和 56.0%。[7]因此,男性的职业地位普遍比女性的高。在婚姻关系中,丈夫把更多时间和精力投入社会工作和社会生产,妻子则支出更多的时间用于从事家事劳动。法经济分析学派发现,在婚姻关系存续过程中,男性与女性的价值增长是不均衡的。在传统的家庭中,即使婚后女性继续参加社会工作,也会将主要的精力投入到家庭生活中,然而家务技能的提升只有较少的社会价值;男性则会更多发展职业技能,随着时间的推移,将会给他带来越来越高的收益。夫妻之间所扮演的角色是互

①　滕蔓:《夫妻财产共有与分割的经济学分析》,《法商研究》1999 年第 6 期。
②　胡苷用:《婚姻合伙视野下的夫妻共同财产制度研究》,法律出版社 2010 年版,第 220 页。
③　徐安琪:《女性的家务贡献和家庭地位》,载孟宪范:《转型社会中的中国妇女》,中国社会科学出版社 2004 年版,第 259 页。
④　引自《家事法苑资讯简报》2018 年第 5 期。
⑤　全国妇联、国家统计局:《第三期中国妇女地位调查主要数据报告》,中国网 http://www.china.com.cn/zhibo/zhuanti/ch-xinwen/2011-10/21/content-23687810.htm,访问时间:2015 年 9 月 4 日。
⑥　王歌雅:《家务贡献补偿:适用冲突与制度反思》,《求是学刊》2011 年第 5 期。
⑦　全国妇联、国家统计局:《第三期中国妇女地位调查主要数据报告》,中国网 http://www.china.com.cn/zhibo/zhuanti/ch-xinwen/2011-10/21/content-23687810.htm,访问时间:2015 年 9 月 4 日。

惠的,但市场价值是不均衡的。① 家事劳动在传统经济理论上只有使用价值而没有交换价值,夫妻的经济收入差距大,家庭似乎成为"男性免费使用和支配女性劳动力的场所"。② 男性更多在公共领域掌握社会劳动和社会工作的主动权,导致两性在经济上不平等。恩格斯在《家庭、私有制和国家的起源》中论到:只有妇女仍然被排除于社会的生产劳动之外而只限于从事家庭的私人劳动,那么妇女的解放,妇女同男子的平等,现在和将来都是不可能的。妇女的解放,只有在妇女可以大量地、社会规模地参加生产,而家事劳动只占她们极少的工夫的时候,才有可能。③ 对家事劳动的贬低和无偿化,都是对实现男女平等、实现女性自身价值,特别是提高女性社会地位的障碍。在家事劳动分工格局尚未发生根本性改变的情况下,承认家事劳动的价值,就是保护妇女的合法权益,使得夫妻双方共同分担家事劳动的支出成本,共享家事劳动的收益。

就此,婚姻家庭法律制度应保障和体现家事劳动的价值,应在法律条款上宣示男女双方共同或平等地承担家事劳动,充分保障夫妻在家庭中的地位平等。同时,将家事劳动社会化,推入劳动力市场进行交换,使得家事劳动成为社会公共劳动的一种。从事家事劳动的一方存在劳动力的付出或支出,而另一方因此获得更多的增加社会财富时间和精力,两者之间存在因果关系。家庭内的劳动也是劳动力再生产所不可或缺的生产手段,因其担当社会大生产的功能,当然产生价值,这种家庭内劳动力价值也是劳动力商品价值的体现。家事劳动对整个家庭而言,若将家事劳动委任于他人,须支付一定对价,女性为家务劳动,则不必支付对价与他人,家计费用即可减少,而其减少部分,就是家事劳动的价值。家事劳动之防止家庭中积极财产流出的功能,即为其获得价值评价的主要根据和家庭劳动价值论的基础。④ 因此,在减轻女性家事劳动的负担的同时,应贯彻家事劳动的补偿方式,对女性为家庭所做出的家事劳动给予财产价值的肯定和补偿,这种肯定和补偿有利于建构男女性别平等和提高女性地位,有利于改变传统的性别认知和社会分工模式,建立平等和谐的社会性别关系,也有利于夫妻双方在家庭生活中以各种方式为婚姻做贡献,共同促进家庭收入的增加和家庭关系的和谐稳定。

(二)儿童家事劳动

家事劳动是人类生活不可缺失的,是社会进步发展的基因,应由有劳动能力的家庭成员共同完成。但具有生活自理能力和家务劳动能力的儿童也应积极参与家事劳动,不能过着"衣来伸手、饭来张口"的生活。有资料显示,爱干家务活的孩子和不爱干家务活的孩子相比,长大后的失业率、犯罪率、收入比例、婚后离异率、心理疾病发生率等都存在不同。儿童参加家事劳动,能够发挥道德教育功能、社会化功能、感情促进功能、休闲娱乐功能。⑤ 德国曾有法规明确规定,六岁以下的儿童可以不从事家务事劳动;六至十岁的儿童应帮助父母洗

---

① [美]唐纳德·A.威特曼:《法律经济学文献精选》,苏力等译,法律出版社 2006 年版,第 365 页。
② 夏吟兰:《对中国夫妻共同财产范围的社会性别分析——兼论家务劳动的价值》,《法学杂志》2005 年第 2 期。
③ 《马克思恩格斯全集》第 21 卷。
④ 林秀雄:《夫妻财产制度之研究》,中国政法大学出版社 2001 年版,第 147—155 页。
⑤ 《青少年参与家务劳动意识的培养》,《教育评论》2006 年第 2 期。

碗、扫地和买东西;十至十四岁的儿童应参加修整草地、洗碗、扫地和买东西等多项家务劳动;十四至十六岁完成清洗汽车、园艺劳动等任务;十六至十八岁的孩子,如父母均有工作,每周要家庭扫除一次。如果儿童拒绝从事必要的劳动,家长可以向法院提出申诉,责令孩子协助家长从事家务劳动。[①] 在我国,农村留守儿童或留守女童有 47.2% 要经常干家务,53.9% 要经常照料爷爷奶奶。而在城市,有超过 60% 的小孩几乎从不做或很少做家务,中学生每天半小时以下的家事劳动时间的比例占 37%。[②] 统计数据显示,在人口越多的家庭,小孩做家事劳动时间越多;且随着家事劳动机械化和社会化程度的提高,儿童参与家事劳动的比例出现下降趋势。

对于儿童在家事劳动的付出是否应予以价值化承认? 儿童利益最大化是否意味着否认儿童家事劳动价值化就是剥削儿童"家庭打工"? 笔者认为,儿童家事劳动更多体现的的是儿童的培育价值,不仅仅是为父母分担繁杂的家事劳动压力,而是儿童家事劳动具有道德教育、预期社会化、促进感情、培养社会责任感和提升劳动技能及鼓励自强自立等等价值。但儿童在家庭中从事力所能及的家事劳动,父母选择适当的方式予以奖赏是可以的。对于这种儿童家事劳动,应定性为持续时间短且具有自我服务价值的劳动,没有必要予以社会价值化的评判。对于持续时间长、创造性大、难度强的家事劳动,父母予以必要的酬赏,某种程度上也是儿童家事劳动价值化的体现。

(三)老人家事劳动

在多数城市家庭中,老年人在家事劳动中扮演着极其重要的角色,家事劳动是老年生活的主要内容,包括洗衣、做饭、买菜、接送孙辈上学、整理房间、打扫卫生等等,我国 70% 以上的老人平均每天从事家事劳动的时间在 3 小时以上。老人在家庭中从事家事劳动,帮助年轻的家庭成员从繁杂的家庭事务中解脱出来,更好地投入社会工作和学习,间接地为社会做出贡献,同时也是"老有所为"的重要方式,有利于老年人身心健康,有利于增强自我效能感和成就感,有利于改善家庭气氛和关系,构建和谐家庭。[③]

但在现今的农村或城市两代复合家庭中,孙辈以老人看护为主,老人从事家事劳动具有持续性和长期性,特别是农村留守老人照顾孙辈现象更为普遍,老人在家中承担家事劳动多是持续二年以上,老人家事劳动成为维持家庭正常运转的不可或缺的日常事务劳动。但是,2001 年《婚姻法》(修正案)第 40 条所规定的家事劳动补偿制度仅适用于离婚时的夫或妻享有家事补偿请求权,严重忽视老年人的家事劳动的付出。我国应确立充分尊重家事劳动的普遍观念,明确老人的家事补偿请求权的主体地位,通过立法规定为成年子女家庭从事家事劳动的父母享有家事补偿请求权,无论是核心家庭还是两代复合家庭,只要家庭成员因家事劳动导致彼此之间的综合权益不对等,就有存在家事劳动补偿制度的适用空间。[④]

---

① 转引《西德的儿童家务劳动法规》,《法学》1983 年第 9 期。
② 李长洪、王智波:《父母外出对留守儿童时间配置的影响》,《南方人口》2015 年第 1 期。
③ 钟丹华、方付建:《城市老年人的社会行为方式及其影响研究》,《理论观察》2013 年第 7 期。
④ 王利玲:《家务劳动补偿制度研究》,《人民论坛》2016 年第 3 期。

三、家事劳动的财产价值化

(一)价值化的争议

《现代汉语词典》认为,价值是体现在商品里的社会必要劳动,价值量的大小决定于生产这一商品所需的社会必要劳动时间的多少。[①]可见,从"价值"的词语分析,家事劳动的价值是以社会劳动时间加以量化的。《辞海》则认为价值是凝结在商品中的一般的、无差别的人类劳动,通过商品交换的量的比例即交换价值表现出来。[②] 从该内涵考量,家事劳动只有以商品的形态进行交换,才能存在价值。而家事劳动的受益者是劳动者本人及其他家庭成员,且没有进入劳动力市场进行交换,无法体现交换价值,其量化价值也无法加以准确计算,因此,家事劳动长期以来被忽视其经济价值或财产价值。有学者认为,家事劳动通常指为了维持家庭而做的没有酬劳的、没有交换价值的无偿劳动,它既不是流通货币也不是固定资产,在某种特定的关系(婚姻)之外毫无意义。[③] 日本曾有学说认为家事劳动是夫妻间的协力义务,不具对价关系,其本身无商品价值和评价的必要。[④] 更有观点认为,家庭是亲密家人之间以情感为基础建立的,家事劳动以价格的方式和金钱的形式进行估算,容易导致人们对家庭和亲情产生怀疑。

但在市场经济下,家事劳动是给家庭带来利益的劳动,若不从事家事劳动,必然花钱雇人为之,家庭生活费用必然增加,因此,家事劳动虽然没有社会交换价值,但在家庭中同样存在经济价值。若对婚姻采用合伙理论分析,那么夫妻的劳务出资或金钱出资,都具有评估人力资本的必要和价值。《德国民法典》第1360条就规定,夫妻双方既可用"劳动"抚养家庭,也可用"财产"抚养家庭。从家庭的功能而言,家庭具有生产和消费的机能,夫妻财产关系也分为共同消费关系与生产协力关系。若将妻之家庭内之劳动分为以家政管理、育儿为内容之家事劳动,则属消费关系,即于消费面上,具有减少家计费用之作用,可防止家中积极财产之流出。丈夫在家庭外生产劳动,属生产协力关系,即在生产面上,具有增加家中积极财产的作用。两者均构成社会分工的环节,都可以透过商品交换关系而具有经济价值。[⑤] 因此,虽然家事劳动并非商品交换的劳动,故对社会而言,似乎无经济的价值,但在家庭关系中,未必就无价值。事实上,家事劳动对整个家庭或丈夫而言,不仅有用,而且有价值。[⑥] 台湾地区学者因此认为,家庭内生产劳动之评价,在理论上可依财产法之规定处理之。若有合伙关系存在,自得请求利益分配;若有雇佣关系存在,自得请求报酬;若无契约存在,尚得依不当得利请求返还。利益分配请求权、报酬请求权或不当得利请求权,于婚姻关系存续中,亦得行使,但夫妻因彼此之感情及信赖,时常忽略权利之行使,或协同生活关系,未便于婚姻关系

---

① 中国社会科学语言研究所词典编辑室:《现代汉语词典》(第5版),商务印书馆2005年版,第658页。

② 《辞海》(缩印本),上海辞书出版社2010年版,第876页。

③ 徐安琪:《女性的家务贡献和家庭地位》,载孟宪范:《转型社会中的中国妇女》,中国社会科学出版社2004年版,第226页。

④ 林秀雄:《婚姻家庭法之研究》,中国政法大学出版社2001年版,第123~124页。

⑤ 林秀雄:《婚姻家庭法之研究》,中国政法大学出版社2001年版,第138页。

⑥ 林秀雄:《夫妻财产制度之研究》,中国政法大学出版社2001年版,第147~155页。

存续中积极行使此等权利,因此,于婚姻关系消灭后行使,自无不可。①

（二）价值化的合理性

20世纪50年代,日本学者开始争论家事劳动的价值评价。1960年日本学者矶野富士子教授在《妇女解放的混迷》一文中指出,家事劳动不仅有用,而且产生价值,家事劳动是劳动力再生产所不可缺少的生产手段。1975年联合国第一次世界妇女大会通过的《实现国际妇女年目标而制定的世界行动计划》第125项充分肯定家事劳动的价值评价。

因此,有家庭,一定就会存在家务劳动,家庭能作为一种社会机构或社会组织保持下来,表明了它必然具有重要的经济化效能,而家庭的经济化效能就来自于家事劳动的经济价值。②只要家庭或家庭成员存在对外的"共同活动和互相交换其活动",如接受快餐、送小孩到幼儿园、送老人到养老院等,家事劳动就创造经济价值,否则这些家事劳动就必须通过保姆、钟点工等市场方式或社会化劳动加以实现。③家事劳动在精力成本和机会成本下都存在经济性,在时间能量守恒定律下,投入家事劳动的时间越多,就意味着人力资本投资和恢复精力的时间越少。可以说,家事劳动是直接为劳动力再生产服务的。④

从事家事劳动,就家庭外部而言,就意味着不需要向家庭外部购买社会劳动,因此就降低家庭的运行成本,从而减少家庭积极财产的外流。⑤就家庭内部而言,家事劳动的分工在家庭成员之间形成了价值交换,使得非从事家事劳动的家庭成员可以有更多的时间和精力投身社会生产和社会劳动,从而更多地获得提高其职业或社会的竞争力的机会,不断地积累人力资本的收益,创造更多的财富。所以,即使家事劳动发生在家庭内部,并不向社会出卖其劳力和精力,但使得不同家庭成员承担不同的家庭责任,类似于不从事家事劳动的家庭成员来"购买"这些家事劳动。因此,家事劳动在家庭内部也存在价值的互换,这是在家庭内部进行家事劳动的时间和利益的分配。法律在分配家庭成员的利益和负担时,应该公正合理地对待家庭成员各自的"付出"与"所得"之间的基本平衡,家庭成员在其力所能及的范围内各自付出,对家庭有利的事业进行各自的努力和贡献。⑥

（三）价值化的体现

家事劳动的价值化,主要体现在经济价值上,从事家事劳动的一方通过自己的劳动减少社会劳动在家事的介入而产生的劳动力对价即工资的支付,同时帮助另一方承担较少或不承担家事劳动,而省下的时间和精力用于创造社会财富,这间接是从事家事劳动一方的劳动转化而来的。家事劳动的存在,也不需要借他人之手来对外支付对价完成家事劳动,防止家庭积极财产的支出和减少家庭的经营成本,这种互补性的家事劳动和社会劳动的分工,实现了家庭收益的最大化。而且,家事劳动还存在社会价值,体现在于付出家事劳动较多的一方

---

① 林秀雄:《婚姻家庭法之研究》,中国政法大学出版社2001年版,第142页。

② [美]理查德,A.波斯纳:《法律的经济分析》(上),蒋兆康译,中国大百科全书出版社2003年版,第181~184页。

③ 王琪:《家务劳动的经济价值及其法律保护》,《法学论坛》2007年第4期。

④ 沙吉才、孙长宁:《论家务劳动》,《福建论坛》1995年第6期。

⑤ 林秀雄:《夫妻财产制之研究》,中国政法大学出版社2001年版,第155页。

⑥ 蒋月:《婚姻家庭法前沿导论》,法律出版社2016年版,第76页。

为家庭教育进行精神上的教育与满足,给孩子带来的人格健全发展和老人带来的生活幸福感,从而存在社会价值,推动社会的进步和发展。[①] 因此,家事劳动不仅具有经济价值,还有社会价值,它保障家庭成员以更好的精力投入社会劳动,保障子女健康成长和老人安享晚年,是为公共利益提供间接服务的劳动,是其他社会劳动的基础。有学者因此将家事劳动分为教育性家事劳动和赡养性家事劳动。[②] 总之,家事劳动对推动社会发展起到间接服务的作用,对社会劳动处于隐性的支撑地位,对社会发展发挥巨大的价值和贡献。应该说,社会劳动所产生的价值或财富应包括家事劳动所投入的成本和所创造的价值。

目前,家事劳动的价值化评价,学术界存在不同的学说,主要存在:(1)雇佣说,家事劳动是对家庭的贡献,是雇佣性质的劳动;(2)不当得利说,家庭成员一方协助另一方超过必要的限度,而另一方没有法定的理由而获得,存在不当得利的补偿;(3)合伙说,婚姻是男女双方的合伙,一方从事家事劳动是对婚姻合伙的劳务出资,与另一方从事社会劳动而以财产出资,两者没有本质的差别;(4)婚姻财产论,婚姻是一种无形财产和无形的利益,将婚姻关系确定的价值和利益当作财产,其财产性质是明确的,包括家事劳动。[③] (5)补偿说,承担家事劳动的一方获得补偿的途径:一是从分割的共同财产得到,这是对其从事家事劳动付出的回报;二是补偿失去社会工作的机会成本,因家事劳动而影响未来的财产收入如没有工作或没有退休金等,以此补偿为承认家事劳动的价值。法国、德国、英国等国家以及美国大多州先后修改立法,对夫妻一方在婚姻期间所得养老金利益,或规定由夫妻双方共享,或规定离婚时夫妻对该养老金进行公平分配。如德国 1976 年就《德国民法典》增订第 1587 条和第 1587a 条,确立了关于离婚夫妻之间实行"供养补偿"的原则,离婚时夫妻双方对一方享有的领取退休金或抚恤金的权利实行对半分割。[④] 美国《统一婚姻财产法》第十三节(a)款规定:"在婚姻生效日后,配偶一方就业所获得延期利益(养老金)属于婚姻财产"。《瑞士民法典》第 164 条、第 165 条均规定,夫妻一方负责家务,或对另一方职业、经营绩效扶助,即应获得合理的补偿金。我国《婚姻法司法解释二》第 11 条第 3 款规定"男女双方实际取得或者应当取得的养老金"是共同财产,这种从对方养老保险账户中分享利益,实质上是一定程度上补偿家事劳动的收益。

四、我国立法承认家事劳动的财产价值

1. 婚后所得共同财产制对家事劳动价值的确认

夫妻财产制是配置婚姻家庭利益和夫妻财产的基本途径,家庭共同生活本身要求一定的财产利益共享机制,婚姻共同生活的基本物质保障和经济基础是夫妻共同财产。我国从 1980 年《婚姻法》开始,将婚后所得共同财产制作为夫妻法定财产制,将婚姻关系存续期间的所得作为夫妻共同财产,无论夫妻双方收入有无悬殊,夫妻共同生活期间的收入是基于双方协力而得到的,一方从事的家事劳动为另一方从事职业劳动提供协力保障,且减少家庭相

---

① 周凯:《家事劳动的价值分析》,《求实》2012 年第 2 期。

② 王利玲:《家务劳动补偿制度研究》,《人民论坛》2016 年第 3 期。

③ [美]威廉·J.欧德纳尔、大卫·艾·琼斯:《美国婚姻与婚姻法》,顾培东、杨遂全译,重庆出版社 1986 年版,第 6 页。

④ 转引陈苇:《中国婚姻家庭法立法研究》,群众出版社 2010 年版,第 25 页。

关开支。因此,对于婚姻关系期间所得的劳动收入,应当推定夫妻双方对这些财产的取得存在相同的贡献,这些财产属于夫妻共同财产。夫妻双方对共同财产享有平等的占有、使用、管理、收益和处分的权利,在共同财产关系终止时,夫妻双方原则上各分得夫妻财产的一半。因此,婚后所得共同财产制将家事劳动与职业劳动视为同等,承认家务劳动的价值,肯定夫妻共同财产制下的配偶一方,即使收入较低或专门在家庭从事家事劳动,也可以分享对方的财产和收入。在婚姻终止时,将婚姻关系存续期间的所得收入予以平均分配。因此,有学者认为:共同财产制,自始至终承认妇女家事劳动的价值,承认妇女对共同财产的所有权,实现男女实质意义上的平等。① 我国以婚后所得共同财产制为法定夫妻财产制,客观上确认了家事劳动的价值,夫妻一方因照顾家庭、抚养子女等家事劳动的付出,其直接谋取物质财富或者经济收入的时间或机会相应减少,而对方的收入和积累的财富中包含着家事劳动一方的贡献,因此该方有权要求分享对方的收入和财产,这就是家事劳动的价值体现。

2. 分别财产制下对家事劳动价值的补偿

我国实行法定夫妻财产制和约定夫妻财产制双轨制。在实行婚后所得共同财产制为法定财产制的同时,允许当事人对婚姻财产作出约定。分别财产制是夫妻约定财产制的一种,夫妻约定各自婚前婚后所得财产归本人所有,并各自独立享有管理、收益、使用和处分的权利。分别财产制在某种程度上是对婚姻共同生活体的颠覆,没有看到夫妻间的人力资本的相互依赖和协作关系,夫妻一方的家事劳动的付出和成本亦未得到承认。为此,在分别财产制发展进程中,各国立法不断关注和重视家事劳动,如德国的剩余共同财产制度、瑞士的所得分配财产制,都是在婚姻关系存续期间实行分别财产制,但在婚姻关系终止时,对婚姻关系存续期间一方或双方所得财产予以平均分割,②或者在婚姻终止和分别财产制终止时,设有夫妻财产的清算,以补偿在婚姻家庭生活中对家事劳动做出贡献的一方。这种家务贡献补偿制度多以夫妻分别财产制为适用前提,且主要适用在婚姻解体时,通常通过三种途径来实现:(1)剩余财产分配请求权;(2)婚姻合伙财产共有的分割请求权;(3)基于家务贡献而形成的遗失利益的损害赔偿请求权。③

我国《婚姻法》规定,对约定实行分别财产制的夫妻,在离婚时也享有家事补偿权。2001年《婚姻法》(修正案)第 40 条规定:"夫妻书面约定婚姻关系存续期间所得的财产归各自所有,一方因抚育子女、照料老人、协助另一方工作等付出较多义务的,离婚时有权向另一方请求补偿,另一方应当予以补偿"。该规定强调,分别财产制的夫妻离婚时,即使是分别财产制,也应遵循婚姻内部的财产分配规则,对于夫妻共同体而言,仍然是利益共享和风险共担的。分别财产制确立的家事补偿权对男女两性平等适用,将家事劳动的内容主要体现在抚育子女、照料老人、协助对方工作等,学者解读是夫妻一方为夫妻对方的个人财产增值、事业发展、学习深造等做出贡献已大大超过其维持家庭应尽义务的,离婚时有权请求以夫妻他方的个人财产或夫妻共同财产分割时以夫妻他方享有的财产份额,予以适当的经济补偿。④

---

① 戴东雄:《亲属法论文集》,台湾东大图书公司 1988 年版,第 104 页。
② 参见《德国民法典》第 1363 条、1378 条。《瑞士民法典》第 196 条至第 220 条。
③ 王歌雅:《家务贡献补偿:适用冲突与制度反思》,载蒋月主编:《家事法研究》,社会科学文献出版社 2012 年版,第 155～156 页。
④ 陈苇:《完善我国夫妻财产制的立法构想》,《中国法学》2000 年第 1 期。

家事补偿权作为一种法定权利,它不是基于婚姻双方具有相互扶养义务,而是建立在该方对婚姻的贡献之上,是肯定家事劳动的价值和公平维护婚姻各方利益的需要。①

3. 依契约的约定肯定家事劳动的价值

有学者提出,全部的社会生活都要利用契约,依靠契约,有了明示或默示的、宣告或意会的契约,才产生了所有的权利和义务,所有的责任,所有的法律。② 随着市场经济体制的逐步建立,契约观念深入人心,对婚姻契约论持肯定态度的逐渐增多。我国民法理论上也承认身份合同的地位,婚姻契约虽与财产性契约存在差异,但仍符合兼具身份与契约的特性。同时,在婚姻法立法中婚姻家庭的保障功能在逐步淡化,而对个人财产权利的保护和对意思自治的尊重则在逐步加强,婚姻本身伴随着大量财产交换,婚姻利益中具有经济价值,婚姻法立法价值取向正发生重大的变迁。③ 婚姻当事人通过明示或默示的契约来调整其共同生活关系。明示契约内容涉及合同当事人、合同的目的、现有财产和将来财产的归属和管理以及处分、共同生活费用的负担、夫妻债务的清偿、婚姻住所的选择、家事劳动的负担、夫妻姓氏、继承、违反合同的责任、合同的变更或终止、纠纷的解决等等。即使婚姻当事人之间不存在明示契约时,但双方的婚后利益互相发生某种联系,也可通过当事人的行为来确定其契约关系的内容。因此,婚姻关系实质上是一种契约关系,是当事人意思自治的反映,进入婚姻状态的当事人都愿意接受该两性关系的约束。夫妻约定财产就是通过引入契约机制来规范夫妻间财产关系,约定财产制源自意思自治原则中的契约自由,具有显著的契约特点,是夫妻双方依其"自由意志"确立相互间契约化的财产关系的自发行为。我国 2001 年《婚姻法》(修正案)认可约定财产制优先适用的效力,对约定财产制下的家事补偿请求权等都做出具体的规定,使约定财产制具有更好的操作性,尊重婚姻当事人人格和财产权利的自由自主权,给予婚姻当事人在处理各方财产时更大的灵活性。

因此,家庭成员可以就如何承担家庭责任特别是家事劳动进行约定,这种约定体现家庭成员的意思自治,也是对家庭责任的合理分担。我国立法承认家事劳动的财产价值,适用法定与约定相结合的原则,有学者提出,有关家事劳动的补偿,也应遵循适用有约定的从约定,无约定的从法定的原则。④

第二节　比较法下的家事劳动财产价值保护模式

一、婚后所得共同财产制模式

在世界各国中,婚后所得共同财产制,在数量上明显占有优势,适用较为广泛。在法律地位上,很多国家将共同财产制作为法定财产制,法国、意大利、俄罗斯、越南、美国采用大陆法系的部分州、加拿大魁北克省及我国均将其作为法定夫妻财产制。瑞士、菲律宾、我国澳

---

① 蒋月、何丽新:《婚姻家庭与继承法》,厦门大学出版社 2013 年版,第 203 页。
② [美]伯尔德·施瓦茨:《美国法律史》,王军等译,中国政法大学出版社 1989 年版,第 65 页。
③ 蒋月:《婚姻家庭法前沿导论》,法律出版社 2016 年版,第 91 页。
④ 王歌雅:《家务贡献补偿:适用冲突与制度反思》,《求是学刊》2011 年第 5 期。

门和台湾地区则将其作为约定财产制一种。① 因此，夫妻共同财产制度的设计，间接肯定家事劳动的价值，夫妻一方以家事劳动方式对家庭进行投资或投入劳动成本，夫妻另一方有较多时间和机会参与有职业收入的社会劳动，婚后所得共同财产制肯定夫妻虽存在分工的不同但各自均对家庭做出了贡献，因此平等赋予夫妻双方分享婚内所得的物质性财富的权利，就是肯定家事劳动在对家庭物质性财富的取得价值化的贡献。

我国 1950 年《婚姻法》实行一般共同财产制，无论婚前财产还是婚后财产，无论是动产还是不动产，均是夫妻共同财产，该共同财产制体现了家事劳动的价值。1980 年《婚姻法》第 17 条实行婚后所得共同财产制，在婚姻关系存续期间所得为夫妻共同财产，夫妻双方对共同财产拥有平等的财产所有权。该条款承认从事家事劳动的一方对夫妻共同财产拥有平等的所有权，虽然该条款没有明确将家事劳动的价值直接量化在夫妻共同财产中，但隐含着在离婚分割夫妻共同财产时，对无社会职业但承担主要家事劳动的一方也有权分得夫妻共同财产。2001 年《婚姻法》（修正案）再次立法以婚后所得共同财产制承认家事劳动的经济价值，在离婚分割夫妻共同财产时将家事劳动作为考量因素之一。

因此，在现代夫妻财产制立法中，多数国家通过婚后所得共同财产制肯定家事劳动的财产价值。俄罗斯是实行夫妻共同财产制为法定财产制的国家，1969 年《苏俄婚姻家庭法典》第 20 条第 2 项就规定，家事劳动视为相当于生产劳动，从而夫妻对家中之财产有所有、收益、处分之平等权利。1995 年《俄罗斯联邦家庭法典》第 34 条第 3 项规定，在婚姻存续期间从事家务、照顾子女或由于其他正当原因不具有独立收入的一方，对夫妻财产享有共有权。由此，肯定家事劳动的财产价值，赋予基于家事劳动而形成对夫妻共同财产的分割请求权。第 39 条第 1 款规定，如果夫妻双方间的合同无另行规定，在分割夫妻共同财产和确定对该财产的份额时，夫妻的份额为均等。美国《统一结婚离婚法》第 307 条规定，财产分配时要考虑每一方对婚姻财产的获得所做的贡献，包括一方以操持家务的方式所做的贡献。1986 年《越南婚姻家庭法》第 42 条第 3 项也存在类似的规定，因与家庭各成员共同生活以致无法确定夫妻双方的共同财产时，应当根据受分割方对于维护和发展家庭共同财产所作的贡献，以及对于家庭共同生活的贡献，从家庭的共同财产中分割出夫或妻的财产份额。家务劳动视同生产劳动，上述条款均肯定家事劳动对家庭共同财产的贡献。

二、补偿家事劳动价值模式

随着夫妻地位趋向实质平等，各国法律基于婚姻家庭的伦理性和维护婚姻共同生活的需要，对婚姻中的经济强者一方赋予更多的责任和义务，立法上突出表现在于承认家事劳动的价值，直接肯定家务劳动的价值并规定相应的补偿机制。以瑞士为例，首先，《瑞士民法典》肯定对家事劳动的分担，承认夫妻约定的效力。第 163 条规定，夫妻双方根据各自的能力承担共同维持家庭的责任。夫妻双方约定各自承担维持家庭的责任，特别是通过收入、照顾子女、家事劳动或者通过协助对方从事的工作、职业或行业来承担家庭的责任。这些规定表明夫妻双方基于婚姻共同生活的需要和个人的具体情况，可以以收入或家事劳动来承担家庭责任。其次，确立补偿金和自由处分金制度。《瑞士民法典》第 164 条规定，负责料理家务、照料子女或扶助另一方从事职业或经营事业的夫妻一方，有权请求他方支付一笔合理的

---

① 裴桦：《夫妻共同财产制研究》，法律出版社 2009 年版，第 49 页。

款项,任其自由处分。因此,在协助对方从事职业或经营事业的过程中,夫妻一方的付出显著超过其为扶养家庭所应做出的贡献的,其有权请求为此得到自由处分金。第 173 条还规定:"应配偶一方的申请,法官应确定配偶每方为抚养家庭应分摊的金钱数额,以及负责料理家事、照料子女或辅助他方从事职业或经营事业的配偶应得的金额数额"。就此,应夫妻一方之申请,法官应为负责料理家务、照料子女或扶助配偶他方从事职业或经营事业的夫妻一方确定其应得的补偿金数额。第三,明确例外适用情形。《瑞士民法典》第 165 条规定:"配偶一方协助另一方从事职业获得或者以其收入或财产抚养家庭所做的贡献显著超过其应当承担的义务时,有权请求获得合理的补偿金。但是配偶一方基于其劳务契约、消费借贷契约或合伙契约或另一法律关系给付其特别贡献的除外"。因此,从《瑞士民法典》的上述规定分析,夫妻双方依据自己的能力来分担家事劳动的责任,承认在婚姻关系存续期间适用家事劳动补偿制度,肯定对从事家事劳动的一方获得定期的、合理数额的自由处分金或补偿金的权利,但在劳务契约、消费借贷契约或合伙契约作出特别约定的除外。

《法国民法典》一方面通过共同财产制,肯定家事劳动的价值,明确规定夫妻双方对夫妻共同财产享有平等的管理和处分的权利。在第 1475 条规定,在对共同财产完成全部先取事项之后,剩余的财产在夫妻双方之间对半分割。该规定表明,夫妻双方对剩余的共同财产享有平等的处理权,不受双方收入状况的影响,不因夫妻一方因从事家事劳动而收入较低或没有收入而少分或不分。同时,《法国民法典》亦对家事劳动建立补偿机制,第 1537-3 条规定,当妻子一方从事的活动超过其对婚姻负担应当负担的义务时,因其提供了未取报酬的劳动而自己"减少了财产",又因此使丈夫相对得利,即丈夫对其妻子的劳动没有支付任何报酬或者妻子的劳动给丈夫的财产带来了增加值。在这种情况下,妻子一方可以获得家事补偿。

我国 2001 年《婚姻法》(修正案)为公平维护婚姻双方利益的需要,增设离婚时的补偿请求权制度,第 40 条对从事家事劳动较多的一方建立家事补偿制度,在婚姻关系存续期间,配偶一方主要从事家事劳动,另一方因此获得无形利益如获得充分的就业升迁机会、可期待的知识产权收益、获取高收入的各种学历或证书、赚取更多的金钱财富等等,从事家事劳动的一方有权获得家事劳动补偿请求权。但是,该制度建立在"夫妻书面约定婚姻关系存续期间所得的财产归各自所有",由于在现实生活中实行纯粹的分别财产制的情况少见,有学者认为家事劳动的法律保护难以达到其设定的目标。[1]同时,家事补偿制度适用前提条件过于严苛,提起补偿的时间有局限性,且原则性的规定缺乏相配套的补偿标准与方式,该条款无法发挥平衡因家事劳动而带来夫妻经济利益关系不平衡的作用。[2] 因此,我国应从以下方面完善家事补偿制度:

(1)家事补偿不应该受到夫妻财产制的限制,不论是夫妻在分别财产制还是在共同财产制,都产生家事劳动补偿问题。家事劳动经济补偿制度与夫妻财产制之间没有必然联系,在分割夫妻共同财产时亦肯定家务劳动价值的存在,但实行不同的夫妻财产制下不同的家事劳动补偿标准。值得注意的是,《民法典征求意见稿(二审稿)》第 866 条就此作出回应,家事补偿制度不再局限于分别财产制,只要"夫妻一方因抚养子女、照料老年人、协助另一方工作等付出较多义务的",在离婚时有权向另一方请求补偿。

---

① 夏吟兰:《离婚救济制度之实证研究》,《政法论坛》2003 年第 6 期。
② 孙若军:《离婚救济制度立法研究》,《法学家》2018 年第 6 期。

（2）将家事劳动补偿请求权局限于离婚时，不符合家事劳动持续性的特点，导致家事劳动较多的一方在不离婚的情形下只能为家务劳动所累，且不能排除少数人在婚姻关系存续期间不履行法定义务而谋取私利。同时，家事劳动的价值不仅仅在离婚时才加以体现，在婚姻关系存续期间，从事家事劳动的一方也有权利请求获得必要的生活、学习、社会交往等费用请求权，以弥补家事劳动的付出。

（3）家事劳动补偿请求权的构成要件应予以明确。首先，补偿请求权建立在超额履行法定义务的一方。夫妻双方本应共同承担家事劳动，只有夫妻一方超出法定义务的劳务付出，对婚姻家庭有特别贡献的，才有权请求家事劳动的补偿。该方超额完成的家事劳动的部分，实际上是另一方应履行的法定义务的部分，只有这样，该方才有权利要求另一方给予补偿，这是公平维护婚姻各方利益的需要，是对婚姻家庭有特殊贡献的一方因此得出的家事劳动价值的肯定。① 其次，为家事劳动付出的义务应包括有形付出与无形付出，不能仅仅局限在有形的家事劳动范围，不少家事劳动呈现出较强的情感和精神慰藉。家事劳动的补偿并非仅仅建立在法定扶养义务上，家事劳动贡献者对家人的陪伴、为家庭的付出和牺牲，更多的是包含着对家人的感情。第三，多数学者认为，家事补偿制度应满足"因家事劳动的付出而遭受的损失"。夫妻一方因从事家事劳动而导致牺牲升职等损失，另一方因此有较多的时间和精力投入社会劳动而创造更大的社会财富，从而导致婚姻当事人双方对婚姻家庭义务的履行与贡献产生较大的差别，无法从婚姻中获得同等的利益。基于婚姻家庭整体利益的协调，对因负担家事劳动超出应履行的法定义务而遭受损失的一方给予补偿。笔者认为，夫妻一方付出与另一方受益是否形成因果关系，立法没有必要加以严格界定，两者并不必然是等价有偿关系。从《民法典征求意见稿（二审稿）》就家事补偿制的最新规定第866条的解读，该条款并不要求两者形成因果关系，只要夫妻一方付出较多义务，无论另一方是否获得受益，家事劳动的主要贡献者均有权请求家事劳动补偿。值得注意的是，家事补偿建立在夫妻一方主动要求另一方给予补偿，以请求为基础。

（4）完善家事补偿标准。家事劳动的补偿应充分考虑权利人为家事劳动付出的义务程度、婚姻关系持续时间、另一方当事人因此所获利益，当事人双方的经济状况、就业能力等补偿能力。② 一般而言，婚姻关系存续期间越长，家事劳动的付出越多，家事劳动的补偿金额越高。同时，不少学者提出，应增加期待利益的补偿规定，对家事劳动较多的一方所丧失的无形的、隐性的如职位、专业证书、职称、文凭等，应考虑在家事劳动补偿的金额中。③

三、分担家庭生活费用模式

家庭共同生活的维系，必然涉及物质生活和精神生活，家庭成员特别是夫妻各自具有独立、自由、平等的人格，对于共同生活体的维持，均有义务负担共同生活费用。家庭生活费用，是维持家庭生活所支出的必要费用。当夫妻一方没有足够的维持生活的能力，不能靠自己的财产维持日常生活时，有能力的另一方为维持共同生活体的存在而单独负担共同生活

---

① 蒋月、何丽新：《婚姻家庭与继承法》，厦门大学出版社2013年版，第203页。

② 廖归：《我国离婚救济补偿制度的立法完善》，载《中国法学会婚姻家庭法学研究会2015年年会——暨中国民法典之婚姻家庭编制定研讨会论文集》（下册），第680页。

③ 王红艳：《论我国离婚家务劳动补偿制度的适用》，《湖南社会科学》2013年第5期。

费用,此时,家庭生活费用的负担转化为扶养义务。家庭生活费用的负担可依据夫妻双方的资产状况、职业能力、社会地位等加以确定。

从大陆法系主要国家立法分析,无论是实行婚后所得共同财产制的法国还是婚后盈余财产分配制的德国,均对夫妻就家庭生活费用的负担作出明确的规定。《法国民法典》第214条规定,夫妻双方均应分担家庭生活费用。如果夫妻在其婚姻财产契约中对此有约定的,则依其约定;如果没有约定,则由夫妻双方视各自之能力按比例分担。如果夫妻一方不履行该义务,则另一方可以依法强制其履行。因此,夫妻一方承担家事劳动,类似于合伙的劳务出资,本质上与家庭生活费用的分担没有实质差异。当然,家庭生活是夫妻协力的过程,不存在一方承担家事劳动与另一方承担家庭生活费用之间形成对价关系。①

德国原是以分别财产制为法定夫妻财产制,但逐渐发展成具有共同财产制的因素,为保障一方的家事劳动与另一方的职业劳动获得同等评价,德国实行盈余共同财产分配请求权,在财产制终结时所剩余的共同财产由夫妻双方平均分得,使夫妻收入相互之间有所补偿。同时,明确规定家事劳动是承担家庭生活费用的一种方式,以此肯定家事劳动的价值。德国在1957年颁布《关于在民法领域男女享有平等权利的法律》,将家庭主妇式的婚姻模式看成法定形式,家庭法上的家务劳动被定位为一种职业,且保留至今。② 该法认定一切有效的劳动都是有价值的,一切有价值的劳动都可以作为一种职业,家务劳动与职业劳动存在同等价值。《德国民法典》第1356条则规定,婚姻双方均有权就业,在选择和从事就业时,必须对对方和家庭的利益予以应有的考虑,婚姻双方相互协商规定家务事宜,如果家务由一方承担,则由其负责主持家务。第1360条还规定,婚姻双方相互之间负有义务,以其劳务或财产为家庭提供适当的生活费用。如果婚姻一方承担家务,则其以劳务为家庭提供生活费用义务,在通常情况下即通过从事家务而得到履行。该条款同时明确非从事家务劳动的一方,为家庭提供的生活费用,包括所有为偿付家庭开支,满足婚姻双方个人需求,满足共同的、享有生活费权利的子女的生活需求,根据婚姻双方的情况必须支出的费用,以及当婚姻一方无力承担一项涉及个人事务的法律诉讼在合理的范围内的费用。③ 上述规定显示在《德国民法典》下,家事劳动是夫妻双方义务,家事劳动并不是无偿性的劳动,而是与职业劳动存在同等价值,以此公平反映家事劳动在家庭生活中的地位。德国在以家庭生活费用形式肯定家事劳动的价值同时,还作出配套性的规定,《德国民法典》第1569条还规定,在离婚时不能负担其生活费的一方,有权向另一方提出生活费的请求权,该请求权应当考虑婚姻的持续期间和对共同子女的照料或教育等家事劳动的付出,同时考虑因家事劳动而导致丧失适当就业或教育延误产生收入不足以负担生活费等情形。给付生活费的义务人即使再结婚,与重新结婚的婚姻另一方在婚姻财产共有制下共同生活,则由共有财产为原配偶提供生活费,以及一定条件下,为其购买适当的疾病保险的费用、购买适当的养老保险的费用、购买丧失就业或就业能力保险的费用均属于生活需要。④ 2005年《德国个人所得税法》第10条第1款第1项还规定,对婚姻生活的实际开销,收入高的配偶每年可将其收入中的13805欧元转让给收入

---

① 林秀雄:《夫妻财产制之研究》,中国政法大学出版社2001年版,第147～153页。
② 何群:《论德国家庭法上的家务劳动及其启示》,《政治与法律》2008年第1期。
③ 郑冲、贾红梅译:《德国民法典》(修订本),法律出版社2001年版,第310～311页。
④ 郑冲、贾红梅译:《德国民法典》(修订本),法律出版社2001年版,第353～358页。

低的配偶,该 13805 欧元从收入中减去而不缴纳个人所得税。依上述规定可知,婚姻家庭是一个经济集合体,单纯从事或主要从事家事劳动一方配偶将时间、精力或职业教育的投入让渡于配偶他方。对配偶他方依法转让给从事家务劳动一方配偶的经济收入,不应计入其最基本和直接的成本,而是应将这部分收入在成本核算中扣除。[①]德国法的上述规定,肯定家事劳动在婚姻关系存续期间以间接分担家庭生活费用的方式予以实现,值得我国借鉴。

第三节　完善家事劳动财产价值保护的路径

一、家事劳动的人力资本评估

尽管理论与实践均表明家事劳动具有财产价值,但其价值却难以准确计算。国外采用市场替代成本法和机会成本法加以计算。[②]市场替代成本法,因劳动力在市场上是以工资和薪金来标价的,[③]所以,家事劳动价值是以市场的保姆或钟点工单位平均工资乘以家务时间。而机会成本法,是确定家务劳动方的机会成本,传统采用账面价值法、协议法、公平市场价值法等人力资本评估方法,但机会成本更多的是人力资本的期待利益评估方法,现更多地采用未来收入比例分配法,即给予人力资本未来收入所有权益。[④]

研究发现,对于夫妻双方在婚姻关系存续期间各自人力资本的评估及其预期利益的分割,在各国的立法和司法实践中均未能得到足够的重视。[⑤] 例如,在婚姻关系存续期间,夫妻一方承担主要的家事劳动支持另一方提升学历或职能,在此情形下,夫妻一方获得的文凭、技术技能等人力资本离不开从事家务一方的贡献,本应考虑夫妻双方共同分担人力投资的成本,共同分享人力资本在一定年限内的收益。有学者因此认为学历和职业资格证书可以视为"财产",通过人力资本评估在解除婚姻关系时作为夫妻共同财产予以分割。[⑥] 虽然学历学位证书和职业资格证书反映的是持有者的身份和人格利益,代表着其受教育程度专业知识或技术水平,但在婚姻关系存续期间,配偶一方作为持有者获得这些资格或学历,与配偶另一方对其的支持、帮助分不开,与配偶另一方的家事劳动的付出分不开。这些证书或职业资格从某种程度上是未来提升其收入能力的标志,与合理预期的未来收入有一定的对应性,如律师资格等资格证书是进入某专业领域谋生的基本条件,可以说代表着一定量的财产。[⑦]因此,这些文凭或职业证书包含着一定的经济利益或财产价值,在一定意义上是时间、精力或家事劳动的付出等其他财产转化的产物。在婚姻家庭共同生活中,正是夫妻一方更多地承担和付出了家事劳动,牺牲更多的职业发展机会来承担更多的家庭保障责任以支持对方获得这些文凭或职业证书。所以,文凭和职业证书的未来利益是可预期的,应将其纳入家庭财产的范围予以分割。对夫妻一方牺牲自己的时间、精力和机会成本超过法定限度而

---

① 何群:《论德国家庭法上的家务劳动及其启示》,《政治与法律》2008 年第 1 期。
② [美]苏珊娜.格罗斯巴德·舍特曼主编:《婚姻与经济》,王涛译,上海财经大学出版社 2005 年版。
③ 李友根:《人力资本出资问题研究》,中国人民大学出版社 2004 年版,第 231 页。
④ 胡苷用:《婚姻合伙视野下的夫妻共同财产制度研究》,法律出版社 2010 年版,第 246~253 页。
⑤ 夏吟兰:《在国际人权框架下审视中国离婚财产分割方法》,《环球法律评论》2005 年第 1 期。
⑥ 蒋月:《婚姻家庭法前沿导论》,法律出版社 2016 年版,第 161 页。
⑦ 蒋月:《婚姻家庭法前沿导论》,法律出版社 2016 年版,第 162 页。

承担家事劳动,为对方获取文凭和职业证书而提供生活照顾的,有权分享对方获得的成果以及所带来的经济利益,这就是家事劳动的合理评价。因此,可以将文凭或职业证书作为财产给予人力资本评估,对其代表着现在或未来提高收入的可能性,对其收入能力的提升给予合理的评估,并根据评估结果在婚姻当事人之间进行分配。

虽然,人力资本不能被买卖或转让,不能通过出售或拍卖来获得价金,但学历或职业资格是人力素质的体现和组成部分,代表着未来预期收入的可能性,当事人可以利用该专业技能来获得报酬。有学者提出,以人力资本评估的常用方法估算人力资本的生产服务的价值量,参照《劳动合同法》相关竞业年限的规定,以人力资本持有人未来 3～5 年时间的预收收益折现为夫妻共同收益,对非人力资本获得方给予相应价值的补偿。① 总之,在人力资本评估家事劳动并以此进行家事补偿估算时,应综合考虑多种因素:婚姻关系存续期间的长短、家事劳动的时间、强度与技能,从事家事劳动一方的丧失利益,补偿方的经济收入、预期经济效益和人力成本的增值等。② 有学者认为,在评估中重点应考量的因素有:(1)一方付出家事劳动的多少。由一方投入家务劳动的时间、强度、繁杂程度、因照顾家庭而放弃的个人发展机会来确定,并且可参考向市场购买同样工作量的家事劳动所需要的价格,雇佣他人需要花费的成本等方法来计算;(2)较少承担家事劳动的一方因此获得的利益,包括这一方因此获得的显性的、有形的财产和隐性的、无形的可期待利益如个人发展机会、工作前景、专业职称、尚未获得利益的知识产权等;(3)婚姻关系存续时间的长短,等等。③

当然,应该承认,并不是所有的家事劳动均可以社会化后进行财产价值的评估,因为家事劳动虽然具有劳动的强度和数量的表征,但家事劳动的支出还存在时间、技能和情感等因素,某些家事劳动渗透人身属性和强烈的感情因素,如抚育子女、照顾老人、精神慰藉等。因此,家事劳动的财产价值不能简单地按照家政服务员的报酬进行计算,应综合地考虑家事劳动的特殊性,以多元化方式体现家事劳动的财产价值。

二、家事劳动补偿制度的扩张适用

1. 家事劳动补偿同样适用于夫妻共同财产制

我国《婚姻法》(修正案)规定的家事劳动补偿制度适用于分别财产制且在婚姻关系解除时。分别财产制下,从事家事劳动的贡献方不具有分享另一方创造财富的权利,而非从事家事劳动的另一方又不能依据婚姻的效力而无偿占有或取得这一方从事家事劳动的权利,为克服这一缺陷,家事劳动的价值通过补偿得以实现。我国《婚姻法》(修正案)第 40 条就是明确规定夫妻约定分别财产制下才适用家事劳动补偿制。我国台湾地区的旧"民法"第 1030 条就规定,联合财产关系④消灭时,夫或妻于婚姻关系存续中所取得而现存之原有财产,扣除婚姻关系存续中所负债务后,如有剩余,其双方剩余财产之差额,应平均分配。因此,可以

---

① 冉启玉:《论我国〈婚姻法〉对夫妻家务劳动价值的保护》,《探索与争鸣》(理论月刊)2011 年第 1 期。
② 王歌雅:《家务贡献补偿:适用冲突与制度反思》,《求是学刊》2011 年第 5 期。
③ 陈颖:《家务劳动补偿制度的实践反思与制度调适》,《人民司法(应用)》2015 年第 21 期。
④ 我国台湾地区"民法"规定联合财产制为夫妻法定财产制,是指夫妻对于自己的财产各自保有独立的所有权,但双方的财产联合由夫管理。因联合财产制忽视妻的家事劳动价值和对家庭生活的贡献,台湾地区"民法"在 1985 年修正时规定,妻也有管理联合财产的权利,且在联合财产关系消灭时,夫妻平均分配剩余的共同财产。

理解剩余财产的分配内含着家事劳动的补偿,因为剩余财产非夫一人所得而成,而含有妻之协力加功,亦即是夫之职业劳动与妻之家事劳动协力之下的产物,因此,夫妻各自具有平均分配的权利。[1]　日本在夫妻法定财产制上采取的是分别财产制,且日本多数家庭是全职太太的模式,因此,为了保障补偿妻子在家庭中全职进行无偿的家事劳动,在离婚案件中,丈夫对妻子的家事劳动付出,根据其实际贡献大小进行家事补偿。

但有观点认为,夫妻共同财产制本身就承认了家事劳动与社会劳动具有同等价值,否则,只从事家事劳动的一方无权分割共同财产。[2]　我国实行的是婚后所得共同财产制,其背后隐含的逻辑就是推定夫妻双方对家庭的贡献相等,无论夫妻双方分工如何,无论是否有具体或实际的家事劳动付出,夫妻在婚姻关系存续期间的所得都是共同共有的,婚姻关系存续期间任何一方的收入都推定有另一方的贡献或者协力,那么,如果在婚后所得共同财产制下再计算家事劳动的价值,是否属于重复计算?[3]　笔者认为,家事劳动的价值通过婚后所得共同财产制无法完全体现,无法平衡家庭生活中对家事劳动作出特殊贡献一方的财产利益关系。因为夫妻共同财产的形成需要一个时间过程,一般经过投入—获取人力资本—获取财产,当投入—换取人力资本后即离婚,则会出现无夫妻共同财产分割的情况,亦无法体现夫妻一方从事家事劳动的价值。[4]　同时,婚后所得共同财产制对于在婚姻关系存续期间的知识产权期待利益方面亦无法体现家事劳动的价值,如商标、专利等知识产权的形成时间在婚姻关系存续期间,若知识产权的财产收益在婚姻关系解除后才得以呈现,而知识产权的人身权属无法分割,这就导致这些知识产权的取得中对从事家事劳动的夫妻另一方的贡献无法得以体现。最高人民法院1993年《离婚财产分割意见》中就此规定,在婚姻关系存续期间,夫妻一方或双方由知识产权取得的经济利益为夫妻共同财产。离婚时,一方尚未取得经济利益的知识产权,归一方所有。在分割时,可根据具体情况,对另一方予以适当的照顾。此"适当的照顾"就是变相地承认非知识产权方对该知识产权方的经济利益享有一定权利,对其付出和支持予以一定程度的承认和补偿。[5]

因此,家事劳动是否在夫妻共同财产制中得以体现,其关键在于家事劳动是否在夫妻共同财产中得到合理的评价和体现,以避免夫妻一方承担过于悬殊的家事劳动而造成在婚姻关系存续期间的实质不公平的分配。在现实生活中,如果是夫妻一方单纯地从事家事劳动而不参加职业劳动,仅仅依据夫妻共同财产制来间接地承认家事劳动的财产价值,这就意味着有职业收入的一方对所占有的夫妻财产具有管理、使用和处分的权利,而没有职业收入的一方在日常生活中一般仅有处分对方所给付的家庭生活费用的权利,有的甚至无法清楚职业生活的一方的财产状况,更无以言及自主处分夫妻共同财产的权利,无法实现对家庭财产的平等控制和支配,其所从事的家事劳动价值无法以财产价值的形式体现,只能依靠有职业收入的一方给付补贴或补偿。同时,若夫妻双方都存在职业劳动且各自承担的家事劳动极其不平衡的情形下,夫妻一方较多时间在职业劳动而另一方较多时间在家事劳动中,若不承

①　林秀雄:《夫妻财产制之研究》,中国政法大学出版社2001年版,第161页。

②　夏吟兰:《离婚自由与限制论》,中国政法大学出版社2007年版,第222页。

③　龙俊:《夫妻共同财产的潜在共有》,《法学研究》2017年第4期。

④　余延满:《亲属法原论》,法律出版社2007年版,第354页。

⑤　陈苇:《婚内所得知识产权的财产期待权之归属探讨》,《现代法学》2000年第4期。

认这种情形下的家事劳动的价值,那么从事家事劳动较多的一方就无法在家庭财产中获得回报。可见,在夫妻共同财产制下,家事劳动也是创造和贡献夫妻共同财产的来源之一,若夫妻双方没有实行分别财产制就无法主张家事劳动补偿,家事劳动就成为纯粹的奉献和牺牲,这样导致权利与义务的失衡和家事贡献与补偿的失衡。从相关的统计数据分析,我国实行婚后所得共同财产制的,占有 90% 以上,而分别财产制比例不足 3%。① 司法实践中,法院多以"夫妻间未约定分别财产制"为由驳回家事劳动补偿请求权,这样必然制约我国《婚姻法》所规定的家事劳动补偿制度的适用,使得在婚后所得共同财产制下的从事家事劳动较多的一方难以通过该制度获得相应的补偿。

从婚姻合伙理论出发,夫妻双方是平等的民事主体,无论是从事职业劳动还是家事劳动,在婚姻中享有同等的权利和承担相应的义务。基于夫妻双方互相为婚姻做出贡献的推定,不仅对婚姻期间积累的传统财产要进行分割,而且对非传统财产也应采取公平合理的方法分配。② 在共同财产制下,夫妻一方从事家事劳动,对另一方的财产的取得和积累有贡献,即使夫妻双方对家庭的经济贡献程度相当,但当一方的家事劳动明显超过另一方时,也应加以补偿。因为夫妻一方付出较多的家事劳动,而家事劳动具有经济价值,无论是分别财产制还是共同财产制,这种家事劳动补偿请求权是基于家事劳动贡献而产生的收益的一种救济请求权。所以,家事劳动的补偿应有条件地延展适用于夫妻共同财产制,夫妻未书面约定婚姻关系存续期间所得的财产归各自所有的,一方因抚育子女、照顾老人、协助另一方工作等付出较多义务的,离婚时通过分割夫妻共同财产不能得到适当补偿的,有权请求另一方以个人财产给予补偿。补偿的方式可以参考夫妻双方的收入差距、婚姻关系存续时间以及一方付出的相应贡献等因素。③ 还有学者提出,全球女性担负的无酬的家事劳动的总额是苹果公司年营业额的 43 倍,而这些劳动是人类很有价值的劳动,我国现行的夫妻共同财产制存在性别盲点,忽视了妇女家事劳动的价值。④ 因此,从性别视野分析,夫妻共同财产制中也应充分肯定女性家事劳动的财产价值。《民法典征求意见稿(二审稿)》第 866 条没有将家事补偿制局限于夫妻分别财产制下,删除 2001 年《婚姻法》(修正案)第 40 条适用前提即"夫妻书面约定婚姻关系存续期间所得的财产归各自所有",可以解读为,无论实行婚后所得共同财产制还是分别财产制,夫妻一方因抚育子女、照料老年人、协助另一方工作等付出较多义务的,均有家事补偿请求权。

2. 以离婚扶养费制扩充家事劳动补偿的适用范围

有学者认为,婚姻合伙契约理论强调夫妻双方的权利义务关系在契约上的公平,夫妻双方在婚姻家庭事务上所承担的法定义务大致相等,一方承担全部的家务劳动或抚养子女、照顾父母等较多家事时,就有必要补偿这种家事劳动,但这种补偿是在离婚时公平地分割或清算婚姻双方的经济利益的体现。⑤ 那么,家事劳动补偿制度能否直接适用于婚姻关系存续

---

① 孙若军:《离婚救济制度立法研究》,《法学家》2018 年第 6 期。
② 胡苷用:《婚姻合伙视野下的夫妻共同财产制度研究》,法律出版社 2010 年版,第 239 页。
③ 夏吟兰:《民法分则婚姻家庭编立法研究》,《中国法学》2017 年第 3 期。
④ 夏吟兰:《对中国夫妻共同财产范围的社会性别分析——兼论家务劳动的价值》,《法学杂志》2005 年第 2 期。
⑤ 胡苷用:《婚姻合伙视野下的夫妻共同财产制度研究》,法律出版社 2010 年版,第 238~245 页。

期间？多数学者认为,由于我国对于婚姻的本质的认识,婚姻家庭关系蕴含着亲属伦理因素,夫妻双方协力为婚姻家庭的和谐做贡献,不是单纯的财产行为,虽然不能允许夫妻一方利用婚姻而过度占有另一方的劳动及其成果,从而损害从事家事劳动一方的财产权益和人格利益,但并非仅以婚姻关系准确适用具体的财产价值予以衡量,因此,在婚姻关系存续期间不具备使用家务劳动补偿制度的基础和条件。① 而在离婚时,家事劳动补偿制度一方面考虑夫妻一方的符合市场需求的人力资本的提升,另一方面考虑从事家事劳动较多的夫妻另一方的人力资本的损失,在解除婚姻关系时对家事劳动进行评估并建立补偿,是合理的。同时,对婚姻关系存续期间的人力资本评估及其预期利益直接做出法律确认并保障,不利于夫妻双方在婚姻期间调整彼此之间的位置和角色,不利于夫妻双方以家庭利益为出发点,不利于鼓励夫妻为家庭作出牺牲或贡献,而且还会造成夫妻对立和对婚姻的稳定造成隐患。② 家事劳动的价值承认与经济补偿的合理性,其核心在于婚姻应视为夫妻双方共同的事业,婚姻原本应该是男女基于爱情期待而共同生活的一个命运共同体,在婚姻关系存续期间,从事家事劳动的一方可以依存职业劳动的另一方共同维持家庭生活,若因婚姻存续期间的男女分工安排不同,导致家事特殊贡献的配偶一方就业能力的减弱,根据信赖利益保护出发,要对因婚姻解除后引起的财产上的不利益进行补偿,给予某种程度的恢复性矫正补偿。③ 因此,婚姻关系存续期间并不适用家事劳动补偿制度。

我国 2001 年《婚姻法》(修正案)以家事劳动补偿制度、经济困难帮助制度和离婚损害赔偿制度作为离婚救济制度。但由于家事劳动补偿制度以适用分别财产制为基础,而多数夫妻实行婚后所得共同财产制作为处理夫妻财产关系的依据,同时夫妻一方应举证证明其承担超出法定义务较多的家事劳动的,才存在家事劳动补偿请求权,因此,在司法实践中援引家事劳动补偿制的占比少。在有关的调研数据中,显示家事劳动的案件亦相对较少。有学者在 2008 年在北京调研中,显明家事劳动信息的案件仅 3 件,占案件总数的 2.1%;在上海调研中,显示家事劳动信息的案件仅 5 件,占案件总数的 4.3%。④ 从 2001—2014 年,涉及援引《婚姻法》(修正案)第 40 条有 40 件,而得到法院支持的家事劳动补偿的仅 2 件。⑤ 可见,家事劳动补偿制度无法实质性地发挥肯定并补偿家事劳动经济价值的功能。但是,若对于在婚姻关系存续期间从事家事劳动较多的一方,将此作为经济帮助的考虑因素而适用经济困难帮助制度的,根据《婚姻法司法解释一》第 27 条的规定,以离婚后分得的共同财产和个人财产无法维持当地基本生活水平的,才视为“生活困难”。在婚姻关系存续期间,虽然夫妻一方家事劳动付出较多但并没有达到生活困难或难以维持生活的,亦无法适用经济困难帮助制度予以救济家事劳动的经济补偿。因此,《婚姻法》(修正案)第 42 条规定的离婚经济困难帮助制同样由于其适用条件过于苛刻,在司法实践中以金钱进行经济帮助的数额偏低,难以充分实现离婚经济帮助制度的价值和目的。

国外对从事家事劳动的一方,在其离婚后的生活比婚姻关系存续期间的生活水平存在

---

① 陈颖:《家务劳动补偿制度的实践反思与制度调适》,《人民司法(应用)》2015 年第 21 期。

② 胡苷用:《婚姻合伙视野下的夫妻共同财产制度研究》,法律出版社 2010 年版,第 245 页。

③ 赵玉:《司法视域下夫妻财产制的价值转向》,《中国法学》2016 年第 1 期。

④ 王歌雅:《家务贡献补偿:适用冲突与制度反思》,《求是学刊》2011 年第 5 期。

⑤ 陈颖:《家务劳动补偿制度的实践反思与制度调适》,《人民司法(应用)》2015 年第 21 期。

显著下降的,以离婚扶养费制度对家事劳动予以经济补偿,保障其能够维持原有的生活标准。离婚扶养费制度,通常采用"原有生活主义"(请求方无法通过自己的全部财产和收入维持离婚前原有的生活水平)和"合理生活主义"标准(请求方无法通过自己的全部财产和收入达到合理的生活标准)两种方式。《德国民法典》将"离婚配偶的扶养"规定在第四编第一章第七节第二目中,共25个条文,分别规定了适用原则、受扶养权、给付能力和顺位、扶养请求权的形成、扶养请求权的终止等。《法国民法典》将"补偿性给付"规定在第六编第三章第二节第三目中,共21个条文,分别对补偿性给付的原则、给付数额的考量因素、给付方式、关于补偿性给付的协议及义务人死亡所产生的影响等进行规定。美国1970年《统一结婚离婚法》第308条规定:"离婚时或离婚后一段时间内,依靠个人财产、离婚时分得的财产,或者通过工作所得的收入也不能维持生计时,方可向另一方请求扶养费。原配偶一方因抚养照料未成年子女而不能工作的,也可以此为由请求另一方支付扶养费"。澳大利亚《1975年家庭法》(2008年修正)第八章对"财产、配偶扶养和扶养协议"也进行了规定。在离婚救济制度中建立离婚扶养费制,离婚扶养费的给付水平通常不但高于生活困难的经济帮助,以充分保障从事家事劳动的一方离婚后的日常生活;而且,此利于救济离婚后的弱势方,彰显婚姻关系公平正义,因为有能力给付扶养费的一方,其所取得的高收入在一定程度上是在婚姻关系存续期间基于另一方的家事劳动或贡献,离婚扶养费的给付也是对家事劳动的经济补偿方式。

因此,离婚扶养费请求权的基础是基于扶助目的,因解除婚姻关系产生的补偿。[1] 离婚扶养费体现在补偿性扶养费上,补偿性扶养费就是建立在承认婚姻关系存续期间的家事劳动价值,是对夫妻双方在婚姻期间责任的分工而导致一方丧失就业机会的补偿或生活水准下降的救济,其主要包括两种:其一是婚姻期间分工不同而导致丧失就业机会的补偿;其二是因离婚后双方生活水平差异而产生的补偿。离婚扶养费所考虑的因素就是补偿一方配偶对另一方配偶收入能力的提升和财富的形成做出的贡献。因此,夫妻一方在婚姻期间从事家事劳动较多的,另一方有更多的精力投入市场劳动而获得更好的职业前景、经济收入、社会地位及社会资源,非从事家事劳动的一方从此家事劳动中获利,从公平角度,在双方结束婚姻关系时,从事家事劳动的一方和非从事家事劳动的一方应共担因此而产生的不利经济后果,以保证在婚姻共同体解体后在原配偶之间实现公平利益的分配。通过离婚扶养费制度,一定程度上使得主要从事家事劳动的一方为进入社会劳动进行经济补偿和价值修复,以体现权利义务相一致,因此,我国可以借鉴外国立法,以离婚扶养费制度来体现家事劳动的经济价值。

三、家庭生活费用的分担

家事劳动在家庭内部虽然是为了维持家庭而进行的没有交换价值的劳动,但若不为家事劳动,则花钱雇他人而为之,家庭生活费用的付出必然增多,从这个意义上分析,家事劳动是积累家庭财富的间接方式。但是,尽管承认家事的财产价值,但家事劳动并不能直接变现,因此,只有从事职业劳动的夫妻一方在婚姻关系存续期间负担家庭生活费用,才能与从

---

① 冉启玉:《公平分担因婚姻产生的不利经济后果——离婚后扶养费请求权基础探讨》,《前沿》2010年第20期。

事家事劳动的一方共同维护家庭生活的存续。家庭生活费用的分担,不仅是家事劳动价值化的体现,也是夫妻应尽的扶养义务。作为社会化的人是无法脱离人与人之间的扶养而独立存在的,非亲属之间的扶养是基于道义或情谊或合同约定,而家庭成员之间的扶养扶助则是法律所必须予以规范的行为,扶养是家庭的根本职能和功能,是家庭关系的实质内容。夫妻间的扶养是基于夫妻的婚姻效力而产生的。扶养责任的承担,是婚姻关系得以维持和存续的前提,也是夫妻共同生活的保障。[①] 家庭生活费用,是为维持家庭组成的共同生活体所支出的必要费用。当一方主要从事家事劳动而没有职业收入,有职业收入的一方为维持共同生活体的存在,就应单独负担家庭生活费用,因此,家庭生活费用的负担,既体现家事劳动的价值,又是履行扶养义务。[②]

客观而言,家庭生活费用的负担与扶养义务的承担存在区别,家庭生活费用的负担义务是生活保持义务,是与义务者同一生活程度的保持义务,与生活扶助义务不同。但家庭生活的维持,离不开家庭生活费用的负担。为保障家庭生活的维系,必须重视夫妻在婚姻关系存续期间彼此的家庭共同生活费用的负担,当一方在家庭主要从事家事劳动而无力从事职业劳动进而没有收入时,另一方必然承担着更多的家庭生活费用。家庭生活费用的支出,系每个家庭必然发生的事实,否认夫妻彼此存在家庭生活费用的支付义务并对此进行有效的法律保护,家庭成员的共同生活就难以维系和保障,家事劳动的价值就无法得以体现。各国和各地区法律都强调家庭生活费用负担义务属于夫妻财产制范围,夫妻一方无正当理由不支付,以致另一方不能维持日常生活时,属于遗弃行为。《法国民法典》第 214 条规定,夫妻双方均应分担家庭生活费用。如果夫妻在其婚姻财产契约中对此有约定的,则依其约定;如果没有约定,则由夫妻双方视各自之能力按比例分担。如果夫妻一方不履行该义务,则另一方可以依法强制其履行。《日本民法典》第 760 条规定:"夫妻应考虑各自资产、收入及其他有关情事,而分担家庭生活费用"。《德国民法典》第 1360 条规定,婚姻双方相互之间负有义务,以其劳务或财产为家庭提供适当的生活费。如果婚姻一方承担家务,则其以劳务为家庭提供生活费之义务在通常情况下即通过从事家务而得到履行。台湾地区"亲属法"第 1003-1 条也规定:"家庭生活费用,除法律或契约另有约定外,夫妻各依其经济能力、家事劳动或其他事情分担之。因前项费用所生债务,由夫妻负连带责任"。因此,家庭生活费用分担机制的建立,有利于维护婚姻家庭共同生活的和谐与稳定,同时也是承认家事劳动的价值化的体现。

四、自由处分金的设立

在婚姻关系存续期间,从事家事劳动的一方虽付出家事劳动,却无法获得现实的劳酬,因此在日常生活中通常没有可供直接支配的金钱。既然,婚姻视为夫妻平等运作的合伙关系,妻透过家事的照料、子女的养育而对家庭共同事业的贡献,与夫的维持家计、扶养家族具有同等的价值。[③] 台湾地区基于"肯定家事劳动价值"原则规定了自由处分金制度,对长期从事家务劳动,或对他方配偶营业或职业予以协助之配偶因无可供自由处分之金钱,无法保

---

① 王歌雅:《扶养与监护纠纷的法律救济》,法律出版社 2001 年版,第 7 页。
② 何丽新:《我国非婚同居立法规制研究》,法律出版社 2010 年版,第 342～343 页。
③ 林秀雄:《夫妻财产制之研究》,中国政法大学出版社 2001 年版,第 157 页。

障其经济之独立及人格尊严,以夫妻类似合伙关系之精神,特仿瑞士民法第164条第一项规定,①增订"亲属法"第1018-1条"夫妻于家庭生活费用外,得协议一定数额之金钱,供夫或妻自由处分"。自由处分金制度以夫妻地位平等为基础,基于夫妻一方从事家务劳动、照看子女或者对另一方的职业、营业有所协助这一劳动对价关系所形成,是对家事劳动的价值化评价,以利于保障在婚姻关系存续期间特别是在适用分别财产制下夫妻平等地享有财产的支配权。

因此,在夫妻财产制中增设自由处分金条款,是肯定家事劳动价值之所需。对长期专职从事家事劳动的夫妻一方,因对配偶职业劳动予以协助且无可供自由处分的金钱时,为保障其经济之独立及人格尊严,特别规定在婚姻关系存续期间从事职业劳动的夫妻一方给付一定数额的自由处分金给从事家事劳动的一方。总之,自由处分金制度以夫妻地位平等为基础,基于夫妻一方从事家务劳动和照看子女或者对另一方的职业、营业有所协助这一劳动对价关系所形成,是对家事劳动的价值化评价,以利于公平保障夫妻双方在婚姻关系存续期间的职业劳动和家事劳动,双方共同为婚姻家庭生活做出贡献,促进家庭生活的和谐稳定。

---

① 《瑞士民法典》第164条规定:"负责料理家务、照料子女或扶助另一方从事职业或经营事业的夫妻一方,有权请求他方支付一笔合理的款项,任其自由处分"。

第七章
分家析产法律问题

在传统家庭生活中,家庭成员共同生活、共同劳作、共同收益、共同消费、共同积蓄,形成同居共财的生活模式。但从法律性质而言,"同居共财"并不是简单地指在同一房屋中共同居住,更多的是指一种共同财产关系,是指同住一起而未分割家产,而不论共同户籍与否。同居共财贯穿于传统中国人家庭生活中,借助于法律对同居共财的维护,成为支配和规范家庭财产的中国法律规范原理。① 在中国家庭中,家庭成员长期秉持着"同居共财"的生活和组织方式,维护家庭的整体性,维护家庭既定的亲属和人际关系。家庭财产主要围绕着家的生活共同体展开,而不强调个人财产的归属。因此,传统中国意义上的家产制的核心是"产"与"家"紧密联系在一起的,并不以个人和个人权利为基础,而是以家和家的"整体性"为基础的一种制度安排。②

传统的家产制强调家庭共有财产,是全体或部分家庭成员在家庭共同生活关系存续期间,对共同所得和各自所得的财产约定为共同共有的家庭财产权利义务关系。这种家庭共有财产主要方式有:(1)同财共居,由父母、子女共同生活和共同共有财产;或者有祖父母(外祖父母)、父母、子女、兄弟姐妹等共同生活和共同共有财产;(2)同财不共居,家庭成员不在一起共同生活,但各自收入除留部分的作为生活费外,其余的交给家庭而组成家庭共同共有财产;(3)共居不同财,在这种情形下的家庭共有财产范围较少,例如子女"小夫妻"与父母共同生活,但子女"小夫妻"仅向父母交伙食费或生活费,剩余财产归子女"小夫妻"共有。③

由于在传统的中国社会中,通常是累世同居的大家庭模式,婚姻形态是以聘娶为主要的婚姻形态,从夫居是家庭形态的主要形式。因此,妇人与丈夫在家庭中一起共同承担赡养男方老人与抚育子女的职责,女性不过是以配偶的身份融入男方世系系统,其价值只局限在婚姻家庭中,当夫妻离异或一方死亡之后,原来的家庭仍然存在,并不发生家庭解体和家产分散的情形,家和家产可以继续发挥赡养老人和抚育儿女的作用。④ 因此,男子结婚,不仅代表成家的意义,同时也意味着家族世袭的延续,结婚后成立的夫妻小家庭并不是独立的家户,他们是以大家庭成员的身份,与其他家庭成员一起过着同居共财的生活。但在这些小夫妻生育自己的子女后,就会分家析产,小家庭与大家庭在经济上各自分开,独立核算,分开生产、消费和生活。随着大家庭的分家析产而不断独立出"房",也不断产生新一代的家户,新

---

① 金眉:《婚姻家庭立法的同一性原理——以婚姻家庭理念、形态与财产法律结构为中心》,《法学研究》2017 年第 4 期。

② 张剑源:《同财共居——传统中国的家庭、财产与法律》,《北方民族大学学报》2015 年第 5 期。

③ 王利明、杨立新、王轶、程啸:《民法学》,法律出版社 2017 年版,第 804 页。

④ 金眉:《婚姻家庭立法的同一性原理——以婚姻家庭理念、形态与财产法律结构为中心》,《法学研究》2017 年第 4 期。

户的家庭成员之间若未经过财产析产,则又形成同居共财的关系。① 因此,这里的家是一个变动的概念,对上而言是房,对下而言是宗。若以祖父家庭为宗,则父亲及其兄弟家庭为房;若以父亲家庭为宗,则其下生育的诸子家庭就是房。② 房是一个团体概念,意味着一个男子从其父亲的家族获得其应得的财产,建立一个以其房单位为中心的生活团体。当然,各房对大家庭分割财产时,显然是作为按份共有的财产属性来分割。③ 在拥有财产的群体中,家是一个基本群体,它是生产和消费的基本社会单位,是群体所有权的基础。④ 在这种理念下,家产制不以个人和个人权利为基础,而是以家的"整体性"为基础,其核心是如何保障家产的整体性,如何保障父系(父亲)对家产的管理权和处置的主导权,以及如何保障家内每一个家庭成员在面对家产的时候"克己"和"不争"。⑤ 因此,社会学适用家产"共有"这个概念时,并不以严格的民法学意义上予以使用,此时的"共有"表达的是所有家庭成员都可以从家产中获益。⑥

在上述家产制下,分家析产是对家产的分化,分家是指子辈家庭从长辈家庭独立出去的过程和状态,析产则是分家后的不同的"产"属于不同的"家"。实际上,财产通过分家析产后仍在家庭内部流转,并不是转移所有权的归属。但由于财产是属于"家"这一整体,父母在分家并处分财产的时候并不享有自由处分权,他们无不受到分家析产的影响和限制,而不能将家产作为个人财产,任意地以遗嘱或遗赠的方式随意处分,且通常不考虑妇女的财产权。⑦分家析产是按照特定的方式将家庭共同财产进行分割,各自分灶生活,各担其责,这是中国传统分家析产的主要模式。在此种分家析产模式中,父母可以提出分家的主张,儿子也有权提出分家,分家析产主要适用于有多个儿子的家庭,析产的启动来自家长和诸子的权力,分家一旦取得父母的同意或许可,析产进行既定的程序进行,且原则上是均分,但均分并没有专门机构进行财产价值评估,主要是根据兄弟之间的商议和默会,若兄弟之间对析产结果没有异议,即使不均分割,也无异议。⑧唐《户令》也强调:应分田宅及财物者,兄弟均分。中国的诸子均分财产制度,几乎是与土地的私有制同时诞生的,此大大增强了社会活力,有助于保持社会稳定,被认为中国文明的一个推动因素。⑨

进入近现代社会后,联合家庭逐渐发展到以核心家庭为主,通常由一对夫妻及其子女组

① [日]滋贺秀三:《中国家族法原理》,张建国、李力译,法律出版社 2003 年版,第 45 页。

② 金眉:《婚姻家庭立法的同一性原理——以婚姻家庭理念、形态与财产法律结构为中心》,《法学研究》2017 年第 4 期。

③ 金眉:《婚姻家庭立法的同一性原理——以婚姻家庭理念、形态与财产法律结构为中心》,《法学研究》2017 年第 4 期。

④ 费孝通:《江村经济》,江苏人民出版社 1986 年版,第 43 页。

⑤ 张剑源:《同居共财:传统中国的家庭、财产与法律》,《北方民族大学学报》(哲学社会科学版),2015 年第 5 期。

⑥ 俞江:《继承领域内冲突格局的形成——近代中国的分家习惯与继承法移植》,《中国社会科学》2005 年第 5 期。

⑦ 俞江:《继承领域内冲突格局的形成——近代中国的分家习惯与继承法移植》,《中国社会科学》2005 年第 5 期。

⑧ 俞江:《论分家习惯与家的整体性——对滋贺秀三〈中国家族法原理〉的批评》,《政法论坛》2016 年第 1 期。

⑨ 吴高庆:《家族企业继承法律制度研究》,《浙江工商大学学报》2004 年第 5 期。

成的家庭,家庭成员处于共同生活状态,家庭的生产经营和创造财富的功能弱化,家庭成员通过社会劳动而将各自获取的财产集聚在一起形成家庭共同财产,分家析产则指对家庭共同财产的分割。

第一节　分家析产:家庭财产权属关系的清晰化

一、分家析产的界定

家是由一定范围的亲属组成的生活共同体,家庭成员相互之间产生一定的权利义务关系。但家庭所包含的亲属种类的多少和范围大小,由社会类型、民族传统、经济制度、居住区域及住房条件等因素综合决定。[①] 所谓分家析产,包含分家和析产。分家是将原先的大家庭予以拆分,形成若干个小家庭,在身份关系上彼此分离出大家庭成员和小家庭成员。有学者指出,分家指的是已婚兄弟间通过分生计和财产,从原有的大家庭中分离出去的状态和过程,分家是家庭的再生产的主要方式,因为在多数情况下,婚姻是产生家庭的前提,家庭是缔结婚姻的结果,但由婚姻关系建立的小家庭常常成为大家庭的一个分子,其对外并不构成一个独立的家庭,只有经过分家,才成为一个独立的家庭。[②] 析产则是在分家过程中对原有的家庭财产进行分配或分割,是对家庭共同财产关系的明晰化。但在传统农村的分家是按"股"分,而非按婚姻单位来分,且在分配财产上并非人人平等。因此,分家析产是对家庭共同财产的分割,实际是家庭共同生活关系的解体和家庭共有财产关系的消灭。[③]

在现实生活中,分家析产容易与长辈家庭成员对晚辈家庭成员的赠与发生混淆。客观而言,父母等长辈对子女等晚辈的财产赠与,不是分割家庭共同财产。我国《婚姻法》(修正案)第18条规定,在赠与合同中确定只归夫或妻一方的财产为夫妻的个人财产,并不归属夫妻共同共有财产。因此,父母等长辈对晚辈夫妻的赠与财产,不是从大家庭共同财产分割出部分财产归属小家庭。分家析产是将家庭共同财产归属各自家庭成员所有和管理,或以小家庭为单位进行分配,使得家庭财产权属关系更加清晰化。

在界定分家析产时,应注意的是:

(1)分家析产发生在家庭成员之间。非家庭成员之间共同财产分割,是一般共有财产关系的消灭,不是分家析产。对家庭共同财产不享有共有权的家庭成员,亦无权分割家庭共同财产。同时,分家析产主要发生在婚姻家庭中,对于非婚同居的"家庭"情形,在同居关系存续期间,财产关系不适用家庭财产的共同共有,同居关系解除时按照同居协议进行分割或清算财产关系,不是本书所称的分家析产。

(2)分家析产的对象包括对家庭中一切共有的动产、不动产的物权和家庭共有的债权进行分割,当然也包括对家庭债务的承担。父母等长辈为家庭共同生活而对外举债形成的债务属于家庭债务,分家析产时也应由小家庭按份承担。

(3)分家析产发生在家庭共同共有财产关系的终止时,一般是发生在家庭成员约定终止

---

①　蒋月、何丽新:《婚姻家庭与继承法》,厦门大学出版社2013年版,第3页。
②　麻国庆:《分家:分中有继也有合——中国分家制度研究》,《中国社会科学》1999年第1期。
③　杨立新:《共有权理论与适用》,法律出版社2007年版,第349页。

家庭共同共有财产关系;已婚子女结婚成家而分家另过;家庭共有财产的某一共有人死亡,遗产在共同继承人中进行析产等等情形下,分割家庭成员共有的财产份额。

(4)分家析产可以附加一定的条件。在农村,分家析产通常对父母赡养问题进行约定,有的分家析产是以赡养为前提的财产分配方式,与父母同住的小家庭或家庭成员可以多分得财产,这些小家庭或其家庭成员在分家析产后轮流照顾父母或给父母提供赡养费。但分家析产所附加的条件不能违反法律强制性规定和公序良俗。

(5)在分家析产时,若家庭成员之间对家庭共有财产形成了协议或约定,则应当首先尊重家庭成员作为权利主体的约定。在家庭成员之间无法达成协议时,应当本着公平合理的原则,按照家庭成员对共同共有财产所做的贡献(包括但不限于家庭中的女性或老人等从事家事劳动的价值化),即以共有财产潜在份额占有的多少进行分配。我国《继承法》第13条明确规定:"……对被继承人尽了主要扶养义务或者与被继承人共同生活的继承人,分配遗产时,可以多分。有抚养能力和有抚养条件的继承人,不尽抚养义务的,分配遗产时,应当不分或者少分"。此规定充分体现了权利义务相一致的原则。同时,分家析产应当尽量照顾没有劳动能力又没有生活来源的老、弱、病、残的家庭成员。

(6)分家析产应贯彻有利于生产和方便生活原则。分家析产后,无论是大家庭成员还是小家庭成员,家庭生活继续进行,因此,应尽可能注意家庭成员各方的生活必需和财产的实际效用,根据财产的实际状况,照顾到分家析产当事人的生产、工作和生活的实际需要。

(7)分家析产遵循一定的规则和程序。在传统社会,家庭往往扮演着"上以事祖先,下以继后人"的社会角色,因此,分家析产作为一项我国传统的民间习惯,除了要对家庭共同共有财产做出分割之外,往往还伴随对于祖先祭祀、嫡子身份传承、社会与政治地位的分配等内容。① 在现代社会中,分家析产虽不涉及或承载上述内容,但也在分家析产的程序中夹杂着家庭成员对于财产分配、老人赡养、遗产继承等事项的约定。有鉴于此,一些家庭在分家中还遵循着较为固定而慎重的程序,如邀请亲邻鉴证、对难以达成一致的家产通过抓阄决定归属、订立分家析产契约等。②

二、分家析产法律关系

(一)家庭成员个人财产权属清晰化

分家析产是家庭共同共有财产的分割,是共有人从家庭共同共有关系中分出,使得家庭个人财产权属更加清晰。因此,如果家庭共同共有财产关系之间的共有人分出后,还存在两个以上的共有人,为部分消灭共有关系;如果剩下的共有人是夫妻,也是消灭家庭共同共有财产关系,仅剩下夫妻共有财产关系;如果仅剩下一个共有人,则全部消灭家庭财产共有关系。家庭财产共有人之一死亡的,部分消灭家庭共同共有财产关系。继承人是共有人的,继承的遗产是否作为家庭财产共同共有财产,依照约定或继承人的意思表示;当家庭财产共有

---

① 龚继红、范文成等:《"分而不离":分家与代际关系的形成》,《华中科技大学学报(社会科学版)》2015年第5期。

② 俞江:《民事习惯对民法典的意义——以分家析产习惯为线索》,《私法》2005年第1卷。

人之一死亡后,只剩下一个共有人的,则家庭共有关系全部消灭。[1]

由于我国《婚姻法》及其司法解释没有建立家庭财产共有制,至于家庭财产共有关系,通说观点认为,在家庭成员没有约定或者约定不明确时,家庭财产共有人相互之间的关系非按份共有,而是共同共有,从而推出家庭财产共有人应当不分份额、一律平等地享有财产的所有权。[2] 因此,分割家庭共同共有财产时,一般是均等分割,即对共同共有财产的分割,没有协议的,按照等分原则处理。但在司法实践,通常考虑共有人对共有财产的贡献大小规则,而将"等分原则"作为一种无法判断家庭成员贡献时才采用的特殊情况。[3] 有学者认为,在现代社会,同居共财重视的是家庭成员的生存权、家庭财产的完整性和家庭成员间的秩序,缺乏对家庭成员共同劳动的强制要求。家庭成员不考虑贡献而以身份直接取得共有人资格,不符合现代财产权利观念,不利于保护个人劳动创造的积极性和促进家庭财富的积累,且没有充分考虑家庭成员的意愿。可以说,这种观点是"若同居尊长,应分家财不均平者,与卑幼私擅用财同罪"的传袭。的确,不分份额的均分制,使得家庭共同共有财产分割时发生纠纷的概率降低到了最低限度,但是这并非维持或平衡同居共财中个人权益与家庭稳定的唯一方式。相反,正是这种观点抑制了家庭共有财产制度的发展,家庭财产中的个人份额得不到承认,削弱了家庭成员的劳动积极性,家庭财富因此无法得以有效充分累积,使得家庭共有财产制度逐渐式微。另外,从现实的家庭状况来看,在子女成年且具有收入来源后加入父母夫妻共有财产从而形成的家庭共有财产的大家庭中,子女应当是在对家庭财产做出贡献时才开始享有共有权。然而,如果按照上述观点,子女在取得此共有权后,若日后与父母发生矛盾,竟然可以平等地均分父母一辈子辛勤劳动之成果,实乃不正义之结果。[4] 因此,均分家庭财产不能成为分家析产的唯一原则,家庭财产的取得隐含着家庭成员之间相互配合和支持,在家庭成员对分割家庭共有财产没有形成协议或约定时,法院应综合考虑各种因素,如婚姻家庭关系存续的年限、家庭成员的家事劳动的付出、家庭成员牺牲职业生涯的机会、对其他家庭成员的职业工作所做的贡献、各个家庭成员的年龄和健康情形、家庭成员的就业与再就业的几率、家庭成员对家庭责任或家庭义务的履行情况等等。[5]

(二)家庭共有财产关系解体

1. 家庭成员的约定导致家庭共同共有财产关系解体

我国立法在没有明确规定家庭财产共有制的情形下,家庭共有财产不构成法定的家庭财产所有制的形式。我国《物权法》第95条规定,数人依据法律规定或者当事人的约定而形成某一共同关系,因此,基于家庭关系而共同享有所有权,构成家庭财产的共同共有。家庭

---

[1] 杨立新:《共有权理论与适用》,法律出版社2007年版,第348～250页。

[2] 杨立新:《共有权理论与适用》,法律出版社2007年版,第341页

[3] 在"杨某甲与杨某乙等分家析产纠纷上诉案"中,法院最终判决杨某丁可分得案中所涉家庭共有房屋的19%份额,其他共有人可各分得27%份额。在该案中,法官并非本着优先考虑"等分原则"进行裁判,而是准确地计算出了各当事人对家庭共有财产的贡献,并将其转换为在家庭共有财产中的份额。详见浙江省杭州市中级人民法院(2014)浙杭民终字第1417号民事判决书。

[4] 朱凡:《论我国家庭财产关系的立法缺陷及其完善——习惯法与现代法的冲突与协调》,《西南民族大学学报(人文社科版)》2004年第4期。

[5] 裴桦:《夫妻共同财产制研究》,法律出版社2009年版,第330页。

财产关系是共同共有关系,家庭成员可通过约定将全部或部分的家庭成员各自所有的财产归为共同共有财产,这时的家庭成员个人财产共同构成家庭共有财产。家庭财产共同共有正是基于一定的法律关系和共同生活关系为基础关系而产生的,共同共有财产也是以维持这种基础关系的存在为目的,在共同共有的基础丧失之前,共有人原则上不得请求分割共有财产。① 但我国《物权法》第 99 条第 2 款也规定,在共同共有中,只有在共有人没有约定或约定不明确时,基于该共有的基础丧失或有重大理由需要分割的,共有人才能请求分割共有财产。因此,家庭共有财产在共有基础丧失或有重大理由时,②可以由共有人申请分割,而分家析产是基于家庭共有财产关系的全体共有人一致同意,结束原来的家庭共同共有财产关系,分出的原共有人又共同生活而组成新的家庭财产共有关系,原来的家庭共有财产关系解体;剩余的部分共有财产继续存在,这是部分共有财产关系的消灭,剩余的家庭共有财产继续实行另一个新的家庭财产共有关系。

2. 婚姻关系解体导致家庭共有财产关系解体

在家庭共有财产关系中,只有夫妻以及没有收入的未成年子女共同生活时,若夫妻对婚姻关系存续期间所得的财产没有作出特别约定的情况下,基于法定的夫妻财产制即婚后所得共同财产制,产生婚姻家庭财产共同共有关系,而婚姻关系的结束是分割家庭共有财产的原因。从这一层面解读,分家是婚姻关系的解体,析产是夫妻共有财产关系的结束。

但是,即使实行夫妻共同财产制的国家,各国对共同财产分割的原因规定不一。法国的法定夫妻财产制是婚后所得共同财产制,《法国民法典》第 1441 条规定:"共同财产制因以下原因解除:(1)夫妻一方死亡;(2)宣告失踪;(3)离婚;(4)分居;(5)分别财产;(6)夫妻财产制的改变"。同时,《法国民法典》第 1476 条还规定:"共同财产的分割,有关分割方式、维持财产之不可分状况与优先分配、财产拍卖、分割的效力以及余额等诸种事项,均受'继承'篇中关于共同继承人之间分割财产的规则约束。但是,对于离婚、分居或分别财产而解除的共同财产制,在任何情况下,均不当然优先分配财产……"德国的法定夫妻财产制是净益共同财产制,《德国民法典》第 1472 条、第 1478 条、第 1479 条对财产共同制的解除作出规定:(1)因配偶一方死亡而终止的;(2)在分割结束前离婚的,根据配偶一方的请求;(3)在财产共同制依照第 1447 条、第 1448 条、第 1469 条(以上为非常财产制的内容)以判决废止的,胜诉的配偶一方可以请求进行分割。可见,在德国法下,配偶一方死亡、离婚及实行非常财产制度是夫妻共同财产制终止的原因。

我国《婚姻法》(修正案)以婚后所得共同财产制作为法定夫妻财产制,该法没有就婚后所得共同财产制发生终止的原因作出明确规定,但在理论层面,通常的分割原因有:(1)夫妻一方或双方死亡(包括自然死亡和宣告死亡),婚后所得共同财产关系因主体缺位而不复存在;(2)夫妻离婚,婚姻关系是婚后所得共同财产制的存在基础,夫妻共同共有财产关系因离婚(包括协议离婚或判决离婚)生效而终止;(3)夫妻双方商议改为约定财产制。我国《婚姻法》第 19 条规定,夫妻可以约定婚姻关系存续期间所得的财产以及婚前财产归各自所有、共

---

① 王利明、杨立新、王轶、程啸:《民法学》,法律出版社 2017 年版,第 403 页。

② 在最高人民法院 2018 年第 5 期收录的《人民司法·案例》中,就《物权法》第 99 条的"共有基础丧失或重大理由,共有人可请求分割"的解释,有法院认为:继续维持共有关系会对共有财产本身价值或对共有人利益造成重大不利影响时,共有人可申请分割共有财产。详见(2017)浙 08 民终 1074 号民事判决书。

有所有、部分共同所有、部分各自所有。因此,夫妻商议适用约定财产制(即一般共同制、部分共同制或分别财产制)的,自约定生效之日,婚后所得共同财产制终止。(4)《婚姻法司法解释三》建构一定情形下的非常财产制,该司法解释第4条规定,婚姻关系存续期间,具有下列情形之一,且不损害债权人利益的,夫妻一方有权请求分割夫妻共同财产:其一,一方有隐藏、转移、变卖、毁损、挥霍夫妻共同财产或伪造夫妻共同债务等严重损害夫妻共同财产利益的行为;其二,夫妻一方负有法定扶养义务之人患重大疾病需医治,另一方不同意支付相关医疗费用的。有学者将这些情形统一归为"因司法裁判分割"而终止婚后所得共同财产制。①

分家析产不仅仅是婚后所得共同财产的分割,而且是婚姻共同生活关系的结束。婚姻共同生活关系的解体包括夫妻一方死亡和夫妻关系解除,应该说,这是导致婚后所得共同财产分割的主要原因,而在婚姻关系存续期间改变夫妻财产制特别是实行分别财产制和非常财产制的,虽然同样发生婚姻家庭共同共有财产关系解体的法律后果,但属于未"分家"就"析产"的情形,此情形下夫妻的身份关系并没有消灭,夫妻彼此仍是原家庭成员,婚姻家庭关系仍然存在,因此,此不属于本书研究的范围。

但是,在因婚姻关系解体而导致分家析产时,应注意的是:

首先,分割的范围。缔结婚姻不改变婚前财产的所有权关系,婚姻关系的解体也仅是分割婚姻关系存续期间产生的夫妻共有财产。我国2001年《婚姻法》(修正案)建立夫妻个人特有财产制,第18条明确规定某些财产为夫妻一方所有的财产并排斥夫妻共同共有的财产,因此,婚后所得共同财产制并不排斥夫妻一方对某些财产的个人所有权。确认夫妻个人特有财产和划定夫妻共有财产的范围是一个问题的两个方面,婚姻关系的解体导致的是夫妻共同共有财产的分割,夫妻个人特有财产仍归属夫或妻个人所有。

其次,分割的方式。分割夫妻共有财产的,以协商分割为主;协商不成的,当事人有权请求人民法院裁判分割。分割方式,通常有实物分割和变价分割等。房屋是夫妻共同财产的主要项目,夫妻双方对房屋价值达成协议的,一方取得房屋所有权,对另一方作价补偿。夫妻双方对房屋价值无法达成协议的,人民法院按照下列情形予以处理:(1)夫妻双方均主张房屋所有权且同意竞价取得的,应准许;(2)夫妻一方主张房屋所有权的,由评估机构按市场价格对房屋作出评估,取得房屋所有权的一方应给予另一方相应的补偿。(3)夫妻双方均不主张房屋所有权的,根据当事人的申请拍卖房屋,双方就所得价款进行分割。② 但根据《婚姻法司法解释三》第10条、第11条的规定,夫妻一方婚前签订不动产买卖合同,婚后以夫妻共同财产清偿贷款的,分割该房屋时,获得不动产所有权的一方对于婚后夫妻双方共同清偿贷款支付的金钱及不动产相应部分的增值利益应给予对方补偿。

第三,分割的原则。分割夫妻共有财产依照一定的原则进行。依据我国《婚姻法》(修正案)第39条第1款的规定:(1)尊重当事人协议,当事人就分割夫妻共同共有财产达成自愿的协议的,按照当事人的协议分割;(2)以公平分割为原则。夫妻双方对婚后所得的共同共有财产具有平等的权利,因此,夫妻双方分割夫妻共同共有财产的,应综合考虑的因素有:夫

---

①　蒋月、何丽新:《婚姻家庭与继承法》,厦门大学出版社2013年版,第148页。

②　蒋月、何丽新:《婚姻家庭与继承法》,厦门大学出版社2013年版,第199页。

妻一方对对方所做的贡献、双方的经济状况、婚姻关系持续时间的长短、财产来源等等。① 公平分割原则不仅弥补了夫妻分别财产制的不足,而且借鉴了夫妻共同财产制的优势,均可适用于夫妻共同财产制和夫妻分别财产制,对夫妻共同财产的其他分割原则起到统领作用。② 公平分割原则在充分考虑家事劳动价值的前提下,更多地体现为均分原则,均分被推定为公平分割原则的集中体现。最高人民法院 1993 年《离婚财产分割意见》明确规定,夫妻共同财产,原则上均等分割。因此,离婚导致分割夫妻共同财产的,双方均等分割;夫妻一方死亡导致分割夫妻共同财产的,分割出共同财产的一半作为死亡一方的遗产。(3)照顾未成年子女和女方权益。"照顾"是指在财产份额、财产种类等给予女方适当多分,此是基于女性长期在经济地位上低于男性,在离婚分割共同财产予以女性适当的照顾。而未成年子女是婚姻利益的中心之一,为保障未成年子女的生存和合法权益,根据未成年子女的实际需要,在离婚分割夫妻共同共有财产时,给予未成年子女利益适当照顾。但是,该原则仅适用于离婚分割夫妻共同共有财产的情形,在夫妻一方死亡而导致分割夫妻共同财产的,不发生照顾未成年子女和女方权益的问题,仍以均分出死亡一方的遗产范围。(4)有利于生产和方便生活原则。从物尽其用出发,在不损害财产的经济价值下,分割夫妻共同共有财产的,应尽可能地充分注意到夫妻各方的生活必需和财产的实际效用,满足财产对当事人生产和生活的实际需要。

均等公平分割,不仅在我国作为分割夫妻共同共有财产的基本规则,而且在其他国家也同理存在。《法国民法典》第 1475 条规定:"在对共同财产完成全部先取事项之后,剩余的财产在夫妻双方之间对半分割"。《德国民法典》第 1476 条也规定,清偿共同财产债务后所剩余的一切,以等份归属配偶双方。英国 1970 年《婚姻程序财产法》在离婚时对婚姻财产进行衡平分割原则。1973 年《婚姻诉讼法》第 25 条第 2 款详细规定了法院在依职权衡平分割婚姻财产作出"财产调整令"考虑的因素:③(1)双方当事人现在所有的以及未来可能拥有的收入、赚钱能力、财产以及其他经济来源;(2)双方当事人现在以及未来可能出现的经济需求,债务以及责任;(3)婚姻破裂前家庭的生活水平;(4)婚姻当事人的年龄以及婚姻存续时间;(5)婚姻各方当事人的身体状况,是否有身体或精神残疾;(6)各方当事人对家庭所做出贡献以及未来可能做出的贡献,包括做家务以及照顾子女;(7)各方当事人的行为,只要法院认为这些行为是不应忽视的;(8)在离婚以及婚姻无效的诉讼中,任一当事人可能因为离婚或婚姻无效,丧失获得其利益的机会的。这些规定被英国学者称最小损失原则,尽可能使双方当事人的生活水平恢复到婚姻未破裂的情形。因此,多数国家在夫妻共同财产的分割上均采用总体均等分割方式,分家析产时也是按照均等公平分割方式进行。

同时,分家析产时应充分重视保护未成年子女的利益,《意大利民法典》第 194 条第 2 款规定:"根据子女的需要和扶养子女的需要,法官可以在一方配偶的部分财产上为配偶他方设立用益权"。英国 1973 年《婚姻诉讼法》第 25 条第 3 款还进一步规定分割夫妻共同财产时应考虑:(1)子女的经济需要:(2)子女的收入、赚钱能力(如果有的话)、财产以及其他经济

---

① 裴桦:《夫妻共同财产制研究》,法律出版社 2009 年版,第 330～332 页。

② 何俊萍:《论公平原则在我国离婚财产分割中的适用》,《法商研究》2005 年第 1 期。

③ 婚姻财产是婚姻中一方当事人或双方当事人获得的,旨在他们共同生活期间由他们及其子女共同享用,让整个家庭受益的财产。详见 Wachtel v Wachtel [1973]Fam 72 at 90.

资源；（3）子女的身体或精神残疾；（4）子女正在接受的教育或培训以及婚姻当事人对子女教育和培训的意愿等。英国1984年《婚姻和家庭程序法》还要求在分割财产时，应考虑家庭中未成年子女的福利，认为儿童生活稳定的保障在很大程度上取决于他们的主要扶养人生活稳定有保障。1991年《家庭程序规则》中表（M1）要求双方当事人提供各种信息，如婚姻存续时间、双方当事人的年龄、未成年子女的年龄、对双方财产的估值以及双方的净收入、双方以及子女的住房安排、双方是否准备再婚以及其他重大事项。因此，我国在离婚分割夫妻共同财产时，也应坚持照顾子女权益的规则，将父母离婚给未成年子女带来的影响降到最低。

（三）赠与法律关系

多数观点认为，家庭共有财产的主体是对家庭财产的形成做出贡献的家庭成员。因此，没有以自己的财产参加到家庭共有财产之中的家庭成员，不能成为家庭共有财产的权利主体，亦无权以共有人的身份分割家庭共同共有财产。但未成年子女接受赠与是无偿取得财产的主要方式之一。最高人民法院《〈民法通则〉司法解释》第129条明确规定："赠与人明确表示将赠与物赠给未成年人个人的，应当认定该赠与物为未成年人的个人财产"。未成年人接受赠与财产后，因其是限制民事行为能力人或无民事行为能力人，无法实现将所接受的赠与财产贡献给家庭共有财产，因此通常不能成为家庭共有财产的权利主体。[①] 在分家析产时，对家庭财产没有贡献的家庭成员因独立生活而"分"得父母或其他家庭成员的部分财产，则属于父母或其他家庭成员的赠与。

总之，除非存在特别的约定，未成年子女接受赠与的财产是未成年子女的个人财产，不列入家庭共有财产，分家析产时不能将该部分财产作为家庭共同共有财产予以分割。与此同时，没有享有家庭财产共有权的主体在分家析产时从享有家庭财产共有权的主体分得家庭财产的，属于赠与行为，不是严格意义上的分割家庭共有财产。

（四）共同继承关系

继承法律关系是因家庭成员一方死亡而产生其财产移转和分配的关系。从家庭共同共有财产的取得来看，家庭成员共同继承的遗产是家庭共同财产的重要组成部分。在约定实行家庭共有财产制的家庭中，家庭成员共同继承的财产加入家庭共同财产，成为家庭共同共有财产的组成部分。在没有约定实行家庭共有财产制的家庭中，家庭成员作为共同继承人共同继承财产后，共同继承财产没有分割到每一个作为继承人的家庭成员之前，也发生家庭财产共同共有问题。但共同继承财产分割后，归属各自所有。

在继承法律关系中，若只有一个家庭成员作为继承人，其继承被继承人的遗产属于该家庭成员的个人财产，不发生遗产的分割或析产问题。[②] 若存在两个以上的家庭成员作为共同继承人，这些共同继承人就产生对遗产的共有关系，应根据一定的原则在遗产范围内加以分割各个继承人所分得的应继份额。

首先，应明确遗产的范围，即将家庭成员死亡的一方生前所遗留的个人合法财产与夫妻

---

① 杨立新：《共有权理论与适用》，法律出版社2007年版，第334页。
② 根据我国《婚姻法》（修正案）第17条、第18条的规定，实行婚后所得共同财产制的夫妻，在婚姻关系存续期间夫妻一方因继承得到的财产归夫妻共同共有，但遗嘱确定归一方所有的除外。

共同共有财产、家庭共同共有财产和其他形式的共有财产分割出归属被继承人的遗产范围。我国《继承法》第 26 条规定,夫妻在婚姻存续期间所得的共同所有财产,除另有约定的以外,如果分割遗产,应当先将共同所有的财产的一半分出为配偶所有,其余的为被继承人的遗产。因此,除非夫妻另有约定,应先从夫妻共同共有财产之分出一半归生存的配偶所有,另外一半作为被继承人的遗产。当被继承人生前与其他家庭成员存在家庭共同共有财产关系时,也应对被继承人的个人财产与家庭共同共有财产进行区分。《继承法》第 26 条第 2 款也规定,遗产在家庭共有财产之中的,遗产分割时,应当先分出他人的财产。若被继承人的遗产存在与他人合伙等其他形式的共有财产关系时,还必须将被继承人在合伙财产中的应占有的财产份额按出资比例或合伙协议的约定加以明确并析产,将被继承人应得的财产份额列入遗产的范围。

其次,以一定的方式分割遗产。遗产分割的方式,尊重被继承人意愿,被继承人在遗嘱中指定遗产分割方式的,应充分尊重被继承人遗嘱中所指定的分割方式。在被继承人的遗嘱中没有指定遗产分割方式的或没有存在有效遗嘱的,按照共同继承人协商的方式分割遗产,如采用实物分割、变价分割、补偿分割、保留共有等。对于遗产的可分物,进行实物分割;对于不可分物,采用折价补偿;对于共同继承人均不愿取得的遗产,可变卖该种遗产,所换取的价金在共同继承人之间进行分配;对于共同继承人都愿保留的遗产,则可对该种遗产采取共同继承人共有方式,直接加入原家庭共同共有财产关系中;也可由遗产共有关系从共同共有关系转化为按份共有关系,以各个继承人的共有份额加以确定。共同继承人无法就遗产分割达成协议的,任何一个继承人有权起诉至人民法院,人民法院依法裁判分割遗产。

最后,保留胎儿继承份额。我国《继承法》第 28 条规定,遗产分割时,应当保留胎儿的继承份额。胎儿出生时是死体的,保留的份额仍归入原被继承人的遗产。因此,保留胎儿的继承份额是我国继承法下遗产分割的一个原则。最高人民法院《执行〈继承法〉若干意见》第 45 条更加明确地规定,应当为胎儿保留的遗产份额没有保留的,应从继承人所分得的遗产中扣回。为胎儿保留的遗产份额,如胎儿出生后死亡的,由其继承人继承;如胎儿出生时是死体的,由被继承人的继承人进行遗产分割。为克服胎儿接受遗产继承或赠与时因未出生而没有民事权利能力的困境,《民法总则》还专门就胎儿利益的保护作出规定,涉及遗产继承、接受赠与等胎儿利益保护的,胎儿视为具有民事权利能力,但胎儿出生时为死体的,其民事权利能力自始不存在。因此,在遗产分割时,突破了自然人的权利能力始于出生的界限,以维护胎儿接受遗产继承的权利。

第二节　农村地区的分家析产

农村和城市,两种不同的家庭结构和居住模式,导致了两者家庭财产制度的差异。我国农村地区不少地方保留着传统的同居共财的居住模式,特别是在农村家庭财产共有制下,家庭全体成员包括未出嫁的女儿共同劳动、共同创造而产生家庭共同财产,对家庭共同财产共同所有、共同使用,彼此之间形成家庭共同共有财产的权利义务关系,因而农村家庭财产共有制是农村地区分家析产的经济基础。在父辈和子辈均从事农业生产的传统农村家庭中,家庭不仅是生活共同体,而且是一种生产单位,土地是家庭财富的重要载体,每个家庭成员的劳动都添加在家庭共同财产范围中。从 1981 年迄今的农村家庭联产承包责任制,农村土

地集体性质没有改变,最大的特点在于集体性,这种集体所有权既不是共同共有,也不是按份共有,而是主体为集体的一种比较特殊的所有权形式。① 集体所有的土地依法属于农民集体所有,家庭仍然是土地承包的主要主体,有劳动能力的家庭成员在长辈的指导和引领下进行集体劳作,此时的劳动成果通常难以量化到每个家庭成员的贡献份额,而是直接添加在家庭共同共有财产中。

从 20 世纪 90 年代初期开始,农村地区的子辈几乎全部外出务工,其打工收入对家庭共同财产的贡献增大。在子辈外出务工期间,孙辈由父辈照看,但子辈的务工收入并不是完全上缴给父辈,逢年过节时回家与父辈团聚时也没有分灶。由于子辈所从事的非农生产与父辈的农业生产呈现不同的特征,而外出的打工收入容易予以金钱量化,此为子辈获得个人财产或子辈夫妻共同财产提供了可能性。同时随着社会发展,家庭成员的个人财产权利意识增强,子辈结婚成家后小家庭独立的意愿加大,特别是通过非农业生产的收入,为家庭购建房产的贡献也使得他们在结婚后要求分得属于自己的房产,在这种情形下,子辈与父辈分家析产,可以名正言顺地拥有小家庭的财产。关于子辈结婚后分家的意愿,根据调研访谈的数据显示,子辈结婚 1 年之内就与父母分家的比例超过 50%,基本形成"结婚一个分一个"的分家模式,即先结婚的子辈从父辈家庭中分出去另立门户。但主要家产是不分的,分出去的子辈小家庭只是带走责任田(口粮)、个人衣物、农田工具等个人财产以及部分的生活用品和子辈外出打工积累的财产。等到幼子都结婚的情况下,所有的兄弟才与父辈分割主要的家产,包括分配房产和承担家庭债务,同时也分担着赡养父母的责任。在目前的农村,兄弟之间分割家庭财产的主要方式仍然是均分,而出嫁女儿则是通过嫁妆的形式从父辈家庭拿走部分财产,嫁妆成为父母遗产的提前支取方式,但家庭主要财产由儿子来继承,多数女儿拿走嫁妆后也不需要承担赡养父母的责任和义务,当然也没有权利和兄弟争夺家庭的主要财产,且在父母百年之后也不主张遗产继承权。

因此,在由多个兄弟姐妹组成的联合大家庭中,在农村家庭共有财产制下,家庭成员的个人财产的产权是不明晰的。当子女长大成人有独立劳动能力且成婚,父辈和子辈均存在分家析产的意愿时,父辈就把已成婚的子辈分出去而单独成立新的小家庭,大家庭的父子主轴关系转化为小家庭的夫妻主轴关系。当子辈小家庭的独立性日益增强,特别是外出务工的收入较多或新婚而收取的礼金或财物较多的小家庭,分家的时间就从家产继承提前到子辈结婚时。此时的分家析产是家庭的纵向财产关系和横向财产关系同时发生改变,纵向财产关系是家庭财产的控制权从父母这一辈转移到子女下一辈,在以纵向的亲子关系为主轴的父辈在大家庭中的传统权威或权力减少,家长对家庭财产的绝对支配权减少,家庭经济事务决策转给子辈,而横向财产关系是兄弟们之间就家庭财产的分配,彼此之间明晰个人财产关系。②

但我国实行计划生育政策以来,现有的农村家庭不少是父母和独生子女组成的核心家庭,多个兄弟姐妹组成的联合大家庭日趋减少。传统社会有"独子不分家"习俗,随着现代社会的观念革新,"父子共财"观念的改变,个人财产所有的观念强化,一方面,农村不少未婚青年外出打工后不将自己的工资收入交给父母作为家庭共同财产,另一方面,多数中年农民亦

---

① 王利明、杨立新、王轶、程啸:《民法学》,法律出版社 2017 年版,第 384 页。
② 高永平:《执着的传统——平安村的财产继承研究》,中国文史出版社 2007 年版,第 50~60 页。

降低了对子女的"养儿防老"的期待,而是希望依靠自己的劳动来积累养老所需的资产,不再将成年子女的财产看作大家庭的共同财产,开始为己辈家庭而不是为子女积攒财富。尤其随着父子双方的个体意识和追求独立生活的意愿增强,在现代农村,独子家庭也出现分家析产的现象。据在农村生活的观察,多是父辈提出分家,因为儿子和儿媳在外打工,其孩子需要父辈照看,其独立分家的意愿弱化,而父辈为摆脱被动的家庭地位而寻求独立,出现部分的家庭财产析产的情形,即子辈外出务工收入及其购置的财产由小家庭所有,而父辈在农村劳作收入归己辈家庭所有,但主要家产仍在一起作为家庭共同财产。但值得注意的是,不少农村家庭随着父辈年老而需要子女照料时,独子家庭的分家析产出现分后又合的情形。

在农村地区,分家析产通常由长辈亲属主持,一般没有签订书面合同或字据,由亲邻参与见证析产,一方面可以协调当事人在分家析产过程中的意见或矛盾;另一方面见证了分家析产过程,并使分家结果得以公示。① 这种长期以来形成的稳定而普遍的分家析产习惯,使得那些有亲子的家庭在家产传承方面发生纠纷的概率降低到最低限度,只要长辈在主持分家析产时对子辈兄弟不偏心,一般较少发生纠纷。但若当事人在分家析产过程中感觉不公平,就直接毁约,而此时参与分家析产的其他家庭成员无法就析产内容进行举证,因此,现代农村开始出现使用分家析产的书面凭证。这种协议在农村称为分书,一般包括立分书人的姓名且在家庭中的辈分称呼,分家的理由、原因、目的,分家析产的合意内容,如有家庭债务,还应明确析产后由谁偿还家庭债务,按股或按人析产的财产细目,立分书人和见证人盖章签字,立分书的年月日及执行日期等等。

农村地区的分家析产,主要体现在房屋所有权问题、农村宅基地问题和农村土地承包权问题上。

一、农村房屋的析产问题

房屋是农村家庭财产的主要形式之一。传统农村中的分家析产多是采用兄弟之间分灶而住,房屋按照新旧程度评估折价而公平分配,农地则按照肥沃程度进行农地使用权的分配。有的农村对家庭房屋的析产是以赡养为前提的财产分配,与父母同住的,多分;不与父母同住的兄弟之间,均分。父母的"自留地"也和一起居住的儿子一起分,与父母同住同吃的儿子可以适当少缴赡养费,以共同生活的方式赡养父母。对于父辈基于家庭共同生活或农地耕作而产生的家庭债务,也是以兄弟之间按份方式进行承担。

但是,房屋作为不动产是中国农村家庭的最主要的家庭财产,相关产权通常登记在家中长辈男性特别是父亲的名下。分家析产后,所涉房屋并没有进行不动产的变更过户登记。虽然参加析产的当事人已经实际占有或使用该房屋,但仅仅取得名义上的房屋所有权,并没有取得法律效力的物权。如果完全不顾社会现实与民事习惯,准用《物权法》的物权公示公信规定,仅依据登记之效力认定所有权,或者因权利人分割不动产而未办理变更登记导致不能发生不动产权利变动的话,显然是有失公平的。而且,这样认定,容易淡化家庭观念,伤及家庭成员的情感,引发房产证署名之争,影响家庭成员之间的相互忠诚和信任。② 因此,在

---

① 俞江:《继承领域内冲突格局的形成——近代中国的分家习惯与继承法移植》,《中国社会科学》2005 年第 5 期。

② 池骋:《法律困境与路径选择:家庭共有财产制度再探析》,《华中科技大学学报》2016 年第 4 期。

处理家庭共有财产特别是不动产纠纷的司法实践中,不同的法院认定的依据不一。有的法院认为,"家庭共有财产中,以登记为公示方式的特殊动产(如机动车辆)、不动产(如房屋)等的共有关系认定,主要通过登记来判断"。[①] 有的法院却否认了不动产物权登记在家庭共有财产认定中的绝对性,并且认为,"产权证上所登记的权利人仅具有权利推定的效力,登记本身并不改变事实上的法律状况"。[②] 最高人民法院在唐某诉李某某、唐某乙法定继承纠纷案中认为,物权的登记公示重点关注的是主体对物的关系,立法宗旨在于保护交易安全以促进资源的有效利用,而家庭成员之间是因身份而产生的权利义务关系,不体现直接的经济目的,而是凸显家庭职能的要求,家庭成员之间的约定体现当事人意思自治的结果,不宜以产权登记作为确认不动产权属的唯一依据。只要有充分证据足以确定该不动产的权属状况,且不涉及第三人利益的,就应当尊重家庭成员的约定,优先保护事实物权人。[③] 在农村,家庭共同财产的来源复杂,家庭成员共同劳动和共同创造家庭财产且以此来建造房屋,家庭成员的个人劳动在家庭共同财产中的贡献难以量化,而且,家庭成员对家庭共同财产包括农村房屋的贡献份额大小,并不是相对稳定的,而是不断变化的,兄弟之间有的陆续长大成人而加入家庭农地共同耕作,有的则外出务工但收入却没有直接交给长辈父母作为家庭共同财产,有鉴于此,农村分家析产作为我国一项特殊的传统民间制度,应当给予特殊的法律地位,在发生房屋析产纠纷时,不能仅依据登记完成权属的认定,而是将长辈男性或其他被登记为产权人的家庭成员认定为整个家庭的代表人,尊重分家析产协议的意思表示,以维护家庭整体利益与家庭成员个人利益之间的关系,保障农村家庭关系的和谐稳定。

二、农村宅基地使用权的析产问题

农村宅基地使用权是农村集体经济组织的成员依法享有的在宅基地上建设住宅的权利。宅基地使用权的主体只能是农村集体经济组织的成员,非农村户口居民不具备该项权利的主体资格,而且,宅基地使用权只能用于村民住宅及其附属设施,如厨房、厕所、院墙等。宅基地使用权人享有占有权、使用权和收益权如在宅基地种植果树而产生的收益等。我国《物权法》将宅基地使用权作为一种独立的用益物权,禁止以宅基地使用权设定抵押,但对于宅基地使用权的转让则没有作出明确的禁止性规定。[④]

由于农村房屋和宅基地使用权是农民财富的最重要体现,可以说,农村宅基地是农村社会的农民生存权益的基本保障载体。但随着城市化或城镇化的推进,农村家庭成员有的通过考学务工而脱离农民集体经济组织成员的身份。在农村分家析产时,宅基地上的房屋可以析产并可作为遗产由继承人继承,但对于房屋项下的宅基地使用权则不是当然地通过分家析产就能予以流转的。农村宅基地的所有权属于农村集体经济组织内的成员共同所有,使用权主体具有身份性,必须是本村的村民,若发生遗产继承或析产而变更主体,就会出现一户多宅的现象,而且若是农村集体经济组织以外的家庭成员继承或析产获得,就会打破现

---

①　浙江省金华市婺城区人民法院(2013)金婺民初字第 1808 号民事判决书。

②　江西省鄱阳县人民法院:《从本案谈家庭共同共有财产的认定》,http://www.chinacourt.org/article/detail/2014/01/id/1196007.shtml,访问时间:2016 年 5 月 14 日。

③　《婚内财产分割协议对抗效力的认定》,《中华人民共和国最高人民法院公报》2014 年第 12 期。

④　王利明、杨立新、王轶、程啸:《民法学》,法律出版社 2017 年版,第 434~435 页。

有的农村集体土地使用权制度的限制。

为保障房地一体的房屋价值,是否允许家庭成员通过分家析产分得宅基地上的房屋和房屋项下的宅基地使用权? 全国各地就此的做法不一。有的地方规定(如山东),本集体组织内部的村民继承宅基地房屋而享有宅基地使用权的,应进行土地使用权变更登记手续,非集体组织内部的人员通过继承无法取得宅基地使用权,此时的宅基地由农村集体经济组织予以统一收回,由农村集体经济组织给予相应的补偿。有的地方则规定(如海南),非农业户口可以通过继承宅基地上的房屋而取得宅基地土地使用权,但同样登记为农村集体土地建设用地使用权。在司法实践中,有的法院基于"房地一体",认定宅基地使用权与房屋一并继承,如在宁拥强与宁路玉、宁婷婷、宁拥华、董小艳继承纠纷案中,法院认为房屋与其项下的宅基地使用权具有不可分割性,可以一并继承。[1]有的法院则认定,不具备农村集体经济组织成员资格的主体,不影响法定继承人行使继承宅基地的权利,仍有权取得宅基地使用权。[2]有的法院基于"一户一宅"原则,认为宅基地使用权不能单独继承。[3]有的法院认为,宅基地使用权不属于遗产范围,遗产是公民死亡时遗留的个人合法财产,而农村宅基地是农村集体经济组织所有,所以不能通过继承取得农村宅基地使用权。[4]有的法院进一步认为,非农村集体经济组织成员无权以继承方式取得宅基地使用权,只能将所继承的房屋份额折价给农村集体经济组织成员资格的其他继承人。[5] 有的法院则认为,一个家庭是一户,户内一个家庭成员死亡,宅基地使用权由其他家庭成员享有,不发生宅基地使用权的继承问题,但支持继承人基于共同继承而享有宅基地的共有权,而以补偿款转让共有份额。[6]

笔者认为,家庭成员无论通过继承还是析产还是其他路径取得宅基地使用权,都必须按照《物权法》第 152 条[7]等法律法规所规定的用途使用宅基地,用于建设个人住宅以及与居住生活相关的其他建筑物或设施,且在使用时不得超过省、自治区、直辖市按照《土地管理法》第 62 条第 1 款[8]规定而批准的宅基地的范围。但应该承认,随着农村不少村民外出务工或升学就业工作到城市生活,农村宅基地使用权对农民的基本生存保障作用正在弱化,以社会保障性和社会福利性为价值取向的农村宅基地使用权制度与市场经济体制的要求有所不符,农村宅基地使用权的严格的身份属性限制了宅基地向外流转,而我国包括《物权法》在内的法律法规并没有明确禁止宅基地使用权的流转,农村宅基地使用权作为一种独立的用益物权,应允许在一定范围内予以流转。"一户只能拥有一处宅基地"的限制性规定,是基于宅基地的福利性及其所承载的社会保障功能而对宅基地使用权初始取得的限制,但不是对宅基地使用权继承取得的限制。法律上不应当禁止村民通过继承等方式取得两处以上的宅

---

① 河南省焦作市中级人民法院(2014)焦民三终字第 109 号民事判决书。

② 重庆市第五中级人民法院(2016)渝 05 民终 3920 号民事判决书。

③ 山西省晋中市中级人民法院(2015)晋中中法民终字第 1214 号民事判决书。

④ 云南生云龙县人民法院(2016)云 2929 号民事判决书。

⑤ 江苏省无锡市中级人民法院(2016)苏 02 民终 948 号民事判决书。

⑥ 山西省太原市中级人民法院(2017)晋 01 民终 1882 号民事判决书。

⑦ 《物权法》第 152 条规定:"宅基地使用权人依法对集体所有的土地享有占有和使用的权利,有权依法利用该土地建造住宅及其附属设施。"

⑧ 《土地管理法》第 62 条规定,农村村民一户只能拥有一处宅基地。农村村民出卖、出租、赠与住房后,再申请宅基地的,不予批准。

基地使用权。① 我国《继承法》规定,遗产包括被继承人死亡时所遗留的财产权利和财产义务,只要符合农村宅基地使用权所规定的用途,应平等保护公民继承权,应允许宅基地使用权与房屋一并继承或析产,肯定分家析产协议中对宅基地使用权分配的意思表示,宅基地使用权人有权在依法转让房屋所有权的时候,将该房屋占用范围内的宅基地使用权一同转让。若受让方不具备宅基地使用权主体资格的,可依法将户口迁入该农村集体经济组织,或以相应的补偿款方式实现受让宅基地所有权。

三、农村土地承包经营权的析产问题

农村在分家析产中还出现"养老地"和"自留地"问题。"养老地"是指父母在分家析产时为自身养老所需而专门划分出来的土地,以解决子女在其年老之后能否尽赡养之责的担忧问题。"自留地"是指在分家析产时,先将父母的养老地预留出来,由父母耕作,而父母通过种植自留地所获取的收益而改善其在依靠子女养老过程中的被动地位。这些"养老地"和"自留地"都涉及农村土地承包经营权问题。

农村土地承包经营权是承包人通过承包而依法享有的对其承包经营的耕地、林地、草地等加以占有、使用和收益的权利,有权从事种植业、林业、畜牧业等农业生产。农村土地承包经营权一般是以家庭承包的方式取得,其主体具有特定性,主要是农村集体经济组织成员。根据《农村土地承包法》第 44 条和第 47 条的规定,只有那些不宜采取家庭承包方式的农村土地如荒山、荒丘、荒滩等,农村集体经济组织之外的单位或个人才有权以招标、拍卖或公开协商等方式承包,但在同等条件下,本集体经济组织成员享有优先承包权。土地承包经营人应当在承包合同约定的范围内使用土地,不得将该土地用于非农建设。② 我国实行的土地联产承包制的基本政策是"增人不增地、减人不减地"。我国相关法律法规和司法解释对农村土地承包经营权规定为用益物权予以充分的保护。本集体组织成员人人都享有土地承包权。《农村土地承包法》第 30 条还规定:"承包期内,妇女结婚,在新居住地未取得承包地的,发包方不得收回其原承包地;妇女离婚或者丧偶,仍在原居住地生活或者不在原居住地生活但在新居住地未取得承包地的,发包方不得收回其原承包地"。2005 年最高人民法院《关于审理涉及农村土地承包纠纷适用法律问题的解释》第 6 条则规定:"因发包方违法收回、调整承包地,或者因发包方收回承包方弃耕撂荒的承包地产生的纠纷,按照下列情形,分别处理:(一)发包方未将承包地另行发包给他人,承包人请求返还承包地的,应予支持。(二)发包方已将承包地另行发包给第三人,承包方以发包方与第三人为共同被告,请求确认其所签订的承包合同无效、返还承包地并排除损失的,应予支持。但属于承包方弃耕、撂荒情形的,对其赔偿损失的诉讼请求,不予支持。(三)前款第(二)所称的第三人,请求受益方补偿其在承包地上的合理投入的,应予支持"。因此,农村土地承包方应维持土地的农业用途,依法保护和合理利用土地,不得对土地造成永久性损害,否则,发包方有权请求承包方停止侵害、恢复原状或赔偿损失。

我国《物权法》将土地承包权明确规定为一种用益物权,且农村土地承包合同主要是以家庭为主体,是以一农户家庭的全体成员作为承包方,与本集体组织订立农村土地承包合

---

① 王利明主编:《民法学》,高等教育出版社 2019 年版,第 205 页。
② 王利明、杨立新、王轶、程啸:《民法学》,法律出版社 2017 年版,第 421 页。

同。因此,农村土地承包是以家庭(户)为单位,以户的财产履行义务和承担责任。① 农户内的家庭成员分家析产时,单独成户的家庭成员可以对原家庭(户)承包的土地进行分配,农村土地承包经营权可以作为分家析产的对象,新成户的家庭成员继续履行原土地承包合同。

《物权法》第 133 条规定,通过家庭承包取得的土地承包经营权可以依法采取转包、出租、互换、转让或者其他方式流转。但由于土地承包经营权的主体、客体和内容具有特定性,受让方必须是本集体组织的成员,即使土地承包经营权互换到非是本集体组织的成员,也必须是从事农业生产经营的农户。《农村土地承包法》第 37 条第 1 款还规定,采取转让方式流转的,应当经发包方同意;采取转包、出租、互换或者其他方式流转的,应当报发包方备案。因此,农村土地承包经营权的流转存在实质限制。同时农村土地承包经营权的转让受到"土地的农业用途"的限制,必须用于"维持土地的农业用途,不得用于非农建设",即使在农业生产中需要建造一定的构筑物的,也必须与农业生产目的相一致。因此,农村土地承包经营权通过分家析产到非农业户口的,应将承包的耕地和草地交回发包方。但在承包期内,承包方对其在承包地上投入而提高土地生产能力的,有权获得相应的补偿。同时,依据最高人民法院《关于审理涉及农村土地承包纠纷案件适用法律问题的解释》第 15 条的规定,以家庭方式取得的土地承包经营权被承包方抵押或者抵偿债务的,应当认定无效,由此造成的损失,当事人有过错的,应当承担相应的民事责任。

同时,农村土地承包权的期限具有稳定性,耕地、草地、林地的承包期分别为 30 年、60 年、70 年不等,那么,在此期间,农村土地承包经营权是否可以作为遗产进行继承?从理论上分析和司法实务上看,由于农村土地一般是以家庭(户)作为承包主体,承包户内的一成员死亡,只要承包户内还存在其他家庭成员,"口粮田"和"果树地"等农村土地承包关系不变,不因此发生继承问题。但是,我国《物权法》《继承法》《农村土地承包法》均没有明确规定农村土地承包经营权的继承问题。《农村土地承包法》第 31 条规定,承包人应得的承包收益依照继承法的规定继承。林地承包的承包人死亡的,其继承人可以在承包期内继承承包。《继承法》第 4 条规定"个人承包应得的个人收益,依照本法规定继承。个人承包,依照法律允许由继承人继续承包的,按照承包合同办理"。最高人民法院《执行〈继承法〉意见》第 4 条则规定:"承包人死亡时尚未取得承包收益的,可把死者生前对承包所投入的资金和所付出的劳动及增值和孳息,由发包单位或者接续承包合同的人合理折价、补偿。其价额作为遗产"。可见,通过家庭承包取得的农村土地承包经营权的继承受到一定的限制,承包农村土地的投入或收益可以作为遗产予以继承。但因农村土地承包经营权具有身份属性,在继承时也应符合身份特征,如果继承人不是本集体组织的成员,则只能通过其他流转的形式继承土地承包经营权所具有的经济价值。而通过招标、拍卖、公开协商等方式取得土地承包经营权的,该承包人死亡,其承包收益依照继承法的规定继承;在承包期内,其继承人可以继续承包。

笔者认为,农村土地承包经营权是农村中极其重要的财产权利,若限制土地承包经营权通过继承、析产等方式流转,将直接影响土地承包经营权的财产性。2016 年 10 月 30 日中共中央办公厅、国务院办公厅印发的《关于完善农村土地所有权承包权经营权分置办法的意见》的规定,将土地承包权分为农村土地承包权和农村土地经营权,实行所有权、承包权、经营权三权分置并行,进一步推动土地承包经营权的流转。正如多数学者所建议,有必要承认

---

① 胡康生主编:《中华人民共和国农村土地承包法释义》,法律出版社 2002 年版,第 41 页。

农户承包经营权土地的完全转让权,包括为农业用途和非农业用途转让承包土地的权利;农户在非农用地市场转让农村土地承包经营权,在符合土地利用规划和土地用途管制的前提下,可以自愿选择合约形式和开发方式。

四、分家析产协议中分担赡养父母义务条款的效力问题

传统农村的分家析产中,父辈通过分家后将所分得的财物与尚未成家的儿子共同生活,或依据分家析产的财物数额,由儿子们轮流进行赡养。因此,在分家析产协议中,经常出现兄弟分担赡养父母的条款。有的分家析产协议中还约定,以不分得家庭共同共有财产为条件或放弃继承父母遗产为条件而不承担赡养义务;有的在分家析产协议中预先约定,以分配赡养义务的轻重来决定父母去世后分得遗产的多寡。那么,在分家析产协议中涉及赡养父母等分担条款,是否具有法律效力?

我国 2001 年《婚姻法》(修正案)第 21 条明确规定,子女对父母有赡养扶助的义务。子女不履行赡养义务时,无劳动能力的或生活困难的父母,有要求子女给付赡养费的权利。《老年人权益保障法》第 19 条也规定,赡养人不得以放弃继承权或者其他理由,拒绝履行赡养义务。赡养人不履行赡养义务,老年人有要求赡养人付给赡养费等权利。因此,赡养父母是子女的强制性义务。分家析产协议之间涉及不赡养父母的条款违背法律强制性规定,该条款无效。

但是,赡养老人包括经济上供养、生活上照料和精神上慰藉。分家析产协议中约定不分家庭共同共有财产,亦不承担给付赡养费义务,若能在生活上照料和精神上慰藉,也同样视为履行赡养义务,因为生活上照料和精神慰籍也是法定赡养义务的重要内容。《老年人权益保障法》第 20 条亦明确规定,经老年人同意,赡养人之间可以就履行赡养义务签订协议。在农村分家析产中,兄弟之间对父母赡养的分担内容不违反法律的规定和老年人的意愿,其分担赡养的约定应得到法律的承认。因此,分家析产的协议中涉及赡养的分担约定,经被赡养人即父母的同意,分担赡养条款能满足赡养人给予被赡养人必要的赡养费用或满足被赡养人的居住需求或满足被赡养人的精神需求,该条款是有效的。

因此,农村分家析产协议中以遗产预分配与赡养的分担相牵连,应分别判断其效力。遗产预分配条款是父母和分家的儿子之间真实的意思表示,因此对当事人具有约束力。但继承权既得权是从继承期待权转化而来的,是以一定的法律事实的发生为前提,只有被继承人死亡且留有遗产,继承既得权才得以发生。所以,分家析产中涉及遗产预分配也只有在父母一方死亡后才发生遗产继承,才发生家庭财产析产的物权变动的效力。在继承开始之前,继承期待权是继承人继承遗产的权利能力,具有专属性,不能作为处分的标的。因此,对分家析产协议中,以放弃将来的遗产继承为条件而不赡养父母的条款,不具有法律效力。

第三节　家族企业的分家析产

一、家族企业的界定

家族企业是一个以血缘和婚姻为纽带,以代际为增益构成的一个社会群体,兼具企业组织的经济属性和家族组织的天然属性。家族企业是较为典型的人合企业,对人身信赖关系

有着特别的要求,家族成员通过彼此信任、理解且对企业有强烈的归属感和凝聚力,合力构建的家族企业,有利于提高家族成员的劳动积极性,发挥家族成员的智慧和经营能力,从而积累家族的财富。由于中国特有的"家"文化传统的影响,家族企业特别重视血缘、亲缘和情缘,家族企业的产权上带有强烈的血缘、亲缘和地缘性。①

家族企业原本是一种古老而普遍的企业组织形式。在现代市场经济下,公司制的治理模式成为现代企业制度,我国家族企业大多数亦是采取有限责任公司和股份有限公司的组织形式。有关的统计资料显示,江苏板块的上市企业中,非国资(集体企业)控股且存在家族或家庭控股的企业共有 152 家,占江苏地区上市企业的 39.18%。涉及 281 位披露年龄的实际控制人,平均年龄 52.93 岁,家族企业已经开始关注企业传承安排事宜。传承是家族企业实际控制人的直系后代亲属已经直接或间接持有公司的股权或在公司担任重要职务。而在该 152 家企业中,88 家公司实际控制人的配偶直接或间接在上市公司持股,占江苏地区民营上市企业的 57.89%。② 可见,家族企业不仅涉及家族内不同家庭的家庭共有财产,而且更多地体现为夫妻共有财产。

对于家族企业的界定,理论上是以企业所有权作为划分家族企业和非家族企业的分水岭。但在实践中,判断家族企业的标准多元,叶银华教授提出家族企业以临界控制持股比率来划分家族企业,具备三个条件的企业为家族企业:(1)家族的持股比率大于临界持股比率;(2)家族成员或具有二等亲以内之亲属担任公司董事长或总经理;(3)家族成员或具有三亲等以内的亲属担任公司董事席位超过公司全部董事席位的一半以上。就此,家族企业中企业创始人及其家族成员掌握大部分股权,持有企业的高层管理的重要决策权,主要是有关财务政策、资源分配和高层人事权等等。而储小平提出,应从股权和经营控制权的角度把家族企业看成是一个连续分布的状况,从家族企业拥有两权到临界控制权的企业都是家族企业,一旦突破了临界控制权,家族企业就转给公众企业。③ 总之,家族企业的界定必须保证家族成员在企业中的持股比率应达到一定的要求,以资本股权为家族或少数家庭成员所掌握,来确定家族企业。④

股权是股东因出资而享有的权利。家族企业的股权是指在家庭成员共同生活期间,用家庭共同财产投资于公司而获得的股权,但家庭成员另有约定或法律另有规定的除外。因此,家族企业股权的认定标准通常是:(1)股权取得的时间。股权的取得是在家庭成员共同生活期间,如夫妻共同股权是夫妻在婚姻关系存续期间一方或双方取得的股权,对于夫妻一方婚前取得的股权属于该方的个人财产,不是夫妻的共同股权,但婚前取得的股权在婚后通过约定为夫妻共同股权的除外。(2)股权取得的方式。以下方式取得的股权均属于家庭成员共同股权:用家庭共同财产通过认购股份或认缴出资的,属于家庭共同财产;通过家庭成员约定,将个人股权转化为家庭共同财产的股权的;或者在婚姻关系存续期间因继承或受赠而获得共同股权,除非被继承人或赠与人明确表示只归夫妻双方中的一方除外;在婚后行使股东购买公司扩股的优先购买权,从而取得的配股或增加的股份的。

① 梁小惠:《完善中国家族企业公司治理制度的法律思考》,《河北法学》2007 年第 7 期。
② 由国浩(南京)事务所发布的《江苏省上市公司婚姻/继承大数据报告》,收集时间:2018 年 7 月 18 日。
③ 储小平:《华人家族企业的界定》,《经济理论与经济管理》2004 年第 1 期。
④ 黄鸿燕:《关于家族企业控制权的探讨》,《中国商论》2019 年第 6 期。

二、家族企业分家析产的动因

由于家族企业大多数采用股份公司制或有限公司制的形式,因此,家族企业的分家析产,主要包括股权的分割和企业实物的分割。但是,值得说明的是,家族企业分家析产并不是家庭成员身份关系的解除,也不必然导致家庭共同共有财产关系的绝对消灭。家庭共同共有财产范围很广,家族企业的股权只是主要的组成部分。

家族企业的分家析产主要的原因有:

1. 家族企业的控制方夫妻离婚。离婚导致夫妻共同共有财产关系的终止,婚姻当事人对属于夫妻共同财产的家族企业的股权享有平等的权利,离婚时,夫妻双方依法通过分割家族企业中属于夫妻共同财产的股权,确定各方个人应得的股权和权益,以终止夫妻共同共有财产关系。

2. 家族成员协议分割股权。随着家族企业的发展,家族成员不断扩大,家族成员之间在价值观、经营战略以及控制权方面的冲突和纷争与日俱增,家族成员在家族企业的意见不合或产权纷争导致企业的治理成本加大,因此,当家庭关系内部产生的离心力加大时,分家析产是企业内部治理成本过高时的边界重构。根据国际权威调查机构麦肯锡的一项统计,全球范围内家族企业的平均寿命只有 24 年,其中大约只有 30% 的企业可以传到第二代,能够传到第三代的家族企业数量还不足总量的 13%。[①] 因此,家族成员可以通过协商分割家族企业的股权。

3. 家族企业的控制方死亡。家族企业所有权是否属于可继承财产?此将影响家族企业的代际传承。我国实行财产继承,财产上的权利义务均属于继承财产的范畴,其种类在所不问。家族企业中涉及到的物权、债权均可以作为继承财产范围,我国《继承法》所规定的"法律允许公民所有的生产资料"应该就包括家族企业中的财产和财产权利。但目前的家族企业所有权和经营管理权往往结合在一起,家族企业的继承仅仅是家族企业所有权或股权的继承问题,不涉及与身份关联的在家族企业中的管理权和管理职位的继承问题或股东资格的当然继承问题。当然,家族企业的分家析产还包括家族企业继承中的遗产分割问题。根据我国《继承法》第 29 条规定:遗产分割应当有利于生产和生活需要,不损害遗产的效用。家族企业控制方死亡,对于不宜分割的遗产,可以采取折价、适当补偿或者共有等方法处理。但在家族企业分家析产中应注意保持家族企业财产的完整性和统一性,保存其固有价值以发挥家庭企业财产的经济效用。

三、以离婚时夫妻共有股权的分割为例的家族企业分家析产

基于有限责任公司的社团性,我国《公司法》要求公司股东的姓名或名称应当记载在公司章程和股东名册以及工商登记的相关材料中。家庭共有财产是家庭成员共同共有的财产,按照《公司法》的规定,共有人作为出资人均应登记在股东名册中。但在现实中,家族企业并非所有的共有人都作为显名股东,如夫妻双方使用夫妻共同财产投资而只登记在夫妻一方名下,另一方成为隐名股东。隐名股东是不具备股东的形式特征但对公司实际出资并

---

① 转引冯果、李安安:《家族企业走向公众企业过错中的公司治理困局及其突围——以国美控制权争夺为视角》,《社会科学》2011 年第 2 期。

实际享有股东权利的出资人。① 根据我国《婚姻法》的规定,用夫妻共同财产投资取得的股权应属于夫妻共同共有,夫妻双方有平等的处理权;而根据《公司法》的规定,股权的享有是以股东资格为前提,隐名股东并不当然享有股权。因此,夫妻股权共有不是对股东权的所有内容共有,也不是因为非股东配偶是"潜在股东"而共有,而是对股东权的自益权或称财产权共有。②

那么,在离婚时如何对夫妻共有股权进行分割? 在司法实践中,有学者收集相关的离婚股权分割的判决书进行统计,发现:有的法院以股权价值难以确认和股权分割涉及其他股东等为由,对股权不予以分割,占比 50%;有的法院判决股权归持股一方所有,持股一方对非持股的另一方折价补偿,占比 17%;有的法院则按照比例分割夫妻共同股权,占比 33%。③

1. 股权可以成为分家析产的客体

家族企业的分家析产不仅包括股权在不同的家庭成员之间转移,也包括家族企业股权转移到家庭成员之外的主体。有的观点认为家族企业分家析产不包括对家族企业股权在家庭成员之间的转让,因为家族企业股权是家庭共同共有财产,家庭成员之间相互转让股权,家庭财产的共同共有关系没有消灭,因此不是分家析产的方式,且家庭共有财产投入公司后,形成"法人财产权",家庭成员个人就对这些财产丧失财产权,不存在以所有权的主体身份来处分这些家庭共有财产,只能以股东身份行使股权,因此,家族企业股权在家庭成员间的转让不属于家族企业的分家析产,非股东的家庭成员在分割中只享有股权价值或股权利益。④

笔者认为,股权也是家庭共同共有财产的表现形式,与普通财产一样,可以进行分家析产。股权是股东享有的权益,⑤包括自益权和共益权。自益权包括股息或红利分配请求权、新股优先认购权、剩余财产分配权、股份转让权等财产性的权利,共益权是包括表决权等与股东资格的身份性有关的股东权益,是实现财产权的手段。股权究其实质,是一种财产性权利,存在财产利益,可以出质、转让、继承和分割。因此,股权转移可以发生在股权买卖等民事法律行为,也可以发生在继承、夫妻离婚、强制执行等非民事法律行为,也可以发生在家庭成员协商无偿转让股权等等。家族企业共有股权的析产就是将股权明晰到不同的家庭成员的个人权属。股权作为典型的资本权,各国公司法均允许股权予以流转。股权不仅可以全部转让,也可以部分转让;股权不仅可以在股东之间转让,也可以股权转让给股东之外的第三人。有限责任公司的人合性并不能成为家族企业股权分割的障碍,而且家族企业的分家析产多是股权在家族内部转让,并不影响人合性。更有学者认为,法律不仅保障公司股东之间的人合性,更需要考虑基于特定亲缘关系而发生的财富的分割和自由流动。当二者发生冲突时,对特定亲属关系的优先照顾是法律伦理性和人文主义的表现和必然选择。⑥ 当然,当家族企业的股权在家庭成员之间转让时,不涉及有限责任公司的人合性,不涉及共有物的

---

① 李后龙、雷兴勇:《有限责任公司股东资格的认定》,《法律适用》2002 年第 12 期。

② 王建东、毛亚敏:《离婚诉讼之间股权分割问题探讨》,《法学》2007 年第 5 期。

③ 王磊、万婷婷:《离婚时夫妻共有股权分割中的衡平——以公司法和婚姻法为视角的实务探究》,《家事法实务》2018 年卷,法律出版社 2019 年版,第 16 页。

④ 杨青、郭颖:《离婚案件股权分割的法律分析》,《求索》2005 年第 12 期。

⑤ 关于股权的性质,理论界存在不同的观点,主要有所有权说、债权说、社员权说、独立民事权利说等。

⑥ 赵旭东:《公司法学》,高等教育出版社 2006 年版,第 339 页。

分割,不涉及其他股东的优先购买权问题。而当家族企业的股权转移到家庭成员之外的非股东的第三人时,因股权是基于股东身份和地位而享有从公司获取经济利益并参与公司经营管理的权利,这时的分家析产的实质上是对股权价值的分割。

2. 股权的转让和分割

我国《婚姻法司法解释二》第16条就离婚时分割股权作出规定,涉及分割夫妻共同财产中以一方名义在有限责任公司的出资额,另一方不是该公司股东的,按照以下情形分别处理:(1)夫妻双方协商一致将出资额部分或者全部转让给该股东的配偶,过半数股东同意、其他股东明确表示放弃优先购买权的,该股东的配偶可以成为该公司股东;(2)夫妻双方就出资额转让份额和转让价格等事项协商一致后,过半数股东不同意转让,愿意以同等价格购买该出资额的,人民法院可以对转让出资所得财产进行分割。过半数股东不同意转让,也不愿意以同等价格购买该出资额的,视为同意转让,该股东的配偶可以成为该公司股东。但是,由于该司法解释在2005《公司法》修改之前,且《婚姻法司法解释二》第16条的上述规定仅仅针对夫妻股权协商一致的情形下予以分割,但对于协商不一致的情形下如何分割,没有规定;仅仅涉及夫妻一方为有限责任公司股东的情形,而没有涉及夫妻双方均为公司股东的情形;仅仅涉及分割对象是出资额而非股权。因此,《婚姻法司法解释二》仅仅针对夫妻共同财产在有限责任公司的出资额的认定和转让问题作出规定,有关股权性质的认定和转让,不能简单地依据这些规定加以分割,应综合依据《公司法》等其他法律法规及其司法解释,结合个案的具体情况,作出妥当的处理。[①]

在将夫妻离婚作为家族企业分家析产的一种动因的情形下,综合《婚姻法》及其司法解释、《公司法》及其司法解释的相关规定,应按照以下方式进行析产:

(1)离婚析产的对象是家族企业的股权,而不是出资额。对于夫妻一方以夫妻共同财产出资而登记在一方名下的股权,应综合考虑股东资格和股权价值,分割作为夫妻共同共有财产的股权。

(2)评估股权价值。无论夫妻双方是否对股权转让达成一致的协商结果,无论股权是在夫妻之间转让还是向第三人转让,均应按照公平合理的原则对股权进行评估,应综合家族企业公开的财务信息、出资额、出资时间、纳税情况,并参考当地同行中经营规模和收入相近的企业的营业收入或利润等因素进行评估后,核定其价值。在没有评估资料的情况下,可以参照当地同行业中经营规模和水平近似的企业的营业收入或利润核定股权价值。[②]

(3)取得股权一方应当对放弃股权一方予以相应的合理的经济补偿。虽然股权是具有资本性的财产权,但并不能直接分割股权,而是对股权进行评估作价后,持股一方对另一方予以相应的经济补偿,以取得财产权益和股东利益的平衡。

(4)优先适用公司章程就股权转让和股东资格的取得的规定。公司章程是股东一致意志的体现,是公司根本性的规章制度。家族企业的公司章程对股权的转让和股东资格的取得存在规定的,应优先适用该规定进行股权的转让和股东资格的获取。

(5)若家族企业的公司章程没有就股权转让的规定,按照《公司法》第71条、第72条的

---

① 最高人民法院民事审判第一庭:《最高人民法院婚姻法司法解释(二)的理解与适用》,人民法院出版社2004年版,第144~151页。

② 详见《江苏省高级人民法院家事纠纷案件审理指南》(苏高法〔2019〕474号)。

规定,有限责任公司的股东向股东以外的人转让股权,应当经其他股东过半数同意。股东应就其股权转让事项书面通知其他股东征求同意,其他股东自接到书面通知之日起满三十日未答复,视为同意转让。其他股东半数以上不同意转让的,不同意的股东应当购买该转让的股权;不购买的,视为同意转让。经股东同意转让的股权,在同等条件下,其他股东有购买权。两个以上股东主张行使优先购买权的,协商确定各自的购买比例;协商不成的,按照转让时各自的出资比例行使优先购买权。就此,依照上述的方式,家族企业的股权在夫妻离婚时进行分家析产的情形有:

第一种情况:夫妻双方均是家族企业的股东,离婚时当事人双方均愿意保留该家族企业股东资格的,其股权原是夫妻共同共有的,在离婚析产后因夫妻身份关系解除而转为按份共有,离异的当事人双方对原夫妻共同股权进行对半分配占股比例,按照股权价值在当事人双方彼此之间多还少补,离异的当事人按照分割后的股权比例各自持有家族企业的股权。

第二种情况:夫妻双方均是家族企业的股东,离婚时当事人一方愿意继续持股,另一方不愿意继续持股的,不愿意持股的一方可以按照《公司法》第71条的上述规定将夫妻共同股权的一半股权转给愿意持股的一方或第三人,而获得相应的经济补偿。

第三种情况:夫妻一方是家族企业的股东,另一方没有登记为股东,离婚时持股股东一方不主张持有股权,非股东配偶一方也不主张持有股权的,那么,将夫妻共同股权按照《公司法》第71条的规定对第三人转让,转让股权后获得的经济补偿款在离异的婚姻当事人之间进行平等分割,即"分钱"方式分割夫妻共同股权。

若离婚时持股股东一方不主张继续持有股权,非股东配偶主张持有股权的,按照《公司法》第71条规定的"股东向股东之外的第三人转让股权"的程序处理,此处的"第三人"则是指非股东配偶。

第四种情况:夫妻一方是家族企业的股东,另一方没有登记为股东,离婚时持有股东一方主张继续持有股权,非股东配偶不主张持有股权的,持股一方按照股权价值的一半补偿给非股东配偶一方。

离婚时持股股东一方和非持股配偶一方均主张持有股权的,股权由双方当事人按照比例分割,且根据《公司法》第71条的规定的"股东向股东之外的第三人转让股权"的程序处理。

值得说明的是,有学者提出家族企业的分家析产属于股东之间股权的内部转让,是否可以自由转让而不需要经过其他股东的同意,也不需要行使优先购买权?笔者认为,我国《公司法》明确股东之间的优先购买权,当持有家族企业股权的一方转让股权时,应经过其他股东的同意,同意转让的其他股东享有优先购买权,这样有利于将家族企业的大部分股权集中到对家族企业有兴趣和经营动力的股东中,实现家族企业最大化的效用,保障家族企业不至于因分家析产导致陷入经营困境,促进家族企业的可持续发展。

3. 隐名股东问题

在家族企业中,家族企业的股权虽然属于家庭共有财产的,但并不意味着非股东家庭成员当然取得公司股东资格而享有股东身份。有限责任公司中,显名股东可以根据自己的意志处理公司事务,隐名股东无法对公司事务直接表达其意思表示,只能通过显名股东作出,隐名股东也只有通过显名股东来承担公司的盈亏风险。所以,家族企业隐名股东的家庭成员,其权益的保护应予以特别关注。

对隐名股东的资格问题,理论界和实务界均没有统一认识,主要观点有:[1](1)否认隐名股东的资格,认为从商业交易外观公示的需要,为便于维护公司治理结构和明确对外关系,只能确认显名股东的资格,不认可隐名股东的资格。(2)认可隐名股东资格,认为隐名股东既然实际出资,应同时行使股东权利和承担股东义务;(3)区分不同情况:涉及第三人的债权纠纷,以工商登记材料为准;涉及股东与公司之间的争议,以股东名册为准;涉及发起人股东之间的争议,适用公司章程处理。

笔者认为,在家族企业,不论基于何种原因形成显名股东和隐名股东,在与第三人发生交易中,隐名股东与显名股东仅仅是内部关系,应遵循公示和外观原则,维护交易安全和交易秩序,保护善意第三人的利益。我国《公司法》明确规定应当将股东的姓名或者名称及其出资额向公司登记机关登记;登记事项发生变更的,应当办理变更登记。未经登记的,不得对抗第三人。但在家族企业内部,家庭共有财产关系使得显名股东不能以登记而否认隐名股东的股东地位,这是隐名股东享有相应的权益的前提和基础。我国《婚姻法》第17条明确夫妻在婚姻关系存续期间所得为夫妻共同共有财产,夫妻一方出资而取得的股权因此被认定为夫妻共同财产。即使当事人无法举证婚后出资的股权是个人财产还是夫妻共同财产的,依据最高人民法院1993年《离婚财产分割意见》第7条的规定"当事人举不出有力证据,人民法院又无法查实的,按夫妻共同财产处理"。因此,在家族企业内部,由于多数股东之间是家庭成员或近亲属关系,对隐名股东与显名股东的关系彼此知情,以明示或默示的形式认可隐名股东资格的存在,只是公司内部之间关系不能对抗第三人和破坏交易安全。"就公司内部关系而言,其改变的仅仅是该公司股东间权利义务的分配而已,这种权利义务的分配在不涉及第三人利益时,完全可以内部契约原则加以调整"。[2]

就此,家族企业以家庭共有财产向公司出资或者认缴出资,或受让或者以其他形式继受公司股权,是取得家庭共有股权的认定标准。但依法履行出资义务或者依法继受取得股权后,以记载于股东名册并办理公司登记机关的登记作为股东资格的认定标准。我国《公司法》第33条规定"记载于股东名册的股东,可以依股东名册主张行使股东权利",该条款明确在公司内部,股东名册是判断股东资格的标准。但《公司法司法解释三》第24条规定:有限责任公司的实际出资人与名义出资人订立合同,约定由实际出资人出资并享有投资权益,以名义出资人为名义股东,实际出资人与名义股东对该合同效力发生争议的,如无《合同法》第52条规定的情形,人民法院应当认定该合同有效。因此,实际出资人与名义股东因投资权益的归属发生争议,实际出资人以其实际履行了出资义务为由向名义股东主张权利的,人民法院应予支持。名义股东以公司股东名册记载、公司登记机关登记为由否认实际出资人权利的,人民法院不予支持。可见,我国《公司法》及其相关司法解释承认实际出资人即隐名股东的地位。在家族企业中,股权是一种资本性财产权利,是基于出资而取得的财产权利,以家庭共同共有财产投资而取得的股权,即使登记在某一家庭成员名下,亦不能因此否认股权作为家庭共有财产或夫妻共有财产的理由。但是,值得注意的是,隐名股东与显名股东不是一般的借贷关系,家族企业的隐名股东不能仅仅享受固定的收益而不承担投资风险,内部或夫妻之间,仍然应共担投资风险和共享投资收益,并承担共同经营而产生的

---

① 转引郑瑞平:《论隐名股东利益之法律保护》,《中国政法大学学报》2010年第5
② 王成勇、陈广秀:《隐名股东之资格认定若干问题探析》,《法律适用》2004年第

或夫妻共同债务。

与此同时,为保护隐名股东的合法权益,对于显名股东的股权处分行为,《公司法司法解释三》第 27 条规定,显名股东将登记于其名下的股权转让、质押或者以其他方式处分,实际出资人以其对于股权享有实际权利为由,请求认定处分股权行为无效的,人民法院可以参照《物权法》第 106 条(无权处分和善意取得)的规定处理。显名股东处分股权造成实际出资人损失,实际出资人请求显名股东承担赔偿责任的,人民法院应予支持。

第四节　家族企业继承中的特留份问题

家族企业的分家析产,继承是主要的发生原因。家族企业的控制人死亡,其家庭成员按照法定继承或遗嘱继承其在家族企业的股权及其资产。那么,家族企业的继承如何保护家庭成员的合法权益? 当前,我国现行继承法以必留份制度对遗嘱自由进行限制。不少学者认为必留份制度由于权利人范围过窄、必留份额计算标准模糊不清等不足,难以很好地发挥限制遗嘱自由的功能。而对特定的法定继承人特别是家庭成员规定一定的应继份额的特留份制度,因权利人范围清晰、特留份额计算方法明确而得到社会大众的普遍支持。陈苇教授支持的 2016 年司法部课题"我国遗产处理制度系统化构建研究"委托笔者进行"当代中国福建民营企业主财产继承观念与遗产处理习惯实证调研"。[①] 该调研数据显示,超过六成的民营企业主反对被继承人在不为配偶、子女保留任何遗产的情况下,将遗产悉数赠与他人。应该承认,经过改革开放四十年的发展,我国一大批颇有影响力的民营企业迅速崛起。家族企业是民营企业的主体部分,300 多万家民营企业 90% 以上是家族企业,在这些企业中,绝大多数实行家族式管理。[②] 家族企业在发生继承分家析产的过程中,家族成员争产、企业股权分散、内部分崩离析等一系列现象层出不穷,特留份制度能否限制企业主的遗嘱自由而治理家族企业析产过程中的乱象? 如何设立特留份制度? 本节将立足福建省民营企业主的财产继承观念与遗产处理习惯实证调研结果对该问题展开论述。

一、家族企业控制人支持特留份的调研数据

特留份是指法律规定的遗嘱人不得以遗嘱取消特定的法定继承人继承的遗产份额。遗嘱人在设立遗嘱时,如果没有给特留份权利人保留法定的份额,损害了特留份权利人的利益,特留份权利人有权请求遗嘱人补足特留份或超过有权处分的部分无效。[③]

在"福建省民营企业主财产继承观念与遗产处理习惯调研"中,共发放 150 份问卷进行实地调研,收回 133 份有效问卷。其中问卷一:"甲生前立了一份遗嘱,将自己死后遗留下的财产全部赠给他的一个好朋友乙,而他的配偶和子女不能取得甲的任何遗产。请问:您认为

---

① 笔者和孙菁、余虹宇、王思颖三名研究生共同撰写"当代中国福建省民营企业主的财产继承观念与遗产处理习惯实证调查研究报告",该调研报告是 2016 年度司法部国家法治与法学理论研究课题《我国遗产处理制度系统化构建研究》(编号 16SFB2036)的阶段性成果之一,其中本节特留份部分王思颖、何丽新负责撰写。

② 林家彬、刘杰、项安波等:《中国民营企业发展报告》,社会科学出版社 2014 年版,第 67 页。

③ 张玉敏:《继承法律制度研究》,华中科技大学出版社 2016 年版,第 157 页。

甲的这一做法是否适当？A.适当；B.不适当；C.其他。（单选）"

从该问卷的调研数据分析：在 133 名被调查者中，选择"A.适当"的有 49 人（占 36.85％）；选择"B.不适当"的有 80 人（占 60.15％）；选择"C.其他"的仅有 4 人（占 3％）。可见，被调查者中选择认为"B.不适当"的占比超过六成，说明大多数被调查者认为应为自己的配偶、子女等近亲属保留一定遗产，不能在不为这些近亲属保留任何遗产的情况下，将遗产全部赠送给他人。从被调查者的年龄分析，选择 A 项的分别占 20～30 岁、31～40 岁、41～50 岁、51～60 岁年龄段总数的 40％、52.94％、33.33％、40％，可见 31～40 年龄段占被调查者总数的比例最高，占 52.94％；选择 B 项的，上述五个年龄段被调查者的比例依次为 60％、47.06％、66.67％、60％、100％。可见，在被调查者中，除 31～40 岁年龄段的被调查者支持"甲可将遗产全部赠送给朋友，而不留给配偶、子女"的比例为 50％外，其余年龄段（包括 20～30 岁、41～50 岁、51～60 岁、61～70 岁）的被调查者均有六成以上认为"将遗产全部赠送他人"的行为不恰当。这说明 31～40 岁的群体，往往因经济上自立，而更能接受"将遗产赠送他人而不留给家人"的做法；而 20～30 岁和 41 岁以上各年龄段认为该做法不适当的被调查者占六成至十成，他们更看重遗产的扶养职能和亲情伦理，普遍无法接受"将遗产全部赠送他人，而不保留给配偶、子女任何份额"的做法。

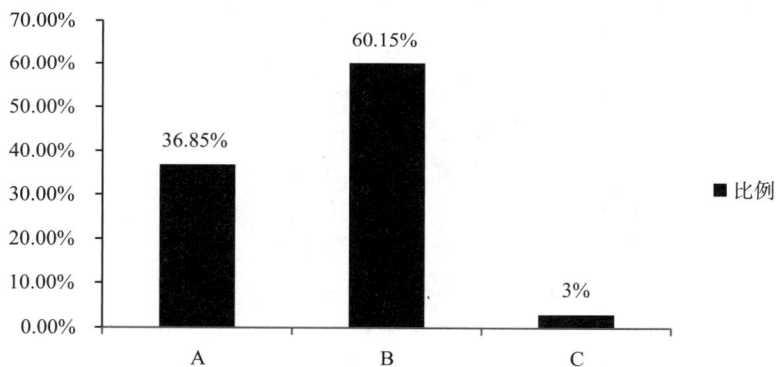

图 7-1　以遗嘱将个人遗产全部赠给他人之认可观念的总体统计情况（单选）

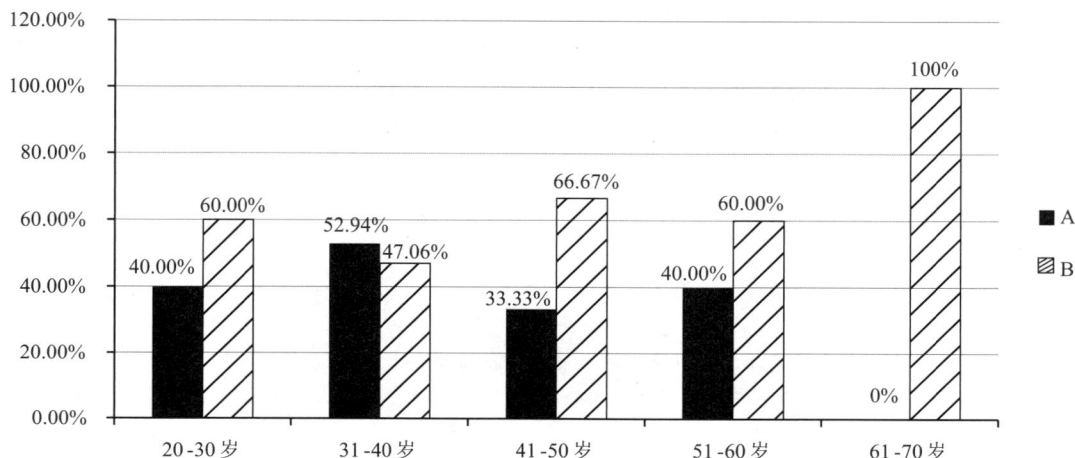

图 7-2　以遗嘱将个人遗产全部赠给他人之认可观念的分年龄段统计情况（单选）

通过分析上述调研数据可知,多数民营企业主支持我国以特留份限制遗嘱自由。这些民营企业主大多是家族企业的控制人,秉持着"家产不外流"的继承观念,认为不应在不为配偶、父母、子女等直系亲属或直系血亲保留任何遗产的情况下,将遗产赠送给他人继承。同时,61~70岁年龄段选择"不恰当"的比例甚至达到100%,说明年纪越大的企业主更加固守"家产传内不传外"的观念,而且,20~30岁年龄段与50~60年龄段选择"不恰当"的比例均为60%,说明父母一辈的继承观念会直接影响年轻一代对遗产分割的看法。综上可知,大多数家族企业控制人支持为家庭成员保留特留份,究其根源,约九成以上的民营企业采用家族式的管理经营模式,多数民营企业的主要股东和核心运营决策者都是配偶、子女、兄弟姐妹等家庭成员。民营企业的创始人辞世之后,若其将全部遗产转赠他人,则意味着家族企业的现金资产、股东权益、隐形收益旁落他人,其家庭成员将分文难获。因此,在家产传承的理念下,多数民营企业主认可和支持将一定范围内的遗产留给配偶、子女等家庭成员,以保障家族企业永续经营。

二、必留份制度下家族企业遗产继承面临的困境

我国现行《继承法》第16条规定,"公民可以立遗嘱将个人财产指定由法定继承人的一人或数人继承,也可立遗嘱将财产赠给国家、集体或者法定继承人以外的人"。该条款强调遗嘱自由,遗产系被继承人合法所得,其享有自由处分遗产的权利,任何人不得干涉。同时,除《继承法》第19条①和《继承法司法解释》第37条②规定了必留份外,遗嘱人可以订立遗嘱将遗产留给其选定的任意一个或者数个法定继承人或者其他人,而其配偶、子嗣及其他任何人均无法律依据去抱怨立遗嘱的人没有留给他们任何遗产。③ 可见,我国对遗嘱自由的限制相对有限,仅以必留份制度予以干预。

1. 必留份的权利主体范围过窄导致家族企业经营权旁落他人

在必留份制度下,必留份的权利主体需要"缺乏劳动能力又没有生活来源",既所谓的"双缺人",而我国家族企业的股东中,大多数都能够自力更生,很少出现"双缺人员"。"双缺"条件的限制,使我国享有必留份的权利主体只能是极少数人。而在多数情况下,财产所有人死亡时,其子女均已成年且有劳动能力,其父母也多已去世。若死者的配偶、父母、子女等近亲属均有劳动能力,或者虽无劳动能力但有相当数量的财产或有一定的收入(包括足以维持其生活所需的退休金等),也不得享有"必留份权"。由此导致实践中曾出现家族企业控制人将其全部遗产都处分给继承人以外的人,特别是遗赠给有婚外关系的第三人,其近亲属即使不丧失继承权也不能得到任何遗产的情形。同时,将遗产全部留给自己的子女而排除配偶继承权的现象也屡见不鲜。以上情况无疑将导致企业股权和经营权旁落他人,为家族企业的未来发展平添障碍。

---

① 《继承法》第19条:"遗嘱应当对缺乏劳动能力又没有生活来源的继承人保留必要的遗产份额"。

② 最高人民法院《关于贯彻执行〈中华人民共和国继承法〉若干问题意见》第37条:"遗嘱人未保留缺乏劳动能力又没有生活来源的继承人的遗产份额,遗产处理时,应当为该继承人留下必要的遗产,所剩余的部分,才可参照遗嘱确定的分配原则处理"。

③ 蒋月:《论遗嘱自由之限制:立法干预的正当性及其路径》,《现代法学》2012年第5期。

2. 必留份的计算标准不够明确常使家族企业继承人陷入纷争

我国现行《继承法》对"必要的遗产份额"并无具体明确的规定,遗嘱人究竟为"双缺人"保留多少遗产方能达到"必要"的标准,法律并无明确规定,在实践中也缺乏可操作性。虽然有学者认为此乃该制度的优点,"没有一个固定不变的标准,使得必留份制度具有较强的灵活性,从而可以根据'双缺乏法定继承人'的实际需要来确定必要的遗产份额"。[①] 但在家族企业分家析产的过程中,法定继承人间因难以确定应为必留份权利人保留多少遗产份额,而陷入不必要的纷争之中,影响家族的稳定和团结。现行必留份的确定方法虽机动灵活,充分尊重被继承人的遗嘱自由和法官的自由裁量权,但其不确定性却也不利于司法机关的操作,不利于必留份权利人利益的保护,更不利于企业家族和谐有序地推进分家事宜,保证家族企业经营权、管理权的平稳过渡。

3. 必留份制度难以满足家族企业股权继承的需要

家族企业多为有限责任公司,在这些企业中的股权继承更多的是基于"血缘继承",即由家庭成员或近亲属继承股权中所包含的因资本投资而享有的分红权等财产性权利和具备股东资格而拥有的公司管理决策权等身份性权利。然而如前文所述,必留份制度将权利主体限定为缺乏劳动能力又没有生活来源的"双缺人",而大多数管理家族企业的家庭成员均是能够做到自食其力之人,因此必留份对遗产权利保护的主体范围难以涵盖家族企业的经营管理者。那么如果仅规定必留份制度,意味着仅有"双缺"继承人的继承权利得到法律明文保护,而"双缺人"对股东身份性权利的继承能力明显不足;同时,必留份份额的计算标准模糊不清,必留份保留数额如何确定?必留份权利人所分得的股权是共同共有还是按份共有?以上问题将让原本处于争产状态的家族企业因为必留份的保留数额而继续陷入纷争,股东的财产性权利分割也将长期处于不确定状态。

4. 特留份的制度优势有利于家族企业的稳健发展

随着个人财产所有权在法律上得到承认,遗嘱便以财产所有人表达自由意志的方式得到法律的认可与尊重。然而当遗嘱自由发展到极致,遗嘱人常常会因为偏爱某人,而忽视了与其关系紧密的血亲、配偶及其他近亲的遗产利益。倘若家族企业的控制人不顾其至亲利益而将遗产悉数赠与他人,将与中国传统的亲情伦理相悖,因此应对遗嘱自由进行限制,以保护被继承人一定范围内近亲属的利益。特留份制度从消极方面规定了被继承人自由处分财产的范围,有助于防止家产分散,限制遗嘱自由,维系亲情伦理。对家族企业而言,一定程度上利于家族成员充分发挥遗产所带来的正向作用,维持家族的繁衍生息和企业的规模扩大。

同时,在家族企业控制人的生前,其配偶、关系紧密的近亲属与其在现实生活中多形成扶养关系,有的甚至完全依靠其经营收入生活;在其过世后,其中部分人还必须依靠其遗产方能维持生计,这部分人自然对其遗产心存期待。如果家族企业控制人将自己的遗产全部赠送给第三人,甚至赠与自己有婚外性关系的第三者或私生子,那么很有可能会使某些虽尚未构成"缺乏劳动能力又没有生活来源"但在相当程度上依赖该家族企业经营的近亲属生活因此陷于困顿。特留份制是一种法定份额,基于立法的"社会本位"思想,从维系家庭社会稳

---

① 王蜀黔:《俄罗斯民法典中的特留份制度》,《湖北社会科学》2007 年第 12 期。

定发展的角度对个人抚养赡养义务作出强制承担,具有推定性和普遍性。[①] 进而言之,目前我国的国家财力尚难以支撑起社会所有成员的生老病死,家庭仍是养老育幼责任的主要承担者。如果以特留份的形式将遗产中的一部分按既定规则进行分配,让特定继承人获得生活供养及经济保障,使其具备独立的生活能力,无需再另寻他人扶养或社会供养,也将于无形中减轻国家的社会保障投入负担,有利于维护社会公德。[②] 因此,特留份制度能够克尽扶养义务,维护社会公德。

但有学者认为,特留份制度可能影响家族企业正常的跨代交接,对企业主的遗产安排和接班人选拔起破坏作用。特留份制度要求被继承人必须将遗产中的一部分平均留给每一个享有"特留份权"的继承人,容易导致股权分散,影响企业家对企业经营活动的合理安排,可能对企业的正常跨代交接带来风险。[③] 同时,一个企业的股东因继承而变为多人,切割式的股权分割不利于集中遗产发展企业经济,企业决策层难以统一意见,在很大程度上将意味着企业整体实力的下降,不利于经营活动的正常开展。[④]

笔者认为,这一观点值得商榷。特留份制度源于罗马法和日耳曼法,后为大陆法系多数国家援用至今,其间并无影响家族企业的经营和传承。相反,日耳曼法中特留份制度产生的主要原因就是通过限制被继承人的遗产处分范围,达到防止家产流失的目的。如果说强制被继承人将部分遗产平均分给享有"特留份权"的所有继承人,可能影响企业跨代交接,那么事实上,被继承人以遗赠方式将遗产分毫不差地赠与法定继承人以外的第三人,更容易造成家族企业核心股权的分散旁落甚至完全丧失。因此,着眼于家族企业的长远发展可知,遗嘱继承中企业效率的提高往往与继承人之间的继承份额的差别或不平等联系在一起。[⑤] 遗嘱人以特留份制度,将家族财产保留给最出色能干的法定继承人,防止其因为家族争产而被排除出企业的核心决策层,进而使企业在遗嘱人过世后依然能够维持良好的运营管理。换而言之,由于多数家族企业家能够在生前寻找到合适的继任者,进而完成企业经营权的顺利交接。即使退一步而言,特留份制度可能会对家族企业的股权传承产生某些负面影响,但仍然无法否定特留份制度在平衡亲属利益和助力企业发展的积极价值。

三、特留份制度扩张适用于家族企业的继承析产

近现代社会,特留份制度逐渐扩张适用至家族企业分家析产的具体实践中。在中小企业占国内企业数近九成的日本,特留份制度对家族企业的股权分割和财产继承产生重要影响。为了进一步发挥特留份制度在公平调整继承人间遗产利益关系的积极作用,日本于2008年制定了《有关中小企业经营顺利传承之法律》(简称《企业经营传承法》),该法对特留份制度进行修改和调整。首先,关于特留份的基础财产范围,该法以合意的形式改变了日本民法的规定。《企业经营传承法》第4条规定:"符合该法规定条件的中小企业主在继承开始

① 杨慧怡、刘史丹:《论在〈继承法〉中设立特留份制度——从司法过程考察制度合理性》,《中国继承法修改热点难点问题研究》,群众出版社2013年版,第121页。

② 杨立新:《继承法修订入典之重点问题》,中国法制出版社2016年版,第104~111页。

③ 魏小军:《遗嘱有效要件研究》,中国法制出版社2010年版,第205~209页。

④ 魏小军:《遗嘱有效要件研究》,中国法制出版社2010年版,第205~209页。

⑤ 李宏:《遗嘱继承的法理研究》,中国法制出版社2010年版,第188页。

前,可通过推定继承人全体的合意,将生前赠与后继者的股权(完全无议决权股权除外)不计算进特留份基础财产中,或者不将赠与的股权除外但将合意时作为赠与股权的估价基准时由相关估计人员评估予以固定"。前者通过除外合意使除外的股权不成为特留份扣减的对象,起到了防止股权分散的作用;后者为固定合意,其目的在于,此后赠与的股权的估价通过后继者的经营努力而上涨时,则上涨部分不会计算进入基础财产,激发股权继承者们自主提升资产价值的决心和斗志,利于企业的后续发展。其次,《企业经营传承法》考虑到在合意发生后,后继者处分合意对象的股权,或者在被继承人生存期间,该后继者辞去该特例中小企业的代表身份,不再从事经营,从而导致合意当初的目的无法实现时的情形,故在第4条第3款规定被继承人的推定继承人可以书面合意对此情形采取措施。至于具体采取何种措施,该法并没有规定相关限制。该法还规定了任意合意,即可以对后继者取得的除股权以外的受赠财产予以除外约定(第5条),也可以对后继者以外的推定继承人取得的受赠财产予以除外约定(第6条第2款)。① 这些规定为削弱特留份制度在财产利用和企业传承中的消极作用作出切实的规定,值得借鉴。

引入特留份制度还存在一种质疑:我国现行继承法所设立的必留份制度已对民营企业主的遗嘱自由作出限制,再增设特留份制度,是否将造成立法上的重复规定,导致继承法体系过于庞杂?的确,特留份制度与必留份制度在具体操作方面存在相似之处,都是从总体上通过对遗嘱自由进行限制,将遗产的一定份额留归少部分法定继承人,但在权利人范围和份额计算标准方面,两者的规定却有所不同。必留份所固有的权利主体范围仅为"双缺人"和必留份额计算标准不明确的内在缺陷,使其无法将限制遗嘱自由的功能发挥到极致,增设特留份制度,无疑将弥补单设必留份制度所存在的不足,两种制度并行不悖。

家族企业的股权继承,需要按照一定继承顺序、依照一定继承比例,对被继承人的财产和股权进行分割,而必留份所存在的权利人范围过小、权利份额计算标准模糊不清的缺陷,难以满足家族企业在创始人辞世后,实现财产、股权顺利交接的需要。然而,特留份制度却能为家族企业的财产分割和股权继承提供具体可考的法律保障和制度标准。特留份权人继承顺序具体明确,家族企业已故股东的股权按照既定的顺序进行分配,让企业的跨代交接在平等有序的氛围中进行;特留份额的确定标准清楚明晰,避免因计算股权份额而使家族企业的股东权利在一段时间内处于无人行使的真空地带,进而保证了股东大会的正常召开和家族企业的持续运营。正因如此,在必留份之外增设特留份,能够得到大多数家族企业控制人的支持。

因此,必留份与特留份功能互补,增设特留份,并不意味着取消必留份。必留份保障"双缺人"的生存权益,特留份限制遗嘱自由、敦促被继承人对亲属克尽扶养义务、平衡法定继承人和遗嘱继承人遗产权益。若仅设必留份制度,可能导致部分法定继承人的继承权益落空,难以实现继承的形式正义;若仅用特留份制度,可能将"双缺人"引向潦倒困顿,难以维护继承的实质正义。② 在我国,必留份和特留份并行不悖、优势互补,共同将被继承人的遗嘱自由关进"制度的笼子"里。

---

① 赵莉:《日本特留份制度的修改及其启示》,《政治与法律》2013年第3期。
② 王歌雅:《论继承法的修正》,《中国法学》2013年第6期。

四、建构有中国特色的特留份制度

各国现行继承法一般以"亲等"作为划分是否享有特留份权利的标准,将直系卑亲属、配偶、父母列为特留份权利人,然而关于旁系兄弟姐妹以及直系尊亲属是否能享有"特留份权"的规定仍有所不同。

表 7-1　主要国家和地区关于特留份权利人范围的规定

	特留份权人
德国	直系血亲卑亲属、父母和配偶
法国	直系尊亲属与直系卑亲属
瑞士	直系卑亲属、父母、兄弟姊妹、配偶
日本	直系卑亲属、配偶、直系尊亲属
意大利	配偶、子女及直系尊亲属

总结世界主要国家对特留份权利人的范围界定,主要存在以下特点:(1)各国都规定特留份权人必须是遗嘱人的法定继承人;(2)特留份权人的范围通常比法定继承人的范围窄,一般仅限于与被继承人关系密切的近亲属,如直系血亲卑属、父母、配偶等;(3)很少国家规定旁系血亲(兄弟姐妹)为特留份权人,而是多将权利人固定为被继承人的配偶、子女、父母这些在法定继承人中排序最靠前、与被继承人关系最为亲密、最有资格继承遗产者。

我国学术界对于特留份的主体范围存在争议。主张将第一顺序、第二顺序法定继承人均列为特留份权利人的学者认为,我国现行《继承法》规定的第一、第二顺序法定继承人为近亲属,相互间有法定扶养义务,而设立特留份制度最重要的目的在于,敦促遗嘱人履行对特留份权人所应尽的扶养照顾义务,以维系家族的血脉延续和亲情伦理关系的和谐稳定。因此,将特留份权人的范围界定为第一顺序、第二顺序法定继承人,完全符合立法初衷;然而,支持只将第一顺序法定继承人纳入特留份权人范围的学者则认为,第一顺序的法定继承人与被继承人之间存在着最为直接的扶养、赡养权利义务关系,而第二顺序的法定继承人则相较甚远。若将特留份权利人的范围扩大到第二顺序法定继承人,不符合权利义务相一致的原则。[①]

依笔者观点,建议将特留份权利人范围限定为第一顺序、第二顺序法定继承人。改革开放三十多年来,市场经济高速发展,中国民众的财产价值和种类显著增加。然而,与改革开放相伴而行的是计划生育政策实行多年带来的由被继承人与配偶、子女、父母组成的家庭规模缩小、子女后代人数减少的现象,家庭亲属间的情感联络范围进一步拓展至兄弟姐妹、祖父母、外祖父母,被继承人子女由兄弟姐妹代为照顾、祖父母、外祖父母由孙子女、外孙子女负责赡养扶助的情况均不少见。如果将特留份权人范围限定在配偶、父母、子女等至亲范围内,而排除兄弟姐妹、祖父母、外祖父母,一定程度上不利于维系家族成员互帮互助的情感纽带和敦促被继承人对需要自己扶养的亲属克尽义务。

与此同时,现今中国的家族企业多为家族成员集体控股,兄弟姐妹之间共同经营一家企

---

① 史浩明、程俊:《论我国特留份制度的立法构建》,《苏州大学学报》2014 年第 4 期。

业的状况并不少见。若仅仅只将配偶、父母、子女列为特留份权利人，而将兄弟姐妹排除出特留份权利涵盖范围，不仅会使特留份原有的平衡法定继承人与非法定继承人遗产权利的功能无法发挥到极致，还将会导致家族企业主要经营者利益分摊不均、难以平衡，最终促使家族企业的共同经营者间频繁出现内讧，不利于企业内部的精诚团结，限制了企业的未来发展空间。

（二）特留份额的计算

世界各国和地区关于特留份的份额主要有两种立法例，一是全体特留主义，即先就遗产总额确定全体特留份权人的特留份数额，再依照各个特留份权人的应继份比例，确定他们各自的特留份份额，法国、日本、意大利、我国澳门采此立法例；二是各别特留主义，就各个特留份权人的应继份计算特留份数额，德国、瑞士、韩国、奥地利、日本、越南和我国台湾地区采此立法例。两种立法例的不同之处在于，特留份权利人中有一人放弃或丧失继承权时，如果采用全体特留主义，则其特留份应归其他特留份权人所有，不影响被继承人的自由处分部分；如依各别特留主义，则放弃或丧失的特留份应归入被继承人自由处分部分，不影响其他特留份权人。[1]

立足于我国家族企业分家析产的实际情况，笔者建议采各别特留主义。当出现特留份权人放弃或丧失特留份权的情况时，若采用全体特留主义，无异于提高了特留份权人的利益保护范围，而折损了其他法定继承人的遗产权利。而特留份制度只是对特留份权人的法定应继份予以最低限度的保障，不宜在保障特留份权人继承权的同时，过度限缩其他继承人获得遗产的权利。众所周知，家族企业分家析产的过程常常演变为兄弟手足你争我夺、相持不下的局面，若此时再有明显"厚此薄彼"的情况出现，无异于进一步点燃至亲争产的"战火"。

而关于特留份额的具体计算方法，世界立法例的规定有所区别：《德国民法典》规定所有特留份权人的特留份额均为法定继承价值的半数；[2]《法国民法典》以遗嘱人留有子女的人数确定特留份额占遗产总额的比例，当遗嘱人留有子(女)一人/两人/三人时，其以生前赠与或遗嘱赠与之方式处分的财产分别不得超过其所有财产的一半/三分之一/四分之一；[3]《意大利民法典》按照被继承人留有的子女和配偶人数划分特留份数额；[4]《瑞士民法典》明确直系卑血亲的特留份份额为其法定继承权的四分之三，父母中任何一方和尚生存的配偶均为其法定继承权的二分之一。[5] 分析以上立法例关于特留份份额计算方法的规定可知，其多根据特留份权人与被继承人关系的亲疏远近确定特留份额的多少，同时依据特留份权人的人数确定特留份占其法定应继份或遗产总额的比例。因此，借鉴国外立法例，结合我国的具体情况，将第一顺位、第二顺位法定继承人都列为特留份权人，确立第一顺序法定继承人的特留份额为其应继份的二分之一，第二顺序法定继承人的特留份额为其应继份的三分之一。

---

① 陈棋炎，黄宗乐，郭振恭：《民法继承新论》，台湾三民书局 2010 年版，第 381～388 页。
② 参见《德国民法典》第 2303 条。
③ 参见《法国民法典》第 913 条。
④ 参见《意大利民法典》第 536 条至第 552 条。
⑤ 参见《瑞士民法典》第 86 条至第 96 条。

(三)适用于家族企业分家析产的特别制度设计

当下,我国由家族控股的民营企业多为有限责任公司,其最大特点在于人资两合性,公司股权实质上是一种以财产性为主导权利的兼具人身财产双重性质的综合权利,其所包含的人合性决定了股权继承者需要具备商业头脑和市场嗅觉,并能够和其他股东们共同承担起公司的经营管理责任。因此,在我国民法典建构具有普适性的特留份制度的同时,也应针对家族企业股权继承的特殊状况作出特别制度设计。

有限责任公司的股权继承包含法律规定的股权继承、遗嘱规定的股权继承、公司章程载明的股权继承三大类。遗产的特留份制度属于法律强制性规定,遗嘱是被继承人自由处分遗产的结果,公司章程则集中体现有限责任公司的人合性。然而,在民营企业主的股权分割之中,若出现特留份规定、遗嘱内容、公司章程三者相互冲突的情况,该如何处理?

针对该问题,笔者认为,公司章程优先于《公司法》,《公司法》优先于特留份制度。首先,公司章程是股东意思自治的结果,其内容可以被理解为股东事先的权利处分行为,股东嗣后的行为不得与之相违背;其次,我国《公司法》第75条规定:"自然人股东死亡后,其合法继承人可以继承股东资格,但是,公司章程另有规定的除外",但书部分规定肯定了公司章程的效力,因此,公司章程应优先于《公司法》。同时,特留份制度属于《继承法》中遗嘱继承部分的特别规定,相对于《公司法》而言,属于一般法范畴,而《公司法》对股权继承问题的规制属于继承问题的特别法范畴。基于特别法优于一般法的法律适用原则,在民营企业的股权继承问题中,《公司法》的效力应优先于《继承法》中的特留份制度,而特留份制度又用于限制遗嘱人的遗嘱自由,当特留份与遗嘱两相冲突时,优先依照特留份制度对遗嘱人的遗产进行分割。因此公司章程的法律效力优先于特留份,特留份制度的法律效力优先于遗嘱。总之,在家族企业分家析产过程中,当特留份规定、遗嘱内容、公司章程三者出现矛盾时,优先适用公司章程关于股权继承的相关规定。

同时,基于有限责任公司的高度人合性,继承人继承了有限责任公司股权,意味着同时要以股东身份行使对公司重大决策问题的讨论权、表决权,而家族企业分家析产实践中,难免出现特留份权利人没有能力行使股东权利的情况。对此,可参考美国《统一有限责任公司法》[①]和日本《有限责任公司法》[②]的相关规定,前者要求原股东转让或者分派利益不能使受益人直接成为行使公司权力的成员,受益人要根据经营协议的相关规定获得权利,或者经过其他成员的认可才能够成为有限责任公司的成员;后者限定继承人想要取得股权必须经过股东会同意,而后严格按照章程规定行使股东权利。笔者建议,我国《继承法》可针对家族企业分家析产中特留份权人的股东权利作出限制性规定,区别对待股权继承中的财产权利和身份权利,财产权利遵照《继承法》的规定处理,身份权利的继承则需经股东会表决通过,且应在章程允许的范围内。同时,《继承法》应允许家族企业章程对特殊人群的股权特留份继承作出限制性规定,如公司章程可规定无民事行为能力、限制民事行为能力、无决策能力的特留份权人只能继承财产权利而不能继承股东身份权利;或虽可继承财产权利和身份权利,但股东身份权利需由其法定代理人代为行使。

---

① 参见美国《统一有限责任公司法》第503条。
② 参见日本《有限责任公司法》第19条。

但是,特留份制度所带来的家族企业多位继承人的继承问题如何解决? 特留份权利人范围的规定,若为第一顺位和第二顺位法定继承人,则家族企业已故股东所遗留股权的合法继承人常常将多于一人。若多位合法继承人均未提出股权分割请求,则将形成多位继承人对股权的共有,此时将产生两个问题,即股权共有情形下股权的行使问题和因继承股权而导致股东人数多于《公司法》所规定的有限责任公司股东人数上限。笔者认为,针对股权共有情形下的股权行使问题,此时应经全体继承人一致同意,推选出其中一位继承人作为权利行使人统一行使股权,体现对每一位共有人个人意志的尊重;我国《公司法》第 24 条规定,"有限责任公司由五十个以下股东出资设立"。若多位合法继承人对股权提出分割请求,导致家族企业股东人数多于 50 人,此时可以考虑以下四种解决方法:其一,变更公司形式。经股东协商一致,如果满足股份有限责任公司成立的条件,可以进行公司变更登记,将有限责任公司变更为股份有限公司;其二,公司股东之间协商,利用股权转让或者股权回购等方式使股东人数保持在 50 人以下,或借助信托和代理制度使公司的名义股东控制在 50 人以内;[1]其三,考虑到有限公司采取资本多数决的表决模式,股东人数尚不会对公司决策造成重大妨碍,《公司法》可允许这样的例外情况存在。[2]

综上所述,特留份制度的设立对家族企业的跨代交接和长远发展多有补益。虽在一定程度上限制家族企业主完全按照内心真意选择接班人,进而导致股权分散,但其能够起到维系企业家族和谐稳定,进而促使企业的未来经营者在创始人离世后依旧凝心聚力团结一致促进企业的发展,因此特留份制度在中国家族企业中有着非常深厚的存在基础。通过分析调研数据,我们不难发现,特留份制度在家族企业当中仍有相当高的支持率,接受访谈的家族企业主们无论处于哪个年龄段,支持增设特留份的比例均超过五成。与此同时,总结国外立法例,应将特留份权利人范围限定在第一顺位、第二顺位法定继承人,采各别特留主义的特留份额确定方法,明确适用家族企业分家析产的特别制度,在保证家族企业持续健康发展的基础之上,使家族企业控制人的遗嘱自由得到合理的限制,回应家族企业发展的实际需要。

---

[1] 刘向林、李和平:《有限责任公司股权继承的法律分析》,《广西社会科学》2005 年第 2 期。

[2] 江平:《公司法》,法律出版社 2002 年版,第 126 页。

结　语

自经典民法理论体系建立以来,家庭逐渐丧失主体地位,其在民法体系中只是家庭成员之间的关系性范畴,仅发挥提示法律关系发生领域之功效。不过,本书认为,家庭应当被视为整体性概念,在某些情况下,家庭甚至可以享有民事主体的法律地位。我国的婚姻家庭法,尤其是家庭财产法,应当奉行家庭本位,实现个人向家庭的复归。申言之,与市民社会不同,在家庭内部的交往与生活中,经济理性不应成为第一要义。相反,维护家庭安定性,保护家庭的整体性利益,应当成为家庭财产法所恪守的主要准则。在家庭内部,家庭成员应当依据"私的利他性"原则行事,家庭成员的行为不应完全以满足个人利益为旨趣,家庭成员的个人利益不应当然凌驾于家庭整体利益之上。

而依据家庭本位观与"私的利他性"原则,我们认为,在家庭财产法律关系中,家庭成员可以享有日常家事代理权、夫妻财产共有权、受扶养权、继承权以及家庭财产受保护权,家庭成员可以借由前述权利之行使,保全家庭财产,为家庭的存续与发展奠定坚实的经济基础。同时,家庭成员在家庭财产法律关系中,也承担一系列义务,包括家庭债务连带义务、保障配偶财产共有权益义务、扶养义务、保障继承人权益义务以及家庭财产保护义务。家庭成员应当认真履行义务,从而维系家庭的健康与稳定发展。尤其值得注意的是,家庭成员应当负担家庭财产保护义务,这意味着家庭成员应当遵循家庭本位,坚持"私的利他性"原则,以家庭的整体性利益为圭臬,努力增加家庭财产,避免基于一己之私的奢侈性消费、浪费性消费以及过于轻率的投资行为等可能减少家庭财产,使家庭背负沉重债务等情况的发生。而在特殊情况下,家庭成员之外的第三人,也应当对特定家庭之财产负担家庭财产保护义务。第三人不得恶意减损特定家庭之财产,倘若第三人违反其所应负担的家庭财产保护义务,则可能遭受债务不构成家庭债务等不利性的法律后果。

本书认为,所谓家庭共有财产,即所有家庭成员在作为整体性存在的家庭框架下所共有的财产,简言之即家庭成员共有的财产。家庭共有财产可以分为夫妻共有财产、夫妻关系以外的直系亲属共有财产、旁系亲属共有财产、家庭中监护人与被监护人共有财产等类型。家庭共有财产不同于家庭共同财产,也不同于家庭成员个人财产,但家庭成员个人财产通过约定可以转变为家庭共有财产。除依据私法自治的个人财产转化模式外,应当恢复"转化规则",使配偶一方的婚前个人财产,可以因特定期间的经过,而转变为夫妻共同财产。在家庭共有财产上,可以成立家庭财产共有权。所谓家庭财产共有权,是指家庭成员基于家庭财产之共有关系所享有的一系列权利以及利益。家庭财产共有权的行使,应当特别注意实现家庭功能,尤其应当注意家庭财产共有关系解体时,对作为家庭成员的未成年人、老年人、残疾人以及妇女的权益保护。

夫妻共同债务不仅是夫妻内部的债务分配问题,属于夫妻之间的财产关系问题,而且涉及第三人的交易安全,对社会的交易秩序具有重大影响。对于夫妻共同债务而言,由于夫妻共同债务推定论存在背离"共同生活"基础,舍弃"目的""合意""分享"标准,追求"身份关系"

对共同债务的推定,常常使非举债方的财产权益陷入困境等缺点,故而应当予以修正。在镜鉴比较法上经验,考察我国立法沿革以及实证分析的基础上,夫妻共同债务的推定,应当局限在日常家庭代理权的效力范围内。而日常家事代理权之外的债务是否应当认定为夫妻共同债务,则应根据不同的情形加以界定。一般而言,由夫妻双方共同对外缔结的债务,即所谓"共签债务",无论婚前或者婚后,无论用途是否用于婚姻家庭生活或共同生产经营,无论是否突破日常家事代理权范围,只要夫妻双方共同签字确认的债务,除非法债务或者存在意思瑕疵的债务外,均应认定为夫妻共同债务。依据私法自治原理,在婚姻关系存续期间,夫妻一方经另一方同意或者事后追认而缔结的债务,即所谓"合意债务",亦属夫妻共同债务之列。对于夫妻在没有经过另一方授权同意的情况而言,除非符合表见代理构成要件,否则债权人不能向非举债方主张清偿责任。此外,基于商事便捷性的考虑,婚姻关系存续期间夫妻双方因共同进行商事生产经营所产生的债务为夫妻共同债务,夫妻一方在商事生产经营中未经过另一方同意而所负的债务,原则上应认定夫妻个人债务。同时,唯须注意的是,夫妻共同债务并非必然构成夫妻连带债务,夫妻双方对合意和日常家事范围内的夫妻共同债务承担连带清偿责任,而非举债一方的配偶基于夫妻共同生活而承担夫妻共同债务的,应当仅以夫妻共同财产为限,承担有限的清偿责任。

在未成年子女财产权益的保护方面,本书认为,所谓未成年子女财产,是指未成年子女因继承、赠与或劳动等有偿或无偿方式取得的归属未成年子女所有的个人财产。在家庭财产法律关系中,应当以儿童利益最大化为圭臬,切实保护未成年子女财产权益,细化财产监护规则,完善未成年子女的财产监护制度。

在家事劳动财产价值的保护方面,本书认为,家事劳动并非局限在体力劳动中,家庭管理、协助其他家庭成员工作等智力劳动和抚慰家庭成员等情感投入,也属于家事劳动范畴。家事劳动具有财产价值化的可能性与合理性,我国应当承认家庭劳动的财产价值,设立家事劳动的人力资本评估制度,扩张家事劳动补偿制度的适用范围,无论夫妻分别财产制还是共同财产制,均存在适用的空间。增设家庭生活费用分担制度和自由处分金制度,从而维护家事劳动者在家庭财产法律关系中的合理权益。

在分家析产方面,本书认为,所谓分家析产,包含分家和析产。分家是将原先的大家庭予以拆分,形成若干个小家庭,在身份关系上彼此分离大家庭成员和小家庭成员。析产则是在分家过程中对原有的家庭财产进行分配或分割,是对家庭共有财产关系的明晰化。在农村地区分家析产问题上,应当注意处理好农村房屋的析产问题、农村宅基地使用权的析产问题、农村土地承包经营权的析产问题、分家析产协议中分担赡养义务条款的效力问题,从而使原有的大家庭,顺利过渡到多个小家庭阶段。在家族企业的分家析产方面,股权可以成为分家析产的客体,尤其体现在股权价值上。家族企业的分家析产,可以借由股权的转让分割和股东资格的承继来实现。此外,对于家庭企业的分家析产而言,应克服遗嘱继承中的"必留份"制度的缺陷,特留份制度扩张适用于家族企业的继承析产,从而使家族企业得以更为便利地安排分家析产事务。

与家庭财产保护有关的法律问题还有很多,如家庭共有财产制在民法体系中的地位,夫妻共同债务的理论基础是否可以突破日常家事代理权,家族企业的运行与家庭财产保护的关系等等,本书只是一种以家庭本位为视角,对于家庭财产保护一般理论以及部分具体问题的研究。对于家庭保护法律问题而言,研究永远在路上。

参考文献

一、中文类

(一)著作

1. 韩世远:《合同法总论》,法律出版社 2018 年版。

2. 中国审判理论研究会民商事专业委员会:《〈民法总则〉条文理解与司法适用》,法律出版社 2017 年版。

3. 傅鼎生:《傅鼎生讲物权法》,上海人民出版社 2017 年版。

4. 李适时主编:《中华人民共和国民法总则释义》,法律出版社 2017 年版。

5. 张华贵:《夫妻财产关系法研究》,群众出版社 2017 年版。

6. 王利明主编:《中华人民共和国民法总则详解(上册)》,中国法制出版社 2017 年版。

7. 沈德咏主编《〈中华人民共和国民法总则〉条文理解与适用(上)》,人民法院出版社 2017 年版。

8. 王利明等:《民法学》,法律出版社 2017 年版。

9. 陈甦主编:《民法总则评注(上册)》,法律出版社 2017 年版。

10. 张民安:《法国人格权法(上)》,清华大学出版社 2016 年版。

11. 杨立新:《继承法修订入典之重点问题》,中国法制出版社 2016 年版。

12. 张玉敏:《继承法律制度研究》,华中科技大学出版社 2016 年版。

13. 蒋月:《婚姻家庭法前沿导论》,法律出版社 2016 年版。

14. [英]威廉·夏普·麦克奇尼:《大宪章的历史导读》,李红海译,中国政法大学出版社 2016 年版。

15. 福建省三明市中级人民法院课题组:《困境未成年人国家监护制度的健全》,法律出版社 2016 年版。

16. 席志国:《中国物权法论》,中国政法大学出版社 2016 年版。

17. 路正:《农村婚姻继承常见法律问题解答(案例应用版)》,中国政法大学出版社 2015 年版。

18. 赵朝峰:《中国当代社会史第 5 卷(1992—2008)》,湖南人民出版社 2015 年版。

19. 陈宣良:《中国文明的本质·第 2 卷》,上海人民出版社 2015 年版。

20. 陈卫佐译:《德国民法典》,法律出版社 2015 年版。

21. 夏吟兰主编:《婚姻家庭继承法》,中国政法大学出版社 2015 年版。

22. 朴永馨主编:《特殊教育辞典》,华夏出版社 2015 年版。

23. 张昌保,孙守强,许安荣主编:《精神卫生工作指要》,世界图书出版公司 2015 年版。

24. 杜景林、卢谌:《德国民法典——全条文注释(上册)》,中国政法大学出版社 2015 年版。

25. 杨大文:《婚姻家庭法》,中国人民大学出版社 2015 年版。

26. 张莉:《特殊残障者法律人格的民法保护》,法律出版社 2015 年版。

27. 王利明主编:《民法》,中国人民大学出版社 2015 年版。

28. 李永军:《民法总论(第 3 版)》,中国政法大学出版社 2015 年版。

29. 上海社会科学院性别与发展研究中心编:《性别影响力》,上海社会科学院出版社 2014 年版。

30. 吴增基、吴鹏森、苏振芳主编:《现代社会学(第 5 版)》,上海人民出版社 2014 年版。

31. 林家彬、刘杰、项安波等:《中国民营企业发展报告》,社会科学出版社 2014 年版。

32. 马忆南:《婚姻家庭继承法学》,北京大学出版社 2014 年版。

33. 柴效武:《经济主体、权利与资源配置》,浙江大学出版社 2014 年版。

34. 徐国栋:《民法对象研究》,法律出版社 2014 年版。

35. 韩松,张翔,车辉等编著:《民法分论(第 3 版)》,中国政法大学出版社 2014 年版。

36. 廖红霞主编:《婚姻家庭法概论》,中国政法大学出版社 2014 年版。

37. 齐敏:《马克思的封建制思想研究》,黑龙江大学出版社 2014 年版。

38. 马俊驹、陈本寒主编:《物权法》,复旦大学出版社 2014 年第 2 版。

39. 李洪祥:《我国民法典立法之亲属体系研究》,中国法制出版社 2014 年版。

40. 杨慧怡、刘史丹:《论在〈继承法〉中设立特留份制度——从司法过程考察制度理性》,《中国继承法修改热点难点问题研究》,群众出版社 2013 年版。

41. 安宗林、肖立梅、潘志宝:《比较法视野下的现代家庭财产关系规制与重构》,北京大学出版社 2014 年版。

42. 刘洁:《走不出的后花园:从〈世说新语〉中的女性说起》,齐鲁书社 2013 年版。

43. 奚从清、林清和主编:《残疾人社会工作》,浙江大学出版社 2013 年版。

44. 朱庆育:《民法总论》,北京大学出版社 2013 年版。

45. 梁慧星(课题组负责人):《中国民法典草案建议稿附理由:总则编》,法律出版社 2013 年版。

46. 蒋月、何丽新:《婚姻家庭与继承法》,厦门大学出版社 2013 年第 4 版。

47. 李国强:《相对所有权的私法逻辑》,社会科学文献出版社 2013 年版。

48. [英]威廉·格尔达特:《英国法导论》,[英]大卫·亚德里修订,张笑牧译,中国政法大学出版社 2013 年版。

49. 吕青、赵向红:《家庭政策》,社会科学文献出版社 2012 年版。

50. 陈苇主编:《当代中国内地与港、澳、台婚姻家庭法比较研究》,群众出版社 2012 年版。

51. 朱强:《家庭社会学》,华中科技大学出版社 2012 年版。

52. 王卫国主编:《民法》,中国政法大学出版社 2012 年第 2 版。

53. 张树斌:《绝对相对哲学》,陕西科学技术出版社 2012 年版。

54. 李朔、孙建平、刘飞、金晓玲、张慧彦:《城市建设中土地征收法律制度研究》,东北大学出版社 2012 年版。

55. 魏舒婷:《传统家训》,黄山书社 2012 年版。

56. 翁文旋、张剑芸:《婚姻家庭继承法》,知识产权出版社 2012 年版。

57. 蒋月主编:《家事法研究》,社会科学文献出版社 2012 年版。

58. 夏吟兰主编:《婚姻家庭继承法》,中国政法大学出版社 2012 年版。

59. 李志刚:《公司股东大会决议问题研究:团体法的视角》,中国法制出版社 2012 年版。

60. 夏征农、陈至立主编:《大辞海·民族卷》,上海辞书出版社 2012 年版。

61. 彭小瑜:《教会法研究》,商务印书馆 2011 年版。

62. [法]桑格利:《当代家庭社会学》,房萱译,天津人民出版社 2012 年版。

63. 罗思荣、陈永强:《民法原理导论》,中国法制出版社 2011 年版。

64. 傅廷中:《保险法论》,清华大学出版社 2011 年版。

65. 徐国栋:《优士丁尼〈法学阶梯〉评注》,北京大学出版社 2011 年版。

66. 高瑞泉:《平等观念史论略》,上海人民出版社 2011 年版。

67. 北京大学法学百科全书编委会编:《北京大学法学百科全书:法理学·立法学·法律社会学》,北京大学出版社 2010 年版。

68. 王竹青、杨科:《监护制度比较研究》,知识产权出版社 2010 年版。

69. 胡苷用:《婚姻合伙视野下的夫妻共同财产制度研究》,法律出版社 2010 年版。

70. 李宏:《遗嘱继承的法理研究》,中国法制出版社 2010 年版。

71. 魏小军:《遗嘱有效要件研究》,中国法制出版社 2010 年版。

72. 蒋月:《婚姻家庭法》,浙江大学出版社 2010 年版。

73. 陈棋炎,黄宗乐,郭振恭:《民法继承新论》,三民书局 2010 年版。

74. 陆学艺主编:《当代中国社会结构》,社会科学文献出版社 2010 年版。

75. 夏吟兰等主编:《婚姻家庭法前沿——聚焦司法解释》,社会科学文献出版社 2010 年版。

76. [德]迪特尔·施瓦布:《德国家庭法》,王葆莳译,法律出版社 2010 年版。

77.《辞海(缩印本)》,上海辞书出版社 2010 年版。

78. [美]朱迪斯·贝尔:《女性的法律生活——构建一种女性主义法学》,熊湘怡译,北京大学出版社 2010 年版。

79. 陈苇:《澳大利亚家庭法》,群众出版社 2009 年版。

80. 唐晓晴:《葡萄牙民法典》,北京大学出版社 2009 年版。

81. 刘家安:《物权法论》,中国政法大学出版社 2009 年版。

82. 王泽鉴:《民法物权》,北京大学出版社 2009 年版。

83. 裴桦:《夫妻共同财产制研究》,法律出版社 2009 年版。

84. 李喜蕊:《英国家庭法历史研究》,知识产权出版社 2009 年版。

85. 陈苇主编:《家事法研究》,群众出版社 2008 年版。

86. 惠中主编:《人类与社会》,中央广播电视大学出版社 2008 年版。

87. [日]我妻荣:《新订债权总论》,王焱译,中国法制出版社 2008 年版。

88. 卓彩琴主编:《残疾人社会工作》,华南理工大学出版社 2008 年版。

89. 王明霞:《婚姻家庭法》,中国政法大学出版社 2008 年版。

90. [英]杰里米·边沁:《论一般法律》,毛国权译,上海三联书店2008年版。

91. 黄春晓:《城市女性社会空间研究》,东南大学出版社2008年版。

92. [日]我妻荣:《新订物权法》,[日]有泉亨补订,罗丽译,中国法制出版社2008年版。

93. 余延满:《亲属法原论》,法律出版社2007年版。

94. 蒋月:《婚姻家庭法前沿导论》,科学出版社2007年版。

95. 胡康生主编:《中华人民共和国物权法释义》,法律出版社2007年版。

96. 杨立新:《共有权理论与适用》,法律出版社2007年版。

97. 高永平:《执着的传统——平安村的财产继承研究》,中国文史出版社2007年版。

98. 夏吟兰:《离婚自由与限制论》,中国政法大学出版社2007年版。

99. 王丽萍等著:《家庭成员间的权利义务》,山东人民出版社2006年版。

100. 刘白驹:《性犯罪:精神病理与控制》,社会科学文献出版社2006年版。

101. 陈苇主编:《外国婚姻家庭法比较研究》,群众出版社2006年版。

102. 高凤仙:《亲属法理论与实务》(增订六版),台湾五南川公司2006年版。

103. 渠涛编译:《最新日本民法》,法律出版社2006年版。

104. 王洪:《婚姻家庭法》,法律出版社2006年版。

105. [美]唐纳德·A.威特曼:《法律经济学文献精选》,苏力等译,法律出版社2006年版。

106. 邓伟志、徐新:《家庭社会学导论》,上海大学出版社2006年版。

107. 潘新喆:《婚姻家庭法新论》,中国民主法制出版社2006年版。

108. 张玉敏:《中国继承法立法建议稿及立法理由》,人民出版社2006年版。

109. 万鄂湘主编:《婚姻法理论与适用》,人民法院出版社2005年版。

110. 郭丽红:《冲突与平衡:婚姻法实践性问题研究》,人民法院出版社2005年版。

111. [英]安东尼·W.丹尼斯、罗伯特·罗森编:《结婚与离婚的法经济学分析》王世贤译,法律出版社2005版。

112. 杨立新:《亲属法专论》,高等教育出版社2005年版。

113. 中国社会科学语言研究所词典编辑室:《现代汉语词典(第5版)》,商务印书馆2005年版。

114. 梅夏英:《物权法·所有权》,中国法制出版社2005年版。

115. 夏吟兰:《在国际人权框架下审视中国离婚财产分割方法》,《环球法律评论》2005年第1期。

116. [美]苏珊娜·格罗斯巴德·舍特曼主编:《婚姻与经济》,王涛译,上海财经大学出版社2005年版。

117. 焦洪昌:《公民私人财产权法律保护研究——一个宪法学的视角》,科学出版社2005年版。

118. 王泽鉴:《民法学说与判例研究(第三版)》,中国政法大学出版社2005年版。

119. [加]大卫·切尔:《家庭生活的社会学》,彭铟旎译,中华书局2005年版。

120. [意]彼得罗·彭梵得:《罗马法教科书》,黄风译,中国政法大学出版社2005年版。

121. 最高人民法院民事审判第一庭:《最高人民法院婚姻法司法解释(二)的理解与适用》,人民法院出版社2004年版。

122. 李友根:《人力资本出资问题研究》,中国人民大学出版社 2004 年版。

123. 费安玲译:《意大利民法典》,中国政法大学出版社 2004 年版。

124. 孟宪范:《转型社会中的中国妇女》,中国社会科学出版社 2004 年版。

125. 李霞:《监护制度比较研究》,山东大学出版社 2004 年版。

126. 杨大文:《亲属法》,法律出版社 2004 年版。

127. 曹诗权:《未成年人监护制度研究》,中国政法大学出版 2004 年版。

128. 尚晨光:《婚姻法司法解释(二)法理与适用》,中国法制出版社 2004 年版。

129. 杨大文主编:《亲属法》,法律出版社 2004 年版。

130. 罗洁珍译:《法国民法典(上册)》,法律出版社 2004 年版。

131. [德]奥特马·尧厄尼希:《民事诉讼法》,周翠译,法律出版社 2003 年版。

132. 庄华峰主编:《中国社会生活史》,合肥工业大学出版社 2003 年版。

133. 谢晖:《法律的意义追问——诠释学视野中的法哲学》,商务印书馆 2003 年版。

134. [美]理查德·A.波斯纳:《法律的经济分析(上)》,蒋兆康译,中国大百科全书出版社 2003 年版。

135. [日]滋贺秀三:《中国家族法原理》,张建国、李力译,法律出版社 2003 年版。

136. [德]卡尔·马克思:《马克思恩格斯全集(第 21 卷)》,人民出版社 2003 年版。

137. 覃有土、樊启荣:《保险法学》,高等教育出版社 2003 年版。

138. 蔡福华:《夫妻财产纠纷解析》,人民法院出版社 2003 年版。

139. 郭明瑞、房绍坤、关涛:《继承法研究》,中国人民大学出版社 2003 年版。

140. 马原主编:《新婚姻法条文释义》,人民法院出版社 2002 年版。

141. 谢在全主编:《物权·亲属编》,中国政法大学出版社 2002 年版。

142. 黄风编著:《罗马法词典》,法律出版社 2002 年版。

143. 最高人民法院民事审判第一庭编:《婚姻法司法解释及相关法律规范》,人民法院出版社 2002 年版。

144. 胡康生主编:《中华人民共和国农村土地承包法释义》,法律出版社 2002 年版。

145.《民法七十年之回顾与展望论文集》,中国政法大学出版社 2002 年版。

146. 龙卫球:《民法总论》,中国法制出版社 2002 年版。

147. 江平:《公司法》,法律出版社 2002 年版。

148. 潘允康:《社会变迁中的家庭:家庭社会学》,天津社会科学出版社 2002 年版。

149. [德]卡尔·白舍客:《基督宗教伦理学(第 2 卷)》,静也、常宏等译,上海三联书店 2002 年版。

150. 蒋月:《夫妻的权利与义务》,法律出版社 2001 年版。

151. 郑冲、贾红梅译:《德国民法典》(修订本),法律出版社 2001 年版。

152. 王歌雅:《扶养与监护纠纷的法律救济》,法律出版社 2001 年版。

153. 林秀雄:《婚姻家庭法之研究》,中国政法大学出版社 2001 年版。

154. 林秀雄:《夫妻财产制之研究》,中国政法大学出版社 2001 年版。

155. 巫昌祯主编:《中国婚姻法》,中国政法大学出版社 2001 年版。

156. 王胜明、孙礼海主编:《〈中华人民共和国婚姻法〉修改立法资料选》,法律出版社 2001 年版。

157. [德]迪特尔·梅迪库斯:《德国民法总论》,邵建东译,法律出版社2001年版。

158. 冯契主编:《外国哲学大辞典》,上海辞书出版社2000年版。

159. 赵孟营:《新家庭社会学》,华中理工大学出版社2000年版。

160. 秦永洲:《中国社会风俗史》,山东人民出版社2000年版。

161. 魏振瀛主编:《民法》,北京大学出版社、高等教育出版社2000年版。

162. 徐海燕:《英美代理法研究》,法律出版社2000年版。

163. 史尚宽:《物权法论》,中国政法大学出版社2000年版。

164. 林荫茂:《婚姻家庭法比较》,福建人民出版社1999年版。

165. 张玉敏:《继承法律制度研究》,法律出版社1999年版。

166. [德]亚图·考夫曼:《类推与"事物本质"——兼论类型理论》,吴从周译,颜厥安校,学林文化事业有限公司1999年版。

167. 夏吟兰:《美国现代婚姻家庭制度》,中国政法大学出版社1999年版。

168. 杨仁寿:《法学方法论》,中国政法大学出版社1999年版。

169.《瑞士民法典》,殷生根、王燕译,中国政法大学出版社1999年版。

170. 王利明:《物权法论》,中国政法大学出版社1998年版。

171. 戴东雄:《亲属法论文集》,台湾东大图书公司1988年版。

172. 陈华彬:《物权法原理》,国家行政学院出版社1998年版。

173. 陈华彬:《民法学原理(多卷本):物权法原理》,国家行政学院出版社1998年。

174. [英]弗里德利希·冯·哈耶克:《自由秩序原理(上)》,邓正来译,三联书店1997年版。

175. 胡长清:《中国民法总论》,中国政法大学出版社1997年版。

176. 蓝全普:《民商法学全书》,天津人民出版社1996年版。

177. [英]梅因:《古代法》,沈景一译,商务印书馆1996年版。

178. 彭万林:《民法学》,中国政法大学出版社1995年版。

179. 许万敬、刘向信主编:《家庭学》,山东友谊出版社1994年版。

180. [意]彼得罗·彭梵得:《罗马法教科书》,黄风译,中国政法大学出版社1992年版。

181. 戴伟:《中国婚姻性爱史稿》,东方出版社1992年版。

182. 宋昌斌:《中国古代户籍制度史稿》,三秦出版社1991年版。

183. 程继隆:《中国宏观社会学》,长春出版社1990年版。

184. 宣兆凯:《现代社会中的婚姻与家庭》,中央广播电视大学出版社1989年版。

185. 戴东雄:《亲属法论文集》,台湾东大图书公司1988年版。

186. 龙斯荣、龙翼飞编著:《中华人民共和国民法通则释义》,吉林人民出版社1987年版。

187. 费孝通:《江村经济》,江苏人民出版社1986年版。

188. 周元伯主编:《〈中华人民共和国民法通则〉释义》,南京大学出版社1986年版。

189. 陈棋炎:《亲属、继承法基本问题》,台湾三民书局1980年版。

1901. [德]黑格尔:《法哲学原理或自然法和国家学》,贺麟译,商务印书馆1979年版。

191. 马克思、恩格斯:《马克思恩格斯全集·第四卷》,人民出版社1958年版。

192. 史尚宽:《物权法论》,荣泰印书馆股分有限公司1957年版。

193. 陈棋炎:《民法继承》,三民书局1957年版。

194. 徐百齐:《民法继承》,商务印书馆1931年版。

195. 最高人民法院《民法通则》培训班:《民法通则讲座》。

(二)论文

1. 王磊、万婷婷:《离婚时夫妻共有股权分割中的衡平——以公司法和婚姻法为视角的实务探究》,《家事法实务》2018年卷,法律出版社2019年版。

2. 蔡立东、刘国栋:《60万份裁判文书看夫妻共同债务的认定逻辑与改革方向》,《中国应用法学》2019年第2期。

3. 夏昊晗:《父母以其未成年子女设定抵押行为的效力——最高人民法院相关判决评析》,《法学评论》2018年第5期。

4. 李文超:《家事审判中未成年财产权益保护之探析》,《家事法苑资讯简报》2018年第6期。

5. 何丽新、李金招:《论未成年死亡给付保险的限制——评〈保险法司法解释三〉第6条》,《保险研究》2018年第5期。

6. 冉克平:《论夫妻共同债务的类型与清偿——兼析法释〔2018〕2号》,《法学》2018年第6期。

7. 缪宇:《美国夫妻共同债务研究——以美国实行夫妻共同财产制州为中心》,《法学家》2018年第2期。

8. 申晨:《夫妻财产法价值本位位移及实现方式》,《法学家》2018年第2期。

9. 金眉:《婚姻家庭立法的同一性原理——以婚姻家庭理念、形态与财产法律结构为中心》,《法学研究》2017年第4期。

10. 夏吟兰:《民法分则婚姻家庭编立法研究》,《中国法学》2017年第3期。

11. 谢潇:《善意取得制度体系瑕疵祛除的拟制论解释——以善意取得中间法律效果的提出为核心》,《政治与法律》2017年第1期。

12. 蒋月:《域外民法典中的夫妻债务制度比较研究——兼议对我国相关立法的启示》,《现代法学》2017年第5期。

13. 何丽新:《论非举债方以夫妻共同财产为限清偿夫妻共同债务——从(2014)苏民再提字0057号判决书说起》,《政法论丛》2017年第6期。

14. 冉克平:《夫妻团体债务的认定及清偿》,《中国法学》2017年第5期。

15. 龙俊:《夫妻共同财产的潜在共有》,《法学研究》2017年第4期。

16. 谭启平:《中国民法典法人分类和非法人组织的立法构建》,《现代法学》2017年第1期。

17. 杨震:《民法总则"自然人"立法研究》,《法学家》2016年第5期。

18. 黄金兰:《家庭观念在中国传统社会中的秩序功能》,《现代法学》2016年第5期。

19. 周黎敏:《民间借贷中夫妻共同债务认定研究》,厦门大学法律硕士学位论文2016年。

20. 房绍坤、张旭昕:《我国民法典编纂中的主体类型》,《法学杂志》2016年第12期。

21. 曹兴权:《民法典如何对待个体工商户》,《环球法律评论》2016年第6期。

22. 池骋：《法律困境与路径选择：家庭共有财产制度再探析》，《华中科技大学学报》2016年第4期。

23. 赵玉：《司法视域下夫妻财产制的价值转向》，《中国法学》2016年第1期。

24. 周芳：《忍不住的"关怀"——试评"最高人民法院关于适用〈中华人民共和国保险法〉若干问题的解释（三）"第六条》，《上海保险》2016年第1期。

25. 廖归：《我国离婚救济补偿制度的立法完善》，载《中国法学会婚姻家庭法学研究会2015年年会——暨中国民法典之婚姻家庭编制定研讨会论文集》（下册）。

26. 李长洪、王智波：《父母外出对留守儿童时间配置的影响》，《南方人口》2015年第1期。

27. 陈颖：《家务劳动补偿制度的实践反思与制度调适》，《人民司法》2015年第21期。

28. 杨晓蓉、吴艳：《夫妻共同债务的认定标准和责任范围——以夫妻一方经营性负债为研究重点》，《法律适用》2015年第9期。

29. 贺剑：《夫妻个人财产的婚后增值归属——兼论我国婚后所得共同制的精神》，《法学家》2015年第4期。

30. 龚继红、范文成等：《"分而不离"：分家与代际关系的形成》，载《华中科技大学学报（社会科学版）》2015年第5期。

31. 贺剑：《论夫妻个人财产的转化规则》，《法学》2015年第2期。

32. 张剑源：《同居共财：传统中国的家庭、财产与法律》，《北方民族大学学报》（哲学社会科学版），2015年第5期。

33. 郭旭红：《论夫权占优婚姻习俗及其主要影响》，《中华女子学院学报》2014年第3期。

34. 黄波、魏伟：《个体工商户制度的存与废：国际经验启示与政策选择》，《改革》2014年第4期。

35. 冯源：《论儿童最大利益原则的尺度——新时代背景下亲权的回归》，《河北法学》2014年第6期。

36. 夏吟兰：《论婚姻家庭法在民法典体系中的相对独立性》，《法学论坛》2014年第4期。

37. 贺剑：《论婚姻法回归民法的基本思路——以法定夫妻财产制为重点》，《中外法学》2014年第6期。

38. 张淞纶：《关于"交易安全"理论：批判、反思与扬弃》，《法学评论》2014年第4期。

39. 熊丙万：《私法的基础：从个人主义走向合作主义》，《中国法学》2014年第3期。

40. 史浩明、程俊：《论我国特留份制度的立法构建》，《苏州大学学报》2014年第4期。

41. 薛宁兰：《我国亲子关系立法的体例与构造》，《法学杂志》2014年第11期。

42. 孟琳：《农村妇女继承权问题研究》，厦门大学2014年度硕士学位论文。

43. 梅夏英、许可：《虚拟财产继承的理论与立法问题》，《法学家》2013年第6期。

44. 何丽新：《论婚姻财产权的共有性与私人财产神圣化》，《中州学刊》2013年第7期。

45. 王歌雅：《论继承法的修正》，《中国法学》2013年第6期。

46. 赵莉：《日本特留份制度的修改及其启示》，《政治与法律》2013年第3期。

47. 李琳琳：《我国家事代理权的立法问题探究》，《学术交流》2013年第3期。

48. 张琳：《中国古代户籍制度的演变及其政治逻辑分析》，《河南师范大学学报（哲学社会科学版）》2012 年第 3 期。

49. 周凯：《家事劳动的价值分析》，《求实》2012 年第 2 期。

50. 谢潇、王雨：《〈婚姻法解释（三）〉第七条之正当性——基于法解释学与立法论的进路》，《湖南科技学院》2012 年第 7 期。

51. 范怀娟：《家庭主体地位的源考与未来的立法取向》，西南政法大学 2012 年度硕士学位论文。

52. 董登新：《"老年人"的标准》，《中国新时代》2012 年第 8 期。

53. 刘增：《婚姻契约观念的限度与嬗变——兼评中国婚姻立法及其司法解释》，吉林大学 2012 年度博士论文。

54. 蒋月：《论遗嘱自由之限制：立法干预的正当性及其路径》，《现代法学》2012 年第 5 期。

55. 许莉：《我国〈继承法〉应增设特留份制度》，《法学》2012 年第 8 期。

56. 许传新：《家庭教育："流动家庭"与"留守家庭"的比较分析》，《中国青年研究》2012 年第 5 期。

57. 张弛、瞿冠慧.：《我国夫妻共同债务的界定与清偿论》，《政治与法律》2012 年第 6 期。

58. 李建洲：《论未成人财产监护职责的完善》，《天津法学》2011 年第 1 期。

59. 夏吟兰：《我国夫妻共同债务推定规则之检讨》，《西南政法大学学报》2011 年第 1 期。

60. 冉启玉：《论我国《婚姻法》对夫妻家务劳动价值的保护》，《探索与争鸣（理论月刊）》2011 年第 1 期。

61. 王歌雅：《家务贡献补偿：适用冲突与制度反思》，《求是学刊》2011 年第 5 期。

62. 江滢：《日常家事代理权的构成要件及立法探讨》，《法学杂志》2011 年第 7 期。

62. 李冬青：《〈婚姻法司法解释三〉研讨会综述》，《广西政法管理干部学院学报》2011 年第 6 期。

63. 冯果、李安安：《家族企业走向公众企业过错中的公司治理困局及其突围——以国美控制权争夺为视角》，《社会科学》2011 年第 2 期。

64. 冉启玉：《公平分担因婚姻产生的不利经济后果——离婚后扶养费请求权基础探讨》，《前沿》2010 年第 20 期。

65. 朱岩：《社会基础变迁与民法双重体系建构》，《中国社会科学》2010 年第 6 期。

66. 李友根：《论个体工商户制度的存与废》，《法律科学（西北政法大学学报）》2010 年第 4 期。

67. 林乃红、耿喜波：《闽南"重男轻女"生育习俗及其变迁》，《泉州师范学院学报（社会科学版）》2010 年第 3 期。

68. 郑瑞平：《论隐名股东利益之法律保护》，《中国政法大学学报》2010 年第 5 期。

69. 胡苔用：《夫妻共同债务的界定及其推定规则》，《重庆社会科学》2010 年第 2 期。

70. 雷春红：《婚姻家庭法的定位："独立"抑或"回归"——与巫若枝博士商榷》，《学术论坛》2010 年第 5 期。

71. 刘正祥：《基于债权人利益保护的夫妻债务承担研究》，《西南交通大学学报（社会科学版）》2009年第3期。

72. 肖立梅：《家庭共有财产的性质研究》，《法学杂志》2009年第1期。

73. 林旭霞：《虚拟财产权性质论》，《中国法学》2009年第1期。

74. 陈友义：《潮汕地区重男轻女社会现象探析》，《广州番禺职业技术学院学报》2009年第3期。

75. 魏小军：《论我国夫妻共同债务推定规则》，《昆明理工大学学报（社会科学版）》2009年第11期。

76. 甄美荣：《家务劳动经济学分析的国外文献综述》，《江苏商论》2009年第2期。

77. 何丽新：《论事实婚姻与非婚同居的二元化规制》，《比较法研究》2009年第2期。

78. 何焕锋：《论婚姻关系存续期间夫妻一方以个人名义所负债务的性质——兼评〈婚姻法司法解释（二）〉第24条》，《辽宁行政学院学报》2009年第4期。

79. 王歌雅：《家事代理权的属性与规制》，《学术交流》2009年第9期。

80. 肖立梅：《家庭的民事主体地位研究》，《河北法学》2009年第3期。

81. 巫若枝：《三十年来中国婚姻法"回归民法"的反思——兼论保持与发展婚姻法独立部门法传统》，《法制与社会发展》2009年第4期。

82. 刘敏：《论"编户齐民"的形成及其内涵演化——兼论秦汉时期"编户齐民"与"吏民"关系》，《天津社会科学》2009年第3期。

83. 楼晓：《未成年人股东资格之商法检讨》，《法学》2008年第10期。

84. 何群：《论德国家庭法上的家务劳动及其启示》，《政治与法律》2008年第1期。

85. 唐雨虹：《夫妻共同债务推定规则的缺陷及重构——〈婚姻法司法解释（二）〉第24条之检讨》，《行政与法》2008年第7期。

86. 宋炳华：《离婚夫妻财产分割热点问题探析：兼论物权法与婚姻法的衔接》，《中华女子学院学报》2008年第6期。

87. 王蜀黔：《俄罗斯民法典中的特留份制度》，《湖北社会科学》2007年第12期。

88. 王建东、毛亚敏：《离婚诉讼之间股权分割问题探讨》，《法学》2007年第5期。

89. 范德章：《试论家庭财产制度的演变及发展趋势》，《河南师范大学学报（哲学社会科学版）》2007年第6期。

90. 邱业伟：《论连带债务与连带责任的关系》，《河北法学》2007年第6期。

91. 梁小惠：《完善中国家族企业公司治理制度的法律思考》，《河北法学》2007年第7期。

92. 王琪：《家务劳动的经济价值及其法律保护》，《法学论坛》2007年第4期。

93. 孙鹏：《论违反强制性规定行为之效力——兼析〈中华人民共和国合同法〉第52条第5项的理解与适用》，《法商研究》2006年第5期。

94. 付翠英：《人格·权利能力·民事主体辨思——我国民法典的选择》，《法学》2006年第8期。

95. 俞江：《论分家习惯与家的整体性——对滋贺秀三〈中国家族法原理〉的批评》，《政法论坛》2006年第1期。

96. 殷方敏：《青少年参与家务劳动意识的培养》，《教育评论》2006年第2期。

97. 孙鹏：《民法上信赖保护制度及其法的构成——在静的安全与交易安全之间》，《西南民族大学学报（人文社科版）》2005 年第 7 期。

98. 刘向林、李和平：《有限责任公司股权继承的法律分析》，《广西社会科学》2005 年第 2 期。

99. 俞江：《民事习惯对民法典的意义——以分家析产习惯为线索》，《私法》2005 年第 1 卷。

100. 俞江：《继承领域内冲突格局的形成——近代中国的分家习惯与继承法移植》，《中国社会科学》2005 年第 5 期。

101. 夏吟兰：《对中国夫妻共同财产范围的社会性别分析——兼论家务劳动的价值》，《法学杂志》2005 年第 2 期。

102. 史浩明：《论夫妻日常家事代理权》，《政治与法律》2005 年第 3 期。

103. 王洪、杨仕满、赵丽：《为何拒绝赡养老人——由 225 例赡养纠纷案件引发的思考》，《湖北日报》2005 年 9 月 10 日第 B03 版。

104. 朱凡：《论我国家庭财产关系的立法缺陷及其完善——习惯法与现代法的冲突与协调》，《西南民族大学学报（人文社科版）》2004 年第 4 期。

105. 王成勇、陈广秀：《隐名股东之资格认定若干问题探析》，《法律适用》2004 年第 7 期。

106. 宁清同：《家庭的民事主体地位》，《现代法学》2004 年第 6 期。

107. 彭熙海：《民法的社会本位观》，《求索》2004 年第 8 期。

108. 张毅辉：《台湾法定夫妻财产制的变迁》，《环球法律评论》2004 年春季号。

109. 吴高庆：《家族企业继承法律制度研究》，《浙江工商大学学报》2004 年版第 5 期。

110. 石纪虎：《未成年子女独立财产制的意义及其适用》，《广西社会科学》2004 年第 1 期。

111. 尹田：《无财产即无人格——法国民法上广义财产理论的现代启示》，《法学家》2004 年第 2 期。

112. 朱凡：《论我国家庭财产关系的立法缺陷及其完善——习惯法与现代法的冲突与协调》，《西南民族大学学报（人文社科版）》2004 年第 4 期。

113. 丁南、贺丹青：《民商法交易安全论》，《深圳大学学报（人文社会科学版）》2003 年第 6 期。

114. 蔡淑燕、徐慧清：《女性与家务劳动研究初探——兼评〈婚姻法〉第 40 条的立法不足》，《中华女子学院学报》2003 年第 6 期。

115. 夏吟兰：《离婚救济制度之实证研究》，《政法论坛》2003 年第 6 期。

116. 王景新：《中国农村妇女土地权利——意义、现状、趋势》，《中国农村经济》2003 年第 6 期。

117. 王跃生：《华北农村家庭结构变动研究——立足于冀南地区的分析》，《中国社会科学》2003 年第 4 期。

118. 于大水：《家庭财产的共有制及立法建议》，《烟台师范学院学报》2002 年第 1 期。

119. 邓学仁：《新法定财产制之抉择》，台湾《月旦法学》2002 年第 89 卷。

120. 李后龙、雷兴勇：《有限责任公司股东资格的认定》，《法律适用》2002 年第 12 期。

121. 王雪梅:《儿童权利保护的"最大利益原则"研究(上)》,《环球法律评论》2002 年冬季号。

122. 周安平:《对我国婚姻法原则的法理学思考》,《中国法学》2001 年第 6 期。

123. 吴天月、徐涤宇:《论身份的占有——在事实与法律之间》,《法商研究》2000 年第 6 期。

124. 陈苇:《婚内所得知识产权的财产期待权之归属探讨》,《现代法学》2000 年第 4 期。

125. 张谷:《略论合同行为的效力》,《中外法学》2000 年第 2 期。

126. 陈苇:《完善我国夫妻财产制的立法构想》,《中国法学》2000 年第 1 期。

127. 滕蔓:《夫妻财产共有与分割的经济学分析》,《法商研究》1999 年第 6 期。

128. 曹诗权:《中国婚姻家庭的宏观定位》,《法商研究》1999 年第 4 期。

129. 麻国庆:《分家:分中有继也有合——中国分家制度研究》,《中国社会科学》1999 年第 1 期。

130. 马忆南:《婚姻家庭法的弱者保护功能》,《法商研究》1999 年第 4 期。

131. 高实:《关于个体工商户和农村承包经营户的几个问题》,《人民司法》1998 年第 9 期。

132. 解振明:《人们为什么重男轻女?! ——来自苏南皖北农村的报告》,《人口与经济》1998 年第 4 期。

133. 马骏驹、余延满:《合伙民事主体地位的再探讨》,《法学评论》1990 年第 3 期。

134. 高实:《关于个体工商户和农村承包经营户的几个问题》,《人民司法》1988 年第 9 期。

135. 陈铭卿:《对家庭结构类型的探讨》,《社会学研究》1986 年第 6 期。

136. 王胜明:《试论个体工商户、农村承包经营户》,《中国法学》1986 年第 4 期。

137. 杨振山:《试论我国的家庭财产共有权》,《中国政法大学学报》1984 年第 2 期。

138. (没有作者)《西德的儿童家务劳动法规》,《法学》1983 年第 9 期。

139. 孙若军:《离婚救济制度立法研究》,《法学家》2018 年第 6 期。

140. 孙若军:《论夫妻共同债务"时间"推定规则》,《法学家》2017 年第 1 期。

141. 陈法:《我国夫妻共同债务认定规则之检讨与重构》,《法商研究》2017 年第 1 期。

142. 汪洋:《夫妻债务的基本类型、责任基础与责任财产——最高人民法院〈夫妻债务解释〉实体法评析》,《当代法学》2019 年第 3 期。

143. 刘征峰:《夫妻债务规范的层次互动体系——以连带债务方案为中心》,《法学》2019 年第 6 期。

144. 裴桦:《夫妻财产制与财产法规则的冲突与协调》,《法学研究》2017 年第 4 期。

145. 缪宇:《走出夫妻共同债务的误区——以〈婚姻法司法解释(二)〉第 24 条为分析对象》,《中外法学》2018 年第 1 期。

(三)资料

1.(2018)最高法民申 5671 号民事裁定书。

2.(2017)晋 01 民终 1882 号民事判决书。

3.(2017)渝 0112 民特 903 号民事判决书

4. (2017)宁 0104 民初 9872 号民事判决书

5. (2017)最高法民申 3404 号民事判决书。

6. (2017)最高法民申 1516 号民事判决书。

7. (2016)苏 02 民终 948 号民事判决书。

8. (2016)渝 05 民终 3920 号民事判决书。

9. (2016)最高法民申 900 号民事裁定书。

10. (2016)最高法民申 124 号民事判决书。

11. (2016)最高法民申 541 号民事判决书。

12. (2016)苏 02 民终 948 号民事判决书。

13. (2016)云 2929 号民事判决书。

14. (2015)陕立民申字第 00438 号民事判决书。

15. (2015)山法民初字第 00836 号民事判决书。

16. (2015)山法民初字第 00834 号民事判决书。

17. (2015)渝北法民初字第 05023 号民事裁定书。

18. (2015)渝北法民初字第 05024 号民事裁定书。

19. (2015)晋中中法民终字第 1214 号民事判决书。

20. (2015)合民一终字第 02804 号民事判决书。

21. (2015)彭法民初字第 02304 号民事裁定书。

22. (2015)渝高法民申字第 00945 号民事裁定书。

23. (2015)渝高法民申字第 00814 号民事裁定书。

24. (2014)浙杭民终字第 1417 号民事判决书。

25. (2014)焦民三终字第 109 号民事判决书。

26. (2014)最高法民申 308 号民事裁定书。

27. (2014)苏民再提字第 0057 号民事判决书。

28. (2014)江法民初字第 09102 号民事判决书。

29. (2013)庆中民终字第 593 号判决书。

30. (2013)金婺民初字第 1808 号民事判决书

31. (2012)福少民终字第 38 号民事判决书。

32. (2011)安少民终字第 128 号民事判决书。

33. (2009)成少民终字第 208 号民事判决书。

34. (2008)赣中民四终字第 117 号民事判决书

35. (2001)民一他字第 34 号民事判决书。

36. 叶虹.未成年子女房产不是父母想卖就能卖,网址:http://epaper. xxsb. com/showNews/2016-07-13/321702.html.

37. 江西省鄱阳县人民法院:《从本案谈家庭共同共有财产的认定》,网址:http://www.chinacourt.org/article/detail/2014/01/id/1196007.

38. 刘黎明.浅议执行案件中未成年人名下的财产如何执行和保护,网址:http://www.chinacourt.org/article/detail/2013/09/id/1096483.shtml.

39. 全国妇联、国家统计局:《第三期中国妇女地位调查主要数据报告》,网址:http://

www.china.com.cn/zhibo/zhuanti/ch-xinwen/2011-10/21/content-23687810.htm.

40. 任思言.《"娃娃房"抵押被判无效父母无权处置孩子财产》,网址:http://news.fznews.com.cn/shehui/2011-10-17/20111017UPB0ODU6ML224842.shtml.

41.《工商局个体工商户发展状况统计分析》,网址:http://www.doc88.com/p-6781894501605.html。

42. 国浩(南京)事务所,《江苏省上市公司婚姻/继承大数据报告》。

43. 张广兄.丁远星与毕传峰、孙灵民间借贷纠纷一审民事判决书,网址:聚法案例。

44. 杨洁坤.原告田刚与被告侯丰明、林娜民间借贷纠纷一案民事判决书,网址:聚法案例。

二、外文类

1. Reiner Schukze(Schriftleitung), Bürgerliches Gesetzbuch Handkommentar, 9. Aufl., 2017.

2. Carl Creifelds/Klaus Weber, Rechtswörterbuch, 22. Aufl., 2017.

3. Josef Franz Linder, Rechtswissenschaft als Metaphysik: Das Müchhausenproblem einer Selbstermächtigungswissenschaft, 2017.

4. Bernd Rüthers/Christian Fischer/Axel Birk, Rechtstheorie mit Juristischer Methodenlehre, 9. Aufl., 2016.

5. Hans-Joachim Musielak/Wolfgang Voit, Grundkurs ZPO: Erkenntinis- und Zwangsvollstreckungsverfahren, 13. Aufl., 2016.

6. Wolfgang Grunsky/Florian Jacoby, Zivilprozessrecht, 15. Aufl., 2016.

7. Ernst A. Kramer, Juristische Methodenlehre, 5. Aufl., 2016.

8. Kristian Kühl/Hermann Reichold/Michael Ronellenfitsch, Einführung in die Rechtswissenschaft, 2. Aufl., 2015.

9. Peter Bassenge/Gerd Brudermüller/Jürgen Ellenberger/Isabell Götz/Chrisian Grüneberg/Hartwig Sprau/Karsten Thorn/Walter Weidenkaff/Dieter Weidlich, Palandt Bürgerliches Gesetzbuch, 74. Aufl., 2015.

10. Rolf Stürner, Jauerning Bügerliches Gesetzbuch Kommentar, 16. Aufl., 2015.

11. Kurt Schellhammer, Schuldrecht nach Anspruchsgrundlagen samt BGB Allgemeiner Teil, 9. Aufl., 2014.

12. Bernd Rüthers/Astrid Stadler, Allgemeiner Teil des BGB, 18. Aufl., 18, 2014.

13. Andrea Lovato/Salvatore Puliatti/Laura Solidoro, Diritto privato romano, G. Giappichelli Editore-Trino, 2014.

14. Alberto Burdese, Manuale di diritto privato romano, UTET Giuridica, 2014.

15. Hans-Joachim Musielak/Wolfgang Hau, Exmenskurs BGB, 3. Aufl., 2014.

16. Eugen Klunzinger, Einführung in das Bürgerliche Recht, 16. Aufl., 2013.

17. Dieter Leipold, BGB Ⅰ: Einführung und Allgemeiner Teil, 7. Aufl., 2013.

18. Franz Bydlinski/Peter Bydlinski, Grundzüge der juristischen Methodenlehre, 2. Aufl., 2012.

19. Manfred Wolf/Jörg Neuner，Allgemeiner Teil des Bürgerlichen Rechts，10. Aufl.，2012.

20. Kaufman/Hassemer/Neumann，Einführung in die Rechtsphilosophie und Rechtstheorie der Gegenwart，8 Aufl.，2011.

21. Kristin Kalsem，Verna L. Williams，Social Justice Feminism，18 UCLA Women's L.J.，Vol. 18，2010/2012.

22. D. Benjamin Barros，Property and Freedom，4 N.Y.U. J.L. & Liberty 69 (2009).

23. Andreas Rahmatian，Friedrich Carl von Savigny's Beruf and Volksgeistlehre，J. Legal Hist.，Vol. 28，2007.

24. Jan C. Schuhr，Rechtsdogmatik als Wissenschaft，2006.

25. John DeWitt Greogry，Redefining the Family：Undermining the Family，2004 U. Chi. Legal F. 383 (2004).

26. Arthur Kaufmann，Rechtsphilosophie，2. Aufl.，1997.

27. H.シュロッサー：《近世私法史要論》，有信堂1991年版。

28. Nikolas Rose，Beyond the Public/Private Division：Law，Power and the Family，14 J.L. & Soc'y，Vol. 14，1987.

29. M. Freeman，Towards a Critical Theory of Family Law，Current Legal Problems Vol. 38，1985.

30. Claus-Wilhelm Canaris，Sytemdenken und Systembegriff in der Juriprudenz，2. Aufl.，1983.

31. H. F. Jolowicz，Barry Nicholas，Historical Introduction to the Study of Roman Law，Cambridge：Cambridge University Press，1972.

32. Morton J. Horwitz，Transformation in the Conception of Property in 33.American Law，1780-1860，40 U. Chi. L. Rev. 290 (1972—1973).

33.

34. William Warwick Buckland，A Manual of Roman Private law，Cambridge：At the University Press，1953.

35. A. C. Wright，Introduction to French Civil Law，Jurid. Rev. Vol. 46，1934.

36. Berhard Matthiaß，Lehrbuch des bügerlichen Rechts mit Berücksichtigung des gesamten Reichsrechts，7. Aufl.，1914.

37.

38. Andreas von Tuhr，Der Allgemeine Teil des Deutschen Bürgerlichen Rechts，Erster Band，Allgemeine Lehren und Personenrecht，1910.

39. Bernhard Windscheid，Lehrbuch des Pandektenrechts，Erster Band，3. Aufl.，1870.

40. Otto Gierke，Rechtsgeschichte der deutschen Genossenschaft，1868.

41. Joseph Unger，System des österreichischen allgemeinen Privatrechts，Erster Band，1856.

42. Bernhard Windscheid，Lehrbuch des Pandektenrechts，Erster Band，3. Aufl.，

1870，S.

43. G. F. Puchta，Cursus der Institutionen，Erster Band，4. Aufl.，1853.

44. Friedrich Carl von Savigny，System des heutigen Römischen Rechts，Erster Band，1840.

45. Friedrich Carl von Savigny，System des heutigen Römischen Rechts，Erster Band，1840.

46. Georg Friedrich Puchta，Lehrbuch der Pandekten，1838.

缩 略 语 表

法律	
《中华人民共和国宪法》	《宪法》
《中华人民共和国民法总则》	《民法总则》
《中华人民共和国民法通则》	《民法通则》
《中华人民共和国婚姻法》(1980 年)	《婚姻法》
《中华人民共和国婚姻法》(2001 年)	《婚姻法》(修正案)
《中华人民共和国公司法》	《公司法》
《中华人民共和国物权法》	《物权法》
《中华人民共和国合同法》	《合同法》
《中华人民共和国农村土地承包法》	《农村土地承包法》
《中华人民共和国城市房地产管理法》	《城市房地产管理法》
《中华人民共和国继承法》	《继承法》
《中华人民共和国未成年人保护法》	《未成年人保护法》
《中华人民共和国妇女权益保障法》	《妇女权益保障法》
《中华人民共和国老人权益保障法》	《老人权益保障法》
《中华人民共和国合伙企业法》	《合伙企业法》
《中华人民共和国民事诉讼法》	《民事诉讼法》
司法解释	
最高人民法院关于贯彻执行《中华人民共和国民法通则》若干问题的意见(试行)(1988 年 4 月 2 日)	《民法通则司法解释》
最高人民法院关于贯彻执行《中华人民共和国继承法》若干问题的意见(1982 年 9 月 11 日)	《继承法司法解释》
最高人民法院关于适用《中华人民共和国婚姻法》若干问题的解释(一)(2001 年 12 月 24 日)	《婚姻法司法解释一》
最高人民法院关于适用《中华人民共和国婚姻法》若干问题的解释(二)(2003 年 12 月 25 日)	《婚姻法司法解释二》
最高人民法院关于适用《中华人民共和国婚姻法》若干问题的解释(三)(2011 年 7 月 4 日)	《婚姻法司法解释三》

续表

最高人民法院《关于人民法院审理离婚案件处理财产分割问题的若干具体意见》(1993 年 11 月 3 日)	《离婚财产处理意见》
最高人民法院关于适用《中华人民共和国公司法》若干问题的解释(一)(2014 年 2 月 17 日)	《公司法司法解释一》
最高人民法院关于适用《中华人民共和国公司法》若干问题的解释(二)(2014 年 2 月 17 日)	《公司法司法解释二》
最高人民法院关于适用《中华人民共和国公司法》若干问题的解释(三)(2014 年 2 月 17 日)	《公司法司法解释二》
最高人民法院关于审理涉及农村土地承包纠纷案件适用法律问题的解释((2005 年 3 月 29 日)	《农村土地承包司法解释》
最高人民法院关于适用《中华人民共和国合同法》若干问题的解释(一)(1999 年 12 月 1 日)	《合同法司法解释一》
最高人民法院关于适用《中华人民共和国合同法》若干问题的解释(二)(2009 年 2 月 9 日)	《合同法司法解释二》
最高人民法院关于审理民间借贷案件适用法律若干问题的规定(2015 年 9 月 1 日)	《民间借贷司法解释》
最高人民法院关于适用《中华人民共和国保险法》若干问题的解释(一)(2009 年 10 月 1 日)	《保险法司法解释一》
最高人民法院关于适用《中华人民共和国保险法》若干问题的解释(二)(2013 年 6 月 8 日)	《保险法司法解释二》
最高人民法院关于适用《中华人民共和国保险法》若干问题的解释(三)(2015 年 12 月 1 日)	《保险法司法解释三》
最高人民法院关于适用《中华人民共和国保险法》若干问题的解释(四)(2018 年 9 月 1 日)	《合同法司法解释四》
最高人民法院《关于审理涉及夫妻债务纠纷案件适用法律有关问题的解释》(2018 年 1 月 18 日)	《夫妻债务纠纷新解释》

后记

　　本书是"法治建设与法学理论研究部级科研项目成果",感谢司法部将"家庭财产保护法律问题研究"的课题重任交给我们,感谢谢潇、池骋、徐婧、王思颖、陈昊泽等课题组成员分工协作、全力配合,感谢有志于研究家庭财产保护的各位专家学者的"先见之明"和真知灼见,本书中援引的大量观点让我们茅塞顿开,深知课题内容庞大深奥,而我们才疏学浅,书中定有不足之处,恳请各位予以批评指正。

　　本书由何丽新和谢潇共同执笔,其中何丽新负责统稿,重点负责第四章、第五章、第六章、第七章;谢潇重点负责第一章、第二章、第三章。感谢厦门大学法学院对本书出版的资助,感谢厦门大学出版社诸位编辑严谨认真高效优质的工作。